Henry Simonsfeld

# Der Fondaco dei Tedeschi in Venedig

und die Deutsch-Venetianischen Handelsbeziehungen

Henry Simonsfeld

**Der Fondaco dei Tedeschi in Venedig**
*und die Deutsch-Venetianischen Handelsbeziehungen*

ISBN/EAN: 9783743633056

Hergestellt in Europa, USA, Kanada, Australien, Japan

Cover: Foto ©Suzi / pixelio.de

Weitere Bücher finden Sie auf **www.hansebooks.com**

# DER

# FONDACO DEI TEDESCHI

## IN VENEDIG

### UND DIE

## DEUTSCH-VENETIANISCHEN HANDELSBEZIEHUNGEN.

EINE HISTORISCHE SKIZZE

VON

## Dᴿ· HENRY SIMONSFELD,

Professor der Geschichte an der Universität und Sekretär an der kgl. Hof- und Staatsbibliothek
in München.

**Der alte Fondaco del Tedeschi nach dem Plane Venedigs von Jacopo de' Barbari 1500.**

a) Die alte Rialto-Brücke. – b) Die Kirche S. Bartolomeo. – c) Der Fondaco selbst (das Gebäude unterhalb der alten Ueberschrift „Fontico dalamani"). – d) Die Kirche S. Giovanni Crisostomo.

**Der neue Fondaco nach A. Quadri, Il Canal Grande di Venezia (1828) mit den damals noch vorhandenen Thürmchen.**

a) Ponte dell' Oglio mit dem Rio del Fondaco. – b) Fondamenta e Traghetto del Buso mit der Calle del Fondaco, wo der Eingang von der Strasse her.

DER

# FONDACO DEI TEDESCHI

## IN VENEDIG

UND DIE

### DEUTSCH-VENETIANISCHEN HANDELSBEZIEHUNGEN.

EINE HISTORISCHE SKIZZE

VON

## D<sup>R.</sup> HENRY SIMONSFELD,

Dozent der Geschichte an der Universität und Sekretär an der kgl. Hof- und Staatsbibliothek
in München.

STUTTGART.

VERLAG DER J. G. COTTA'SCHEN BUCHHANDLUNG.

1887.

Druck von Gebrüder Kröner in Stuttgart.

# Vorwort.

Auf den Wunsch der Verlagshandlung erscheint im Interesse einer weiteren Verbreitung die ¡historische Darstellung, welche den zweiten Band meiner „Quellen und Forschungen" eröffnet, auch in diesem Sonderabdruck. Ich nenne sie eine Skizze, da in der That von einer ganz ausführlichen Geschichte des Fondaco und der deutsch-venetianischen Handelsbeziehungen namentlich vom 16. Jahrhundert ab noch keine Rede sein kann. Gerade für diesen letzteren Theil der Skizze, der diese Verhältnisse übrigens eingehender als bisher behandelt, muss ich daher auch um besondere Nachsicht bitten. Die gelegentlichen Hinweise auf den ersten Band und auf die übrigen Theile des zweiten Bandes werden wohl kaum störend sein; sollten sie den Einen oder Anderen veranlassen, auch diese Theile des ganzen Werkes sich anzusehen, so hat die Verlagshandlung dagegen gewiss nichts einzuwenden. Zu den beigefügten Abbildungen möchte ich noch bemerken, dass eine weitere Darstellung des jetzigen Gebäudes sammt Grundriss, Querdurchschnitt und mehreren Details sich in dem grossen Werke von L. Cicognara, Le fabbriche e i monumenti cospicui di Venezia (Venedig 1840) Band I befindet, deren Wiedergabe hier nicht gut thunlich war.

München, im Juni 1887.

H. Simonsfeld.

# Inhaltsübersicht.

# Nachträge und Berichtigungen.

Zu S. 54 Z. 19 von oben ist hinzuzufügen: Ferner war vielleicht ebendorther Johann Stibig, 1502 Consul der deutschen Kaufmannschaft im Fondaco (cf. Dimitz, Gesch. Krains I, 301).

Zu S. 58 Anm. 11 ist 309 zu streichen.

Zu S. 62 Z. 28 von oben lies: Hieronymus statt Marcus.

Zu S. 65 Z. 25 „ „ „ Zili statt Cili.

Zu S. 65 Z. 30 „ „ ist nach „aufgeführt" hinzuzufügen: 13) und unten als Anm. 13): Commemoriali lib. VII no. 436.

Zu S. 68 Z. 29 von oben ist hinzuzufügen: Aus derselben Familie war vielleicht Johann Heller, 1500 Consul.

Zu S. 77 Anm. 6 ist hinzuzufügen: cf. Bd. I Nr. 349.

Zu S. 78 Z. 4 von oben lies: Bartholomäus statt Berthold.

Zu S. 78 Z. 19 „ „ „ Sebald statt Sebastian.

Zu S. 79 Z. 8 „ „ „ Rieter statt Rietter.

Zu S. 79 Z. 14 „ „ „ Guido (Veit) statt Guido.

Zu S. 81 Z. 20 „ „ „ Rainaldus statt Rein.

Zu S. 82 oben. Ein Kaufmann aus Pesth, Sigmund Lorberer, wird erwähnt in den ‚Commemoriali' zum 22. Nov. 1403; cf. Predelli in den ‚Monumenti della Deputaz. Veneta' vol. 9 p. 293 (lib. IX n. 270).

Zu S. 83 Z. 5 von oben lies: Thencumath statt Tenc.

Zu S. 37 und 84. Das Leben und Treiben im Fondaco wird in einem Lobgedicht auf Venedig, das im 15. Jahrh. in venetianischem Dialekt verfasst ist, folgendermassen veranschaulicht (Raccolta di poesie in dialetto Veneziano 1845 p. 9):

> Se me domandi ancor se vende e tuole
> Ognano va e ritorna e porta
> De tante merze sorta
> Dirotel presto se el bel dir non mancha
>
> Da ogni parte qui se vede la branca[1]
> De marchadantie Italize e Lombardischi
> E poi molti Todischi
> Che nel fontego fano molti fati
>
> Chi a contadi vende e chi a barati[2]
> Merze per merze vende e chi a danari

---

[1] ‚tanta quantità di materia quanta si può tenere in una mano' Boerio, Dizionario del dialetto Veneziano (2a ediz. 1856).

[2] Tausch.

Ma ben convien che impari
La loycha[1]) chi vuol uxar in tali luogi

Li non se schriza[2]) li non se fa zuogi
Anzi sempre se vede ligar bale
Ma stu[3]) me di che vale
Un trexoro de moneda a dir el vero.

Zu S. 85 Z. 35 von oben lies: betraf statt antraf.
Zu S. 93 Z. 14 von oben: Smeen = Schmie bei Maulbronn nach gütiger Mit-
theilung des Herrn Oberstudienrathes Heyd (cf. Götting. Gel. Anz. 1881
S. 138).
Zu S. 98 Z. 7 von unten und S. 100 Z. 6 v. u. Ich werde darauf aufmerksam
gemacht, dass der Ausdruck Fellacanal, den ich Zahn's Friaulischen
Studien entnommen, zu der irrigen Annahme Veranlassung geben könnte,
als handele es sich um einen wirklichen Canal, während ,Canale' nur
das „Flussbett" selbst bedeutet; S. 98 Z. 10 von unten ist (Pöls) hinter
Knittelfeld zu stellen.
Zu S. 122 Anm. 6 ist nach ,Argentina' hinzuzufügen: (Anselm Johann cf. unten
S. 188).
Zu S. 148 Anm. 3 lies: Nr. 763 statt 756.
Zu S. 153 Z. 6 von oben, S. 155 Z. 11 von unten etc. Derselbe Kaufmann
Heinrich Helman aus Köln wird (nebst Anderen) auch in Alvise Casa-
nova's Specchio lucidissimo, nel quale si vedeno essere diffinito tutti i
modi et ordini di scrittura che si deve menare nelli negotiamenti della
Mercantia etc. (Venedig 1558), worauf Herr Dr. R. Ehrenberg mich auf-
merksam machte, unter dem 6. Mai 1555 und öfters (unter dem 7. Juni
mit seinem Sohne Hieronymus) aufgeführt; und zwar einmal mit der
Bemerkung: ,tien camera in fontego et habita in contrà de Sᵃ. Maria
Nova in casa propria'. Aehnlich heisst es von einem, unter dem 25. Juni
1555 genannten Justus Buzz (in einer Bearbeitung Casanova's von
Grisogono, il Mercante arrichito 1664 als ,Box' bezeichnet): ,Allamano,
habita in Venetia, in contrada de S. Zuane Grisostemo e tien Camera
in Fontego di Todeschi'. — Eine sehr werthvolle Notiz zur ganzen Frage
des Wohnens und Nichtwohnens im Fondaco gibt, wie ich gleichfalls
erst nachträglich sehe, der alte, treffliche Le Bret in seiner „Geschichte
von Italien" Theil IX (Halle 1787) S. 538: „Sind die Nationalen (die
Mitglieder der Nazione Alemana) ungeheyrathet, so können sie ihre
bequeme Wohnung im Hause (Fondaco) haben, welches, sobald sie
heyrathen, nicht mehr geschehen kan, indem sie alsdenn
genöthiget sind, in der Stadt Häuser zu miethen". ,Eigentlich zu
reden," sagt derselbe ferner ebendort betreffs des Benützungsrechtes am
Fondaco, „hat jeder, wer von Geburt ein deutscher Reichsbürger ist,
auch ein Recht sich in Venedig niederzulassen und Capitelmitglied zu
werden, wenn er sich bey der Nation wegen seiner zur Handlung taugen-
den und ihm Credit verschaffenden Vermögensmasse, bey der Regierung
aber wegen seiner Geburt, seines Herkommens, seiner Absicht legitimirt
hat". — Die bei Casanova ausserdem noch (alle zum Jahre 1555) als mit
Venedig direkt oder indirekt in Verbindung stehend aufgeführten deut-
schen Kaufleute sind: Matthäus Malic (Manlich) in Augsburg (cf. Augsb.
Hochzeitsbuch S. 60 ad 1558), Joh. Amhauser (cf. unten S. 178, 179),
Matthäus Saler, Saller in Augsb. (Schaller?), Heinrich Orth in Ulm,
Joh. Albr. Armbruster (cf. unten S. 188), Nicolaus Sileiner, Andreas
Suaicher (Schweiker? Nürnb.), Zorzi Offer il giovine (Gg. Hopffer a.
Augsb., damals in Frankfurt a. M.), Christoph Reubarth in Nürnb. (oder

---

[1]) = loica, logica.
[2]) schreien.
[3]) = se tu; di = dici; bale = balle.

Augsb.?), Joh. und Jak. Pagier (Bayer?) Gebrüder, Marcus Ulstätt (cf. unten S. 178), Ludw. Walther (Augsb. cf. unten S. 178), Christoph Mielic (Mülich) als Agent für Anton Fugger und Brüder (Augsb.), David Oth (cf. unten S. 173), Cornelius Copertz (bei Grisogono: Coperil), Julius Herbeth.

Zu S. 169 Anm. 5 lies: S. 193 statt 192.

Zu S. 181 Anm. 17 lies: 180 statt 178.

Zu S. 189 Z. 4 von oben lies: Marcart statt Mercart und ist beizuzufügen: 1646 Thomas Sot und Söhne.

Zu S. 190 Z. 20 von oben ist nach ,Herm. von Wedig' hinzuzufügen: 2ª) und unten als Anm. 2ª): cf. Bd. I Nr. 779.

Zu S. 191 Z. 8 von unten und S. 143. Die Beziehungen Danzigs zu Venedig hat — was auch Thomas entgangen — bereits Th. Hirsch in einem Aufsatz: „Ueber den Handelsverkehr Danzigs mit den Italienischen Staaten zu Ende des 16. Jahrh." (Neue Preussische Provincialblätter Jahrg. 1847 Bd. IV S. 97 u. ff., 217 u. ff.) eingehender behandelt unter Beifügung zweier venezianischer Originalurkunden aus dem Danziger geheimen städtischen Archiv, wovon die eine den von Thomas („Zur Quellenkunde des venezianischen Handels und Verkehrs" S. 45 in den Abhandlgn. der k. bayer. Akad. d. Wiss. I. Kl. Bd. XV Abth. I) mitgetheilten Beschluss des Senats vom 9. Aug. 1597 in feierlicher Form enthält. Hirsch zeigt, dass diese Beziehungen bis wenigstens 1608 fortdauerten, indem die Danziger Kaufleute (besonders Bartholomäus Schachmann, Andreas Jasky, Johann Falk und David Wichmann) Schiffe mit Getreide nach Venedig sandten und als Rückfracht diese besonders Oel aus Candia und Wein mitnahmen. Er hat auch sehr hübsch auf den Einfluss dieser Beziehungen auf das politische, wissenschaftliche und künstlerische Gebiet hingewiesen.

Zu S. 192 Z. 4 von oben lies: Daniel statt David.

Zu S. 195 Z. 27 von oben lies: Joachim Sohn des Jesaias Clivan.

Zu S. 195 Z. 34 von oben lies: Tiefferer statt Tieffrer.

Zu S. 199 Z. 10 von oben lies: Spötting statt Stötting; Z. 11: Rottenbuch statt Rotenbuch.

Zu S. 200 Z. 17 von oben lies: Topogliano statt Opogliano.

# I.

# Geschichtliches.

Viel mehr als heutigen Tages erforderte in früherer Zeit und insbesondere im Mittelalter der Handel die persönliche Theilnahme des Kaufmanns. Praktische Rücksichten, gefördert durch den korporativen Einigungstrieb des Mittelalters, brachten es da nun mit sich, dass an den meisten Hauptplätzen des Welthandels der Kaufmann, der fremd mit seinen Waaren dorthin kam, bestimmte Gebäude traf, wo er nicht nur gemeinsam mit seinen Landsleuten seine Waaren ausbieten, sondern auch für die Dauer seines Aufenthaltes Unterkunft finden konnte. Solche Kaufhäuser oder, wie sie Gengler[1]) zum Unterschied gegen die späteren Kaufhäuser „ohne Herbergs-Charakter" lieber nennt, solche Kauf- oder Kauffahrerhöfe waren entweder von den Kaufleuten selbst errichtet oder von der Regierung des Landes den fremden Gästen zugewiesen worden. Hatte im letzteren Falle die Landesregierung natürlich auch das Recht, durch eigens bestellte Beamte die Verwaltung des Gebäudes zu führen, so waren die Kaufleute im ersteren Falle die Herren im eigenen Hause. So die norddeutschen Kaufleute auf dem deutschen Hof zu Nowgorod oder die hansischen im Stahlhof zu London, während zu den Instituten zweiter Gattung vornehmlich der Fondaco dei Tedeschi in Venedig gehört.

Der Name Fondaco stammt nach der Angabe von Heyd[2]) „vom arabischen fonduk, welches selbst wieder mit dem griechischen πανδοχεῖον oder vielmehr mit dessen älterer Form πάνδοχος oder πάνδοκος etymologisch zusammenhängt und sowohl Magazin und Bude als Gasthaus bedeutet". Solcher Fondachi gab es denn auch im Orient für die abendländischen Kaufleute seit den Kreuzzügen die Menge. Namentlich Alexandria, seit dem 13. Jahrhundert mehr und mehr der Hauptverkehrsplatz für den Levantehandel des Abendlandes, hatte deren eine ziemliche Zahl aufzuweisen, die im 13. und 14. Jahrhundert entstanden. Die Venetianer besassen dort sogar ihrer zwei — und dem überwiegenden Einfluss Venedigs zu

---

[1]) Deutsche Stadtrechts-Alterthümer. Erlangen 1882 S. 330 ff. — [2]) Geschichte des Levantehandels im Mittelalter. 1879. Bd. II S. 430 Anm. 6, woraus auch die folgenden Angaben entnommen sind. (Cf. Sitzungsberichte der philos.-philolog. und histor. Kl. der k. bayer. Akad. d. Wiss. 1880 S. 624 ‚Ueber Funda und Fondaco'.)

jener Zeit entsprechend mögen die venetianischen Fonduchi Alexandrias wohl auch die schönsten gewesen sein — je einen die Genuesen. die Pisaner wenigstens in älterer Zeit, später die Florentiner, dann die Ankonitaner, endlich die Neapolitaner und Gaetaner zusammen einen gemeinschaftlichen. „An die Italiener schlossen sich die Nordfranzosen, die Marseiller, die Narbonner, die Catalanen mit je einem Fondaco. Die Insel Candia, obgleich nur eine Colonie von Venedig, besass einen besonderen Fondaco in Alexandria, ebenso das Königreich Cypern schon vor der Eroberung Alexandrias durch König Peter und später nach dem Friedensschlusse auf's Neue. Aber auch die konstantinopolitanischen Griechen, die Türken, die Bewohner Mauretaniens, endlich die Tartaren, die in ihrem Fondaco einen stehenden Sklavenmarkt etablirten." „Die Fonduchi", so schildert sie Heyd, „waren grosse mehrstöckige Gebäude — die schönsten eben in Alexandria —, burgartig, im Viereck gebaut, so dass sie einen inneren Hof umschlossen, in welchem das Aus- und Einpacken der Waaren vorgenommen werden konnte. Im Erdgeschoss befanden sich gewölbte Waarenmagazine, in den oberen Stöcken zahlreiche Wohnungen für die Kaufleute. Die Fonduchi wurden über Nacht durch einen dazu aufgestellten Mann von aussen geschlossen und kein Franke durfte sich Nachts ausserhalb seiner Wohnung betreten lassen. Auch Freitags, während die Muselmänner in ihren Moscheen zum Gebet versammelt waren, durften die Franken sich nicht auf der Strasse zeigen, wurden vielmehr auf zwei bis drei Stunden eingeschlossen — immerhin ein starker Eingriff in die persönliche Freiheit des Kolonisten. Ein Eigenthumsrecht an die Fondachi hatten die kaufmännischen Niederlassungen nicht. Die Fondachi waren vielmehr von der ägyptischen Regierungsbehörde und zwar speziell vom Zollamt den fremden Kaufleuten zur Verfügung gestellt; das Zollamt übernahm die Zahlung des Miethgelds, die Einrichtung und etwaige Reparaturkosten. Die Entscheidung darüber, welche Personen zu dem Genuss einer Wohnung im Fondaco zugelassen werden sollten, sowie die Polizei im Innern des Hauses stand dem Consul zu, welcher selbst da wohnte; als Hausmeister fungirte der sogenannte Fundicarius."

Aehnliche Verhältnisse — vielleicht aus dem Orient übertragen — finden wir nun auch im Fondaco dei Tedeschi zu Venedig. Auch hier ist von einem Eigenthumsrecht der fremden deutschen Kaufleute an dem Gebäude niemals, von einer Selbstverwaltung in demselben wenigstens während des ganzen Mittelalters nicht die Rede, wie das unten noch im Einzelnen gezeigt werden soll: die Republik Venedig war die Eigenthümerin des Hauses und bei ihrem strengen oligarchischen Regiment und ihrer monopolistischen Handelspolitik gestattete sie den deutschen Kaufleuten wenig freie Bewegung, wie sie denn — um dies gleich hier zu erwähnen — dieselben während des Mittelalters durch wiederholte Gesetzesvorschrift von vornherein zwang, im Fondaco abzusteigen. Dass unter solchen

Umständen „die deutsche Eigenart in der Weltstadt Venedig sich nicht so frei und kräftig hat entfalten können, wie in den nordischen Regionen, in welchen die Hansa ihre Comptoire gründete"; dass hier nichts von grossen politischen Haupt- und Staatsaktionen, von Kämpfen und Siegen der deutschen Kaufleute zu erzählen ist, hat bereits Heyd sehr treffend bemerkt[1]). Aber er hat auch nicht verfehlt darauf hinzuweisen, welch segensreiche Thätigkeit trotzdem die deutschen Kaufleute für unser Vaterland hier entfaltet haben, indem sie einerseits der deutschen Manufaktur weite Absatzgebiete eröffnet und dadurch wesentlich die hohe materielle Blüthe namentlich der süddeutschen Städte gefördert oder eigentlich hervorgerufen haben, andererseits aber durch die Zurückbringung der „köstlichen" Waaren und Produkte des Orients aus der Lagunenstadt in ihrer Heimath „zu feinerem Genuss und reicherer Ausstattung des Lebens so unendlich viel beigetragen haben". Und wie viel Anregung und Nahrung auf geistigem Gebiete in Bezug auf Kunst und Wissenschaft der deutsche Kaufmann jeweilig in der Weltstadt Venedig empfing, das wird sich im Einzelnen wohl nie feststellen, nicht statistisch mehr genau nachweisen lassen, ist aber eine so wichtige und unbestreitbare Thatsache, dass sie in diesem Zusammenhange nicht übergangen werden darf. Denn erst wenn man diese verschiedenen Momente in's Auge fasst, wird man zu einer richtigen Würdigung der Bedeutung des Fondaco dei Tedeschi und der deutsch-venetianischen Handelsbeziehungen gelangen, welche einzelne Forscher sogar nicht anstehn, höher zu stellen als die der Hansa. So urtheilt Hellwald geradezu, dass sie „zur Kulturentwicklung der deutschen Nation ungleich mehr beigetragen haben, als die Handelsthätigkeit und die merkantilen Beziehungen der Hansa"[2]). —

Wer von Norden kommend den Canal grande der Lagunenstadt hinabführt, erblickt unmittelbar vor der Rialto-Brücke linker Hand ein grosses, massiges Gebäude, das heutigen Tages freilich nur durch seine Ausdehnung und höchstens noch durch die Einfachheit seines Baustiles äusserlich einen gewissen Eindruck macht. Das ist der Fondaco dei Tedeschi, in dessen Räumen heutigen Tages die Staats-Finanz-Intendantur ihren Sitz aufgeschlagen hat — ein Bau aus dem Anfang des 16. Jahrhunderts, der nach einem grossen Brande des Jahres 1505 an Stelle des alten Hauses aufgeführt worden ist. Gerade dieser Brand und die mancherlei Veränderungen, welche sich sonst an diesen knüpften, lassen es angezeigt erscheinen, diese Skizze in zwei Theile zu zerlegen, von denen der erste die Geschichte des Fondaco und der Handelsbeziehungen bis zum Jahre 1505 zu behandeln haben wird.

---

[1]) „Das Haus der deutschen Kaufleute" in Sybel's histor. Zeitschr. 1874 Bd. XXXII S. 193 u. ff. — [2]) Kulturgeschichte in ihrer natürlichen Entwicklung bis zur Gegenwart. 3. Aufl. Bd. II. S. 315.

# Erster Theil.

## I. Das Gebäude.

Einer wenig verbürgten Version zufolge sollen in früherer oder ältester Zeit hier die Tribunen Venedigs ihren Sitz gehabt haben, das heisst jene Behörde, welche vor der Einsetzung von Herzogen oder Dogen (duces) den Inselstaat Venetien regierten und die auch nachher noch geraume Zeit eine wichtige Stellung in der Republik einnahmen. Wir haben keine sichere Nachricht darüber, wann denn das Gebäude — angenommen, dass es schon längere Zeit bestanden — zu seiner späteren Bestimmung umgewandelt worden ist. In einer Denkschrift, welche gelegentlich eines Streites mit den deutschen Kaufleuten die in Venedig verkehrenden „italienischen" Kaufleute der Behörde der ‚Cinque Savii alla Mercanzia' im November 1727 überreichten, heisst es, dass schon vor 1200 der Fondaco dei Tedeschi eingerichtet worden sei [1]. Wann dies aber geschehen und ob die Notiz in der That überhaupt richtig, dies zu entscheiden, fehlt es uns an allen genaueren Anhaltspunkten.

Wir wissen ja überhaupt leider nur sehr wenig über direkten, aktiven Handelsverkehr deutscher Kaufleute mit Italien und speziell mit Venedig in früherer Zeit. Oft angeführt [2] ist jene Erzählung des St. Galler Mönches aus dem Ende des 9. Jahrhunderts von Karl dem Grossen und seinen Hofleuten, welche dem Kaiser an einem kalten Regentage auf die Jagd folgen und dabei ihre mehr prächtigen als praktischen Gewänder dem Verderben preisgeben mussten, die sie kurz vorher zu Pavia gekauft hatten, wohin die Venetianer die Schätze des Orients auf den Markt gebracht. Aber eigentlich beweist die Anekdote ja nichts für den direkten Verkehr mit Venedig — ebensowenig wie die Notiz in dem Gesandtschaftsbericht Liudprands von Cremona an Kaiser Otto I. (968), dass „man" von venetianischen und amalfitanischen Hausirern kostbare Gewänder gegen Getreide eintausche [3], da dieses „man" doch wohl in erster Linie auf Italien zu beziehen ist. Nur dies kann man aus solchen und anderen Angaben, wie in den Fuldaer Annalen zum Jahre 860 [3]: das Ionische Meer sei damals so stark zugefroren, dass die

---

[1] Thomas, G. B. Milesio's Beschreibung des deutschen Hauses in Venedig in den Abhandlungen der k. bayer. Akad. d. Wiss. I. Kl. Bd. XVI, Abth. II. S. 88: Premetteremo che il Fontico de Tedeschi ha avuto la sua instituzione prima dell' anno 1200. Fu fissato in alloggio de Tedeschi Mercanti che venivano con le loro mercanzie per condursele e compratene altre di Venezia si partivano. — [2] Erdmannsdörfer, De commercio quod inter Venetos et Germaniae civitates aevo medio intercessit (1858) p. 8; Gfrörer, Byzantinische Geschichten Bd. I: Gesch. Venedigs (1872) S. 82; Heyd, Gesch. des Levantehandels im Mittelalter I, 123. — [3] Kohlschütter, Venedig unter Peter II. Orseolo (1871) S. 11.

Kaufleute statt zu Schiff zu Pferd und auf Wägen ihre Waaren
nach Venedig gebracht — nur soviel, sage ich, darf man hieraus
meines Erachtens entnehmen, dass Venedig frühzeitig als ein Haupthandelsplatz und als Vermittlerin zwischen Morgen- und Abendland
auch in Deutschland galt, wie überdies aus einer Urkunde des
Jahres 960 erhellt, dass Briefe aus Baiern und Sachsen nach Konstantinopel über Venedig befördert wurden [1]). Einen bedeutenden
Aufschwung soll nach den Ansichten Verschiedener [2]) der Handel
Deutschlands mit Italien im 10. Jahrhundert und besonders nach
der Uebertragung der römischen Kaiserwürde an die deutsche Nation
genommen haben. „Vergebliche Mühe wäre es jedoch", warnt
Dümmler [3]), „dieser Entwicklung im Einzelnen nachspüren zu wollen." Nur wenige verstreute Notizen lassen sich hiefür als Belege
anführen. So gedenkt Ekkehard von St. Gallen in der Geschichte
seines Klosters zum Jahre 917 der aus Italien heimkehrenden Kaufleute [4]). Auch die Verleihung oder Bestätigung von Markt- und
Zollrechten für einzelne Städte, z. B. für Rorschach im Jahre 947
„weil es für die nach Italien oder Rom Reisenden bequem gelegen"
oder 952 für Chur hat man in diesem Sinne verwerthen zu dürfen
geglaubt [5]).

Beachtenswerth ist dann jedenfalls, dass Thietmar in Merse-
burg zum Jahre 1017 in seine Chronik die Notiz aufgenommen
hat, dass vier Schiffe der Venetianer mit Spezereien beladen auf
dem Meere untergegangen seien [6]). Das zeigt einmal, welches Interesse man selbst im Herzen Deutschlands an den Geschicken
venetianischer Handelsschiffe nahm, was wohl nur erklärlich, wenn
man mit denselben in irgend einer Beziehung und Verbindung stand;
andererseits legt die Notiz den Gedanken nahe, dass Thietmar die
Kunde von jenem Vorfall vielleicht durch deutsche Kaufleute selbst,
die gerade von Venedig zurückkehrten, erhalten hat. — Woher
Ph. Vonend [7]) die Nachricht geschöpft hat, dass um die Mitte des

---

[1]) Kohlschütter S. 12. — [2]) Gfrörer a. a. O. S. 595; Hellwig, Handel und
Gewerbe der deutschen Städte während der sächsischen Kaiserzeit (Göttinger
Gymnasialprogramm 1882) S. 4, der aber in nicht ganz genauem Anschluss an
Waitz (Deutsche Verfassungsgeschichte V, 350) diesen Aufschwung wohl über-
schätzt. — [3]) Kaiser Otto der Grosse (Jahrbücher der deutschen Geschichte)
S. 548. — [4]) Erdmannsdörfer l. c. p. 8, Gfrörer a. a. O. S. 595. — [5]) Hellwig
a. a. O. Hingegen behauptet Schmoller bekanntlich in seiner Rede „Strassburgs
Blüthe und die volkswirthschaftliche Revolution" im 13. Jahrh. (1875) (in den
Quellen u. Forsch. zur Sprach- und Kulturgesch. der german. Völker Bd. V)
S. 7 im Anschluss an Nitzsch, dass das ganze Leben der deutschen Nation auch
im 10. Jahrh. ein durchaus agrarisches geblieben, die Aenderung erst im 12. Jahrh.
eingetreten sei. — Wenn ich hier die Verträge zwischen Venedig und den deutschen Kaisern nicht erwähne (s. über sie Fanta in den Mittheilungen des Instituts für österreichische Geschichtsforschung, Ergänzungsheft zu Bd. I), in
denen beiderseits freier Handel zugesichert wurde, so geschieht dies deshalb,
weil sie sich auf die Nachbarn der Venetianer, die italienischen Unterthanen der
Kaiser, sich bezogen. — [6]) Heyd, Gesch. d. Lev.-H. I, 129. — [7]) „Die Herrschaften
des vormaligen Hochstifts Bamberg in Oberkärnthen" in Hormayr's Archiv für

12. Jahrhunderts bereits „die Städte Nürnberg und Augsburg ihre
Waaren über Villach nach Venedig geschickt hätten", ist mir nicht be-
kannt. — Oefters citirt[1]) ist dann ferner die Stelle in der französisch
abgefassten ‚Chronique des Veniciens' des venetianischen, um 1275
schreibenden, Chronisten Martino da Canale, der zur Regierung des
Dogen Domenico Morosini (1148—1156) bemerkt: ‚s'en aloient les
Venisiens parmi la mer sa et la, et dela la mer et en tos leus, et
achetoient les marchandies, et les condusoient en Venise de totes pars.
Si les venoient acheter droitement en Venise Alemans et Baviers,
Franceis et Lombars, Toscans et Ongres, et totes gens qui vivent de
marchandies; et les condusoient en lor pays'[2]). Canale ist freilich
ein Autor, dem man bei seiner Lust zum Fabuliren und bei seiner
Neigung zum Romanhaften gerade in den älteren Partieen nicht
unbedingt Glauben schenken darf[3]). Er hat sich sicherlich kein Gewissen daraus gemacht, Zustände seiner eigenen Zeit auf eine frühere
zu übertragen, zumal wenn er von derselben etwa gerade sonst
nichts zu berichten wusste. Das sogenannte ‚Chronicon Altinate' oder
die ‚Historia ducum Venetorum'[4]), die Quelle, der er sonst in
diesen Partieen folgt, erwähnt nichts hiervon. — Vielleicht darf
man dem Friedenscongress vom Jahre 1177 und dem Aufenthalt
Kaiser Friedrichs I. in Venedig einen gewissen Einfluss auf eine
Zunahme des deutsch-venetianischen Handelsverkehres zuschreiben.
Viele deutsche Fürsten waren ja damals mit zahlreichem Gefolge
in Venedig zugegen, um der Versöhnung Friedrichs mit Alexander III.
beizuwohnen, und konnten sich durch den Augenschein überzeugen,
wie die Stadt, die in Folge der Kreuzzüge ihren Handel nach
dem Orient mehr und mehr ausgedehnt hatte, im raschen Aufblühen
begriffen war. Das musste naturgemäss zu innigeren Beziehungen
führen. Vollends seit dem sogenannten vierten lateinischen Kreuzzug
war Venedigs Weltstellung als Handelsgrossmacht entschieden und
damit die Nothwendigkeit mit ihm in fortdauerndem Handelsverkehr
zu bleiben von selbst gegeben.

Milesio, im Anfang des 18. Jahrhunderts Archivar der deutschen Kaufleute im Fondaco, schreibt denn auch[5]), dass ungefähr seit
dem Jahre 1200 (sin' dall' anno 1200 incirca) der Fondaco von den
Deutschen bewohnt worden, und setzt in die darauffolgende Zeit erst
die weitere Ausdehnung des venetianischen Handels nach Ungarn,
Polen, Holland, Flandern, England etc.

Die älteste bis jetzt bekannte Urkunde, in welcher des
Fondaco klar und deutlich Erwähnung gethan wird, datirt vom

---

Geschichte, Statistik, Literatur und Kunst 1826 Nr. 113 S. 602 u. ff.; cf. Raumer.
Geschichte der Hohenstaufen Bd. V S. 340 (3. Aufl.): s. dagegen Fischer, Gesch.
des teutschen Handels I, 682. — [1]) So bei Raumer ebendort und bei Erdmanns-
dörfer l. c. p. 10. — [2]) Archivio Storico Italiano tom. VIII p. 310. — [3]) cf. meine
Schrift: Andreas Dandolo und seine Geschichtswerke (1876) S. 111. — [4]) In den
Monumenta Germaniae historica' Scriptores tom. XIV. — [5]) Thomas a. a. O. S. 19.

5. Dezember 1228 [1]). Es ist recht bezeichnend, dass er da noch
‚Fonticum comunis Veneciarum ubi Teutonici hospitantur‘ heisst. Erst
später wird der Name ‚Fonticum Theutonicorum‘ allgemeiner ge-
bräuchlich.

Nach der Angabe Milesio's war das alte Haus ein kleines
zweistöckiges, aber „reiches“ Gebäude, wobei freilich unklar ist, ob
er es reich wegen seiner Ausstattung oder wegen des darin sich
entwickelnden lebhaften Waarenumsatzes nennt [2]). Sonst wissen und
lesen wir nur sehr wenig von dem alten Bau. Es wird gelegentlich [3])
nur der darin befindlichen Küche und eines eigenen zum Salzen der
Fische [4]) bestimmten Raumes auf dem Söller gedacht, welche beide
im März des Jahres 1312 wohl in Folge der zunehmenden Frequenz
einer Reparatur, beziehungsweise der Erweiterung bedurften. Ausserdem hören wir [5]), dass das Haus von Besitzungen der Familien
Polani und Justo umgeben und, wie es scheint, von einer Mauer
eingeschlossen war [6]).

Zu Anfang des Jahres 1318, wohl im Monat April [7]), brannte
das alte Gebäude nieder. Sofort traf die Regierung Anstalten nicht
blos zur Wiederherstellung, sondern auch zur Vergrösserung des
Fondaco. Sie trat in Unterhandlungen (die sich dann aber längere
Zeit hinzogen) mit den beiden vorhin genannten Familien behufs
Erwerbung ihrer Anwesen oder zweckdienlicher Umgestaltung derselben [8]); sie sorgte zugleich dafür, dass der Zugang zum Fondaco von der Wasser- wie von der Strassenseite her offener, freier
und bequemer wurde [9]). So genau darüber die Angaben lauten [10]),
so schwer ist es doch von den Lokalitäten und der Topographie
sich ein anschauliches Bild zu machen, da später noch wiederholt Umänderungen stattfanden. Wie man aus den beigefügten Abbildungen ersehen kann, von denen die eine dem grossen Plane
Venedigs von Jacopo de' Barbari aus dem Jahre 1500 entnommen

---

[1]) Sie ist in dem ‚Liber communis oder L. Plegiorum‘ überliefert, über dessen
Inhalt man das Vorwort in Bd. I S. XI vergleiche. In demselben L. Pl. findet sich
allerdings schon unter dem 1. April 1225 (Predelli p. 68 n. 249) ein ‚fontecum comunis‘ erwähnt; aber, da derselbe in keiner Weise näher bezeichnet wird, ist es ebenso
ungewiss, ob darunter der Fondaco dei Tedeschi zu verstehen ist, als wenn in einer
anderen (ebendort überlieferten) Urkunde vom 1. Jan. 1229 (Predelli p. 165 n. 698)
von einem ‚fonticum comunis novum‘ und einem anderen ‚quod factum est in
domo Jo. Michaelis‘ die Rede ist. Mit grösserer Wahrscheinlichkeit kann man
auf die Existenz des Fondaco dei Tedeschi im Jahre 1225 schliessen aus einer
Urkunde vom Sept. 1225, wo Visdomini erwähnt werden, die dem Zusammenhange nach kaum andere als die des Fondaco dei Ted. sein werden. Diese
Urkunde eröffnet daher unsere Sammlung. Direkter Verkehr ungarischer Kaufleute, die damals als Deutsche galten, nach Venedig im Jahre 1226 ist auch
bezeugt durch eine Urkunde im Lib. Pleg. (Predelli p. 99 n. 392). — [2]) Thomas,
Milesio's Beschr. p. 20 — — quel piccolo, ma ricco Fontico, ch'era di due soli
soleri. — [3]) Bd. I Nr. 34. — [4]) Gesalzene Fische waren mit Rücksicht auf die
Fastenzeit ein wichtiger Handelsartikel. — [5]) Bd. I Nr. 4. — [6]) cf. Capitolare
dei visdomini del fontego dei Todeschi (hgb. von G. M. Thomas) p. XXI no. 2
und Bd. I Nr. 14. — [7]) Bd. I Nr. 51. — [8]) Bd. I Nr. 62, 99. — [9]) s. ebda. Nr. 87,
99, 100. 102. — [10]) s. ebda. besonders Nr. 102.

und deshalb besonders werthvoll für uns ist, weil sie den Fondaco
vor dem Brande von 1505 zeigt, — ich sage aus dieser Abbildung erhellt, dass der Fondaco gegen Norden, Westen und Süden damals schon
wohl so ziemlich die Ausdehnung besass, die er heute einnimmt. Wie
aus dem „Capitolare" hervorgeht[1]) und auch Milesio angibt[2]), erstreckte er sich von der Riva del Ponte di Rialto (später Riva del
Buso genannt) bis zum Ponte di Cà Boldù (später Ponte dell' Oglio),
welche den Bezirk S. Giovanni Crisostomo von dem von S. Bartolomeo
trennt, und war auf der Nord- und Westseite vom Wasser bespült.
Anders gegen Osten. Denn hier sieht man deutlich, wie unregel-
mässig früher die Front war, welche an der Strasse gegen S. Giovanni
Crisostomo hin liegt. Die Strasse war krumm, winkelig, verbaut, was
denn auch schon im Jahre 1341 Veranlassung gegeben hat, das Projekt einer Vergrösserung und Erweiterung dieser Strasse in's Auge
zu fassen, das aber dann nicht zur Ausführung gekommen ist[3]).
    Wiederholt hat dann die Regierung noch für Erweiterung des
Fondaco sorgen müssen[4]). Denn trotzdem das neue Gebäude
56 Wohngelasse enthielt, wurden doch öfters von Seite der deutschen Kaufleute Klagen laut über Mangel an Platz; die Gänge
waren mit Kästen, Kisten und Ballen so verstellt, dass man
bisweilen kaum durchgehen oder in den Hofraum hinabsehen
konnte[5]) — Uebelstände, denen die Regierung durch Ankauf von
Häusern oder durch zeitweise gewährte Erlaubniss der Errichtung
von Filialen in der nächsten Umgebung, in der ruga de ca Vidal
z. B.[6]), abzuhelfen fortwährend bestrebt war. Dass übrigens jener
Raummangel nicht blos in der zunehmenden Frequenz der deutschen Kaufleute seinen einzigen Grund, sondern noch andere
Ursachen hatte, dass daran oftmals die egoistische Rücksichts-
losigkeit einzelner Benützer Schuld war, die sich nicht an die vor-
geschriebene Ordnung halten und auch während ihrer Abwesenheit
im Besitze ihrer Kammern bleiben wollten, das hat Heyd bereits
aus dem Capitolare nachgewiesen[7]).
    Ueber das Haus selbst und dessen innere Einrichtung wissen
wir auch aus dieser Zeit nur sehr wenig. Felix Fabri, der bekannte
Reisende, schreibt[8]), dass es aus einem „Doppelhause mit zwei inneren
Höfen" bestand, was deutlich auch auf der erwähnten Abbildung
erkennbar ist, auf welcher die aufgezogene (Reichs-?) Fahne noch
besonders beachtet werden mag. Fast scheint es, als ob auch
dieser Bau wenigstens theilweise von einer Mauer umgeben war[9]).
    Auch dieses Haus hatte nur zwei Stockwerke[10]). Ausser den
56 Kammern und den Gewölben, deren Zahl nicht angegeben, für die

---

[1]) cap. 130 pag. 50. — [2]) Thomas p. 23. — [3]) Bd. I Nr. 100. 102. — [4]) ebda.
Nr. 220, 332. 337. — [5]) s. Bd. I Nr. 657. — [6]) Bd. I Nr. 212, 281. 282. —
[7]) Hist. Zeitschr. n. a. O. S. 201; Capitol. cap. 252. 269. 276, 277; cf. unten S. 13.
— [8]) In seinem Evagatorium (u. 1483) vol. III (Bibliothek des literar. Vereins in
Stuttgart Bd. IV S. 432; cf. Heyd a. a. O. S. 218). — [9]) s. Bd. I Nr. 454. — [10]) cf.
Capitol. cap. 110 pag. 39.

Kaufleute befanden sich darin noch ein gemeinsamer Speisesaal [1]),
eine Küche, eine Weinschenke und andere Räumlichkeiten für den
Hausmeister etc. Die Kammern scheinen theilweise eigene Namen
geführt zu haben: von einer, welche längere Zeit von einer Nürnberger Familie benützt wurde, lesen wir [2]), dass sie „Paradies" ge-
heissen habe. Eine andere von einem Regensburger am Anfang
des 16. Jahrhunderts oder von Regensburgern überhaupt benützte
Kammer führte den Namen ‚la balta (volta?) de San Pyro' [3]). Einzelne sind von ihren Besitzern und Benützern noch besonders aus-
gestattet worden — öfters ist solchen erlaubt, darin einen Kamin
setzen zu lassen [4]) — Marino Sanuto der Jüngere spricht gelegentlich des Brandes im Jahre 1505 von ‚Camere d'oro', welche bei demselben zu Grunde gingen [5]).

Auf dem Söller in der Mitte des Hauses wurde im Jahre 1345
ein kleiner Altar aufgestellt, an welchem für die Kaufleute Messe
gelesen wurde, und obwohl dieser Altar nicht fest angemacht sein
sollte, scheint er doch beibehalten worden zu sein; denn 1360
hören wir, dass ein Deutscher den Kaufleuten im Fondaco den
Gottesdienst verrichtete [6]).

Wenden wir uns nunmehr zur

## II. Verwaltung des Gebäudes

und was damit zusammenhängt, als: Art der Benützung, Beamte und
Bedienstete und Verhältniss der Regierung zu den Benützern überhaupt.

Dass die venetianische Regierung von Anfang an die Eigenthümerin des Fondaco gewesen, ist bereits oben bemerkt worden
und mag hier nur dahin ergänzt werden, dass sie bis zum Untergang
der Republik im Jahre 1797 es immer geblieben ist. Sie war es denn
auch, welche wenigstens während des Mittelalters die ganze Verwaltung des Gebäudes in Händen hatte und bis in's Einzelne regelte.
Es muss auch vorausgeschickt oder nochmals betont werden, dass
sie es keineswegs dem Belieben des Kaufmanns anheimstellte, ob
er im Fondaco wohnen wolle oder nicht. Im Gegentheil; sie schrieb
das ausdrücklich vor; sie zwang ihn dort abzusteigen. Sie verbot
den Barkenführern strengstens, die Kaufleute und ihre Waaren
irgend anderswo abzusetzen als im Fondaco; und ebenso strenge
untersagte sie den Bewohnern der Stadt, einen Deutschen oder seine
Waaren insgeheim bei sich aufzunehmen [7]) — ein Zwang, worüber am

---

[1]) cf. Bd. I Nr. 357. — [2]) Bd. I Nr. 362, 364. — [3]) cf. Gemeiner, Regensburgische Chronik IV, 140 n. 287 und meine Bemerkung zu der meines Erachtens unrichtig datirten Urkunde unten im zweiten Theile. — [4]) Bd. I Nr. 307,
511, 520. 544, 821; cf. unten S. 74. — [5]) Diarii (Neue Ausgabe durch die Deputazione Veneta di storia patria 1879 ff.) t. VI p. 126. — [6]) Cecchetti im Archivio
Veneto tom. XXX pag. 143; cf. Bd. I Nr. 185a. — [7]) s. Capitol. p. 31 c. 90,
p. 80 c. 181, p. 146 c. 252, p. 223 c. 3 no. 2, p. 227 c. 13; cf. Bd. I Nr. 40.

Anfang des 14. Jahrhunderts die Nürnberger sich bitter beklagten,
mit dem sich aber offenbar später Alle befreundet haben, da nichts
mehr von ähnlichen Beschwerden verlautet [1]).

Anfangs scheint — der Wortlaut der Urkunde [2]) lässt es nicht
ganz deutlich erkennen — die Regierung die ganze Verwaltung des
Fondaco in Pacht gegeben zu haben, im Jahre 1228 (5. Dezember)
um die Summe von 1100 Pfund venetianischer Denare. Wenn sie
diesen Modus später, und zwar vermuthlich nicht allzulange darnach,
fallen gelassen hat, geschah es wohl, weil sie erkannte, bei eigener
Führung des Hauses eine bessere Einnahme zu erzielen. Die Zimmer oder „Kammern" und Gewölbe wurden nun gegen einen, der
Regierung zu zahlenden, bestimmten Preis einzeln an die deutschen
Kaufleute vermiethet. Wie hoch derselbe war, ist aus der ersten
Zeit nicht überliefert; im Jahre 1354 musste für gewöhnlich jeder
Kaufmann, der eine Nacht im Fondaco zubrachte, 12 Schillinge
oder ‚piccoli' und wenn er Nachts eine Kammer benutzte, ebenfalls
12 piccoli an die Regierung bezahlen. Nicht anders kann ich
die Worte an der betreffenden Stelle im Capitolare [3]) verstehen:
‚che zaschun marchadante Todescho sia tegnudo ognia (sic) notte lo
qual abitera in lo fontego pagar pizoli XII e similmente per zascha-
duna camera la qual lo tegneria pagar debia ogni note pizoli XII [4]) . . .'

Es gab eben auch solche Kaufleute — wenn dieser Name
für sie passend und nicht die Bezeichnung ‚Krämer' die richtigere
ist —, welche im Fondaco übernachteten, ohne eine Kammer und
ohne ein Bett zu benützen, welche — um die Miethe zu sparen —
in den Gängen, unter dem Thore oder auf den Wollsäcken schliefen [5])
und deshalb eben wohl nur die Hälfte der oben angegebenen Summe,
nur die einen 12 piccoli zu erlegen hatten. Eben diese waren auch
von der Abgabe oder dem „Trinkgeld" befreit, welches die anderen
Kaufleute, wie es in einer Verordnung vom Jahre 1437 [6]) heisst,
„seit langer Zeit" dem Hausmeister als Entschädigung für die von
diesem gelieferten Geräthschaften u. s. w. zu entrichten pflegten, und
pro Nacht 2 ‚soldi de' piccoli' betrug [7]). Von der nämlichen Abgabe, welche in jenem Jahre 1437 (nachdem sie bis dahin, wie es
scheint, eine freiwillige gewesen) von der Regierung den Kaufleuten
durch Verordnung auferlegt wurde — von dieser Abgabe, sage ich,
waren ausser jenen kleinen Kaufleuten auch diejenigen frei, welche
von der Regierung sogenannte ‚camere dade per gracia' d. h. wohl

----

[1]) s. Flegler im Anzeiger für Kunde der deutschen Vorzeit 1867 S. 330. —
[2]) Bd. 1 Nr. 2. — [3]) p. 63 c. 149. — [4]) Bei den sehr verwickelten Münzverhältnissen
Venedigs ist es sehr schwierig, sich über den entsprechenden heutigen Werth an-
gegebener Summen zu unterrichten; nach einer gütigen Mittheilung des Archiv-
beamten in Venedig Herrn V. Padovan, der als bester Kenner auf diesem Gebiete gilt,
kämen die 12 piccoli im Jahre 1354 (= 1 soldo) c. 2½ centesimi italiani gleich.
— [5]) Capitol. p. 154 c. 259 (1437) . . . tutti quelli che dorme e dormira suxo li
andedi e suxo per i sachi de i gottoni e sotto i portegi senza letto . . . —
[6]) Capitol. ebendaselbst. — [7]) Nach Herrn Padovan = 5 centesimi italiani.

Kammern für längere Zeit und gegen einen geringeren Miethzins aus besonderer Gnade erhalten hatten [1]). Für solche Kammern wurden im Jahre 1487 4 Dukaten per Jahr gezahlt [2]).

Eigentlich oder besser ursprünglich herrschte hinsichtlich der Vertheilung und Benützung der Kammern kein Unterschied. Es galt, wie es die Regierung selbst einmal (Januar 1445) ausspricht [3]), der Grundsatz: Wer zuerst kam, erhielt zuerst eine Kammer und so der Reihe nach weiter. Hatte der Kaufmann seine Geschäfte erledigt — was bei vielen nicht allzulange Zeit in Anspruch nahm — so musste er den Schlüssel zur Kammer dem Hausmeister zurückstellen, damit dieser von Neuem über die Kammer verfügen und sie wieder an andere Ankömmlinge vermiethen konnte [4]). Wollte der Kaufmann, den seine Geschäfte voraussichtlich wieder nach Venedig zurückführten, bei seiner Abreise etwas von seinen Sachen, wie Schreibutensilien, Pult, Kassetten oder dergleichen. zurücklassen, um das Hin- und Herschaffen zu ersparen, so brauchte er es nur dem Hausmeister zu übergeben, der durch einen Erlass der Regierung vom Jahre 1383 [5]) verpflichtet war, diese Sachen ohne Entgeld in einer eigenen verschlossenen Kammer aufzubewahren.

Allein, wie in mancher anderer Beziehung, hielten sich unsere Landsleute nicht immer an diese Satzungen. Sie nahmen entweder die Schlüssel der Kammern, in denen sie ihre Habe zurückliessen, mit sich fort, oder gaben sie und damit die Kammern zur Benützung an andere ihrer Bekannten, ohne dem Hausmeister davon Meldung zu thun [6]). So kam es, dass diesem (der vielleicht durch ein Geschenk insgeheim gewonnen wurde, denn sonst müsste es ihm doch leicht gewesen sein, dagegen einzuschreiten) oftmals nur wenige Kammern von den 56 des Hauses — 1432 z. B. nur 18. 1443 nur 20 — zur Vertheilung an neue Ankömmlinge übrig blieben. Ein Theil derselben war in Folge dessen öfters gezwungen, ausserhalb des Fondaco in Gasthäusern abzusteigen [7]) und beschwerte sich dann darüber bei der Regierung, die daraufhin gegen diesen Missbrauch theils die alten Verordnungen wieder einschärfte, theils neue erliess [8]).

Freilich ist die venetianische Regierung selbst jenem Grundsatze von der Gleichberechtigung der Kaufleute nicht immer treu geblieben, wobei sie wieder nur einer auch sonst üblichen Praxis

---

[1]) Nahmen diese aber, wie ihnen erlaubt war, Gäste bei sich auf — cf. Felix Fabri in seinem Evagatorium Bd. III S. 388 — so mussten diese dem Hausmeister die Hälfte der sonst üblichen Vergütung entrichten; cf. Capitol. p. 155 c. 260. — [2]) Bd. I Nr. 557. — [3]) Capitol. p. 166 c. 277. — [4]) cf. Bd. I Nr. 167. — [5]) Capitol. p. 84 c. 189 und 190. — [6]) cf. Bd. I Nr. 163. — [7]) Als von Pilgerreisenden besonders frequentirte zählen Röhricht und Meissner. Deutsche Pilgerreisen nach dem heiligen Lande S. 11 auf: den Spiegel, den weissen Löwen, den schwarzen Adler, das deutsche Haus, auch St. Georg, zur Flöten oder Pollten, zur Trinität genannt. — [8]) Capitol. p. 145 c. 252; p. 164 c. 276; p. 166 c. 277.

folgte. Der Satz: „Keine Regel ohne Ausnahme" kam vielleicht
nirgends mehr zur Anwendung als in Venedig; ja man könnte fast
sagen: die Ausnahmen bildeten hier die Regel. Das macht ja die
Darlegung der venetianischen Verfassungs- und noch mehr der Ver-
waltungsverhältnisse so ungemein schwierig, dass Alles in beständigem Flusse sich befand, dass man — zur Zeit der Blüthe wenigstens — Gesetze und Verordnungen gleichsam nur auf Probe erliess,
dass man sie abänderte, wenn sie sich nicht bewährten oder wenn
andere Gründe augenblicklich gegen sie und für ihre Suspendirung
sprachen.

Wir haben oben gehört, dass die Regierung Kammern an
Einzelne auf längere Zeit ‚per gratiam' verlieh. Ebenso heisst es
in einer Verordnung vom Jahre 1445, worin die Rückgabe der
Schlüssel neuerdings vorgeschrieben wird, dass von diesem Gebot
jene Kaufleute ausgenommen sein sollten, welche „eigene" Kammern besässen[1]). Auch dies kann nur in dem oben angegebenen
Sinne verstanden werden, dass gegen Bezahlung oder Vorausbezahlung
des Miethzinses (vermuthlich auf ein Jahr) einzelne, in beständigem
Verkehr mit Venedig stehende, deutsche Kaufleute eine und dieselbe
Kammer für länger benützen konnten. Gerade hierüber enthalten
unsere Urkunden[2]) sehr werthvolle Notizen. Wir sehen daraus, dass
nicht blos einige Jahre, sondern ganze Generationen hintereinander
Kammern im Besitze einzelner Kaufmannsfamilien waren, die sie
denn nach Belieben besser ausstatten und verschönern lassen konnten[3]).
So gaben die Nürnberger Kaufleute Mendel im Jahre 1429 an, dass
ihre Vorfahren seit gegen 80 Jahren im ungestörten Besitze einer und
derselben Kammer waren; und in der That lesen wir[4]), dass im Jahre
1377 dem alten (berühmten, später in Venedig verstorbenen) Marcus
Mendel und seinen Brüdern auf ihren Wunsch die von ihnen augenblicklich benützte Kammer sammt Gewölbe im Fondaco dauernd
überlassen wird, weil beständig einer von ihnen in Venedig sei
und sie ohne dieselben ihre Geschäfte nicht besorgen könnten. — 1412
erhalten die Nürnberger Wilhelm und Johannes Rummel, 1476 zwei
andere Kaufleute die Erlaubniss, in der ihnen zugetheilten Kammer des Fondaco einen Kamin anbringen zu lassen[5]), gewiss nur,
weil sie dieselben länger zu benützen gedachten — und 40 Jahre
später lesen wir[6]) wiederum, dass vielleicht der nämliche Wilhelm
Rummel und ein anderer desselben Geschlechtes die venetianische
Regierung durch den Rath ihrer Vaterstadt ersuchen, sie im Besitze der seit langer Zeit von ihnen und ihren Vorfahren gegen
einen jährlichen Miethzins benutzten Kammer und Gewölbe auch

---

[1]) Capitol. p. 167 ‚tuti e chadauno marchadante Todescho che non avera
chamera propria' und p. 168 ‚tuti i marchadanti Todeschi del fontego che non
anno chamere proprie quando i se parte de Venezia . . . i debiano dar le chiave
de le camere al nostro maser.' — [2]) s. Bd. I Nr. 351. 361. 362. 363. 470. —
[3]) Bd. I Nr. 511. — [4]) Bd. I Nr. 240. — [5]) Bd. I Nr. 307; cf. Nr. 544. — [6]) ebda.
Nr. 470.

fernerhin zu belassen. Dann sah sich wohl die Regierung gelegentlich durch die Klagen wegen Mangels an Raum abgewiesener Kaufleute veranlasst, wie z. B. im Jahre 1429, die bestehenden Verordnungen etwas schärfer anzuwenden und auch gegen jene langjährigen, alten Gäste schärfer aufzutreten — theils in der Art, dass sie einen weit höheren, ja doppelt so hohen Miethzins von ihnen verlangte, theils dass sie ihnen das Benützungsrecht der Kammern geradezu kündigte oder zu kündigen drohte, was dann aber durch Vermittlung der heimischen Behörden wohl meist verhindert wurde. 1432 wird wieder der Ausdruck ‚camere non obligate‘ gebraucht, was vermuthlich nichts Anderes heisst, als: nicht fest vergeben [1]).

Im Jahre 1439 bestimmte die Regierung, dass denjenigen Kaufleuten, welche zwei Jahre lang nicht in eigener Person nach Venedig kämen, um Kaufmannschaft zu treiben, die Kammern zu Gunsten Anderer entzogen werden sollten. Ebenso denjenigen, welche mit Hinterlassung von Schulden verschwunden wären; auch die Kammern verstorbener Kaufleute sollten wieder anderweitig verwendet werden [2]). — Sehr entschieden wurde einmal im Jahre 1453 von der Regierung gegenüber dem Rathe der Stadt Ulm (der sich darüber beschwerte, dass einem Ulmer, Peter Roys, seine Kammer genommen worden) der oben erwähnte Grundsatz ausgesprochen, dass dem Gesetze zufolge Niemandem im Fondaco eine Kammer für immer oder auch nur für allzu lange Zeit überlassen werden dürfe. Alle Kammern sollten zu gemeinem Nutzen in gleicher Weise allen Kaufleuten offen stehen und steter Wechsel in der Benützung stattfinden [3]). Das war 1453. Aber nicht eben allzulange später finden wir wiederum, dass der und der seit längerer Zeit im Besitze der nämlichen Kammer ist, im Jahre 1468 Johannes und Heinrich Rummel [4]), welche das ‚Collegio‘ sogar ausdrücklich gegen eine gegentheilige Entscheidung der Visdomini in Schutz nahm; im Jahre 1483 ein Schweizer z. B. seit 26 Jahren [5]), also seit 1457! 1469 erlaubt das Collegio die Uebertragung von Kammer und Gewölbe auf die Namen des Stiefsohnes und Enkels der bisherigen Benützer [6]), und im Jahre 1487 wird einem Nürnberger und seinen Brüdern, ebenso 1489 den Brüdern Fugger die von ihnen benützte und ausgestattete Kammer auf ihre Bitten geradezu wieder für immer verliehen [7]). Es erklärt sich dieses Abweichen von der

---

[1]) Bd. I Nr. 390. — [2]) Capitol. p. 161 c. 269—271. — [3]) Schreiben des Dogen Francesco Foscari an den Bürgermeister und Rath von Ulm vom 23. Juni 1453 (veröffentlicht von G. M. Thomas in den Sitz.-Ber. der k. b. Ak. d. Wiss. Philos.-philol. Kl. 1869 S. 302): ‚Per legem cautum est, ut camera aliqua fontici Theotonicorum nemini detur aut in perpetuum aut ad longissimum tempus, sed omnes camere pro communi et equali omnium mercatorum commoditate dentur ipsis mercatoribus, quando huc veniunt, et eas tenent et utuntur, quamdiu hic stant et, quando eorum negotiis expeditis recedunt, dantur postea aliis venientibus‘. — [4]) Bd. I Nr. 511. — [5]) Bd. I Nr. 557. — [6]) Bd. I Nr. 513. — [7]) ebda. Nr. 574 u. 582.

ursprünglichen Regel eben aus dem zunehmenden Verkehr, der es für die grossen deutschen Handlungshäuser zur Nothwendigkeit machte, einen Vertreter in dem grossen Welthandelsemporium ständig an Ort und Stelle zu haben. —

In diesem Zeitraum, wo der Fondaco noch ganz unter der Verwaltung der Regierung stand, wurde von ihr strenge Hausordnung gehalten. Wie die Fondachi in Alexandria (s. oben), so wurde auch dieser des Nachts zu bestimmter Stunde geschlossen [1]), aber in früherer Zeit für später Ankommende immer geöffnet. Das geschah eingestandenermassen schon deshalb, um zu verhindern, dass dieselben in einem Gasthause ihr Absteigequartier nahmen und dann die Regierung um die Eingangszölle u. s. w. brachten. Als ein Augsburger im Jahre 1330 sich deshalb mit seiner späten Ankunft entschuldigen wollte, wurde diese Ausrede um so weniger für stichhaltig erklärt, als er bereits seit 15 Jahren in Venedig verkehre und mit den Gesetzen des Landes vertraut sein könne [2]).

Später gegen Ende des 15. Jahrhunderts wurde einmal befohlen, den Fondaco die ganze Nacht geschlossen zu halten und Niemandem zu öffnen, weil bei dieser Gelegenheit, da das Thor der ‚riva‘ offen gestanden [3]), viel Unterschleif getrieben worden. Auf inständiges Bitten der Kaufleute wurde die Massregel aber bald wieder zurückgenommen [4]). Die ganze Nacht brannte denn auch im Fondaco zur Erhellung der Treppen und Gänge Licht: im alten Gebäude 12 Kerzen oder Lampen [5]).

Ein anderer Punkt der Hausordnung betraf die Durchsuchung der Kammern. Die deutschen Kaufleute mussten sogleich nach ihrer Ankunft ihre Waffen, die sie etwa mitgebracht, dem Hausmeister abliefern. Aber wenigstens einmal im Monat sollten die Visdomini, die obersten Beamten der venetianischen Regierung im Fondaco, nach einer Verordnung vom 22. Oktober 1315 [6]) die Kammern durchsuchen, ob nicht die Kaufleute doch Waffen darin insgeheim versteckt hätten. Und ebenso mussten diese es sich gefallen lassen, dass die Visdomini mit ihren Schreibern „von Zeit zu

---

[1]) Capit. p. XVI a. 1275; p. XVIII, a. 1278 um 9 Uhr: postquam janua clausa erit et tercia campana erit sonata. Cf. Bd. I Nr. 185a. — [2]) Minotto, Docum. ad Bellunum … spectantia vol. II Sect. II p. 27. ‚Gratia fiat Henrico de Ausborgo qui pro eo, quod quandam nocte, cum venit Venecias tarde, non ivit ad hospitandum in fontico Teutonicorum, sed ivit ad hospicium Galli cecidit ad penam libr. C et ad penam quarti marcharum IV argenti, quas non presentavit, ut debebat. quod solvendo libr. X u residuo dictarum condempnationum absolvatur. Et officiales (Teutonicorum) dicunt quod per formam sui capitularis, eo quod extra fonticum hospitatus fuit, cecidit ad penam libr. C etc. et quod omni hora noctis fonticum forensibus aperitur et illa nocte venit de Mestre, et pulata S. Juliani clauditur in occasu solis; ita quod bona hora venire potuit ad fonticum et per pueros officialium inventus fuit in dicto hospicio et quod jam annis XV utitur Veneciis ita quod scit condiciones terre … — [3]) Capit. p. 236 c. 6 a. 1479. — [4]) ebda. p. 250 c. 15 a. 1483. — [5]) ‚lume over zexendeli‘ (?), nicht 18, wie Milesio (Thomas p. 26) angibt; s. Capit. p. 85 c. 190 Verordnung vom 20. Januar 1383. — [6]) Capit. p. 32 c. 92.

Zeit" Kammern und Magazine überhaupt einer Visitation unter-
warfen, um zu sehen, ob alle Waaren richtig angegeben, verkauft,
die vorgeschriebenen Abgaben gezahlt waren u. dergl. m.[1]).

Ein umfangreiches Kapitel in der Hausordnung nahm weiters
die von der Regierung im Fondaco eingerichtete Weinschenke in
Anspruch. Der Besuch derselben war eigentlich nur den deutschen
Kaufleuten und mit Ausnahme der Festtage[2]) gewissen im Fondaco
Beschäftigten gestattet, nämlich den Sensalen, den Ballenbindern,
dem Koch und Unterkoch, den Dienern und Trägern[3]); Andere,
selbst die Visdomini, waren davon ausgeschlossen. Aber trotzdem
wurden mehr als einmal Unberechtigte auf einem heimlichen Trunke
betroffen[4]), und mehr als einmal kam es dann dort zu Streit und blutigen Händeln[5]), so dass die Regierung den Visdomini das Recht
zugestehen musste, von den Waffen Gebrauch zu machen, und selbst
wiederholt Verbote gegen den Besuch der Weinschenke erliess[6]).
Auch über die Zeit, wie lange dieselbe geöffnet sein solle, gab es
ab und zu Differenzen, da die Deutschen, die, wie es scheint, damals
schon gern „immer noch Eins" tranken, Tag und Nacht Zutritt dazu
haben wollten[7]). Bisweilen scheint die Regierung deshalb auch die
Schenke ganz geschlossen und nur den Ausschank des Weines geduldet zu haben, wie es ursprünglich der Fall gewesen zu sein scheint[8]).
Den Wein durfte früher (i. J. 1268 z. B.) nur der Hausmeister im
Verein mit einem Schreiber einkaufen[9]), und der ‚taverner‘ erhielt
seinen Gehalt wie jeder andere Beamte von der Regierung[10]), die
selbst durch die Visdomini den Wein verkaufte[11]). Später, im Jahre
1395 z. B. und 1418[12]), erscheint die ‚caneva‘ in den Händen eines
Pächters, der eben um seines Vortheils willen sich wenig um die
Verordnungen der Regierung kümmerte und keinen Unterschied
zwischen Berechtigten und Unberechtigten machte, wenn sie nur
seinen Wein tranken, so dass die Regierung sich veranlasst sah, dagegen einzuschreiten.

Gehen wir nun aber zu den Beamten und Bediensteten
selbst über.

An der Spitze derselben standen die mehrerwähnten Visdomini

---

[1]) Verordnung vom Jahre 1475 Capitol. p. 231 c. 26. — [2]) s. Verordnung
vom Jahre 1362 Capitol. p. 27 c. 74. — [3]) So im Jahre 1278, s. Capitol. p. XVII;
Koch und Unterkoch fehlen in späteren Bestimmungen. — [4]) s. Bd. I Nr. 45,
212 und Capitol. p. 82 und 83 c. 184 und 185. — [5]) s. Capitol. p. 17 c. 51. —
[6]) s. Capitol. l. c. und p. 70 c. 163; p. 120 c. 232. — [7]) s. Bd. I Nr. 185a. —
[8]) s. Verordnung vom 6. November 1361 Capitol. p. 17 c. 50 und 51 — — che
la dita taverna la qual se (= si è, si trova) in lo dito fontego, sia reduta a la
caneva, si como era in prima, in la qual caneva debia esser vin de Marcha e Tri-
bian e Ribuola, und vorher (c. 50): che non se lassa intrar alguna persona dentro
la caneva. Cf. ibid. p. 143 c. 250 a. 1430. — [9]) Capitol. p. 2 c. 4. — [10]) Capitol.
p. 47 c. 125, cf. Bd. I Nr. 31, wo der Posten einmal (1310) als Belohnung verliehen wird. — [11]) Capitol. p. 48 c. 127 che tuto el vin che se spende in la
taverna del font. di Tod. se debia vender per li visdomini del ditto fontego.
— [12]) ibid. p. 121 c. 232 u. Bd. I Nr. 813.

(Vicedomini) — die Stellvertreter der Regierung, die denselben denn auch die ausgedehntesten Befugnisse verlieh. Zuerst, z. B. 1232, erscheinen deren nur zwei [1]), im Jahre 1268 aber wurden drei gewählt. Für kurze Zeit wurde ein vierter hinzugefügt von 1293—1299 [2]); die Dreizahl aber „blieb durch das Mittelalter hin Regel". Das Amt war ein jährlich wechselndes; es galt offenbar als ein angesehenes, da nur Nobili dazu erwählt wurden. Es ist erklärlich, dass unsere Urkunden-Nachlese speziell für diese Beamten nur eine geringere gewesen ist, nachdem es ja gerade ihr Kapitular, eine für sie bestimmte Sammlung von Verordnungen ist, welche Thomas veröffentlicht hat, in der das Wichtigste ja enthalten sein muss, was sich auf ihr Amt und ihre Stellung bezieht. Die Verordnungen im Einzelnen hier aufzuführen, würde zu weitläufig sein; Heyd und Thomas haben den Hauptinhalt derselben in Kürze gut folgendermassen skizzirt: „Das Kollegium der Visdomini vertrat die Regierung zunächst als Eigenthümerin des Hauses, indem es über die Räumlichkeiten des Fondaco disponirte, die Hausordnung regelte und aufrecht erhielt — —. Alle, die im Fondaco angestellt waren, unterstanden der Disciplinargewalt und der Gerichtsbarkeit der Visdomini, konnten von denselben mit Geldstrafen belegt oder auch entlassen werden, hatten aber das Recht, wenn sie sich ungerecht behandelt glaubten, an die ‚Consuln der Kaufmannschaft' oder an die ‚Proveditoren' zu appelliren — —. Die Visdomini führten auch die Oberaufsicht über den Geschäftsverkehr der Deutschen und zogen die Gebühren ein, welche von jeder importirten und exportirten, gekauften und verkauften Waare als Zoll oder als Accise an den Staat gezahlt zu werden pflegten — —. Um die Kontrolle über den Waarenverkehr in wirksamer, jede Defraudation möglichst verhindernder Weise üben zu können, um den Inhalt jedes kommenden und abgehenden Waarenballens zu notiren, jeden Kauf mit dem Gegenstand desselben und den dabei erzielten Preis zu registriren, die Einnahmen und Ausgaben der Kasse zu buchen, bedurften die Visdomini eine Unterstützung durch geprüfte rechnungsverständige Beamte, Schreiber, zwei, zuweilen auch drei an der Zahl, und Notare. Endlich waren ihnen Diener [3]) beigegeben, deren Hauptaufgabe darin bestand, die im Fondaco aus- und eingehenden Personen und Waarenballen mit wachsamem Auge zu mustern [4]). Die Visdomini waren aber auch ihrerseits für ihre Verwaltung in allen Stücken verantwortlich, verantwortlich nach der Schärfe venetianischer Gesetze, welche bei allen Beamten oder Betrauten jeden Sondervortheil in Gaben und Geschenken, jeden persönlichen Gewinn oder Nutzen verboten und mit peinlicher Strenge ahndeten" [5]).

---

[1]) cf. Heyd, Hist. Zeitschr. S. 210 und Predelli, Lib. Pleg. Regesti p. 65 n. 232. — [2]) Capit. p. XX und Mone in der Zeitschrift für die Gesch. des Oberrheins Bd. V S. 14 Nr. 72, wozu man vergleiche oben Bd. I Vorwort S. XVIII n. 2. — [3]) ‚pueri' cf. oben S. 16 Anm. 2. — [4]) Heyd l. c. S. 210 ff. (Cf. Bd. I Nr. 150 über die Besoldung der Diener.) S. Capit. p. 231 c. 28 (1475). — [5]) Thomas in der Einleitung zu Milesio p. 7. Cf. Bd. I Nr. 198 u. Capit. p. 122

Die oben genannten ‚Consoli dei Mercanti‘ und die ‚Sopra-Consoli‘ besassen das Recht, in den Verordnungen des Kapitulars zu ändern, zu streichen und hinzuzufügen, was ihnen gut dünkte [1]). Auch finden wir gegen Ende des 15. Jahrhunderts theils zur Erhebung einer ausserordentlichen Abgabe, theils zur genaueren Ueberwachung des gesammten Geschäftsbetriebes im Fondaco und behufs Abbestellung verschiedener Missbräuche einen Oberaufsichtsbeamten erwähnt, mit dem Titel ‚deputado al fontego‘ oder ‚sovrastante in fontego‘, der die Autorität der Visdomini wohl für einige Zeit in den Schatten stellte [2]).

Von den Untergebenen der Visdomini oder Bediensteten im Fondaco, deren Zahl begreiflicherweise eine nicht geringe war, gedenken wir nur kurz der Barkenführer ‚barcharuoli‘, welche ebenso wie die Kärrner und Fährleute ‚caradori e somieri‘ strikten Befehl hatten, sofort direkten Weges ‚recto tramite‘ die ankommenden Kaufleute oder Waaren im Fondaco abzusetzen [3]); ferner der Auktionatoren oder Versteigerer ‚incantadori‘, deren Zahl von 40 im Jahre 1335 auf 12 herabgesetzt wurde, und die Lateinisch und Deutsch verstehen mussten [4]); weiters der Träger ‚portadori‘ oder ‚bastaxii [5]‘), der Wäger ‚pesadori‘, der Blei-Anleger ‚bolladori‘ und der Ballenbinder ‚ligadori‘, die alle in gleicher Weise wie die Visdomini zur strengsten Pflichterfüllung und genauesten Kontrolle angehalten waren. Wir verweilen aber noch einen Augenblick bei den zuletzt Genannten, den Ballenbindern oder Packern, den ‚ligadori‘.

Nicht wegen der paar Sonderbestimmungen, die sich für sie im Capitolare finden, z. B. dass die Waaren im Fondaco selbst gepackt werden sollten [6]) und dass dies unter Aufsicht zu geschehen habe [7]): sondern weil ein günstiges Geschick uns die Matrikel (Mariegola) der Zunft dieser ligadori aufbewahrt hat, die bisher nicht benützt worden ist.

Dass die ‚ligadori‘ eine Zunft gebildet haben, ist auch im Capitolare der Visdomini angedeutet, wo des Vorstandes derselben, des ‚gastaldo‘, und auch der ‚mariegola‘ Erwähnung gethan wird [8]). Das Exemplar dieser mariegola, welches ich benützen konnte, befindet sich auf dem Museo Civico Correr in Venedig [9]) und stammt aus dem 16. Jahrhundert. Die Matrikel enthält einmal Bestimmungen allgemeiner Art für die Genossen der Zunft, ferner Abmachungen der Zunft mit den deut-

---

c. 235 (1406); über die monatliche Rechnungsablage s. Capit. p. 179 c. 290; p. 12 c. 33; p. 19 c. 53 (1279) und c. 54 (1282). — [1]) s. Capit. p. 21 c. 59 (1281?) und Bd. I Nr. 3 u. 20. — [2]) s. Capit. (p. 221 c. 2, 1471 zum ersten Mal gewählt?) p. 234 c. 7 (1478); p. 236 c. 3 (1479); p. 249 c. 14 1482 Dec. wird als Nachfolger eines abgesetzten ‚sovrastante‘ Namens ‚Zuan de Martin‘ ein neuer ‚Aluixe Taiapiera‘ erwählt, der auch 1484 Januar (p. 251 c. 16) in dieser Stellung erscheint; 1491 März (p. 264 c. 28) ist als solcher Francesco de Rosso und 1492 (so ist p. 241 c. 12 wohl zu ändern cf. p. 247) Lazaro Rifaldelli genannt. — [3]) s. Capit. p. 217 c. 1 und 2; p. 227 c. 12; p. 3 c. 10 etc. — [4]) ibid. p. 41 c. 113. — [5]) cf. Bd: I Nr. 45, 65, 73. — [6]) Capit. p. 2 c. 7 a. 1302. — [7]) ibid. p. 102 c. 211 a. 1400. — [8]) ibid. p. 209 u. 210 c. 324 u. 326 a. 1487. — [9]) Nr. 85 cf. Bd. I Vorwort S. XIV.

schen Kaufleuten [1]) und drittens Vereinbarungen der Zunft mit den
Dominikanermönchen der Kirche S. Giovanni e Paolo in Venedig. Wie
das so üblich war, liess nämlich die Zunft [2]) in dieser Kirche eine Kapelle
(unter dem Namen der heil. Dreifaltigkeit) für sich einrichten, worin
eben jene Mönche an bestimmten Tagen ausser zwei gewöhnlichen
Messen namentlich eine für die verstorbenen Genossen der Zunft
lesen mussten, welche zuerst auf dem neben der genannten Kirche
befindlichen Friedhof der heil. Ursula, später seit 1472 [3]) in jener Kapelle selbst in einer eigenen Gruft bestattet wurden. Die Zunft
übernahm die entsprechende Ausschmückung der Kapelle, die Liefe-
rung der Gewänder für die Geistlichen u. s. w. und versprach überdies die Zahlung von 12 Dukaten jährlich.

Die Uebereinkunft, die hierüber am 3. Juli 1419 getroffen wurde,
ist nun aber nicht blos wegen ihres sachlichen Inhaltes von Interesse,
sondern ganz besonders wegen der namentlich aufgeführten Personen,
die von beiden Seiten als den Vertrag schliessend und als Zeugen
aufgezählt werden. Da finden wir [2]) unter den Zeugen einen ‚Maestro
Nicolo Paradiso depentor‘, unter den Brüdern des Klosters einen
Deutschen ‚Fra Corado‘ (Todesco); wenn wir aber die Liste der
Ballenbinder betrachten, so werden wir erstaunt sein, darunter
lauter Deutsche zu erkennen. Da ist neben dem Vorstand oder
Meister (gastaldo) der Zunft — Peter Fuser (?), dessen Heimath leider
nicht angegeben ist — ein Nikolaus von Laibach, ein Lorenz aus
Rodinsberg oder Rotenstein (in Steiermark?), ein Angelin aus Greifen-
berg (in Kärnten?), ein Gerhard und ein Nicolaus aus Judenburg, ein
Paulus aus Kastelrut (in Tirol), ein Wolfard aus Villach, ein Balduin
und Anchi(n? oder Anechinus?) aus Köln, ein Heinrich aus Nürnberg (?), ein Peter aus Trient, ein Martin aus Wels (?), ein Angelin
aus Preussen, ein Johann aus Ulm, ein Konrad aus Böhmen, ein Konrad
aus Brünn — im Ganzen 17 Mann. Nachdem es jedoch im ersten
Kapitel der Matrikel ausdrücklich heisst, dass die Zunft aus nicht
weniger als 18 Genossen bestehen solle, wird man annehmen müssen,
dass der Schreiber einen Namen ausgelassen oder übersprungen habe.
Früher war die Zahl der ligadori eine grössere gewesen; im
Jahre 1329 (oder 1319) wurde sie von 38 auf 25 herabgesetzt [4]), was
übrigens keineswegs auf einen verminderten Geschäftsbetrieb zurückzuführen ist, der im Gegentheil damals in stetem Wachsen begriffen
war; und die nun im Jahre 1418 festgesetzte Zahl [5]) von 18 Genossen
mag wohl als eine geringe erscheinen. Um so fester schlossen sich
diese zusammen: ausdrücklich wird in der Matrikel festgesetzt (cap. 5),
dass bei nothwendigen Ergänzungen in Folge von Todesfall oder sonsti-
gem Abgang nur ein Deutscher zum Zunftgenossen gewählt werden
dürfe [6]), der dann zuerst den Kaufleuten des Fondaco behufs ihrer

---

[1]) s. Bd. I Nr. 338. — [2]) ebda. Nr. 322 u. 371. — [3]) ebda. Nr. 523. —
[4]) Capit. p. 36 c. 103. — [5]) s. Bd. I Nr. 320; cf. Nr. 331, wonach die Bestätigung
der Bruderschaft nicht vor 1423 erfolgte. — [6]) cf. Bd. I Nr. 320 u. 447. Dies war

Zustimmung vorgeschlagen und hierauf von den Visdomini bestätigt
werden solle. Ein Jahr lang sollte der neu Aufgenommene auf Probe
dienen, das erste halbe Jahr ohne jede Remuneration, den Rest des
Jahres mit der Hälfte des Einkommens, das sich aus den von den
Kaufleuten zu entrichtenden Gebühren ergab. — Von den übrigen
Bestimmungen der Matrikel sei hier nur noch die hervorgehoben,
dass sogar das Heirathen des einzelnen Zunftgenossen der Billigung
der ganzen Zunft unterlag und Verheimlichung der Ehe mit strenger
Strafe, ja sogar mit Ausschliessung bedroht war [1]).

Was das Verhältniss der Ballenbinder zu den deutschen Kaufleuten betrifft, so gab es zwar manchmal Differenzen besonders über
jene Gebühren; sonst aber herrschte wohl gutes Einvernehmen, und oft
wohl haben unsere Kaufleute bei diesen Landsleuten wirksame Unterstützung gefunden. So lesen wir [2]), wie der Sohn eines solchen Ballenbinders zur Befreiung eines wegen Schulden gefangen gesetzten deutschen Kaufmannes wesentlich mitwirkt. Und im Jahre 1472 werden
junge deutsche Lehrlinge, die nach Venedig geschickt waren, um die
italienische Sprache und das Kaufmannsgeschäft zu erlernen, im Hause
eines Ballenbinders — vielleicht des damaligen Zunftvorstehers —
untergebracht, da sie augenblicklich „wegen der Zeitläufe" bei den
Venetianern nicht, wie sonst, Aufnahme gefunden [3]). —

Von den übrigen Beamten oder Bediensteten des Fondaco verdient noch eine besondere Erwähnung der Hausmeister ‚fonticarius‘
oder ‚massarius‘, früher auch wohl gelegentlich als ‚gastaldo‘ oder
‚hospes‘ bezeichnet [4]), dass er den
ankommenden Kaufleuten die Waffen abzunehmen, die Kammern anzuweisen und diese zu vertheilen hatte, dass er für Beschaffung der
Betten und des dazu nöthigen Weisszeuges [5]) Sorge tragen musste
u. dergl. mehr. Die Instandhaltung des Gebäudes des Fondaco, die
Schliessung und Ueberwachung desselben lag ihm ob [6]). Er schlief
denn auch, wenigstens in früherer Zeit, mit seinem Diener oder
Gehülfen im Hause selbst [7]), und erhielt in demselben oder hatte
daselbst ursprünglich eine eigene Wohnung [8]), die im oberen Stockwerk des Gebäudes sich befunden zu haben scheint [10]). Später
scheint er eine Wohnung oder Behausung in der Nähe des Fon-

---

übrigens wohl auch früher meist der Fall; cf. Bd. I Nr. 788. — [1]) Bd. I Nr. 601.
— [2]) Bd. I Nr. 538. — [3]) s. Bd. I Nr. 525. — [4]) s. Bd. I Nr. 60, 509, 610. Dass
gastaldo hier (Nr. 60) nicht die sonst spezifische Bedeutung eines Orts- oder eines
Gewerbevorstehers haben kann, sondern gleichbedeutend ist mit massaio, massario
(cf. Boerio, Dizionario del dialetto Veneziano), geht aus dem Zusammenhange hervor. — [5]) oben S. 12 u. ff. — [6]) Bd. I Nr. 509, 610, an welcher Stelle es heisst,
dass 3 Paar Bettlücher für jedes Bett bestimmt waren. — [7]) s. Bd. I Nr. 10. —
[8]) s. Capit. p. 39 c. 110. — [9]) Bd. I Nr. 102, 342, 493. — [10]) cf. Capit. p. 167
c. 277 a. 1445, wo es heisst, die abreisenden Kaufleute sollten, falls der Hausmeister gerade nicht zugegen sei, die Schlüssel zu ihren Kammern werfen ‚in
caxa (= casa Behausung) del dito masser per el buxo (Loch) de la porta do la
chaxa del dito masser in qual (la porta? oder la caxa?) e de sovra (= è di sopra)
in el dito fontego‘.

daco erhalten zu haben ¹). — Die Wichtigkeit seines Postens, die
ja von selbst einleuchtet, wird auch dadurch gekennzeichnet, dass
die für ihn gültigen Verordnungen in einem eigenen Capitolare zusammengestellt waren, dessen mehrfach Erwähnung gethan wird ²).
ohne dass dasselbe bisher freilich zum Vorschein gekommen wäre.
Im Jahre 1425, als gerade der Posten erledigt war, dachte die
Regierung einmal daran, denselben einzuziehen und nicht wieder zu
besetzen, da ihr zugetragen worden war, derselbe sei unnöthig. Aber
sie überzeugte sich doch sehr bald von dem Gegentheil und von
der Unrichtigkeit der ihr gemachten Mittheilung ³). Andererseits
verlockte der Posten bei der fortdauernden nahen Berührung, in
welche er den Inhaber mit den deutschen Kaufleuten brachte, leicht
zu allerlei Unredlichkeiten, zu Privatgeschäften mit den Kaufleuten,
so strenge sie auch von der Regierung verpönt waren ⁴). Und dies
um so mehr, da die Besoldung, die der Hausmeister bezog, nur eine
geringe gewesen zu sein scheint ⁵), und dieser wohl wesentlich auf
den Gewinn angewiesen war, der aus der früher erwähnten Entschädigung von Seite der Kaufleute für die Möblirung der Kammern
erzielt werden konnte ⁶). Waren nun einmal gerade weniger Kammern vermiethet, vielleicht weil die meisten ‚per grazia‘ in festen
Händen sich befanden (für welche ja nichts an den Hausmeister
entrichtet zu werden brauchte), dann konnte es wohl leicht vorkommen, dass die Auslagen für die beschafften Betten u. s. w. die Einnahmen überstiegen und der Hausmeister in Bedrängniss und Noth
gerieth. Niemand wird es ohne Bewegung lesen, wie ein im März
des Jahres 1500 neu erwählter Hausmeister, Principalis de Spalatis,
nicht blos sein Hab und Gut, sondern auch seine Söhne verpfändet, um die Kosten von 300 Dukaten für die Beschaffung der
Kammerutensilien zu decken ⁷). Aber die Einnahmen aus den Kammern, auf die er gerechnet und rechnen musste, bleiben aus: er
stellt daher an die Regierung das Gesuch, dass ihm der Posten
nicht, wie sonst gewöhnlich, blos auf 4 Jahre, sondern auf Lebenszeit verliehen werde, wie es auch früher schon geschehen ⁸), damit
bei längerer Dauer der Ausfall vielleicht gedeckt werde. Das Gesuch
wird am 12. Mai 1500 bewilligt, aber zwei Monate darauf wird berichtet ⁹), dass der Mann inzwischen gestorben sei mit Hinterlassung
einer Familie von — einschliesslich der Enkelkinder — 17 Köpfen,
die dem grössten Elend preisgegeben sind, wenn nicht einer der
Söhne an Stelle des Vaters, wenigstens auf kürzere Zeit, den Posten
desselben versehen darf, was ihm denn auch gewährt wird ¹⁰).

---

¹) s. Bd. I Nr. 610. — ²) s. Capit. p. 40 c. 110 und Bd. I Nr. 10. —
³) s. Bd. I Nr. 342. 344. — ⁴) ebda. Nr. 71. — ⁵) cf. Bd. I Nr. 21, woraus wohl
zu entnehmen, dass 1304 ein Kandidat den Posten deshalb geradezu ausschlug.
— ⁶) cf. oben S. 12 und Bd. I Nr. 610. — ⁷) Bd. I Nr. 610 und 611. —
⁸) Bd. I Nr. 509. — ⁹) Bd. I Nr. 611. — ¹⁰) Marino Sanuto, der in seinen
Diarii III p. 485 (Neue Ausgabe) des Vorfalles gedenkt, bemerkt dazu freilich:
„E fo mal.“

Ueberhaupt war die Regierung, wie billig, gegen ihre Beamten im Ganzen nachsichtig und wohlwollend. War beispielsweise ein solcher Hausmeister durch Krankheit an der Ausübung seines Amtes verhindert oder wurde er wegen der ihm ja nothwendigen Kenntniss der deutschen Sprache zu diplomatischen Sendungen verwendet, so erhielt er gerne Urlaub oder die Erlaubniss einen Vertreter zu bestellen [1]. —

Die wichtigste Person für den deutschen Kaufmann unter den Bediensteten des Fondaco war, wie das auch Heyd hervorhebt, ohne Zweifel der ‚Makler‘ oder ‚Sensal‘ oder ‚Unterkäufel‘; *messetu* oder *missetu*, auch *sanser* und *mezan* genannt. Denn dieser war es, der alle Einkäufe und Verkäufe zwischen den Deutschen und den Venetianern vermitteln, der den Kaufmann deshalb überallhin geleiten und allerdings auch auf Befehl der Regierung zur Ueberwachung begleiten musste [2], der als offizieller Dolmetsch im gegenseitigen Verkehr fungirte. Jede andere Geschäftsvermittlung war untersagt [3]. Natürlich, dass der Sensal zu diesem Zwecke gleichfalls der deutschen Sprache mächtig sein musste [4]; erklärlich, dass er eben wegen dieser Kenntniss, wie der Hausmeister und zwar noch viel öfter als dieser, zu Gesandtschaften nach Deutschland verwendet wurde [5]. Doch hat man zeitweilig, z. B. 1332, wie es scheint, allzu häufige Abwesenheit von Seite der Regierung beanstandet und verboten [6].

Es verhielt sich nun übrigens nicht so, dass der Kaufmann sich beliebig einen Sensal auswählen konnte. Anfänglich, z. B. im Jahre 1266 [7], theilte der Vorstand oder das Haupt der Zunft (societas) bildenden 20 Sensale dem Kaufmann einen solchen nach seinem eigenen Ermessen zu [8]. Dann im Jahre 1268 ging, wie es scheint, diese Befugniss auf die Visdomini über [9], wurde denselben aber bald wieder entzogen. Denn schon im Jahre 1277 [10] wird als länger bestehend ein anderer und zwar folgender Modus erwähnt: Die Namen der Sensale, deren Zahl übrigens im Jahre 1314 auf 30 erhöht wurde wegen der Zunahme der deutschen Kaufleute [11], wurden auf Zettel (tessere) geschrieben und in einer Büchse oder Urne von den Visdomini verschlossen. Der Kaufmann musste dann einen Zettel sich herausziehen und derjenige Sensal, dessen Name auf diesem Zettel stand, war dem Kaufmann nun für die Besorgung seiner Geschäfte zugetheilt. Und zwar stand in der ersten Zeit auf jedem Zettel nur je ein Name, später aber trat hierin eine Aenderung ein. Im Jahre 1385 wurde verfügt [12], dass nur 15 Zettel (tessere) in jene

---

[1] cf. Bd. I Nr. 189, 465, 481, 493, 534. — [2] cf. Bd. I Nr. 56, 205 und öfters. — [3] cf. Bd. I Nr. 83, 108, 116, 205, 221, 222, 224, 790, 791, 808, 810. — [4] Capit. p. 49 c. 130 a. 1346. — [5] cf. Bd. I Nr. 95, 324, 370, 372, 373, 374, 377, 437. — [6] ebda. Nr. 781. — [7] Capit. p. XXII. — [8] Nur bei Waaren von unter 10 Dukaten Werth wurde von der Zutheilung eines Sensals abgesehen; s. Capit. p. 122 c. 234 a. 1405. — [9] ibid. p. XV, wofern die dort angeführte Verordnung vollständig ist. — [10] ibid. p. XVII. — [11] Bd. I Nr. 41. — [12] cf. Capit. p. 94 c. 203.

Urne gelegt werden sollten, auf deren jedem zwei Sensale verzeichnet
sein sollten. Dabei ist nun aber unklar, ob etwa der deutsche
Kaufmann sich von den beiden Sensalen, die er nun mit diesem Zettel
(tessera) sich erlooste, nach Belieben einen auswählen durfte. Jedenfalls wurde der eine von ihnen nun als ‚capo di tessera‘ bezeichnet
und war wohl in erster Linie ermächtigt dem Kaufmann als Be-
gleiter, Dolmetsch u. s. w. zu dienen; doch wird ausdrücklich hinzu-
gesetzt, dass die beiden Sensale, welche auf einer ‚tessera‘ sich befanden, in gleicher Weise jeden Gewinn miteinander theilen sollten.
Im Jahre 1431 wurde dieser Modus wieder geändert[1]): nun sollten
die 30 Sensale auf 10 Zettel (also je drei auf einen) vertheilt werden, und dies wird damit motivirt, „damit die deutschen Kaufleute
keinen Schaden leiden“[2]). Leider ist mir aber auch hier unklar, wieso
dies bei dem bisherigen Verfahren der Fall sein konnte und worin
die Verbesserung bei dem neuen Modus bestand. Im Jahre 1486
endlich finden wir verfügt[3]), dass statt der 10 tessere es nunmehr
nur 5 (mit je 6 Namen) geben solle[4]), und die Visdomini die 5
‚capi‘ erwählen sollten.

Ebenso wechselnd wird die Zeit der Amtsdauer der Sensale
angegeben. Nach einer späteren Notiz[5]) scheint ursprünglich jeder
Sensal nur e i n e n Monat lang diese Stelle bekleidet zu haben; im
Jahre 1354 aber heisst es[6]), dass Keiner länger als d r e i Monate
Sensal eines deutschen Kaufmanns solle sein dürfen, und im Jahre
1389 wiederum[7]), dass alle s e c h s Monate die ‚tessere‘ gewechselt
werden sollen. Im Jahre 1479 wird verordnet[8]), dass die 10 ‚capi‘
der tessere nicht mehr, wie bisher, ein J a h r lang, sondern nur
v i e r Monate hindurch im Amte sein sollen; und im Jahre 1486
erscheint[9]) die Amtsdauer wieder auf d r e i Monate herabgesetzt.

Der Grund zu diesen vielfachen Aenderungen, wie zu den zahlreichen Verordnungen der Regierung überhaupt über die Sensale, die
wir nicht alle einzeln aufführen können, darf wohl in dem Bestreben
gesucht werden, den vielfachen Missbräuchen entgegenzutreten, welche
mit diesem Amt fast unlöslich verbunden schienen. Wie kein anderes, bot es ja Anlass zu Betrug und Unterschleif in jeder Weise und
nach jeder Richtung hin — sei es, dass die Sensale für Einheimische
oder für eigene Rechnung mit den Deutschen insgeheim Geschäfte
trieben oder dass sie mit den einheimischen Verkäufern oder auch
mit den deutschen Kaufleuten unter einer Decke steckten, unrichtige
d. h. niedrigere Waarenpreise angaben, um die Zölle zu erniedrigen
u. dergl. mehr[10]).

Nicht blos Ein- und Verkauf der deutschen Kaufleute hatten
sie, wie schon erwähnt, zu überwachen, sondern auch beim Ver-

[1]) cf. Capit. p. 145 c. 251. — [2]) ibid. ‚azio che i marchadanti Tedeschi
non possa sostegnir alcun senestro o danno‘. — [3]) Capit. p. 255 c. 22 n. 3. —
[4]) cf. Bd. I Nr. 607. — [5]) Capit. p. 247 c. 13 a. 1482. — [6]) ibid. p. 51 c. 131.
— [7]) ibid. p. 95 c. 203. — [8]) ibid. p. 237 c. 5. — [9]) ibid. p. 255 c. 22 n. 3. —
[10]) cf. Bd. I Nr. 165, 166, 188, 260, 262, 607.

packen der aus Venedig nach Deutschland zu expedirenden Waaren
mussten sie zugegen sein [1]) und sollten darauf Acht haben, dass dabei
nicht noch Anderes eingeschmuggelt werde — ein ja überaus wich-
tiges Geschäft, dem gegen Ende des 15. Jahrhunderts selbst der
ausserordentliche Oberaufsichtsbeamte des Fondaco beizuwohnen verpflichtet war [2]). Die Sensale hatten daher den strengsten Befehl, alle
Kaufgeschäfte, den Preis der Waaren, den Namen des Verkäufers
auf das Genaueste zu verzeichnen und den Visdomini anzuzeigen [3]).
Dann erst sollte der Kaufmann seinen Zollschein ‚sigillum‘ oder ‚lit-
tera‘ oder ‚bulleta‘ behufs ungehinderter Ausführung seiner Waaren
erhalten [4]). Da dies aber öfters von den Sensalen unterlassen wurde
unter dem Vorwand, dass die Kaufleute wieder nach Venedig zurück-
kämen, dass sie noch Waaren da gelassen hätten [5]). wurde im Jahre
1354 [6]) festgesetzt, dass jeder Sensal einem Kaufmann nur auf die
Dauer von drei Monaten beigegeben sein solle [7]) und nach Ablauf derselben den Visdomini Rechnung abzulegen habe über alle Geschäfte
seines Kaufmannes. Habe dann dieser seine Waaren noch nicht
verkauft, so solle ihm ein anderer Sensal auf die nämliche Zeit-
dauer von drei Monaten zuertheilt werden. Aus dem Jahre 1466
findet sich eine Verfügung [8]), dass alle Kaufgeschäfte innerhalb dreier
Tage aufgezeichnet werden sollten. Später im Jahre 1482 [9]) wurde
verordnet, dass die Sensale Tag für Tag dem ausserordentlichen
Oberaufsichtsbeamten des Fondaco Rechnung ablegen sollten.

Die Sensale standen nicht eigentlich direkt unter der Kompetenz der Visdomini, welche dieselben wohl überwachen und kon-
trolliren sollten [10]), sondern unter derjenigen der „Consuln der Kaufleute“ (Consoli dei Mercanti), welche die Kandidaten für dieses Amt
vorzuschlagen hatten [11]). Ausserdem hatte aber noch ein anderes Raths-
kollegium, das der Vierzig, die Quarantia, ein gewichtiges Wort bei
den Sensalen mit zu reden. In diesem Kollegium fand nämlich
nicht blos zeitweise die Bestätigung der Wahl [12]), sondern seit Alters
auch die ‚prova‘, die Prüfung statt, welcher die Sensale sich zu
unterziehen hatten und zwar seit 1317 zweimal im Jahre: im Juni
und im Dezember [13]) (nach einem Beschluss vom Jahre 1431 [14]) vor dem
1. April und vor Michaelis, also Ende September). Wer hiebei nicht
bestand, „durchfiel“, d. h. wem bei dieser Prüfung über seine Amtsführung Unregelmässigkeiten, Gesetzesvernachlässigungen etc. nachgewiesen wurden, der sollte — wenigstens nach dem Beschluss
vom Jahre 1317 [15]) — auf die Dauer von zwei Jahren vom Verkehr

---

[1]) Capit. p. 68 c. 159 a. 1299 und 1356; p. 200 c. 316 a. 1472; p. 219 c. 1
n. 6 a. 1466; p. 225 c. 7 a. 1472; p. 231 c. 25 a. 1475. — [2]) Capit. p. 268 c. 32
a. 1493. — [3]) cf. Bd. I Nr. 262. — [4]) Capit. p. XIV. — [5]) cf. Bd. I Nr. 166. —
[6]) Capit. p. 51 c. 131. — [7]) cf. oben S. 24. — [8]) Mone, Zeitschrift f. d. Gesch.
d. Oberrheins V. 32. — [9]) Capit. p. 243 c. 3. — [10]) Capit. p. XIII. Im Jahre 1466
übertrugen die Visdomini einigen unter den Sensalen selbst ein gewisses Auf-
sichtsrecht über die übrigen: s. Capit. p. 219 c. 5. — [11]) cf. Bd. I Nr. 248. —
[12]) cf. Bd. I Nr. 248. — [13]) Capit. p. 34 c. 96. — [14]) ibid. p. 145 c. 251; cf. Bd. I
Nr. 392.

mit den deutschen Kaufleuten ganz ausgeschlossen sein [1]). Und das
war immerhin ein empfindlicher Verlust [2]). Denn der Posten eines
Sensals war in Folge der Gebühren, welche der Kaufmann seinem
Unterkäufel zu entrichten hatte [3]), ein einträglicher.

Dies zeigt sich einmal darin, dass die Regierung im Jahre 1412.
als wegen der kriegerischen Zeiten es an Geld gebrach, auch die
Sensale des Fondaco aufforderte beizusteuern, nachdem dieselben
durch ihre Fürsorge in den Stand gesetzt seien, mit ihren Familien
anständig zu leben [4]). Die 30 Sensale erklärten sich daraufhin bereit.
einen Beitrag von monatlich 50 Dukaten zu liefern. Zwar be-
merkte die Regierung, indem sie dieses Angebot mit Dank annahm.
ausdrücklich, das jener Beitrag nur bis zum Ende des „gegenwär-
tigen" Krieges (mit Ungarn) erhoben werden solle; allein Venedig
kam eben aus den Kriegen in der Folgezeit nicht mehr heraus.
Und so lesen wir denn, dass der Senat der Behörde der ‚Governadori delle intrade' die Befugniss ertheilte, die Sensale im Jahre 1434
z. B. [5]) mit einem Drittel ihres 5jährigen Nutzens für den Staat
zu besteuern! Diese Steuer blieb dann auch weiterhin bestehen.
Im Jahre 1455 betrug sie ein Viertel [6]), im Jahre 1487 wurde sie
von 35 Dukaten (wohl monatlich) auf 15 für jeden Einzelnen
herabgesetzt [7]). Einigermassen auffallend ist, dass in der Antwort
der Regierung auf die Eingabe der Sensale vom Jahre 1472 [8]), in
welcher diese um eine Frist zur Bezahlung von 1500 restirenden
Dukaten nachsuchten, anerkannt und zugestanden wird, dass es unter
den Sensalen gebe. Ob dies eine Folge augenblicklichen Stillstandes der Handelsbeziehungen oder Rückganges in
der Frequenz des Fondaco war oder etwa seinen Grund in einer ungleich-
mässigen Vertheilung der Geschäfte hatte, lässt sich nicht sagen.
Denn dass das Makleramt, wie oben bemerkt, im Allgemeinen wenigstens als ein einträgliches galt, geht zweitens auch daraus hervor,
dass es wiederholt als Belohnung für besondere Verdienste, später
als reine Pfründe von der Regierung verliehen wurde.

So verfügte der Senat z. B. im Jahre 1439, dass zur Belohnung
der langjährigen, mit grösstem Eifer und unter mancherlei Fähr-
lichkeiten geleisteten, Dienste eines früheren Sensals, Franciscus
Brunicardi, und behufs materieller Unterstützung desselben sein
22jähriger Sohn Antonius als Sensal am Fondaco angestellt und
eventuell, wenn gerade keine Vakatur vorhanden, die Zahl der
Sensale um einen erhöht werden solle [9]). Aehnliches mag noch gar

---

[1]) Dass dies der ursprüngliche Charakter dieser ‚prova' war, zeigt recht
deutlich Bd. I Nr. 64 (cf. Nr. 323); später scheint sie mehr zu einer Prüfung der
Persönlichkeit vor der Wahl geworden zu sein. — [2]) cf. Bd. I Nr. 324, 807.
Uebrigens scheint es bei jenen Prüfungen auch nicht an persönlichen Intriguen
gefehlt zu haben; cf. Bd. I Nr. 392. — [3]) s. Capit. p. 53 c. 134 u. 1363 (?); p. 108
c. 219 a. 1395; p. 158 c. 264 a. 1439 und p. 267 c. 31 a. 1491. — [4]) Bd. I Nr. 306.
— [5]) ebda. Nr. 410. — [6]) Capit. p. 188 c. 300. — [7]) Bd. I Nr. 575. — [8]) Bd. I
Nr. 522. — [9]) Bd. I Nr. 419: cf. 456.

oft vorgekommen sein [1]), bei der Jugend und Unerfahrenheit solcher Begnadeter aber Missstände hervorgerufen haben. Es scheint, dass in Folge dessen die Regierung oder, genauer gesagt, einer der anderen Regierungskörper, das sogenannte ‚Collegio‘, im Erledigungsfalle auch Anderen, insbesondere den sonst vorhandenen Sensalen vom Rialto, erlaubte auszuhelfen und die Geschäfte der Sensale des Fondaco zu versehen, wogegen die Visdomini jedoch unter Berufung auf ihr Kapitular protestirten [2]). Auch im Jahre 1460 erliess der Senat wiederum eine Verordnung, dass die Geschäfte mit den deutschen Kaufleuten nur der Vermittlung der ordentlichen 30 Sensale des Fondaco überlassen bleiben sollten [3]). Allein sie scheint nicht allzu viel gefruchtet zu haben [4]), und mehr und mehr gab dann die Verleihung des Makleramtes Anlass zu Konflikten zwischen den einzelnen Rathskollegien selbst.

Immer häufiger wurde es nämlich, insbesondere, wie es scheint, seit der Mitte des 15. Jahrhunderts, dass Sensale sei es wegen hohen Alters oder wegen Krankheit oder wegen anderweitiger Geschäfte darum nachsuchten sich einen Stellvertreter bestellen zu dürfen, dem sie wohl eine gewisse Summe oder einen bestimmten Prozentsatz überwiesen, während sie selbst die Haupteinkünfte für sich behielten [5]), den Posten gewissermassen in Pacht gaben. Die Regierung und zwar wieder speziell das ‚Collegio‘ gewährte wohl ohne Ausnahme dergleichen Gesuche, indem es zu solchen Stellvertretern theils Kollegen des Bittstellers aus derselben ‚tessera‘ (also solche die mit jenem auf einem Zettel gestanden) [6]) theils überhaupt Andere zuliess, was man ‚concessio in der banca simpliciter‘ nannte. Die Folge davon war, dass die Posten ausserordentlich lange in denselben Händen verblieben, dass nur selten Vakaturen eintraten und dann wohl eben jene bisherigen Stellvertreter ein gewisses Anrecht auf die freigewordene Stelle geltend machten. Nun hatte aber namentlich der „Rath der Zehn“ wiederholt eine solche Maklerstelle Leuten versprochen, welche sich um den Staat verdient gemacht hatten, oder auch etwa Jemandem auf Ansuchen einer hohen Persönlichkeit, der man damit einen Gefallen erweisen wollte, z. B. 1424 des Königs von Dacien (Serbien?) [7]), 1426 und 1427 des Herzogs Ludwig III. des

---

[1]) Dass es bereits in früherer Zeit, 1356 z. B., geschah, s. Bd. I Nr. 161. wo auch schon auf analoge Fälle hingewiesen ist, und ferner Nr. 190, 811, 812. 816. — [2]) cf. Bd. I Nr. 455 und Capit. p. 143 c. 251 a. 1431, wo gleichfalls erwähnt wird, dass andere Sensale als die dazu bestimmten ‚a quello deputati‘ sich einmischten. Dies geschah übrigens auch schon früher cf. Capit. p. 65 c. 156 a. 1366 und Bd. I Nr. 221: Unterhändler, der deutschen Sprache kundig, drängten sich an den Kaufmann heran und boten ihm ihre Dienste an, welche billigere Preise ermöglichten. — [3]) Bd. I Nr. 488. — [4]) Capit. p. 200 c. 316 a. 1472; p. 230 c. 22 a. 1475; p. 247 c. 13 a. 1482. — [5]) cf. Bd. I Nr. 294, 295, 420, 436, 453, 477—479, 489, 494, 501, 502, 507, 518, 519, 521, 526, 527, 548, 554, 555, 556. 560. 570. 578, 811, 812, 816. Nach einer Verordnung vom Jahre 1479 (Capit. p. 237 c. 5) sollten solche Stellvertreter übrigens nicht mehr zum Amt eines ‚capo di tessera‘ zugelassen werden. — [6]) cf. Bd. I Nr. 502, 555. — [7]) Bd. I Nr. 817.

Bärtigen von der Pfalz[1]), 1492 der Königin Katharina Cornaro[2]).
Trat nun in Folge der eben geschilderten Verhältnisse längere Zeit
keine Vakatur ein, so mussten solche vom Rath der Zehn Begnadete
oft sehr lange warten. Deshalb verfügte derselbe im Jahre 1503[3]),
dass die augenblicklichen Sensale nicht (wie bisher) auf ihre Posten
sollten verzichten oder dieselben sollten verpachten dürfen, d. h. also
dass sie keinen Vertreter für sich sollten bestellen können, sondern
dass sie im Verhinderungsfalle ganz zurücktreten müssten, damit
Raum würde für jene von dem Rath der Zehn mit einer Sensal-
stelle Begnadeten; und der Senat erliess auch seinerseits, wohl auf
Anregung des Rathes der Zehn, ein dahingehendes Verbot[4]). Als aber
die Visdomini diesem Beschlusse des Senats keine Rechnung tragen
wollten und jene Wahlen ‚per banca‘ für gültig erklärten, musste
das Collegio diesen Entscheid der Visdomini umstossen, eine derartige
Wahl ‚per banca‘ kassiren, damit die Zehn einen Mann ihres Herzens
unterbringen konnten, der diesmal ein Dragoman in Konstantinopel
war[5]). Dass diese Verhältnisse übrigens zu mancherlei Uebelständen
bei den Sensalen überhaupt führten, ist einleuchtend und wird offen
in einer Verordnung vom Jahre 1482[6]) ausgesprochen.

Häufig wurde mit einer solchen Sansarie — und das verleiht diesem
Amte noch ein besonderes Interesse — hervorragende Künstler, insbesondere Maler bedacht. So erhielten Gentile und sein Bruder Giovanni
Bellini, sowie auch später Tizian nach längerem Warten[7]) den Posten
eines Sensals des Fondaco und zwar auf Lebenszeit. Sie hatten dagegen die Verpflichtung, das Portrait des neugewählten Dogen für
den Dogenpalast zu malen, wofür sie nur eine geringe Entschädigung von 25 Dukaten erhielten. Das Einkommen, das mit einer
solchen Sansarie verbunden war, schätzen Crowe und Cavalcaselle
auf 100 Dukaten jährlich[8]), während Thausing von 300 Scudi (Gold-
dukaten) spricht. Jedenfalls war es gross genug, dass jene daraus
wieder einen Stellvertreter bezahlen konnten, der für sie die eigentlichen Maklergeschäfte mit den Deutschen besorgte (wozu sie selbst
ja kaum im Stande waren) — vorausgesetzt, dass dies zu jener Zeit
überhaupt mehr nöthig war und so verliehene Sansarien nicht von
der Regierung selbst geradezu als reine Pfründen oder Sinekuren
angesehen wurden. —

So umgab ein Heer von Beamten und Bediensteten den deutschen
Kaufmann in Venedig von dem Augenblick an, wo er mit einer venetianischen Barke vom Festland nach der Lagunenstadt übergesetzt
wurde, bis zum Moment seiner Rückreise sozusagen auf Schritt und

---

[1]) Bd. 1 Nr. 818, 819. — [2]) ebda. Nr. 589, cf. 576. — [3]) ebda. Nr. 620.
— [4]) ebda. Nr. 625. — [5]) ebda. Nr. 626 und 623. — [6]) Capit. p. 247 c. 13. —
[7]) s. darüber Giamb. Lorenzi, Monumenti per servire alla storia del Palazzo
Ducal di Venezia p. 85 Nr. 188; p. 88 Nr. 192; p. 91 Nr. 195; ferner Crowe und
Cavalcaselle, Titian tom. I p. 82 und 153 ff. und Thausing, Dürer (1. Aufl.) p. 266.
— [8]) Lübke, Geschichte der italienischen Malerei Bd. II S. 509 auf 120 Dukaten.

Tritt. Kaum im Fondaco angelangt, musste er. wie wir gesehen, des einzigen Schutzes, den er besass, der Waffen sich begeben. Dann musste er sogleich und ohne Verzug [1]) Alles, was er an Geld und Geldeswerth mitgebracht, den Beamten vorzeigen, damit dieselben Alles fein säuberlich aufschrieben und theils sofort (von dem eingeführten gemünzten oder ungemünzten Baargeld) theils hernach (von den verkauften Waaren) die vorgeschriebenen Zölle erheben konnten. Ein- und Verkauf, Ein- und Auspacken, der Aufenthalt im Fondaco selbst: Alles unterlag der schärfsten Kontrolle von Seite der venetianischen Behörden.

Eine solche Oberaufsicht erscheint nicht nur uns heutzutage unerträglich, wir wissen auch und haben es schon betont, dass die deutschen Kaufleute, speziell die Nürnberger, am Anfang des 14. Jahrhunderts sich darüber beklagten [2]). Freilich ohne Erfolg. Denn davon ist die venetianische Regierung während des ganzen Mittelalters nicht abgegangen. Uebrigens findet sich Aehnliches auch anderswo. Auch in Florenz beispielsweise finden wir [3]) „jenes Institut beeidigter Sensale, ohne deren Mitwirkung Handelsgeschäfte weder rechtlich gültig noch überhaupt zulässig waren“ und verschiedene andere Massnahmen, in denen der nämliche bevormundende Geist der Regierung sich offenbart, wie er, nur freilich stärker und entschiedener ausgeprägt, in Venedig zu Tage tritt. Dies darf aber nicht Wunder nehmen, denn es hängt auf's Innigste zusammen mit der Handelspolitik und dem Charakter des venetianischen Staatswesens überhaupt. Es ist oft genug schon betont worden [4]), dass hier in Venedig „die Regierung selbst den Handel unmittelbar in die Hand nehmen“, der „alleinige Regulator“ desselben sein musste, wenn sie den leitenden Grundgedanken ihrer Handelspolitik: „den gesammten Waarenzug zwischen Morgen- und Abendland sich zu ausschliesslicher Benützung zu monopolisiren“, verwirklicht sehen wollte. Wenn nun aber die Regierung ihren eigenen Unterthanen gegenüber auf diesem (wie ja noch auf so manchem anderen) Gebiete die genaueste, bis auf's kleinste Detail sich erstreckende Oberaufsicht und Bevormundung ausübte — um wie viel mehr musste sie sich dazu veranlasst fühlen im Verkehr mit den fremden, den deutschen Kaufleuten, wo es sich noch um wichtige fiskalische Interessen handelte, die in hervorragender Weise mit diesem Verkehr verbunden waren und daher auch massgebend für die Verwaltung des Fondaco sein mussten! Denn die Bedeutung des Fondaco für Venedig lag nicht nur darin, dass er ein willkommenes Absatzgebiet für die von den Venetianern selbst aus dem Orient eingeführten Produkte und für

---

[1]) cf. Bd. 1 Nr. 50, 68, 69, 82, 85, 86, 115, 783, 789 (791), 793, 804, 805. — [2]) s. Flegler, die Beziehungen Nürnbergs zu Venedig im „Anz. für Kunde der deutschen Vorzeit“ 1860 Nr. 10 S. 329 ff.; cf. oben S. 12. — [3]) s. Pöhlmann, die Wirthschaftspolitik der Florentiner Renaissance und das Prinzip der Verkehrsfreiheit. Leipzig (in den Preisschriften der Jablonowski'schen Gesellschaft) 1878, S. 92. — [4]) cf. Scherer, Allg. Geschichte des Welthandels Bd. I S. 312 ff.

die Erzeugnisse des heimischen Gewerbfleisses war, sondern vielleicht
in noch höherem Grade in seiner Eigenschaft als Zollinstitut. Jene
hätten ja die Venetianer zur Noth selbst zu Wasser oder zu Land
weiter nach Deutschland führen können; allein die Gebühren, Abgaben und Zölle, welche die Deutschen im Fondaco zahlen mussten,
wären damit dem Staatsschatze entgangen und sie bildeten geradezu
eine Haupteinnahmequelle für den Staat. ,Principalissimus nervus‘
werden die ,dacii‘, die Zölle, geradezu gelegentlich genannt. Damit
sie nun aber in der gewünschten Weise und wirklich ganz und voll
eingiengen, war die strengste Ueberwachung des ganzen Geschäftsbetriebes der Deutschen, die genaueste Aufzeichnung des gesammten
Waarenumsatzes und auf Grund derselben die sofortige strikteste
Eintreibung aller Gefälle nothwendig eine Hauptaufgabe der Beamten und Bediensteten des Fondaco.

Von diesem Gesichtspunkte aus ist auch jene, schon oben [1]) berührte Zwangsverordnung zu betrachten, dass (während des Mittelalters)
alle deutschen Kaufleute im Fondaco absteigen mussten, dass kein
Venetianer einen Deutschen oder dessen Waaren bei sich in seiner
Wohnung oder in seinem Magazin aufnehmen durfte — Verordnungen,
die unter Androhung schwerer Strafen — Ausschliessung vom
„Grossen Rathe“ für den „Nobile“ auf 5 Jahre, vom Handel für
den „Popularen“ auf die gleiche Dauer [2]) — öfters wiederholt wurden,
wiederholt werden mussten [3]). Denn immer wieder reizten die Vortheile, welche Käufer wie Verkäufer aus der Umgehung des Fondaco
zogen, zum Versuche, die bestehenden Vorschriften zu übertreten.
Brauchte der Kaufmann keine Zölle im Fondaco zu entrichten, so
konnte er ja seine Waaren dem venetianischen Käufer eben auch
um vieles billiger überlassen.

Dem nämlichen Zwecke der besseren Ueberwachung entsprang die Vorschrift, dass der Geschäftsverkehr oder genauer der
Verkauf von Seite der Deutschen auf den Fondaco beschränkt bleiben
sollte. „Damit die Zölle,“ wie die Regierung selbst einmal bemerkt,
„nicht unterschlagen würden,“ [4]) sollten die Deutschen ihre Waaren
nicht ausserhalb des Fondaco feilhalten dürfen [5]) oder höchstens, wenn
es die Beschränktheit des Raumes im alten Gebäude dringend erforderte, zeitweise unter Oberaufsicht der Beamten in einem hiezu von der
Regierung angewiesenen, in der Nähe befindlichen Lokale [6]). Nur jenen
kleinen Kaufleuten oder Krämern, denen der Aufenthalt im Fondaco
zu theuer zu stehen käme, sollten die Visdomini verstatten dürfen,
mit ihrem Waarentand in der Stadt selbst hausiren zu gehen [7]).

Strengstens war ferner jeder Verkehr mit den deutschen Kaufleuten — sowohl in dem Fondaco als ausserhalb desselben — den Frem-

---

[1]) S. 3 und 11. — [2]) Mone, Zeitschr. V, 22 (a. 1374). — [3]) cf. Bd. 1
Nr. 40. 105. 228, 232. — [4]) Capit. p. 223 c. no. 2 a 1475 ‚nziò non sia defraud ù
i dacii nostri‘. — [5]) ibid. l. c. u. p. 193 c. 304 u. 1458. — [6]) cf. Bd. I Nr. 212,
281. — [7]) Capit. p. 98 c. 207 a. 1385 (?).

den, Nicht-Venetianern und Nicht-Kaufleuten, selbst wenn sie Deutsche waren, verboten [1]) — übrigens, wie auch Heyd [2]) bemerkt, „eine im Mittelalter bekanntlich sehr häufige Verordnung". Der gesammte Nutzen sollte eben den Einheimischen, den Bürgern der Stadt, zu Gute kommen, wie das die Regierung selbst auch gelegentlich ganz unverhohlen ausgesprochen hat [3]).

Wenn es dann hinwiederum den Venetianern selbst untersagt war, ausserhalb der Stadt mit den Deutschen zu verkehren, in Padua oder Treviso von ihnen Waaren zu kaufen [4]), so erkennt man unschwer, dass dieses Verbot von jenen fiskalischen Interessen diktirt war, von denen ich vorhin gesprochen. Besonders deutlich treten dieselben aber in jener Verordnung zu Tage, welche bestimmte, dass die Venetianer nicht selbst aktiv als Käufer in Deutschland auftreten sollten, obschon sie dasselbe auf dem Wege nach und von Frankreich, Flandern oder Ungarn ja häufig passirten [5]). Nur Waffen, Pferde und Lebensmittel sollten dort von den Venetianern selbst gekauft werden dürfen — vermuthlich um von diesen wichtigen Artikeln im Bedürfnissfalle rasch genügende Vorräthe sammeln zu können und hiefür nicht auf Gunst der importirenden Deutschen angewiesen zu sein [6]). Die übrigen Produkte Deutschlands aber sollten die Deutschen nur selbst nach Venedig bringen, dafür die vorgeschriebenen Eingangszölle zahlen, und dann bei der Rückkehr für die nach Deutschland mitzunehmenden orientalischen und venetianischen Produkte und Waaren wieder die nöthigen Abgaben, Ausgangszölle u. s. w. entrichten: den venetianischen Staatssäckel somit zweimal füllen helfen. Denn nicht etwa mit dem baaren Erlös für das von ihnen Eingeführte sollten die deutschen Kaufleute Venedig verlassen dürfen, dieser musste vielmehr dort selbst gleich wieder in andere dortige Waaren umgesetzt werden [7]).

Ich sagte: „die Produkte Deutschlands" sollten die Deut-

---

[1]) Capit. p. 90 c. 198 a. 1384; cf. Bd. I Nr. 796, 801. — [2]) Hist. Zeitschr. l. c. S. 213 Anm. 1. — [3]) z. B. 1385 Capit. p. 98 c. 206 (cf. p. 290); über die Verbote des Verkehrs mit den Fremden s. ibid. p. 77 c 177 (cf. p. 288) a. 1374; p. 90 c. 198 u. 199 a. 1384 und Bd. I Nr. 44. — [4]) s. Capit. p. XXIV (a. 1272) und Minotto, Docum. etc. II, 1 p. 82. Im Jahre 1305 (28. Nov.) scheint dieses Verbot allerdings nur theilweise und vielleicht auch nur zeitweilig aufgehoben worden zu sein, cf. Minotto, Docum. II, 1 p. 94. 1345 bestand es jedenfalls wieder in vollem Umfange; cf. Bd. I Nr. 114. — [5]) s. Capit. p. XXI a. 1279; p. 63 c. 147 a. 1363; p. 226 c. 10 a. 1475; cf. p. 273 c. 38 a. 1494 und Bd. I Nr. 23. 25, 26, 27, 101, 120 und öfters. Wenigstens seit der Mitte des 14. Jahrhunderts durften sie dabei keinen Handel mit ihren Waaren treiben, da von deutscher Seite dagegen Vorstellungen erhoben worden waren. Cf. Bd. I Nr. 125, 171, 172. — [6]) Capit. p. 63 c. 147 a. 1363. Dass den Venetianern im Jahre 1475 der Besuch der deutschen Messen durch einen Zusatz zum ursprünglichen Verbot vom Jahre 1363 gestattet, im Jahre 1494 aber wegen der deshalb eingerissenen Missbräuche wieder untersagt wurde, hat schon Heyd (a. a. O. S. 214) hervorgehoben; s Capit. p. 273 c. 38. — [7]) s. Deutsche Reichstagsakten Bd. VII S. 361 Nr. 238 und unten S. 44; ich finde dieses Gebot allerdings nicht im Capitolare, aber der Ausdruck ‚investire' in unseren Urkunden (Bd. I Nr. 188. 236, 799, 809) ist dafür eine Bestätigung.

schen nach Venedig bringen — und wir werden später darauf zurückzukommen haben — nicht aber andere, beispielsweise nicht flandrische oder englische Waaren. Denn diese holten die Venetianer
selbst aus jenen Ländern: sie bildeten die Rückfracht für die venetianischen Galeeren, die mindestens seit dem Anfang des 14. Jahrhunderts zu bestimmter Zeit alljährlich dorthin mit den Waaren der
Levante kamen [1]). Wären diese Galeeren leer zurückgefahren, hätten
die Venetianer die flandrischen und englischen Waaren erst von
den Deutschen kaufen müssen, so wäre das doppelter Nachtheil
gewesen. Deshalb mussten die Deutschen einmal für dergleichen
Waaren höheren Eingangszoll zahlen; die Venetianer aber, die von
den Deutschen etwa flandrische und englische Waaren kauften, mussten
den Befehlshabern oder Eigenthümern der flandrischen Galeeren
geradezu eine entsprechende Entschädigung entrichten, die von der
Regierung festgesetzt und nicht durch Privatübereinkommen beliebig
vermindert werden durfte [2]).

Dieser Verordnung, bei welcher sich fiskalische und mono-
polistische Interessen die Hand reichten, ist eine andere an die
Seite zu setzen, welche freilich überwiegend monopolistischer Natur
war: nämlich die, dass es den deutschen Kaufleuten streng untersagt war, etwa übrig gebliebene, nicht verkaufte Waaren aus Venedig
nach der Levante oder sonstwohin weiter zu führen [3]). Dagegen sträubte
sich nämlich die Eifersucht der Venetianer, die das ganze Adria-
Meer als ihr Meer, als ihr Eigenthum, den überseeischen Handel
nach dem Orient als ihr Monopol betrachteten. Alle Waaren, die
nach Venedig eingeführt wurden, mussten dort auch, um welchen
Preis auch immer, und sollten, wie es fast scheint [4]), ursprünglich
innerhalb einer bestimmten Zeit verkauft werden. Darunter hatten
übrigens keineswegs blos die Deutschen, sondern alle Kaufleute zu
leiden, weil dies eben ein Hauptgrundsatz des venetianischen Monopol-
systems war. Wir lesen nicht blos von jenen, dass sie sich am Anfang
des 14. Jahrhunderts über diesen Zwang beschwerten [5]), sondern auch
schon der bekannte Schriftsteller Salimbene ergeht sich am Ende
des 13. Jahrhunderts hiegegen, wie überhaupt gegen den Egoismus
der Venetianer, in bitteren Klagen [6]), die freilich um so weniger
fruchteten, je mehr die Republik bei diesem Monopolsystem ihre

---

[1]) s. Heyd, Gesch. des Lev.-H. II, 708 und Fischer, Theob., Beiträge zur
Gesch. der Erdkunde und der Kartographie in Italien im Mittelalter (Venedig 1886)
S. 33 u. ff. — [2]) Heyd, Hist. Zeitschr. S. 216; s. Capit. p. 134 c. 242 a. 1426; p. 150
c. 256 a. 1434; p. 162 c. 274 a. 1441. — [3]) cf. Bd. I Nr. 39, 590. — [4]) cf. oben S. 25
und unten S. 44 — [5]) s. Flegler im Anzeig. f. Kunde etc. 1867 Nr. 11. — [6]) Monum.
histor. ad Provv. Parmens. et Placent. pertinentia tom. III pag. 252: Veneti
avari homines sunt et tenaces et superstitiosi et totum mundum vellent sub-
jugare sibi, si possent; et rusticiter tractant mercatores qui vadunt nd eos et
care vendendo et multa passagia in diversis locis in suo districtu ab eisdem
personis eodem tempore accipiendo. Et si aliquis mercator portat ibi merces
suas ad vendendum, non potest eas secum reducere, immo oportet quod vendat
eas ibi velit nolit.

Rechnung fand, das allerdings ohne Zweifel die Grundlage ihrer Grösse und ihres Reichthums war.

Ebensowenig ist es der venetianischen Regierung zu verdenken, wenn sie in einzelnen Zweigen des Handels mit den Deutschen einer ausgesprochenen Schutzzollpolitik huldigte, welche Hand in Hand ging mit jenem Monopolsystem. So verbot sie z. B. im Jahre 1447 [1]) die Einfuhr bereits verarbeiteten Kupfers, weil dadurch den heimischen Kupferschmieden und dem Fiskus beträchtlicher Schaden zugefügt wurde, während Kupfer als Rohmaterial stets ein sehr willkommener Einfuhrartikel war. Ebendahin gehört es, wenn den Deutschen der Detailverkauf von Tuch „im Ausschnitt" untersagt war, das vielmehr im Interesse der heimischen Tuchhändler nur im ganzen Stück sollte verkauft werden dürfen [2]); oder wenn die Regierung die Ausfuhr von gereinigter Baumwolle pfundweise und von Baumwollengarn untersagte, da daraus in Deutschland Baumwollzeuge gefertigt und mit dem (Fabrik-)Zeichen venetianischer Barchentweber versehen würden, während sie viel schlechter seien, als die in Venedig hergestellten [3]).

Es wäre nun aber sehr irrig zu glauben, dass die venetianische Regierung in unbeugsamer Starrheit immer ausschliesslich nur von diesen Prinzipien sich habe leiten lassen, dass sie nicht auch anderen Erwägungen Raum gegeben. Im Gegentheil. Was Pöhlmann hauptsächlich für Florenz und für einen kleineren Zeitraum, für das ausgehende Mittelalter oder für die beginnende Renaissance, nachgewiesen [4]), dass es „schwer sei, für die allgemeine Haltung der Wirthschaftspolitik jener Zeit eine bestimmte Formel zu finden": das gilt in noch viel weiterem Umfange für Venedig. „Eine unzählige Menge von Verordnungen," bemerkt schon Scherer in seiner Geschichte des Welthandels [5]) sehr richtig, „bestimmen den Venetianer Handel je nach Einsicht und Bedürfniss der Zeit." Denn es war — so gibt G. M. Thomas diesem Gedanken weiter treffend Ausdruck [6]) — „es war entschiedener Grundsatz der venetianischen Handelspolitik, alle Bestimmungen und Abmachungen, alle Massnahmen nur auf Zeit, gleichsam auf Probe des Erfolges zu treffen, mit der vorschauenden Absicht, entweder zu bestätigen, was frommte, oder abzuändern, was nöthig schien [7]), so dass dem Staatsschatze die ausreichende Fülle von Geld zuströmte, der Bürger und gemeine Mann seine Nahrung hatte, und dabei zugleich Käufer und Verkäufer aus aller Welt gereizt und angelockt wurden, ihren Markt in Venedig zu halten. Nicht nach Lehrsätzen (nicht nach Aufstellungen von Gruppen oder Parteien)

---

[1]) s. Capit. p. 172 c. 282; — [2]) ibid. p. 220 n. 9 a. 1466; cf. Heyd, Hist. Zeitschr. S. 213. — [3]) ibid. p. 73 c. 168 a. 1373 und p. 77 c. 176. — [4]) Wirthschaftspolitik etc. p. 136. — [5]) Bd. I S. 217. — [6]) Zur Quellenkunde des venetianischen Handels und Verkehres. Abhandlgn. d. k. bayer. Akad. d. Wiss. I. Kl. Bd. XV, Abth. I, S. 190. — [7]) s. diesen Grundsatz deutlich ausgesprochen in Bd. I Nr. 260.

erhöhte oder minderte man diese oder jene Zölle; das Mass der
Zufuhr, der Ausfall der Ernten, der Wettlauf im Vorrang gegen
andere Handelsbeflissene, das politische Gesicht der Zeit und immer
wieder das Erforderniss des Staates bildeten den Regulator.  So
stehen denn, um es in der Sprache der Gegenwart auszudrücken,
Schutzzoll und Freihandel friedlich gleichsam neben
einander; es ist der Zug des Tages, es ist die Währung der
Zeitlage, welche so gut die Valuta bestimmen als über Aufschlag
und Abschlag bei Einfuhr und Ausfuhr entscheiden."

Wir haben schon früher Gelegenheit gehabt, auf diese Ver-
änderlichkeit der venetianischen Politik hinzuweisen [1]), die aus dem
praktischen Sinn der Venetianer entsprang, und wollen an
dieser Stelle noch einige weitere Belege hiefür beibringen.

Als im Jahre 1429 die Glasindustrie von Murano in Folge der
hohen Zölle so sehr zurückging, dass die Zahl der Werkstätten um
die Hälfte sich verminderte, suchte die Regierung dem darnieder-
liegenden Gewerbe durch Aufhebung aller Ausfuhrzölle wieder auf-
zuhelfen [2]).  Dieser Beschluss wurde vom Senat am 18. April gefasst.
Und am 6. August des nämlichen Jahres sehen wir den Beschluss
bereits wieder aufgehoben [3]), weil der Ausfall, den die Einnahmen
des Staates hiedurch erlitten, mehr als 1000 Dukaten jährlich betrage, ohne dass mit jener Massregel der Industrie selbst gedient
sei. — Salpeter, der bis dahin zollfrei war, wurde im Jahre 1383
aus rein fiskalischen Gründen mit einem Ausfuhrzoll belegt [4]). — Um
den Seifensiedern die Konkurrenz mit den Ankonitanern zu ermög-
lichen, wurde im Jahre 1391 für die Dauer von 3 Jahren eine
Ausfuhrprämie auf Seife gesetzt [5]).

Keinem Zweifel kann es nun aber unterliegen, dass namentlich mit Rücksicht auf die deutschen Kaufleute und ihnen
zu Liebe derartige Aenderungen in den Verordnungen
vorgenommen wurden.

Nach einem früheren Beschluss des Grossen Rathes vom
November 1277 (oder 1287?) [6]) mussten die Deutschen von allem
gemünzten Geld, das sie nach Venedig brachten, 5% Zoll entrichten.
Dieser Beschluss wird im November des Jahres 1332 aufgehoben,
weil Geldmangel im Lande herrscht [7]), fünf Jahre später aber (1337)
von Neuem erlassen, da augenblicklich genug Geld im Lande [8]).
Allein die Deutschen empfanden das als lästigen Druck; der Kaiser
und der Rath von Nürnberg erhoben dagegen Vorstellungen und
auf ihre Bitten hin wurde die Verordnung im Jahre 1358 wieder
aufgehoben: die Deutschen sollten für geprägtes Geld nicht mehr
zahlen als für ungemünztes [9]), auf dessen reichliche Zufuhr die
venetianische Regierung immer besonderes Gewicht legte. Als z. B.

---

        [1]) s. oben p. 14. — [2]) s. Capit. p. 141 c. 247. — [3]) ibid. p. 142 c. 249.
— [4]) s. Capit. p. 86 c. 194. — [5]) ibid. p. 95 c. 204. — [6]) s. Capit. p. XVII und
Bd. 1 Nr. 9, 91, 97. — [7]) s. Bd. 1 Nr. 91 und 97. — [8]) s. Bd. 1 Nr. 97. —
[9]) s. Capit. p. 25 c. 72 (wo fälschlich 1355 angegeben) und Bd. I Nr. 179.

im Jahre 1441 die Deutschen wegen des hohen Einfuhrzolles nur wenig Silber mehr einführten, stand die Regierung nicht an, denselben herabzusetzen [1]).

Einen Hauptartikel des venetianischen Handels bildete der Safran. Für 100,000 Dukaten wurde jährlich von Aquila, Apulien und Süditalien Safran nach Venedig gebracht, und die Deutschen waren es, welche denselben hauptsächlich ausführten. „Allein seit einiger Zeit,“ heisst es in einem interessanten und wichtigen Aktenstück vom November 1492 [2]), „haben die Deutschen, wegen des hohen Preises des Safrans und nach Art aller Kaufleute auf ihren Vortheil bedacht, den Weg nach Mailand eingeschlagen (wo er billiger zu haben ist), ja gehen sogar selbst bis dahin, wo er wächst. In Folge dessen ist der ganze Weg des Safranhandels verändert.“ Und obgleich bereits im Jahre 1479 den Deutschen erlaubt worden war, gegen eine Abgabe von 12 Dukaten per Saum (500 Pfund) mit dem Safran Venedig wenigstens zu passiren, und im Jahre 1481 und darauf 1482 jede Abgabe für den Import von Safran aufgehoben wurde [3]), wollte doch der Handelszug sich nicht wieder nach Venedig zurücklenken lassen, sondern behielt die Richtung auf Mailand bei. Das war um so bedenklicher, als im Anschluss daran sich der Handelsverkehr zwischen Deutschland und Mailand überhaupt mehr zu entwickeln begann. Die Deutschen brachten „Silber und andere Waaren mit nach Mailand“ — so heisst es in jener Urkunde — „und kauften dort Goldfäden und Seidenzeuge in grosser Menge, die sie vordem in Venedig gekauft hatten“ [4]). Darauf beschloss die venetianische Regierung eben im November 1492, den Export von Safran gänzlich von jedem Zoll freizugeben und den Transitzoll für die Deutschen auf 3 Dukaten von einem Saum zu 500 Pfund herabzusetzen.

Noch zahlreicher sind dann aber die Fälle, wo nicht durch allgemeine Verordnungen, sondern durch Einzel-Erlasse Ausnahmen von den sonst gültigen gesetzlichen Bestimmungen zu Gunsten einzelner Deutscher zugelassen oder Uebertretungen durch Gewährung von *gratia*, wie das oft in Venedig vorkam, der gesetzlichen Strafe entrückt wurden.

Da sehen wir [5]), wie (im Jahre 1314) einem Deutschen erlaubt wird, Tücher aus Frankreich, die er nach Venedig gebracht und nicht hat verkaufen können, wieder auszuführen, allerdings nicht nach Deutschland. Ein ander Mal (im Jahre 1383) wird einem Nürnberger verstattet, Tücher aus der Lombardei ausserhalb des

---

[1]) s. Capit. p. 164 c. 275; ausser anderen Abgaben wurden von 100 Dukaten Werth 17 grossi 4 piccoli, also fast ³/₄ % erhoben, wenn unter diesen grossi jene zu verstehen, deren 24 damals 1 Dukaten ausmachten; cf. Mone in der Zeitschr. f. Gesch. d. Oberrheins Bd. V S. 26, wo statt post ,parvi‘ oder piccoli zu lesen und hinter ducatorum ,centum‘ einzusetzen ist. — [2]) s. Capit. p. 277 c. 42. — [3]) Nur der damals allgemein gültige Zollsatz von 1% war bestehen geblieben. — [4]) Ueber die 1472 geplante Errichtung eines deutschen Fondaco in Mailand siehe E. Motta in der Rivista storica italiana I, 262 no. 3. — [5]) Bd. I Nr. 39 und oben S. 32 über das betreffende Gesetz.

Fondaco in einem Magazin des Rialto, wo man sie besser sehen
könne, zum Verkauf auszulegen [1]). Da wird einem Deutschen ‚gratia‘
gewährt und die Strafe erlassen, der verurtheilt war, weil er statt im
Fondaco in einem Gasthause abgestiegen war [2]). Ebenso einem oder
vielmehr gar manchem Anderen, der seine Waaren nicht gleich
nach seiner Ankunft oder überhaupt gar nicht vorgezeigt hatte [3]).
Wieder Andere haben es unterlassen, im Verein mit einem Sensal
ihre Einkäufe zu machen [4]): sie erhalten ebenso gratia wie Jene,
welche vergessen haben, ihren gekauften Safran schätzen oder ihre
gekauften Waaren vor der Absendung mit den nöthigen Zollscheinen
versehen zu lassen [5]) u. s. f. u. s. f.

Beklagten sich die deutschen Kaufleute über Neuerungen, die
ihnen unbequem und nachtheilig waren oder so erschienen, so zeigte
sich die Regierung wiederholt bereit, dieselben abzustellen, selbst
wenn sie ihr selbst vortheilhaft und nutzbringend gewesen waren. So
lesen wir, wie im Jahre 1346 der Doge Andrea Dandolo dem Kaiser
Ludwig dem Bayern mittheilt, dass einige neue Auflagen wieder
abgeschafft worden seien, nachdem der Kaiser im Namen der Reichsstädte darüber Beschwerde geführt und allerdings mit Repressalien
gedroht hatte [6]). — Im Jahre 1469 war es den deutschen Kaufleuten
untersagt worden, für den Transport ihrer Waaren, auf dem Wege von
Venzone und Glemona bis Portogruario und umgekehrt, sich fernerhin
neben italienischen auch deutscher Wagen und Pferde zu bedienen [7]).
Sie beschwerten sich darüber, der Kaiser intervenirte und alsbald war
das alte Herkommen wieder hergestellt. — Als im Jahre 1486 die Visdomini gegen die deutschen Kaufleute allzu strenge hinsichtlich der
Bezahlung ihrer Rückstände vorgehen wollten, entschied die Regierung
zu Gunsten der petitionirenden Kaufleute mit der ausdrücklichen Motivirung, dass die Deutschen mit Milde und Wohlwollen zu behandeln
seien und nicht mit rigoroser Strenge! [8]) — Ein ander Mal, im Jahre
1502, führten unsere Landsleute Klage über Unbilden, die sie von
einem der Visdomini hatten erdulden müssen, und über ungebührliche Verschleppung in der Zollbehandlung ihrer Waaren. Ein
scharfer, tadelnder Erlass an die Visdomini war die Antwort [9]). —
Und ganz ähnlich erhielt der Podestà von Treviso (1502) einen
Verweis, weil er den deutschen Kaufleuten Schwierigkeiten in den
Weg legte, welche sich von der Regierung die Erlaubniss erwirkt
hatten, ihre Tücher nur von zwei deutschen Landsleuten scheeren
zu lassen, da diese allein dies in der richtigen Weise zu thun ver-

---

[1]) Bd. I Nr. 247. — [2]) ebda. Nr. 105. — [3]) ebda. Nr. 50 und ähnlich Nr. 68,
69, 82, 85, 86, 789, 793, 804. — [4]) ebda. Nr. 56, 74, 83. — [5]) ebda. Nr. 19, 46, 80,
84, 802. — [6]) ebda. Nr. 119. Es liegt nahe daran zu denken, dass die dem Kaiser
vorgetragenen Beschwerden identisch sind mit jenen, welche Flegler im „Anzeiger
f. Kunde der deut. Vorzeit“, 1867, Nr. 11 veröffentlicht hat; cf. Böhmer, Acta
imperii t. II no. 818, 820. — [7]) s. Capit. p. 279. — [8]) s. Bd. I Nr. 572. — [9]) ebda.
Nr. 618; über andere Differenzen zwischen den Kaufleuten und den Visdomini
einige Jahre vorher (1499); cf. Sanuto, Diarii II, 718.

ständen [1]). Kurz, man sieht: „nichts wurde versäumt, um die
Deutschen durch Eingehen auf ihre Wünsche und durch
Erleichterungen aller Art bei guter Laune zu erhalten" [2]).
Dass dies in späterer Zeit nach der Entdeckung des Seeweges nach
Ostindien, als damit der verhängnissvolle Umschwung für den vene-
tianischen Welthandel sich vorbereitete, erst recht geschah, begreift
sich leicht und wird später noch weiter ausgeführt werden.

Freilich, so weit erstreckte sich die Zuneigung und Liebens-
würdigkeit der venetianischen Regierung gegen die Deutschen nie,
dass sie denselben etwa, wie dies anderswo im Ausland, z. B. in
England, der Fall war, eigene Gerichtsbarkeit zugestanden hätte.
Diese haben die Deutschen in Venedig niemals erlangt und damit
waren sie ein für alle Mal zu blossen Gästen herabgesetzt. Selbst
Streitigkeiten privater Natur unter den im Fondaco verkehrenden
Deutschen wurden von den venetianischen Behörden entschieden [3]). —

Wir wollen hier noch einige allerdings schon anderweitig
bekannte [4]) Angaben über die Grösse des Umsatzes und Ausdehnung des deutsch-venetianischen Handels anschliessen,
die das wohlwollende Verhalten der venetianischen Regierung gegen
die deutschen Kaufleute am besten zu erklären geeignet sind. Der
Venetianer Paolo Morosini schätzt in einem vor 1472 geschriebenen
Briefe an Gregor von Heimburg den von den deutschen Kaufleuten
in Venedig bewirkten Umsatz auf eine Million Dukaten jährlich.
Der deutsche Pilgerfahrer Felix Fabri aus Ulm schreibt in seinem
‚Evagatorium‘, dass die Regierung von den nach Deutschland ausgeführten Waaren nicht weniger als 20,000 Dukaten jährlich an
Zoll einnehme. Und der Kölner Arnold von Harff, der auf seiner
Pilgerfahrt nach Jerusalem im Jahre 1497 im Fondaco verweilte,
berichtet, dass nach Aussagen deutscher Kaufleute der Fondaco der
Regierung täglich durchschnittlich 100 Dukaten einbringe [5]). Mit
gutem Grund und ohne Uebertreibung hat daher die Regierung
selbst den Fondaco gelegentlich als „bestes Glied der Stadt" (optimo
membro de questa zita = città) bezeichnet [6]): er war ein stets

---

[1]) s. Bd. I Nr. 619. — [2]) Heyd, Hist. Zeitschr. S. 218 aus Marin, Storia
del commercio dei Veneziani 8, 152. Scherer's Behauptung (Gesch. des Welthandels I, 320), dass im Allgemeinen die Deutschen sehr hart und rücksichtslos
behandelt worden seien, ist damit wohl zur Genüge widerlegt; cf. Nr. 105, 115,
wo überdies ausdrücklich die Rücksicht auf die Deutschen als Grund verschiedener Straferlässe angegeben wird. — [3]) s. Bd. I Nr. 357. — [4]) s. Heyd, Hist.
Zeitschr. S. 217. — [5]) In einer kleinen Schrift „Nomina . . . potestatum Patavinae
civitatis 1174—1364' (handschriftlich auf der Ambrosiana in Mailand) soll sich
nach Ceruti (Archivio Veneto tom. X p. 425) die Notiz finden: ‚il doge aveva
ogni mercoledì dal Fond. d Ted. 100 zecchini d'oro‘; ich habe die Schrift auf
der Ambrosiana nicht finden können. — [6]) s. Capit. S. 166 n. 1445 c. 277.
Dieses Werthes mögen auch die Deutschen sich wohl bewusst gewesen sein:
Wir lesen bei Sanuto (Diarii II. 719), dass sie sich einmal, gelegentlich eines
Streites mit den Visdomini, im Jahre 1499 zu der Aeusserung verstiegen, es wäre
traurig um Venedig bestellt, wenn die Deutschen im Fondaco fehlten, ‚Todeschi

gefüllter, hochwillkommener Reservefonds für die Regierung, aus
dessen Einkünften mehr als einmal auch besondere Ausgaben bestritten,
z. B. rückständige Besoldungen u. dgl. m. befriedigt werden konnten [1]).
Die Regierung war daher auch stets eifrigst darauf bedacht, dass
der Weg nach Venedig für die deutschen Kaufleute frei und sicher
war trotz etwaiger Kriegsunruhen benachbarter Gegenden, zu deren
Beilegung sie — im eigenen Interesse — stets das Ihrige zu thun
sich bemühte. „Denn das Ausbleiben der deutschen Kaufleute
gereicht,“ wie sie selbst einmal es unumwunden ausdrückte [2]), „der
Stadt, wie allgemein bekannt ist, zu grösstem Nachtheil und Schaden:
denn für die Waaren, die zu Wasser in grosser Menge eintreffen,
gibt es zur Ausführung ausser dem Fondaco nur wenig Wege.“

Der Gewinn aber, den die Deutschen aus diesem Handel
zogen, wird sich ziffernmässig zwar schwerlich mehr genau feststellen
lassen; denn es fehlt hierüber fast gänzlich an statistischen Angaben
für diese Zeit. Auch unsere Urkunden geben darüber nur ab und
zu eine Notiz. So lesen wir z. B. [3]), dass im Jahre 1358 ein Venetianer
45,000 Stück Leinwand im Fondaco kaufte, dass 1368 ein Wiener
18,000 Pfund Kupfer nach Venedig einführte [4]), ein Nürnberger
1424 3000 Kaninchenfelle aus Venedig erhielt [5]), ein Anderer 1426
425 Stück Fuchsfelle nach Venedig sandte [6]), im Jahre 1495 die
venetianische Regierung 80,000 Pfund Kupfer von deutschen Kaufleuten zur Anfertigung von Kanonen kaufte [7]).

Und nur als ein sehr dürftiger Ersatz kann es betrachtet
werden, wenn wir hören, dass 1432 Hermann Reck aus Nürnberg
mit einer Schuldenlast von 25,000 Dukaten aus Venedig sich ent-
fernte [8]), dass 1483 die (Regensburger?) Kaufleute Limpeck und
Zodoler mit 17,000 Dukaten [9]), der Regensburger Kaufmann Thomas
Kurz (?) mit 6200 Dukaten [10]), die Frankfurter Gesellschaft Wolf
Blum & Cie. mit 23,000 Dukaten [11]), 1485 die (Baseler?) Gesellschaft Hieronymus Bilia (Biler oder Viler?) und Gebrüder mit
20,000 Dukaten [12]), 1499 die Gebrüder Stamler aus Augsburg, die
von Sanuto unter die bedeutendsten Kaufleute des Fondaco gerechnet
werden, mit 12,000 Dukaten fallirten [13]). Bei den Fallissements der
venetianischen Banken Garzoni und Lippomano waren die deutschen
Kaufleute nach Sanuto [14]) mit 30,000 Dukaten betheiligt. Im Jahre

---

haveano ditto trista questa terra quando non sarà Todeschi in fontego‘. —
[1]) s. Capit. p. 176 c. 287 a. 1449 und Bd. I, Nr. 403 u. 505. — [2]) s. Bd. I Nr. 300,
S. 147. — [3]) ebda. Nr. 168. — [4]) ebda. Nr. 216. — [5]) ebda. Nr. 340. — [6]) ebda.
Nr. 346. — [7]) ebda. Nr. 597; cf. das von Baader im 38. Jahresbericht des histor.
Ver. in Mittelfranken S. 108 mitgetheilte Verzeichniss von Waarenballen, die
1426 aus Venedig heimkehrenden Nürnbergern entführt wurden. Leider heisst
es da aber nur allgemein, dass jeder Ballen so und so viele Säcke Pfeffer u. s. w.
enthalten habe. — [8]) ebda. Nr. 387. — [9]) ebda. Nr. 559. — [10]) ebda. Nr. 561. —
[11]) ebda. Nr. 562. — [12]) ebda. Nr. 569. — [13]) ebda. Nr. 608. Sanuto, Diarii II, 888:
1499 Adì 4 Lujo: In questo zorno falite uno merchadante di fontego, di primi,
chiamato Rigo, et compagni per ducati 12 milia; beim ersten Fallissement
im Jahre 1493 ist die Schuldenlast auf ca. 20,000 Dukaten angegeben (cf. oben
Bd. I Nr. 592). — [14]) Diarii II, 736.

1510, also freilich zu einer Zeit, welche diesen Abschnitt eigentlich
überschreitet, hat ein einziger Breslauer Kaufmann, Konrad Sauermann, eine Schuldforderung von 6100 Dukaten nach Venedig hin [1]) —
um ganz davon zu schweigen, dass es von Johann Fugger (?) einmal
(zum Jahre 1499) heisst, er habe eben für 60,000 Dukaten Kupfer
in Venedig [2]). Das aber ist eine längst allgemein konstatirte, auch
oben schon [3]) berührte Thatsache, dass die ganze Blüthe namentlich
der oberdeutschen Städte auf diesem Verkehr beruhte. Und dafür,
dass dieselben dies auch frühzeitig erkannten, ist der beste Beweis
die Widerspenstigkeit, mit der man an diesem Verkehr selbst gegenüber Verboten der Kaiser festhielt [4]). Und spricht dafür nicht auch die
Thatsache, dass die Stadt Ulm, als sie einmal 1432 wegen Waaren-
aufhaltung in einen Streit mit der Republik gerathen war, von dieser
die Erlaubniss für ihre Kaufleute sich erbat, einstweilen bis zur Entscheidung des Kaisers wieder Handel mit Venedig zu treiben? [5])
    Venedig war eben damals, wie man wohl behaupten darf, der
Haupthandelsplatz der Welt. Und es galt auch, wie dies Greiff
treffend bemerkt [6]), damals und noch lange Zeit hernach geradezu als
„die hohe Schule der süddeutschen Kaufleute". „Man musste in
Venedig gewesen sein, wenn man daheim was gelten wollte. Als
der später so berühmte Handelsherr Jakob Fugger, weiland Domherr
zu Herrieden im Bisthum Eichstädt, auf Bitten seines kinderlosen
Bruders Ulrich (1473), schon vorgerückt in Jahren, sich entschlossen
hatte, seine Pfründe aufzugeben und sich zum Fugger'schen Kauf-
handel brauchen zu lassen, sehen wir ihn alsbald nach Venedig gehen,
um dort im Fugger'schen Lager seine Lehrjahre zu bestehen. Dieser
Schule und einigen darnach zu näherer Erkundigung des Handels
unternommenen grösseren Reisen verdankte er den hohen Grad kauf-
männischer Bildung, die ihn befähigte, dem damals schon gross-
artigen Handel des Hauses jene Ausdehnung zu geben, die es seit-
dem weltberühmt gemacht hat." Nach Venedig wird zu gleichem
Zwecke auch der noch nicht ganz 14 Jahre alte Lukas Rem im
Jahre 1494 geschickt, wo er, wie er selbst erzählt [7]), von Bekannten und Freunden, an die er empfohlen war, zuerst zu einigen
Italienern in die Lehre gethan wird, um vor Allem sich die Sprache
des Landes anzueignen [8]). Dann kommt er zu einem deutschen

---

[1]) Grünhagen, Schlesien am Ausgang des Mittelalters in der „Zeitschrift
des Vereins für Geschichte und Alterthum Schlesiens" Bd. XVIII S. 99 aus
Klose's Breslau in den SS. Rer. Silesiacarum tom. III p. 137. — [2]) Sanuto,
Diarii II, 1071. — [3]) cf. oben S. 5. — [4]) cf. unten S. 45. — [5]) s. Bd. l Nr. 405.
— [6]) Tagebuch des Lucas Rem S. IX. — [7]) Tagebuch hrsg. von Greiff S. 5.
— [8]) Zu diesem Zwecke gab es förmliche „Sprachführer", welche das
Wissenswertheste in deutscher und italienischer (venetianischer) Sprache nach
Gruppen geordnet bequem und übersichtlich zusammengestellt enthielten — ganz
wie heutigen Tages. Einen solchen Sprachführer, von einem Nürnberger im Jahre
1424 verfasst, der sowohl sprachlich, als inhaltlich von hohem Interesse ist,
gedenke ich mit Herrn Prof. Brenner aus einer Handschrift der hiesigen k. Hof-
und Staatsbibliothek (Cod. ital. 261) herauszugeben.

„Trager" aus Augsburg. „Da lernet ich rechnen in 5½ monet gar
aus. Und darnach gieng ich auf ain schuol, da man biecher halten
lernt. Das in 3 monett aus, schrib Jornal und Schuldbuch [1]) . . ."
„Ich wüsste," setzt Greiff hinzu, „aus jener Zeit keinen nur halb-
wegs namhaften Augsburger Kaufmann zu nennen, der nicht zunächst
dort (in Venedig) seine Studien gemacht hätte." — 1488 schickte in
ähnlicher Weise Christoph Scheurl, der selbst in Venedig die Handlung erlernt hatte, den jungen Hieronymus Haller, der ihm in die
Lehre gegeben war, dorthin, wobei er ihm in einem „Regiment"
wohlmeinende Rathschläge über sein Verhalten mit auf den Weg gab,
ihm bescheidenes, freundliches Betragen, frommen, sittlichen Lebens-
wandel, emsigen Fleiss und eifriges Studium beim „Rechenmeister",
scharfe Beobachtung alles den Handel und seine Konjunkturen Betreffenden und sofortige genaue Aufzeichnung alles in Erfahrung
Gebrachten, Gehorsam und Treue gegen seinen Prinzipal u. s. w.
dringend an's Herz legte [2]). — Einen weiteren sprechenden Beleg
dafür liefert jenes Dokument vom Jahre 1472, dessen wir bereits
einmal Erwähnung gethan [3]). Wir lesen da, wie im Fondaco einige
junge Deutsche „zarten Alters" weilen, die von ihren Eltern nach
Venedig geschickt seien, um die italienische (oder venetianische)
Sprache und den ‚abacus' d. h. Rechnen oder, wie wir heutigen
Tages wohl sagen würden, „die Handlung" zu erlernen, wie dies
von Alters her zu geschehen pflegte. Da sie „wegen der Zeitläufe" [4]) in den Häusern der Nobili und Cittadini Venedigs nicht
wie sonst Aufnahme finden, werden ihrer sechs auf Ansuchen der
Kaufleute bei einem (deutschen) Ballenbinder (vielleicht, wie oben
erwähnt, dem damaligen Zunftvorstand) untergebracht.

„Von Alters her" heisst es in diesem Dokument und als Beleg
für die Richtigkeit dieses Ausdruckes, der keine blosse Phrase ist,
können wir auf ein anderes Dokument [5]) hinweisen, aus dem erhellt, dass bereits im Jahre 1308 junge Deutsche, die Söhne „treff-
licher" Kaufleute, in Venedig sich aufhielten, um die Grammatik
und das Rechnen, d. h. um Italienisch und die „Handlung" zu erlernen [6]). Aehnliches wird zum Jahre 1342 berichtet[7]). Dass sich
in Folge solch eifrigen Verkehrs auch innigere Beziehungen, wahre

---

[1]) Technische Ausdrücke. „Jornal: darinnen wirdt stan alles, was ich
meins Herrn wegen handel, es sei Einnahmen oder Ausgaben, Schulden, Wexel
und baaren Gelds Empfahen, Wegsenden, auch Kaufen und Verkaufen der Güter;
Schuldbuch: darin wirdt stan alles Einnehmen und Ausgaben baaren Geldes,
auch alle und jede Schulden in Debito und Credito" Greiff a. a. O. S. 81. —
[2]) s. A. v. Scheurl: „Christoph Scheurl, Dr. Christoph Scheurl's Vater" in den Mittheilungen des Vereins für Geschichte der Stadt Nürnberg Heft 5 S. 16. —
[3]) s. oben S. 21; cf. Bd. I Nr. 525. — [4]) ‚pro conditionibus temporum', womit
vielleicht der Einfall der Türken in Friaul gemeint ist. — [5]) s. Bd. I Nr. 24;
cf. auch Chroniken der deutschen Städte, Nürnberg Bd. II S. 4 (Anm. 6). —
[6]) Dieselben hatten Aufnahme bei Privaten in Venedig gefunden, was aber,
wie es scheint, damals verboten war — im Gegensatz zu später, wie aus dem
späteren, oben citirten Dokument von 1472 zu schliessen. — [7]) s. Bd. I Nr. 801.

Freundschaftsverhältnisse zwischen Deutschen und Venetianern bildeten, ist leicht erklärlich [1]).

Welch besseren Beweis endlich für die kaufmännische Bedeutung Venedigs in damaliger Zeit könnte es geben, als die hochinteressante Thatsache, dass man, wie von anderer fremdländischer Seite, so auch von deutscher wiederholt und zwar von verschiedenen Theilen des Reiches aus bei der venetianischen Regierung um die Erlaubniss nachsuchte, in der venetianischen Staatsbank Gelder auf Zinsen zu hinterlegen! [2]) —

Wir haben nun aber weiter des Näheren zu untersuchen, welche Deutsche denn an diesem Handelsverkehr mit Venedig betheiligt waren. Wir thun dies in einem neuen Abschnitte, den wir überschreiben:

## III. Die Benützer des Fondaco.

Dass es hauptsächlich die Städte Oberdeutschlands waren, welche von dem Handel mit Venedig profitirten und denselben also auch vorwiegend betrieben, ist bereits öfters angedeutet worden. Aber es ist irrig, wenn Elze sagt [3]), dass „anfänglich blos deutsche Kaufleute aus Oberdeutschland zu den Nutzniessern des Fondaco" gehört hätten. Wir finden Kaufleute aus Wien, aus der Schweiz, aus Breslau, aus Lübeck, aus Köln in verhältnissmässig früher Zeit ebenfalls in Venedig verkehrend und zwar in gleicher Weise aus Reichs- wie aus Landesstädten.

Es erhebt sich im Anschluss hieran die Frage, ob hiezu, ob zur Zulassung zum Fondaco es für den Rath einer Stadt oder für den Kaiser oder den Landesherrn nothwendig war, in Venedig ausdrücklich die Einwilligung zu erbitten oder gar darüber förmliche Verträge zu schliessen.

Wir haben nämlich aus dem Jahre 1418 ein Aktenstück, worin Herzog Ernst von Oesterreich für seine Unterthanen aus Laibach den Senat um Zulassung zum Fondaco bittet, was ihm auch gewährt wird. Und Erdmannsdörfer hat [4]) im Hinblick hierauf die obige Frage bejahen zu müssen geglaubt. Hingegen meint Heyd [5]), dass diese „Erlaubnisseinholung" (die auch vom Rath der Stadt Laibach unterstützt wurde) „wohl aus den besonderen Zeitumständen zu erklären sei, indem damals zwischen Venedig und dem deutschen Reich (Kaiser Sigmund) eine kriegerische Verwicklung und gegenseitige Handelssperre bestand". Er macht auch darauf aufmerksam, dass Herzog Ernst sich darauf beruft, dass seine übrigen Unterthanen bereits das nämliche Recht besässen. Aber gerade dieser Hinweis scheint mir doch gegen Heyd zu sprechen. Denn

---

[1]) Ein hübsches Beispiel hiefür s. Bd. I Nr. 205. — [2]) ebda. Nr. 297, 329, 414. 424. — [3]) Ausland 1870 Nr. 27. — [4]) De commercio etc. p. 45. — [5]) Hist. Zeitschr. l. c. S. 200.

sollte das Gesuch den Zweck haben, die Handelssperre zu Gunsten
der Unterthanen des Herzogs Ernst zu beseitigen, dann würde das
Gesuch doch wohl für dieselben alle, nicht blos für die Bürger der
einen Stadt gestellt worden sein. Vielleicht haben die Kaufleute von
Laibach doch erst damals begonnen mit Venedig in direkte Handelsverbindung zu treten, und wurde deshalb das Gesuch um Zulassung
zum Fondaco gestellt [1]). Wir haben allerdings aus früherer Zeit für
andere Städte keine ähnlichen Zeugnisse (vielleicht übrigens nur
deshalb, weil wir bei keiner vorerst ganz genau den Zeitpunkt
anzugeben im Stande sind, wo sie zuerst in Handelsbeziehungen
mit Venedig traten); aber doch einige aus der späteren Zeit. 1381
wird den Kaufleuten des Fürsten Heinrich von Liechtenstein —
offenbar auf eine von diesem dahin gerichtete Anfrage — der Verkehr in Venedig zugestanden [2]). Im Jahre 1427 wird das nämliche
Verlangen, wie für die Laibacher, nun für die Unterthanen des
Herzogs von Savoyen gestellt [3]), und da dürfte kaum eine voraus-
gegangene Handelssperre die Veranlassung gewesen sein.

Etwas mehr Beispiele haben wir dann dafür, dass der Rath
einer Stadt oder auch der Kaiser [4]) oder der Landesfürst [5]) in einzelnen Fällen, wo es sich um Uebertragung des Benützungsrechtes
einer freigewordenen Kammer auf einen neuen Bewerber oder um
Verlängerung des Benützungsrechtes handelte, das Gesuch desselben
durch eigene Schreiben unterstützte [6]). Und es ist nur zu bedauern,
dass deren nicht mehr auf uns gekommen sind. Denn sie wären
ein wesentliches Hülfsmittel für die Erkenntniss, welche Städte bei
dem venetianischen Handel betheiligt waren.

Das Capitolare gibt darüber ja fast gar keinen Aufschluss:
kaum dass ein paar Städte wie Nürnberg, Villach, Laibach, Biberach
ein- oder zweimal erwähnt werden. „Es ist auch wirklich,“ sagt
Heyd mit Recht [7]), „an einem Orte, wo es sich in der Hauptsache
um Instruktionen für die venetianischen Beamten am Fondaco han-
delt, nicht viel in dieser Richtung zu suchen.“ Wenn er aber hin-
zufügt, dass hier deutsche Quellen in die Lücken treten müssten,
so ist nur leider wiederholt zu bemerken, dass dieselben für die
älteste Zeit uns gar sehr im Stich lassen. Kaum ein Archiv der
hier in Frage kommenden Städte reicht ja, wie ich schon in dem
Vorwort [8]) angedeutet, in seinen Beständen weit über den Anfang
des 15. oder über den Schluss des 14. Jahrhunderts zurück. Es

---

[1]) Herzog Albrecht III. erlaubt zwar schon am 9. November 1389 den
Laibachern, dass sie mit Venedigischer hab und all Kauffmannschafft arbeiten
und die gefueren mugen her gegen Wien und in all ander unser Stett und
Markht ... (Archiv für Landesgeschichte des Herzogthums Krain Bd. II S. 247;
s. Dimitz, Geschichte Krains Th. 1 S. 254), aber vielleicht erhielten die Laibacher
diese Waaren damals erst aus zweiter Hand. — [2]) s. Bd. I Nr. 244; allerdings
ist zu erwähnen, dass kurz vorher die Republik mit dem Herzog von Oesterreich,
dem „Herrn“ des Heinrich von Liechtenstein, im Krieg sich befunden hatte.
— [3]) s. Capit. p. 137 c. 243. — [4]) s. Bd. I Nr. 513, 582. — [5]) ebda. Nr. 557, 582.
— [6]) ebda. Nr. 351, 361—363, 470. — [7]) Hist. Zeitschr. S. 203. — [8]) S. VIII.

ist daher um so erfreulicher, dass gerade hier wenigstens für das 14. Jahrhundert die venetianischen Quellen einigermassen als Ergänzung dienen können. Freilich sind, wie im Vorwort gleichfalls gezeigt worden, leider auch hier nicht alle Registerbände der verschiedenen Rathskollegien mehr erhalten. Ueberhaupt scheint es fast, dass keineswegs regelmässig alle Schreiben der venetianischen Regierung in dergleichen Angelegenheiten in den verschiedenen Protokollbänden u. s. w. verzeichnet wurden. Wir haben wenigstens Kenntniss von verschiedenen Schriftstücken, von denen ich vergeblich eine Notiz in den erhaltenen Akten zu Venedig gesucht habe.

Eine vollständige Statistik der Städte und ihrer Bewohner, welche am Handel mit Venedig betheiligt waren, ist übrigens auch aus dem Grunde nicht möglich und nicht denkbar, weil, wie Ennen sehr richtig mit spezieller Beziehung auf Köln bemerkt[1]), der Rath der Stadt „nur dann Veranlassung nahm, sich um die in Venedig ihrer Geschäfte halber weilenden Bürger zu bekümmern, wenn sein Schutz oder seine Vermittlung in Rechts- oder Erbschafts- (oder, setzen wir hinzu, in besonderen) Angelegenheiten angerufen wurde". Und dasselbe war natürlich erst recht in Venedig der Fall. Es ist nur eine zufällige Ausnahme, dass wir aus einigen wenigen späteren Jahren, 1508, 1647, ein vollständiges Verzeichniss der im Fondaco weilenden deutschen Kaufleute besitzen, deren Namen dann leider theilweise so verstümmelt sind, dass es kaum möglich ist, ihre deutsche Form und weiter die Heimath der Träger derselben zu ermitteln. Sonst hören wir nur immer von Einzelnen, die bald von der venetianischen Regierung eine besondere Gunst oder eine Entschädigung u. s. w. verlangten oder erhielten, bald mit Venetianern in geschäftlichen Angelegenheiten zu thun hatten, sei es, dass sie die Gläubiger und jene die Schuldner waren, oder umgekehrt[2]).

Am lebhaftesten war der schriftliche Verkehr zwischen der venetianischen Regierung und dem Rathe einer deutschen Stadt etc. zu jenen Zeiten, wenn Kriegshändel, Fehden u. dergl. den Handel hemmten und störten, Beraubung oder „Niederlegung" der durchziehenden Kaufmannsgüter auf der anderen Seite Repressalien hervorriefen, Freigebung der Waaren oder Anspruch auf Entschädigung einen längeren Schriftenaustausch veranlasste[3]). Daran hat es ja im Mittelalter nie und nirgends gefehlt: von dieser Seite drohte ja

---

[1]) Monatsschrift für rheinisch-westfälische Geschichtsforschung Bd. I S. 115. — [2]) Im Jahre 1494 befahl der Rath der Zehn den Visdomini des Fondaco, sie sollten in ein alphabetisch geordnetes Buch die Namen der Schuldner des Fondaco und die Höhe der Schulden eintragen (s. Bd. I Nr. 596); es ist aber im Staatsarchiv zu Venedig nichts dergleichen bisher gefunden worden. — [3]) s. Bd. I Nr. 25—30, 53, 57, 58, 88, 89, 95, 120—124, 133, 134. 148, 149, 151, 154, 155, 182. 191, 192. 204. 206—211, 213, 215, 219, 249, 250, 257, 289, 296, 300, 308—312, 316, 333, 339, 345, 374, 377, 379, 386, 393—399, 406, 421, 422, 425, 438—442, 476, 517, 583.

dem Kaufmann und seinen Waaren grössere Gefahr, als von der
Länge oder Unwirthlichkeit des Weges. Noch schlimmer, wenn
dergleichen Unfug, Beraubung, Niederlegung u. s. w. von oben
herab, von den Landesherren oder dem Kaiser geduldet oder gar
empfohlen und geboten wurde, wie das z. B. bekanntlich von König
Sigmund im 15. Jahrhundert geschehen ist.

Sigmund war als König von Ungarn mit der Republik in
Feindschaft gerathen. Denn diese hatte bei den Thronstreitigkeiten,
welche in Ungarn nach dem Tode der Königin Maria ausgebrochen
waren, den einen Gegner Sigmunds, den König Ladislaus von Neapel,
unterstützt, indem sie ihm gegen eine ansehnliche Summe Dalmatien
abkaufte, das auf diese Weise wieder unter venetianische Herrschaft
kam. Ueber diese Zerstückelung seines Reiches war aber Sigmund,
der sich schliesslich als König von Ungarn behauptete, sehr auf-
gebracht. Und als er nun 1410 nach dem Tode Kaiser Ruperts
dessen Nachfolger in Deutschland wurde, gedachte er sich an der
Republik zu rächen und suchte ihr auf jede Weise Schaden zuzu-
fügen. Am empfindlichsten glaubte er sie mit zu treffen, wenn er
ihr den Handelsverkehr mit den deutschen Städten entzog. Schon
1415 forderte er die oberdeutschen Reichsstädte auf „die Strasse
nach Venedig fürbass nicht zu suchen" [1]. Besonders ernstlich be-
schäftigte er sich dann in den Jahren 1417 und 1418 mit diesem
Plan, den deutschen Handel von Venedig abzuleiten. „Zum Ersatz
dafür verwies er die Städte einerseits auf den Weg durch Ungarn
nach dem Osten, andererseits empfahl er ihnen fleissigere Pflege
der Geschäftsverbindungen mit Genua und erwirkte durch einen
Abgeordneten aus Konstanz annehmbare Bedingungen für den deutschen Handel an diesem Platz. Die Genuesen stellten in Aussicht
einmal einen reicheren Markt, da ihre Lastschiffe viel mehr fassten,
als die Galeeren der Venetianer, sodann müssigere Zölle, endlich
freiere Bewegung im Handel und Wandel. Den deutschen Kaufleuten sollte in Genua kein Anlass gegeben sein zu Beschwerden,
wie sie solche in Venedig mit Recht führten: dass sie nämlich Nachts
in einen Fondaco eingeschlossen seien [2]; dass sie die mitgebrachten
Waaren in einer bestimmten Zeit (und zu einem bestimmten Preis)
verkaufen und den Erlös wieder in Waaren anlegen müssten (statt
ihn in baarem Geld mit nach Hause zu nehmen) [3]; dass sie mit
ihrem Geld und mit ihren Waaren nicht auch die Schiffe besteigen
dürften, welche von dort nach dem Orient aussegeln [4]. Gleichzeitig
versprach auch der Herzog von Mailand, die deutschen Kaufleute,
welche auf der Reise nach oder von Genua sein Gebiet passiren,
in Hinsicht auf Transitzölle glimpflich zu behandeln" [5].

---

[1] Finke, König Sigmunds reichsstädtische Politik von 1410—1418 (1880)
S. 61. — [2] cf. oben S. 16. — [3] cf. oben S. 31. — [4] cf. oben S. 32. — [5] Heyd,
Gesch. des Lev.-H. Bd. II S. 722 aus den „Deutschen Reichstagsakten" Bd. VII
S. 359—361, woher auch die oben eingeklammerten Zusätze.

So verlockend diese Anerbietungen waren, sie fanden trotzdem bei den betheiligten Städten wenig Anklang. Schon zu Anfang des Jahres 1418 finden wir, dass Ulm, Augsburg, Nürnberg Schritte thun, um vom Kaiser die Aufhebung des Handelsverbotes mit Venedig zu erwirken[1]). Als dies nichts fruchtete, fügte sich wohl die Mehrzahl der Städte: Augsburg warnt schon im Februar[2]) und dann im März seine Kaufleute, beziehungsweise empfiehlt ihnen Abwicklung ihrer Geschäfte in Venedig u. s. w.; ebenso dann — wohl erst nach den erneuten schärferen Erlassen Sigmunds im Juli und August — Nürnberg. Allein hier half das Verbot nicht sehr viel. Wir lesen, dass 15 der dortigen Kaufleute wegen Ausserachtlassung des Verbotes um eine Summe Geldes gestraft wurden[3]). Und auch als im März 1420 der Rath der Stadt allen seinen Bürgern, die „in Kaufmannschaft oder Legerherrenweise[4]) zu Venedig gelegen sein oder liegen", ernstlich befahl, innerhalb 14 Tagen zurückzukehren und den Verkehr mit Venedig abzubrechen, da vermochte er mit diesem Gebot nicht durchzudringen. Ueber 20 Bürger wurden in dem nämlichen Jahre wegen Ungehorsams mit dem Thurme bestraft; einige mussten gar ein halbes Jahr nach Augsburg ziehen und sich der Handelschaft ganz enthalten[5]). Der Rath war aber einsichtig genug, zu erkennen, dass er sich damit in's eigene Fleisch schnitt, und bemühte sich nun um so eifriger, im Bunde mit anderen, gleich interessirten Städten, wie z. B. Ulm, den Kaiser zur Zurücknahme des lästigen Verbotes zu vermögen (1420 und 1423)[6]). Wirklich kann der Rath den befreundeten Städten Ulm und Konstanz am 24. November 1423[7]) mittheilen, dass Sigmund unter Ausstellung eines Gnadenbriefes (wovon Abschrift beigelegt wird) „die Strasse gegen Venedig wieder geöffnet und erlaubt hat" — vielleicht allerdings eben nur im Gnadenwege, ohne Aufhebung der allgemeinen Handelssperre. Im Jahre 1426 wenigstens wird dieselbe als noch fortdauernd erwähnt[8]), und im März des folgenden Jahres 1427 beklagt sich der Rath von Nürnberg bei Sigmund, dass Hans von Vilibach und Andere — offenbar auf Grund des Handelsverbots — aus Venedig zurückkehrende Kaufleute mit ihren Waaren niedergelegt habe[9]), und sucht im Herbst desselben Jahres 1427 den Rath von Ulm zu einer gemeinsamen Vorstellung bei Sigmund zu bewegen[10]). Endlich 1428 im Herbst und 1429 am 24. September gestattet dieser wiederum den Handel mit Venedig[11]) —

---

[1]) Deutsche Reichstagsakten Bd. VII S. 347 Nr. 232 und S. 370 Nr. 248; cf. Finke a. a. O. S. 63. — [2]) s. Bd. I Nr. 319 und Reichstagsakten Bd. VII S. 370. — [3]) Roth, Geschichte des Nürnbergischen Handels Bd. I S. 111. Wenn Finke S. 63 sagt: „Nürnberg scheint das Verbot vorläufig umgangen zu haben", so ist das nicht geschickt ausgedrückt. — [4]) Legerherre, „der ein grosses Waarenlager hat" Lexer, Mittelhochd. Handwörterb. I. 1859; cf. Reichstagsakten l. c. S. 417 Nr. 288. — [5]) Roth l. c. S. 112. — [6]) cf. Finke S. 64 und Bd. I Nr. 334, 335. — [7]) ebda. Nr. 336. — [8]) Aschbach, Geschichte Kaiser Sigmunds Bd. III Beil. Nr. 8. — [9]) s. Bd. I Nr. 348. — [10]) ebda. Nr. 350. — [11]) ebda. Nr. 352 u. 359.

um zwei Jahre später, 1431, als er neuerdings aus politischen
Gründen mit der Republik auf gespanntem Fuss stand, den Verkehr
wieder zu untersagen [1]). Hingegen hat er im letzten Jahre seiner
Regierung, 1437, als zwischen der Republik und dem Patriarchen von
Aquileja Streit ausbrach und der letztere vom Baseler Concil sogar
das Interdikt gegen Venedig erwirkte, worauf dieses an den Papst
appellirte, für die Republik Partei ergriffen und den Handel mit
derselben bis zur Entscheidung des Papstes rückhaltlos erlaubt[2]).

So waren diese kriegerischen Verwicklungen nicht im Stande
gewesen, die Handelsbeziehungen zwischen Deutschland und Venedig
auf längere Zeit zu unterbrechen oder ganz aufzuheben. Für uns
aber haben sie einen Vortheil: nämlich den, dass wir durch einzelne
kaiserliche Erlasse über die wenigstens zeitweise Handelsverbindung
einiger deutscher Städte mit Venedig, wie z. B. von Worms, Speier,
Mainz im Jahre 1418 [3]), unterrichtet werden, von welcher wir sonst
keine Kunde besitzen.

Wir kehren damit zu der früher aufgeworfenen Frage,
welche Städte und Landschaften Deutschlands an diesem
Handel betheiligt waren, zurück.

Aus einem werthvollen Dokument, auf welches wir später nochmals zurückkommen werden, wissen wir, dass im Jahre 1474 und
offenbar schon seit längerer Zeit die im Fondaco weilenden deutschen
Kaufleute zwei Tafeln (Gruppen) bildeten, denen die Leitung der
gemeinsamen Angelegenheiten zustand. Die eine dieser Tafeln —
der Name beweist, dass diese Gruppirung auf die Scheidung bei den
Mahlzeiten zurückzuführen ist — wurde durch Regensburg und die
Schwaben, die andere durch Nürnberg gebildet. Heyd versucht
im Anschluss hieran [4]) nun folgende Gruppirung der am venetianischen Handel betheiligten Städte, die wohl im Wesentlichen richtig
sein dürfte.

Der Regensburger- und Schwaben-Tafel weist er zu:
Regensburg, Augsburg, Ulm, Biberach, Ravensburg, Konstanz, Wien,
Enns, Linz, Gmunden, Salzburg, Laibach; der Nürnberger Tafel
dagegen: ausser Nürnberg Köln, Basel, Strassburg, Speier, Worms,
Mainz, Frankfurt, Lübeck.

Wir lesen nun allerdings auch von einer anderen Eintheilung:
dass am Anfang des 15. Jahrhunderts z. B. an einer Tafel die Kaufleute der Reichsstädte, an der anderen jene aus Landesfürsten untergebenen Städten sassen [5]). Ein ander Mal hören wir gar von vier
Tafeln [6]); und noch einfacher wäre vielleicht die Scheidung in Kaufleute aus ober- und in Kaufleute aus niederdeutschen Städten. Wir
wollen aber der von Heyd vorgeschlagenen Gruppirung folgen und
nun im Einzelnen die Städte betrachten, die wir in Handelsbeziehung
mit Venedig finden.

---

[1]) Aschbach Bd. IV S. 53. — [2]) s. Bd. I Nr. 413. — [3]) Reichstagsakten VII,
S. 370 Nr. 249. — [4]) Hist. Zeitschr. u. a. O. S. 203. — [5]) s. Bd. I Nr. 357. — [6]) ebda. Nr. 524.

Da ist nun also an erster Stelle Regensburg zu nennen: an erster deshalb, weil es, wie glaublich berichtet wird, am frühesten mit Venedig in Handelsbeziehung getreten ist. In den Beschwerdepunkten, welche der Magistrat von Regensburg um 1462 Herzog Ludwig dem Reichen von Landshut in Betreff einer zu Oetting geforderten Maut hatte übergeben, und wozu er einiger Kaufleute Aussagen hatte sammeln lassen, heisst es nämlich[1]), dass die Regensburger Kaufleute „als lang man sein gedenkt und länger wann (denn) Gedächtniss ist" gewisse Zollermässigung genossen: „wann (denn) sie waren die ersten aus diesen Landen, die dy Strassen gen Venedig hinein baueten, nach der Zeit, und (als) die Walhen gewönlich hie zu Regensburg mit ihrer Kaufmannschaft gelegen waren." Es stimmt damit, wenn wir lesen[2]), dass die Regensburger von Alters her den obersten Platz im Fondaco (vermuthlich eben an den Tafeln) einnahmen und dass ihr Wappenschild daselbst zu oberst angebracht war[3]). Einen genaueren Zeitpunkt aber für den Beginn dieses direkten Handelsverkehrs von Regensburg nach Venedig vermögen wir ebensowenig anzugeben, als früher[4]) für den deutsch-venetianischen überhaupt. Nicht einmal aus dem 13. Jahrhundert können wir dafür ein direktes Zeugniss beibringen. Nur aus dem Umstand, dass Pelzwaaren, deren in einer venetianischen Urkunde vom Jahre 1242 Erwähnung geschieht, damals ein Haupthandelsartikel der Regensburger waren, zieht Erdmannsdörfer wohl mit Recht einen Schluss auf die Existenz des Regensburgischen Handels nach Venedig bereits in jener Zeit.

Erst im 14. Jahrhundert tauchen dann Personen auf, die als Vertreter dieser Beziehungen erscheinen: zuerst meist nur mit Vornamen[5]) genannt, da die Familien- und Geschlechternamen erst später üblich werden. Da finden wir nun folgende erwähnt:

1322 einen Conradus, einen Otto, einen Andreas und einen Marinellus, die vielleicht in einer Gesellschaft vereinigt waren[6]);
1330 Berthold Sinzenhofer[7]);
1331 und 1341 einen Leopardus[8]);
1342 einen Georgius und Johannes[9]);
1343 einen Altemannus[10]) und einen Conradus[11]);
1345 Wolfhard Stral und Ulrich Vallei[12]);
zwischen 1345 und 1354 Weymar Davit[13]);
zwischen 1355 und 1388 Markus Prunnhofer und Franziskus Furtrer[14]).

---

[1]) Gemeiner, C. Th., Ueber den Ursprung der Stadt Regensburg S. 49 Anm. 74; cf. Erdmannsdörfer, De commercio etc. p. 12. — [2]) Gemeiner, Regensburgische Chronik Bd. II S. 205 Anm.; cf. Heyd, Hist. Zeitschr. S. 203. — [3]) Hierüber, sowie über Streitigkeiten, die daraus entsprangen, siehe weiter unten. — [4]) cf. oben S. 6. — [5]) Ich lasse hier im 14. Jahrh. die lateinische Form, da die entsprechende deutsche öfters ungewiss ist. — [6]) Bd. I Nr. 69. — [7]) ebda. Nr. 86. — [8]) ebda. Nr. 88—89, 799. — [9]) ebda. Nr. 801. — [10]) ebda. Nr. 804. — [11]) ebda. Nr. 805. — [12]) ebda. Nr. 110. — [13]) ebda. Nr. 124. — [14]) ebda. Nr. 257.

Ausserdem gedenkt Gemeiner noch zu folgenden Jahren dieses
14. Jahrhunderts des Handels mit Venedig: 1359[1]), in welchem
Warnungsbriefe auf alle Strassen, darunter auch nach Venedig,
wegen verschiedener Fehden abgeschickt wurden; 1362[2]) Aufhaltung
der aus Venedig kommenden Fuhrleute und Wegnahme aller Güter,
die den Regensburgern gehörten, durch Herzog Meinhard von Tirol;
1364[3]): der Rat lässt sich von Herzog Stephan von Bayern eine
Verschreibung ertheilen, dass „die Güter der Regensburger Kaufleute in dem Krieg mit den Herzogen von Oesterreich die Strasse
von Venedig her mit aller trockner Kaufmannschaft und mit Vastmus,
mit Malvasier und mit Chriechel durch Ober- und Niederbayern sicher
und unbesorgt fahren könnten"; 1386[4]): „blühender Handel noch nach
Venedig"; 1391[5]): „der Pfleger (Pfalzgraf Ruprechts des Jüngeren
von Bayern?) Seitz Puchberger nimmt dem Kaufmann Zierenschaub
auf der Strasse von Landshut all sein von Venedig mit sich geführtes
Gut weg." Zwischen 1376 und 1400 zur Regierungszeit König
Wenzels werden Matthäus Rantinger und Franz Putreich aus
Regensburg in Venedig erwähnt[6]).

Ebenso wie im 14. dauerten im 15. Jahrhundert Handel und —
Plackereien fort. So berichtet Gemeiner zum Jahre 1409 von der
Unsicherheit der Strasse gen Venedig[7]). „Im Jahre 1457 nöthigten
die Herzoge Albrecht und Ludwig von Landshut die Handelsleute
von Regensburg, ein neues ungewöhnliches Geleit zu lösen, sobald
sie Venedigisches und anderes beschlagenes Gut geführt"[8]). Die
Regelmässigkeit dieses Handelsverkehrs in dieser Zeit geht aber
besonders daraus hervor, dass im Jahre 1464 unter der Amtsführung
Lucas Pfisters (Kamrer in der 1. Hälfte) und Erasmus Trainers
(Kamrer in der 2. Hälfte bis Michaelis) und Leonhard Grafenreuters
(Schultheiss) „zum Bau der Fulten (volta, Gewölbe) im Deutschen
Hause zu Venedig acht ungrische Dukaten angewiesen und auch
Bettgewand nach Venedig übermacht wurde"[9]).

An Namen begegnen aus dem 15. Jahrhundert:

1403 eine Wittwe Katharina Krübberger mit ihren Söhnen Ulrich
    und Jakob, die von ihrem Gatten noch eine in Venedig einzu-
    kassirende Schuld erhalten hatte[10]);

1476 Andreas Feldner[11]);

1483 und 1486 Thomas Curth oder Curtus (Kurz?) — vielleicht
    derselbe, der bereits 1468 genannt wird[12]) — der im Jahre
    1483 mit einer Schuldenlast von 6200 Dukaten in Venedig
    fallirte[13]).

Vielleicht waren auch die

---

[1]) Chronik II, 108. — [2]) ebda. II, 123. — [3]) ebda. II, 133; cf. oben
Bd. 1 Nr. 202. — [4]) Chronik II, 228. — [5]) ebda. II, 280. — [6]) cf. Heyd, Hist.
Zeitschr. a. a. O. S. 208; cf. später unten. — [7]) Gemeiner II, 388. — [8]) ebda.
III, 266. — [9]) ebda. III, 389. — [10]) s. Bd. I Nr. 284. — [11]) ebda. Nr. 539, 542,
543. — [12]) ebda. Nr. 512. — [13]) ebda. Nr. 561, 571, 573.

1483 erwähnten ¹) Johannes Limpech und Johannes Zodoler Regensburger, da in der ersten Hälfte des 16. Jahrhunderts ein Wolfgang Lympeck in Regensburg erwähnt wird ²);
1487 wird ein Juwelenhändler Justus aus Regensburg als Zeuge
in Venedig genannt ³).

Ausserdem erscheint ein Konrad Gruber ohne weitere Bezeichnung und ohne Jahreszahl, ein Johannes Speringer, „Bürger"
von Regensburg (gestorben 1450), und ein Stephan Landolt von
Regensburg (gestorben 1471), der als (venetianischer?) ‚tabellio'
bezeichnet ist, unter den in Venedig bestatteten Deutschen ⁴). —

Gehen wir von Regensburg die Donau hinab, so ist zunächst
Passau zu erwähnen, über dessen Handel nach Venedig bis jetzt
freilich nur wenige Notizen vorliegen.

Ausser der immerhin nicht unwichtigen Erwähnung der Kaufleute aus Passau 1375 ⁵), welche für den Weg über Latisana nach
Venedig eintraten, ist mir nur ein hierauf bezügliches Aktenstück
vom 3. Dezember 1490 bekannt ⁶): ein Schreiben des Dogen Augustinus
Barbadico an den Bischof (Christophorus) von Passau, worin diesem
der Venetianer Johannes Belforte empfohlen wird, der in Passau
Schulden einkassieren will. —

Wir gelangen dann weiter zu den österreichischen Städten
Linz, Enns, Steyr, Wels u. s. w., an deren Spitze wir füglich
Wien stellen.

Schwerlich viel später als die Regensburger werden diese Städte
den Weg nach Venedig gefunden und ‚bebaut' haben. „Kaufleute
von Venedig, die nach Oesterreich kamen, werden in einer Urkunde
genannt, welche Herzog Friedrich der Streitbare 1244 den Bürgern
von Neustadt verliehen hat" ⁷). „Dann," klagt Kurz weiter, „schweigen die Urkunden länger als hundert Jahre von dem Handel nach
Venedig; und machen sie in der Folge von ihm wieder eine Erwähnung, so geschieht dies nur eines Streites halber, welchen die
Wiener zur Einschränkung des freien Handels der Bürger von
Pettau angefangen und siegreich ausgefochten haben. Die letzteren
behaupteten nämlich das Recht zu besitzen, über den Karst nach
Venedig Handel zu treiben. Da die Bürger von Linz, Enns, Steyr,
Wels, Freystadt, wie auch die Wiener auf Befragen des Herzogs
Albrecht dieses Recht bestritten, entschied derselbe im Jahre 1368
gegen die Pettauer ⁸). — Doch gab es schon etwas früher, in den
50er und 60er Jahren, über den Weg nach Venedig Streitigkeiten
zwischen den Wienern und den Kaufleuten anderer Städte ⁹), wobei
die Wiener von den österreichischen Herzögen wiederholt begünstigt

¹) s. Bd. I Nr. 559. — ²) s. Verhandlungen des historischen Vereins von
Oberpfalz Bd. XXXVII S. 231. — ³) s. Bd. I Nr. 577. — ⁴) bestattet in S. Giovanni
e Paolo, cf. später bei den Grabschriften. — ⁵) s. Bd. I Nr. 231. — ⁶) s. Monumenta
Boica tom. XXXI p. 652. — ⁷) Kurz, Oesterreichs Handel in älteren Zeiten
S. 187. — ⁸) ebda. S. 35. — ⁹) s. Weiss, Geschichte der Stadt Wien 2. Aufl. 1881
Bd. I S. 416 ff.

wurden, indem ihnen z. B. 1351 und 1361 verstattet wurde, die
Strasse über „die Zeiring" in Steiermark nach Venedig und jene nach
Laibach mit ihren Pflegern zu besetzen und die Waaren derjenigen
Kaufleute zu konfisziren, welchen die Benützung dieser Strasse verboten war. Im Jahre 1362 dürfen sie einen Pfleger in Venzone
oder Peuscheldorf aufstellen zur Ueberwachung, damit kein Kaufmann nach Venedig auf einer anderen als der von den Wienern
benutzten Strasse über den Semmering fahre. Und zur Bestreitung
der Kosten dieser Aufsicht hatten sie seit Rudolf IV. das Recht,
von den Kaufleuten zu Wiener-Neustadt, Judenburg, Friesach und
Villach für jeden nach Venedig fahrenden und von dort kommenden
Wagen 32 Pfennige einzuheben — ein Recht, das ihnen Albrecht III.
am 5. Oktober 1366 bestätigte" [1].

„Ebensowenig erfreulich," fährt Kurz fort [2], „für die Beför-
derung des Handels nach Venedig waren die späteren Verordnungen
unserer Herzoge." Und er erinnert an die wiederholten Befehle,
dass es Niemandem, als nur den Bürgern gewisser privilegirter Städte
und wenigen Begünstigten, die „ein eigenes Befugniss" erhielten,
gestattet werden sollte, nach Venedig zu handeln. „Warum verbot
man denn nähere und für verschiedene Gegenden sehr gelegene
Strassen und nöthigte sie, mit Zeitverlust und grösserem Kosten-
aufwand weite Umwege zu machen?" Um eben einzelnen Städten
alle die aus solchem Strassenzwang entspringenden Lokal-Vortheile
zuzuwenden! So erhielten die Bürger von Steyr im Jahre 1370 von
Herzog Albrecht die Aufsicht darüber, dass venetianische Waaren
nicht auf verboteuen Strassen über den Pyrn, über Rastadt oder durch
andere Orte, sondern allein über Zeyring eingeführt würden [3].
Ihnen zu lieb wurde 1410 den Kirchdorfern der „Vorkauf und die
Verführung" venetianischer Waaren über Zeyring und überhaupt auf
allen Strassen, sowie auch des Eisens über die Burchau und über
den Pyrn bei Strafe der Konfiskation verboten. Den Bürgern der
Stadt Waidhofen war schon 1372 und wurde dann in den Jahren
1443 und 1460 der Handel nach Venedig nur mit der Einschränkung
verstattet, dass sie nicht mehr nach Hause bringen durften, als ihr
eigener Bedarf erforderte. Erst im Jahre 1501 wurde ihnen der
Handel mit venetianischen Waaren innerhalb eines Bezirkes von drei
Meilen erlaubt [4].

Zu Gunsten der Wiener verbot Herzog Albrecht im Jahre
1386 und 1389 neuerdings den Kaufleuten, die nach Venedig Handel
trieben, sich der Strasse über den Karst und nach Pettau zu bedienen,
und befahl, dass sie sowohl hinein nach Venedig als auch von dorther zurück nach Oesterreich über den Semmering und durch Villach
reisen sollten. Nur den oben genannten Städten Linz, Enns, Steyr,

---

[1] Weiss a. a. O. — [2] a. a. O. S. 187. — [3] Kurz S. 53; cf. Urkundenbuch des Landes ob der Enns Bd. VIII Nr. 501, 508, 628. — [4] Kurz S. 54,
55, 58; cf. Urkundenbuch des Landes ob der Enns Bd. VIII Nr. 627.

Wels, Freystadt war vermöge früherer Privilegien der Weg über
die Zeyring erlaubt[1]) — „lauter Massregeln," urtheilt Kurz[2]), „die
dem Staat nichts eintrugen, den Handel nach Venedig erschwerten
und nur darauf ausgingen, einige Stapelstädte, nämlich Wien, Steyr
und Enns auf Kosten Anderer zu bereichern." „Anstatt die öster-
·reichischen Unterthanen auf alle mögliche Weise aufzumuntern, die
einheimischen Erzeugnisse in's Ausland und vorzüglich nach Venedig
zu verführen, wohin für ausländische Waaren jährlich grosse Summen
Geldes aus unseren Provinzen wanderten, hielt man sie vielmehr
durch unkluge Verbote davon ab"[3]). Den Bürgern von Krems
und Stein wurde der Handel mit Venedig erst am 30. Dezember
1462 von Kaiser Friedrich III. als Belohnung für die ihm gegen
die aufständischen Wiener geleisteten Dienste verstattet[4]).

Höchst sonderbar ist auch die Grenze, welche betreffs des
venetianischen Handels zwischen Krämern und Kaufleuten in Wien
gezogen war oder wenigstens im Jahre 1432 durch eine Verordnung
Herzog Albrechts gezogen wurde. Nach derselben durften die Krämer,
d. h. die Handelsleute, welche Waaren im Kleinen nach der Elle
und nach dem Pfunde verkauften, nicht selbst nach Venedig fahren,
reiten oder Jemand um Waaren dahin schicken. Was sie von
venetianischen Waaren, die ihnen zu verkaufen erlaubt waren, nöthig
hatten, mussten sie von den privilegirten Kaufleuten (Grosshändlern)
in Wien einhandeln. Wollte ein Krämer selbst nach Venedig fahren
und sich dort Waaren einkaufen, so musste er aus der Krämerzunft
austreten, ein Kaufmann werden und auf die Krämerei Verzicht thun.
Ebenso musste der Kaufmann, der nicht nach Venedig reisen und
sich mit dem Kleinhandel abgeben wollte, die Kaufmannschaft auf-
geben und ein Krämer werden[5]). „Die nothwendige Folge davon
war eine Vertheuerung dieser ausländischen Bedürfnisse, welche durch
das Monopolium der Grosshändler erzeugt wurde. Das Unschickliche
dieser Handelsverordnung erregte endlich eine so grosse Unzufrieden-
heit und so laute Klagen, dass sich Herzog Albrecht bewogen fand,
den Krämern 1435 die Befugniss einzuräumen, selbst nach Venedig
zu reisen und sich von dorther ihre Waaren kommen zu lassen"[6]).

Die Ueberlieferung von Namen Wiener, mit Venedig handelnder.
Kaufleute beginnt erst im 14. Jahrhundert und zwar im Jahre

1301 mit einem gewissen Henghelprettus (Engelbrecht?) und Fridericus[7]); dann folgt

1313 ein Conradus, der auch 1316 und 1320 genannt wird[8]). Im
nämlichen Jahre

1316 und dann 1319 erscheint ein Henricus[9]), vielleicht derselbe,
der in einer anderen Urkunde vom Jahre 1319 Henricus Sandoli
genannt wird[10]). Es folgen

[1]) Kurz S. 35, 36. — [2]) ebda. S. 188. — [3]) ebda. S. 189. — [4]) cf. Chmel.
Regesten Friedrichs III. S. 398 Nr. 3959. — [5]) Kurz S. 105. — [6]) ebda. S. 188.
— [7]) Bd. 1 Nr. 16. — [8]) ebda. Nr. 37, 42, 85. — [9]) ebda. Nr. 46, 56. —
[10]) cf. später bei den Urkunden zum „Anhang".

1322 ein Christian [1]);

1339 ein Nicolaus [2]), vielleicht identisch mit dem 1359 genannten, der in Venedig stirbt [3]) und über dessen Hinterlassenschaft, wie besonders über die des Johannes Schmanzer (Smanzarius) [4]) aus den Jahren 1360—1362 mehrere Schriftstücke überliefert sind, die zwischen Venedig und den österreichischen Herzogen u. s. w. gewechselt wurden [5]).   Weiter werden genannt

1367 ein Henichinus mit seinem Diener (oder Geschäftsführer) Nicolaus und als seine Mandatare ein Fridericus, Sohn eines Martinus, und ein Thomas (1368) [6]);

1368 ein anderer (oder derselbe?) Nicolaus [7]);

1376 Konrad Gensceler [8]);

1390 und 1391 Heinrich und Johannes Rock (Rochus) [9]);

1391 ein Martinus Teraza [10]), ferner ein Bofardus (Wulfhard) und ein Stephanus [11]);

1403 ein Henricus [12]);

1418 Matthäus Bister [13]);

1430 Nicolaus Fenaver (Vanaver) und (vorher) Nicolaus Granata [14]);

1432 Simon Putel und Ulrich Carner, Theilhaber der Handelsgesellschaft ,Subelbissar' [15]);

1438 und 1440 Heinrich Haiden (Enricus Paganus) [16]);

1447, 1461, 1463 und 1469 Simon Putel oder Puotel (Poetl) [17]), derselbe, der schon 1432 genannt worden;

1463 ferner und 1469 Ulrich (oder Heinrich) Perman [18]) und Christoph (oder Christian) Chorinfail (Karnfail) [19]) (Stiefsohn und Neffe Simon Puotels);

1469 ausserdem noch Heinrich Carner [20]).

Ob der 1476 erwähnte Marcus Carne [21]) ebenfalls ein Wiener und aus demselben Geschlechte, wie der ebengenannte Heinrich Carner oder vielleicht aus Laibach gewesen ist, muss dahingestellt bleiben; ebenso ob der 1488 genannte Busfardo Cronier da Jenum [22])

---

[1]) Bd. I Nr. 68. — [2]) ebda. Nr. 794. — [3]) I libri Commemoriali (Regesti von Predelli in den Monumenti der Deputazione Veneta) lib.VI no. 154. — [4]) Nach Lazius, Wienerische Chronik (Deutsche Ausg. v. 1619) Buch IV S. 39 war ein Joh. Smanzarius in den Jahren 1357—59 Stadtrichter in Wien. — [5]) Commem. lib. VI no. 154. 155, 167, 211: 190, 192, 194, 196, 199, 221, 232, 286, 309, 352, 353 354; cf. Bd. I Nr. 182 u. 184. — [6]) Commem. lib. VII no. 385 u. 386, wo ein auf jenen Thomas bezüglicher Passus fehlt. — [7]) Bd. I Nr. 216. — [8]) ebda. Nr. 237. — [9]) ebda. Nr. 263—265; cf. Lazius a. a. O. IV, 17. — [10]) Bd. I Nr. 264. — [11]) ebda. Nr. 266. — [12]) ebda. Nr. 815. — [13]) ebda. Nr. 820. — [14]) ebda. Nr. 821. — [15]) ebda. Nr. 390; cf. Anm. 17. — [16]) cf. Lazius a. a. O. IV, 22 und oben Bd. I Nr. 416, 420. — [17]) Bd. I Nr. 423, 492, 495; cf. Birk, Urkundenauszüge zur Gesch. Friedrich's III. in den Jahren 1452—1467 im Archiv für Kunde österreich. Geschichtsquellen Bd. XI S. 161 Nr. XV ad a. 1463; Wiener Copey-Buch in den Fontes Rer. Austr. Abth. II Bd. VII S. 206 und Lazius a. a. O. IV, 17. — [18]) Lazius a. a. O. IV, 20. — [19]) Bd. I Nr. 495, 513 (cf. 574); s. Archiv f. K. ö. G. Bd. XI S. 162 Nr. XVI. — [20]) ebda. Nr. 513. — [21]) ebda. Nr. 544. — [22]) ebda. Nr. 581: Jenum statt Vienna? oder = Jenua, Janua, Genf?

vielleicht ein Glied der Wiener Familie Chronperger[1]) oder etwa ein Genfer gewesen ist.

Aus den übrigen oben erwähnten österreichischen Städten finden sich nur wenige Theilnehmer mit Namen genannt. Aus Enns war wohl der 1390[2]) genannte Peter Cramer (Croma); wenigstens war ein Mann gleichen Namens 1384 und 1386 daselbst Stadtrichter[3]).

Aus Ips werden ein Henricus und ein Guarnerius (Werner) zum Jahre 1342 genannt[4]).

Gehen wir von Wien südwärts, so gelangen wir zunächst nach Neustadt, noch im Herzogthum Oesterreich, von wo ein ‚Rodulfus super Foncam‘ im Jahre 1376 als mit Venedig in Handelsverbindung stehend erwähnt wird[5]), und weiter dann nach Steiermark.

Hier erscheint namentlich die Stadt Judenburg an diesem Handel betheiligt. Wir finden von dort im Jahre 1432 einen Roschof und einen Leonardus, die wenigstens in Conegliano Geschäfte trieben[6]), erwähnt; und aus einer späteren Urkunde vom Jahre 1484 ersehen wir, dass die Stadt oder eine Handelsgesellschaft im Fondaco eine eigene Kammer für ihre Angehörigen inne hatte oder richtiger inne gehabt hatte, da, wie es ebendaselbst heisst, seit mehreren Jahren Niemand mehr von Judenburg nach Venedig gekommen war, weshalb die Kammer provisorisch anderweitig vergeben wurde[7]).

Dass die Stadt Pettau in Steiermark mit Venedig in Handelsbeziehung stand, geht aus dem oben angeführten Streit mit den Wienern in der zweiten Hälfte des 14. Jahrhunderts hervor; Namen sind uns hier nicht überliefert. —

In sehr regem Handelsverkehr mit Venedig standen dann, schon in Folge ihrer geographischen Lage, die beiden Landschaften Kärnthen und Krain. Von den kärnthnerischen Städten mögen wohl alle: Friesach, Gmünd, Spital, Villach, St. Veit, Klagenfurt, Völkermarkt mehr oder minder an diesem Handel betheiligt gewesen sein[8]). Friesach war um die Mitte des 15. Jahrhunderts Niederlagsstätte der venetianischen Waaren, welche nach einem Erlass Kaiser Friedrichs III. vom 30. Oktober 1458 „hinfür zu ewigen Zeiten daselbs beleiben und nicht gen dem Neuenmarkt gelegt werden sollte“[9]). Namentlich aufgeführt finden wir:

1318 einen Nicolaus aus Friesach[10]); ferner aus Villach:

1316 einen Gimeterius (Gimbert?)[11]);

1332 einen Nicolaus de Oseleto[12]);

1345 einen Dyatrichus (Dietrich) und Albertus[13]);

1376 einen Conradus[14]);

1377 einen Adamitc, Martinus, Georgius und Petrus[15]).

---

[1]) Lazius a. a. O. IV, 22. — [2]) Bd. I Nr. 263. — [3]) s. Oberleitner, Die Stadt Enns im Mittelalter im Archiv f. K. ö. G. Bd. XXVII S. 60. — [4]) Bd. I Nr. 802. — [5]) ebda. Nr. 236. — [6]) ebda. Nr. 391. — [7]) ebda. Nr. 568. — [8]) s. Ankershofen, Handbuch der Gesch. von Kärnthen II. Abth. Bd. I S. 550—559 u. Aelschker, Gesch. Kärnthens (1885) Bd. I S. 778 ff. — [9]) Chmel, Regesten Nr. 3648 ad 1458. — [10]) Bd. I Nr. 54. — [11]) ebda. Nr. 48. — [12]) ebda. Nr. 782. — [13]) ebda. Nr. 109. — [14]) ebda. Nr. 234. — [15]) ebda. Nr. 239.

Für die Regsamkeit des Verkehrs zwischen dieser Stadt (Villach) und Venedig spricht auch der Umstand, dass ihrer mehrmals im Capitolare dei Visdomini ausdrücklich gedacht wird: so zum Jahre 1337[1]), 1494 und 1495[2]).

Ausserdem werden Kaufleute aus Kärnthen im Allgemeinen 1322 erwähnt[3]). Nicht ersichtlich ist, woher jener Hans und sein Sohn Niklas Kaltenhauser waren, denen 1492 (7. Juni) auf 5 Jahre ausschliesslich der freie Handel mit Vitriol, „so man nennt Kupferwasser", aus Kärnthen nach Venedig gegen die jährliche Abgabe von 100 fl. rheinisch verliehen wurde[4]). —

Von Krain dürfte wohl die Hauptstadt Laibach (Lubiana) hier besonders in Betracht kommen. Nach dem, was wir oben über die Urkunde vom 5. September 1418 bemerkt haben[5]), mag es füglich bezweifelt werden, ob die Stadt schon vor diesem Jahre direkt und selbständig Handel mit Venedig trieb. Unter den in unseren Urkunden vorkommenden Kaufleuten sind vielleicht aus Laibach: der

1475 genannte Georg Ciler (Ziller?)[6]) und
1476 Marcus Carne (Kharner?[7]).

Ein Larius aus Krain, der aber nur als Krämer bezeichnet ist, wird 1356 erwähnt[8]). —

Sehr eifrig und alt war gewiss dann weiter der Handelsverkehr zwischen Friaul und Venedig. Aber freilich war Friaul daran wohl mehr nur passiv betheiligt, da Venedig wegen der Nähe selbst aktiv auftrat. Dies geht schon aus den verschiedenen Handelsverträgen vom Jahre 1206, 1222, 1248 u. s. w. hervor, welche Venedig mit dem Patriarchenstaat abschloss[9]). Gab es doch in Venedig einen eigenen Consul (vicedominus), der über die Aufrechthaltung der Rechte der Republik und der Venetianer im Patriarchate zu wachen, Klagen wider Venetianer zu entscheiden und für Venetianer zu führen hatte. In unseren Urkunden wird sehr früh, 1225, der Kaufleute aus Pordenone gedacht, die mit Venetianern in Geschäftsverbindung standen[10]). Dann werden namentlich aufgeführt aus Cividale:

1362 ein Benvenuta[11]);
1469 Ludwig Piglioli[12]);
1494 ein Mianus (?) mit seinen Söhnen Johannes und Paul[13]);
1497 ein Emilianus (wohl identisch mit dem vorhergehenden)[14]);
1414 ein Antonius, Sohn eines Daniel[15]), aus Venzone. —

[1]) pag. 42 cap. 116. — [2]) pag. 273 u. 275 cap. 38 u. 40; cf. Ankershofen und Aelschker a. a. O. — [3]) Bd. I Nr. 67. — [4]) Muchar, Urkunden-Regesten für die Gesch. Inner-Oesterreichs 1312—1500 im Archiv f. K. österr. Gesch. Bd. II S. 495 Nr. 424. — [5]) cf. S. 42. — [6]) Bd. I Nr. 540. Ein Christoph Ziller war 1438—1439 Stadtrichter in Laibach; s. Dimitz, Gesch. Krains I, 301. — [7]) Bd. I Nr. 544; s. Archiv für Krain I, 110. — [8]) Bd I. Nr. 162. — [9]) s. J. v. Zahn, Friaulische Studien im Archiv für österr. Gesch. Bd. LVII S. 354 ff. — [10]) Bd. I Nr. 1. — [11]) ebda. Nr. 194. — [12]) ebda. Nr. 514. — [13]) ebda. Nr. 595. — [14]) ebda. Nr. 602. — [15]) ebda. Nr. 317.

Dasselbe wie von Friaul gilt wohl auch von Tirol. Wenigstens fehlt es hier, soweit ich sehe, fast ganz an Nachrichten über direkten Verkehr mit Venedig aus dieser Zeit — ein Nicolaus aus Bruneck (?) ist der einzige, der aus unseren Urkunden hier zum Jahre 1334 zu nennen ist[1] —, während wir andererseits z. B. wissen, dass die ersten, welche sich bei Herzog Sigmund um die Erlaubniss meldeten, Alaun in der Grafschaft Tirol zu suchen und zu bauen, zwei Venetianer — Pilgrin Vittori und sein Sohn Marcus — waren, denen 1461 ein Privilegium hierüber ertheilt wurde[2]. Eifrig wurde Tirol auf dem Wege nach Flandern und Frankreich von den dahin ziehenden Venetianern besucht[3]. —

Wir gehen zu dem benachbarten Salzburger Land über. Die Salzburger haben wohl auch schon ziemlich früh den Weg nach Venedig gefunden und, wie auch aus unseren Urkunden erhellt, ziemlich eifrig an dem Handel dahin direkt Theil genommen. L. Hübner in seiner Beschreibung der hochfürstlich-erzbischöflichen Haupt- und Residenzstadt Salzburg[4] leitet gerade von diesem Handel den blühenden Zustand der Stadt am Anfang des 14. Jahrhunderts ab, der sie in den Stand gesetzt, dem Kaiser und anderen Fürsten in Kriegszeiten Geld zu borgen u. s. w. Wir finden von dort erwähnt:

1328 einen Conradus[5]);
1340 einen Petrus[6]):
1341 einen Henricus[7]);
1409 Ulrich Samer, der „für das Bürgerspital in Salzburg eine jährliche Dotation aus den Fonden stiftete, die er bei der Commune Venedigs liegen hatte"[8], und im nämlichen Jahre
1419 Johannes Hoder[9]);
1420 Ulrich Elsenhaimer, „wahrscheinlich am lebhaften Speditionshandel von Venedig her theilnehmend"[10]);
1445 Michel Stumpf und Bartholomaeus Tartafer (?)[11]):
vor 1449 wohl auch Leonhard Podmayr[12]);
gegen Ende des 15. Jahrhunderts aber besonders die Familie Kaser oder Kaserer, über deren namentlich durch den Kaufmann Stephan Kaser oder Kaserer mit Venedig unterhaltene Handelsbeziehungen Zeugnisse aus den Jahren 1499[13], 1501[14] (und 1508[15]) vorliegen.

---

[1] s. Bd. I Nr. 786. — [2] s. Alb. Jäger, Beiträge zur tirolisch-salzburgischen Bergwerksgeschichte im Archiv für österr. Gesch. Bd. LIII S. 348. — [3] Bd. I Nr. 25, 27, 28, 386. — [4] Theil I (1792) S. 37. — [5] Bd. I Nr. 80. — [6] ebda. Nr. 796. — [7] ebda. Nr. 798. — [8] ebda. Nr. 297; cf. Spatzenegger, Beiträge zur Geschichte der Pfarr- oder Franziskanerkirche in Salzburg in den Mittheilungen der Gesellschaft für Salzburger Landeskunde Bd. IX S. 21 und Zillner, Gesch. der Stadt Salzburg (1885) I, 347. — [9] Erdmannsdörffer, De commercio p. 31. — [10] J. E. v. Koch-Sternfeld, „Die Elsenhaimer" im Oberbayerischen Archiv Bd. V S. 184. — [11] Chmel, Regesten Friedrich IV. Nr. 1982. — [12] cf. A. v. Scheurl in den Mittheilungen des Vereins für Geschichte der Stadt Nürnberg Heft 5 S. 15. — [13] Spatzenegger a. a. O. — [14] s. Bd. I Nr. 615, wo „Stefano Caiserer" als Gläubiger genannt ist; im gleichen Jahre und vorher schon war er Consul der deutschen Kaufleute in Venedig; cf. später die Consuln-Liste. — [15] s. Bd. I Nr. 653.

Ferner gehört hieher aus der Zahl der in Venedig bestatteten
Deutschen der 1459 oder 1469 verstorbene Friedrich Tunckel (Tun-
chel) [1]; 1475 starb ebendaselbst aus Salzburg Michael Holczhauser [2].
    1480 (6. Dez.) verlieh Friedrich III. der Stadt das Privileg,
„auf der Donau mit Venedigischer Wahr in Oesterreich Kaufmannschaft zu treiben" [3].
    Aus dem Salzburger Land finden wir ferner 1343 einen Conradus
aus Radstadt [4]. —
    Wir wenden uns nun von Salzburg westlich nach dem eigent-
lichen Herzogthum Baiern, dessen Haupthandelsplatz Regensburg wir schon oben behandelt haben.   Daneben finden wir noch
München und Landshut in direktem Verkehr mit Venedig,
obgleich freilich nicht zu verkennen ist, dass derselbe nur ein
mässiger gewesen sein dürfte.   Im Jahre 1331 werden einem Henricus von München [5] und 1337 einem Friedrich Rabenskopf von
Landshut Waaren auf dem Wege von Venedig heraus geraubt [6].
Bei der Schlussverhandlung über die Entschädigung des Letzteren,
welche im Fondaco selbst stattfand, wird ausser den Söhnen des
Beraubten, Berthold und Hermann, noch ein Münchener Richard,
Sohn eines Conrad, unter den Zeugen aufgeführt.   1333 wird ein
Ulrich von München in Venedig erwähnt, der aber vielleicht nur
ein Sensal war [7].   Weiter lesen wir, wie im Anfang der 70er Jahre
des 14. Jahrhunderts (vor 1373) Hermann Pütrich in Belluno eine
Quantität Eisen als Guthaben erhalten hat, welches nach seinem
Tode (1373) seine Schwiegersöhne Heinrich Diener und Peter Gross
nunmehr im März 1375 nach Venedig schaffen lassen wollen und
dürfen, um es da zu verkaufen [8].   Und endlich hören wir — dies
sei mehr nur der Vollständigkeit halber angeführt —, dass Gabriel
Angler in den Jahren 1434 und 1435 „Varb und Lasur" in Venedig
gekauft hat zu seinem „Werk" in der Lieb-Frauenkirche Münchens [9].
    Aus Niederbaiern ist vielleicht noch die Straubinger Gegend,
das Pflegamt Mittervells, anzuführen, wo 1429 ein Heintz Murr,
Vetter eines Peter Schweinfurter, mit Venedig in direkter Handelsverbindung gestanden zu haben scheint [10].
    Andere Notizen beziehen sich dann auf den Verkehr der
Venetianer in Baiern, welches sie auf dem Wege nach Flandern
u. s. w. in früherer Zeit, z. B. im 14. Jahrhundert, häufig passirten.
Im Jahre 1340 (März) erlaubte Kaiser Ludwig IV. Venetianer Kauf-

---

[1] bestattet in S. Giovanni e Paolo; cf. später bei den Grabschriften. —
[2] Walz, Die Grabdenkmäler von St. Peter und Nonnberg zu Salzburg (Beigabe
zu den Mittheilungen etc. 1867) S. 466. — [3] Mittheil. der Gesellschaft für Salzburger Landeskunde Bd. V S. 200. — [4] Bd. I Nr. 104. — [5] ebda. Nr. 88, 89:
vielleicht ein Sohn dieses Henricus ist der Sensal im Fondaco Marcus, der am
14. Juli 1358 das Bürgerrecht in Venedig nach 18jährigem Aufenthalt erhält:
s. Commem. lib. VI no. 28. — [6] Commem. lib. III no. 396, 398, 412, 413, 414:
s. Riezler, Gesch. Baierns Bd. II S. 526. — [7] s. Bd. I Nr. 785. — [8] ebda. Nr. 226
u. 227. — [9] Monumenta Boica vol. XX p. 264 u. 267. — [10] s. Bd. I Nr. 354.

leuten, 200 Waarenballen von Venedig aus durch seine Länder über
München zollfrei nach Brügge zu führen¹). Ob Ludwig wirklich,
wie Wolf meint¹), auf diese Weise den levantinischen Handel nach
München und durch München zu ziehen beabsichtigte, mag dahingestellt bleiben. München begegnet uns dann aber auch öfter in
unseren Urkunden als Station der Venetianer auf dem Wege von
oder nach Flandern²). Von einer gewissen Intimität der gegenseitigen Beziehungen zeugt es jedenfalls, wenn wir hören, dass im
Jahre 1365 Wilhelm Ligsalz (der in diesem Jahre dem äusseren
Rathe der Stadt angehörte)³), von der venetianischen Regierung
als ‚hospes‘, als „Geschäftsfreund" (?) der venetianischen Kaufleute
bezeichnet wird⁴), der es sich, wie auch die Stadtgemeinde selbst,
sehr angelegen sein lässt, Strassenräuber, die sich an venetianischen
Kaufleuten vergriffen hatten, zur Rechenschaft zu ziehen, ja sogar
sie hinterlistig aus dem Wege räumen zu lassen sich bereit zeigt!
Im Ganzen musste freilich der Handelsverkehr zwischen Baiern und
Venedig unter der Rivalität und Konkurrenz der schwäbischen
Städte empfindlich leiden.

Unter diesen steht natürlich voran Augsburg.

Wenn auch die oben⁵) citirte Behauptung, dass die Augsburger
bereits im 12. Jahrhundert ihre Waaren über Villach nach Venedig
gesandt, urkundlich sich vorerst nicht begründen lässt, so reicht
doch gewiss der Verkehr zwischen Augsburg und Venedig in eine
hohe Zeit, wenigstens in das 13. Jahrhundert zurück. Dies geht
unzweifelhaft aus dem ganzen Tenor jenes Aktenstückes vom
17. Oktober 1308 hervor⁶), worin mit Rücksicht auf die alte
Freundschaft den Augsburger Kaufleuten Indemnität wegen Aufhaltung venetianischer Waaren bei Füssen ertheilt und die Abschaffung
eines deshalb eingeführten neuen Strafzolles zugesichert wird. Alle
gegentheiligen Behauptungen eines Stetten, Fischer oder Hüllmann, dass der Handel Augsburgs nach Venedig erst später begonnen habe, sind damit, wie schon Erdmannsdörfer bemerkt hat⁷),
widerlegt und hinfällig. Uebrigens kann man hiefür auch ein noch
älteres urkundliches Zeugniss anführen: jene Vereinbarung des
Bischofs Hartmann von Augsburg mit den Bürgern der Stadt vom
(c.) 28. Juli 1282 über einen neuen Zolltarif an der Wertach-

---

¹) Jos. Heinr. Wolf, Urkundliche Chronik von München Bd. I S. 606;
s. Riezler a. a. O. II, 526. Gg. Westermayer, Chronik der Burg und des Marktes
Tölz (1871) S. 167 ist geneigt anzunehmen, dass die Venetianer dabei die Wasser-
strasse der Isar benützten, weil die betreffende Urkunde im Kloster Schäftlarn
aufbewahrt wurde, das einst einen Wasserzoll dort eingenommen. — ²) Bd. I
Nr. 192, 249—251. — ³) Monum. Boica Bd. XXXV b p. 116. — ⁴) s. Bd. I Nr. 209;
ebenso 1366 bei Pelzel, Kaiser Karl IV. Bd. II Urkundenbuch S. 367 Nr. 332, wo
er für die Venetianer, welche in Böhmen vielleicht durch den auch in obiger
Urkunde genannten (Sbaicza) Smerther beraubt worden waren, die zurück-
kommenden Waaren in Empfang nehmen soll. — ⁵) S. 8. — ⁶) Erdmannsdörfer,
De commercio p. 15: cf. Bd. I Nr. 26. — ⁷) Erdmannsdörfer l. c. p. 14.

brücke [1]), in welcher es wörtlich u. A. heisst: Ist aber ein ander
Burger, der gen Venedig nicht vert u. s. w.

Als Träger dieser Verbindungen finden wir dann folgende
Augsburger genannt:

1328 Johannes Apothecarius (Hans der Apentecker, Appothecker) [2]);
1338 ein Johannes, Sohn eines Bartholomäus, und Johannes Alchi-
    maister [3]);
1342 Berthold Winkler [4]). Derselben Familie, darf man wohl
    vermuthen, gehörte an und gleichfalls in Handelsbeziehung mit
    Venedig stand der
1370 genannte Ulrich Winkler, der von seinem Neffen Sebastian
    Rem den Auftrag erhalten hatte (zugleich mit dessen Neffen
    Johannes Rem), das von dessen (des Sebastian Rem) verstor-
    bener Gattin Thomasia Rem in Treviso hinterlassene Erbe
    zu erheben [5]). Ob dieser Johannes Rem identisch ist mit dem
    Ahnherrn des Lucas Rem, Hans Rem (geboren 2. Februar 1340),
    der nach der Aussage Lucas Rem's gerade durch den Handel
    mit Venedig, das Herausführen der „ersten Bomwoll" reich
    geworden ist [6]), vermag ich nicht zu entscheiden. Weiter sind
    aber zu nennen:
c. 1371 Johannes Buser und Heinrich Bach [7]);
(1388 nahmen Herzog Stephan von Baiern und Bischof Burkhart von
    Augsburg „den von Augspurg 60 Fass Welschwein und 20 Ballen
    zu Füssen weg, die waren herauss kommen von Venedig" [8]);
1393 zwei Brüder Marcus und Conradus [9]);
1413 Sigmund Gossenprot aus dem bekannten alten Geschlechte [10]);
    ferner zu demselben und dem folgenden Jahre Nicolaus Winter [11]),
    Georg Tünndrich (Dendrich) [12]), Leonhard Pfister [13]), Paul
    Lang(en) [14]);

---

[1]) Monum. Boica Bd. XXXIIIa S. 161. — [2]) Bd. I. Nr. 76—78, 81: 1317
Stadtpfleger; cf. Stetten, Geschichte der adeligen Geschlechter in Augsburg S. 49.
— [3]) Als Zeugen erwähnt bei der oben erwähnten Schadenersatzverhandlung
zwischen der venetianischen Regierung und der Familie Rabenskopf. Commemoriali lib. III no. 414. — [4]) ibid. no. 576, 581. — [5]) Sebastian Rem war
selbst ‚hospes' (Wirth?) in Treviso, heirathete nach dem Tode seiner Frau nochmals eine gewisse Lucia, welche nach dem Ableben des Sebastian ein Kind
gebar, dem von Seite jenes Johannes Rem das Erbe streitig gemacht wurde:
cf. später im Anhang und Greiff in den Anmerkungen zu Lucas Rem's Tagebuch
S. 80 Nr. 14. — [6]) cf. Lucas Rem's Tagebuch, hrsg. von Greiff, S. 1. — [7]) Bd. I
Nr. 217, 218; der letztere war 1368 im Rath, s. Stetten. Gesch. der adeligen
Geschlechter S. 85; cf. Chroniken der deutschen Städte, Augsburg, I. 133 und wird 1374 genannt in den Monum.
Boica Bd. XXXIIIb p. 472. — [8]) Chroniken d. d. St., Augsburg, II, 39. — [9]) Bd. I
Nr. 275. — [10]) ebda. Nr. 308, 309; Stetten, Gesch. der adel. Geschl. S. 80: s. auch
Chroniken der deutschen Städte, Augsburg, Bd. II S. 349 ad a. 1416. — [11]) Bd. I
Nr. 309, 310, 316; 318; Stetten S. 62. — [12]) Bd. I Nr. 308, 310, 312, 316:
Bürgermeister aus der Cramer-Zunft in Augsburg 1427 und 1429; Stetten S. 61. —
[13]) Bd. I Nr. 310, 316; Stetten S. 170; stirbt 1434, 25. Januar; cf. Prasch.
Epitaphia Augustana (1624) Bd. I S. 243. — [14]) Bd. I Nr. 308—311, 316: 1426
Bürgermeister; Stetten S. 121.

1414 Ulrich Prun (Braun?) [1]), der wenigstens nach Treviso
Handel trieb, wie vielleicht auch der dorthin zur Erhebung
von dessen Hinterlassenschaft gesandte Kraemser [2]), der vielleicht
identisch ist mit dem um diese Zeit öfters genannten Jodocus
Kramer.

Dieser selbst erscheint bei uns unter dem Jahre 1420 [3]) und
ist derselbe, zu dem Burkard Zink 1419 in die Lehre oder in's
Geschäft trat [3]).

Jakobi 1424 wird Zink von seinem Herren nach Venedig
geschickt, um Baumwolle zu kaufen [4]), und von da an war Zink
ein häufiger Gast in der Lagunenstadt. Im Jahre 1430 musste
er im offiziellen Auftrage daselbst eine grössere Menge Salpeter einkaufen [5]), und im nächsten Jahre 1431 „füegt es sich . .
dass Peter Egen, den man seit nennt Peter von Argun, des
auch die wag, kain wegmeister hett; der schickt zu mir . . .
mit kurtz versprach ich mich zu im und ward sein Diener . .
und ist zu wissen, dass er mir gen Venedig erlaubet zu reiten,
wann ich wolt, also rait ich alle jar auf das minst ainest
(einmal) oder zwirend (zweimal) gen Venedig" [6]). Und er
verzeichnet dann selbst noch öfter, so zu den Jahren (1434)
1438, 1445, 1446, 1447, 1448 seine Reisen nach und von
Venedig [7]). Aus der ersten Hälfte des Jahrhunderts sind dann
noch zu erwähnen:

1415 Nicolaus Winter (cf. oben 1413) als Vertreter des Bürger-
meisters Lorenz Egen [8]) und Hans von Hoy, der einer Chronik
zufolge 1423 oder nach der Angabe des Clemens Sender 1455
in Folge einer verfehlten Woll-Spekulation fallirte [9]);

1425 und 1429 (Ulrich Plattner und) Johannes Herwart, der
letztere in Verbindung mit Ulrich Artzt (?) [10]);

1429 Ulrich Rehlinger [11]);

1431 Hans Endorffer der Aeltere [12]);

1437 die Warruss und die Mutting [13]) und ein Johannes Mau-
rinus (?) [14]);

1441 Lorenz Welser [15]);

(1458 Hermann Ramung [16]), Martin Lauginger [17]);

[1]) Bd. I Nr. 314. — [2]) ebda. Nr. 326. — [3]) Chroniken etc., Augsburg, Bd. II
S. 128 „er treib kaufmannschaft", sagt Zink von ihm, „mit gefell (= Fell oder
Pelzwerk) von der Steiermark, auch ander kaufmannschaft von Venedig als wol
etc." — [4]) ebda. S. 132. — [5]) ebda. S. 333. — [6]) ebda. S. 133. — [7]) ebda.
S. 137, 155, 179, 181, 188. — [8]) ebda. Nr. 318. — [9]) Greiff in den Anmerkungen
zu Lucas Rem's Tagebuch S. 79. Beide Quellen stimmen darin überein, dass
Hans von Hoy zum Nachtheil der Anderen alle Wolle in Venedig um hohen
Preis aufkaufte, um eine Steigerung des Preises zu erzielen. — [10]) s. Bd. I Nr. 341,
355, 356 und Chroniken, Augsburg, II, 72 Anm. 4; cf. Thomas in den Sitz.-Ber.
der k. b. Akad. d. W. 1869 Bd. I S. 285. — [11]) Der später wiederholt Bürgermeister der Stadt war, s. Stetten S. 90; cf. Bd. I Nr. 356. — [12]) s. Stetten
S. 163 und Bd. I Nr. 369. — [13]) Chroniken, Augsburg, I, 204. — [14]) s. Bd. I
Nr. 414. — [15]) ebda. Nr. 422. — [16]) Von Zink freilich nur als „pallenfürer"
bezeichnet; s. Chroniken, Augsburg, II, 216 ad a. 1458. — [17]) s. Bd. I Nr. 497.

1465 Peter Schneider[1]), Ludwig Mewtting und (Lucas Kemnater?)[2]);

1468 Claus Lederer[3]);

1469 Hans und Ulrich Peutinger[4]);

1470 Claus und Peter die Friesen[5]):

1475 Thomas Rem (?)[6]);

1476 Jörg Hyller[7]);

1484 Heinrich Stamler und Gebrüder, die dann noch öfters, zu den Jahren 1490, 1494, 1499 und 1501 genannt werden[8]), in welch' letzterem (1501) nach ihrem Fallissement die von ihnen bis dahin innegehabte Kammer sammt Gewölbe an Georg Höchstetter und Gebrüder überwiesen wird[9]);

1490 wird ferner genannt Heinrich und Baltassar Wolf[10]);

1494 Lucas Rem, der bis 1498 in Venedig geblieben zu sein scheint, freilich nur als „Lehrling, um die Sprache und die Kaufmannschaft zu erlernen", zu welchem Behufe er zwei Faktoren der Welser: Hans Stebehaber und Hans Lauginger „befohlen" d. h. empfohlen wurde[11]). Der den Lucas Rem nach Venedig „hineinführende" Hans Pfister war, wenn nicht ein Brief-Postbote, vielleicht aus der gleichnamigen mit Venedig in Verbindung stehenden Kaufmannsfamilie;

1495 Philipp Adler, wohl der aus Speier gebürtige „Hofdiener" Maximilians I. und Grossvater mütterlicherseits der Philippine Welser[12]), deren Grossvater von des Vaters Seite, der bekannte Anton Welser, zugleich mit seinem Compagnon (und Schwager) Konrad Vöhlin übrigens ebenfalls um diese Zeit und zwar zum Jahre 1498 als im Fondaco verkehrend erwähnt wird[13]). Nennen wir dann noch den

1504 (und 1508) erwähnten Bruder des Bischofs Mathäus Lang von Gurk, Johannes Lang, Juwelenhändler, der wegen Zahlungsunfähigkeit gleichfalls genöthigt war, mit seinen venetianischen Gläubigern ein Abkommen zu treffen[14]), um endlich mit den bedeutendsten Augsburger Handelsherren, den Fuggern, zu schliessen.

---

[1]) s. Bd. 1 Nr. 498. 500: cf. Stetten S. 442. — [2]) s. Chmel, Regesten Friedrich III. Nr. 4171. — [3]) s. Bd. 1 Nr. 508. — [4]) Chroniken, Augsburg, II, 394. — [5]) s. Bd. 1 Nr. 517. — [6]) ebda. Nr. 533. — [7]) ebda. Nr. 536. — [8]) ebda. Nr. 565. 583, 591, 592, 608, 609, 613—616. — [9]) ebda. Nr. 616. — [10]) ebda. Nr. 583. — [11]) s. Tagebuch S. 5, 81 Nr. 20—25. — [12]) Bd. I Nr. 598; s. Stetten S. 442: Prasch I, 77: stirbt 1532, 71 Jahre alt. — [13]) Bei Marino Sanuto in seinen ‚Diarii‘ tom. II p. 283. — [14]) Bd. I Nr. 627, 663; Sanuto V, 327 sagt darüber: 1503. 16. Nov. (Sier Alvixe Mocenigo orator), scrive (dil di 6) che domino Matheo Lanch. secretario regio li ha ditto haver uno fratello, nominato Zuan Longo zoielier, qual fallite di Veniexia e portò via ducati 2000, e voria un salvoconducto per mexi 4 comenzando el primo di Dezembrio, et che 'l porterà qualche danar e si acorderà con li soi creditori dicendo haver speso ducati 6000 in la sorella che lui ha maridato questo anno nel fiol di domino Paris di Lodron et fu bellissime noze, dove etiam lui orator vi fu.

So merkwürdig es klingt: wir besitzen weder von diesem
Geschlecht überhaupt oder, genauer gesagt, von den ältesten Gliedern
desselben, noch speziell von dem Beginn ihres Handels nach Venedig
genaue Kunde [1]). Aus einem handschriftlichen Fugger-Buch, welches
vor nicht langer Zeit aus dem K. Allgemeinen Reichsarchiv dahier
in die K. Hof- und Staatsbibliothek transferirt wurde [2]), entnehme
ich, dass bereits in der ersten Hälfte des 15. Jahrhunderts die
Fugger nach Venedig zu handeln begannen — zuerst wohl jener
Matheus Fugger, der ein Sohn des „stolzen" Andreas (1406—1456)
und ein Enkel des Ahnherren Hans (oder Johannes) Fuggers († 1409)
war. Glücklicher als dieser Matheus war sein Bruder Lucas bei
diesem Handel. Vielleicht hat e r gerade das „Gleger" in Venedig
eingerichtet, in welches dann beispielsweise Andreas (geboren 1443),
ein Enkel des Ahnherren Hans von dessen zweitem Sohn Jakob
(dem eigentlichen Begründer der noch lebenden Fugger'schen Familie), und ebenso der Bruder dieses Andreas, Hans (geboren 1445),
in jungen Jahren gesandt wurden. Beide sind daselbst in Venedig —
der letztere im Jahre 1461 — gestorben und begraben. — Auch
deren jüngster Bruder Jakob, der frühere Domherr zu Herrieden,
der sich, wie erwähnt [3]), erst in vorgerücktem Alter (1473) auf
Bitten seiner Brüder Ulrich und Georg entschloss, dem Handel sich
zu widmen, und der nachmals ‚der Reiche' genannt wurde, machte
dort seine Lehrzeit durch. Dann finden wir noch folgende Glieder
des Geschlechtes als am Handel mit Venedig betheiligt in unseren
Urkunden aufgeführt:

1484 und 1489 Heinrich (oder Ulrich?) Fugger mit Brüdern [4]);
1490, 1494, 1497 Lucas Fugger mit seinem Sohne Marcus,
welcher mit seiner Gesellschaft ebenfalls gezwungen war, sich für
fallit zu erklären [5]);
1499 Hans (oder Johannes) Fugger [6]), wohl ein Sohn und Vertreter Ulrich's;
1503 Ulrich selbst mit seiner Gesellschaft, als deren Vertreter
Johannes Cheler (= Keller?) fungirte [7]).

Wir wollen hier nicht die öfters angeführten Angaben über
die Reichthümer der Fugger wiederholen [8]) — dass Hans Fugger im
Jahre 1499 Kupfer im Werthe von 60,000 Dukaten im Land hatte,
ist bereits früher erwähnt worden — welche sie ja mehr als einmal
in den Stand setzten, unseren Kaisern, einem Max I. und Karl V.,
unter die Arme zu greifen. Nur auf eine von Marino Sanuto über-
lieferte Notiz möchte ich hinweisen, welche von diesem Reichthum

---

[1]) Auch Kleinschmidt, Augsburg, Nürnberg und ihre Handelsfürsten im
15. u. 16. Jahrh. (Kassel 1881) enthält nichts darüber. — [2]) Auslieferungsnummer
773. — [3]) cf. oben S. 39. — [4]) Bd. I Nr. 568, 582. — [5]) ebda. Nr. 583, 594, 603.
604. 606; cf. Sanuto II. 10. — [6]) Bei Sanuto 1499 tom. II p. 1071. — [7]) s. Bd. I
Nr. 622; cf. Sanuto II, 736. 1499, Adi 20 Mazo: Zuam de Cheler fa i fati per
i Focher. — [8]) s. Kleinschmidt a. a. O.; cf. Dobel in der Zeitschr. des histor.
Vereins f. Schwaben 1879 S. 33 ff.

gleichfalls ein beredtes Zeugniss ablegt. Dieser getreue Bericht-
erstatter erzählt [1]), wie im Jahre 1509 — das freilich über unseren
Zeitraum hinausliegt — die Fugger einen Diamant um 20,000 Dukaten
kauften, der früher im Besitz der venetianischen Familie Augustini
gewesen war. Ein Jahr später ging er in jenen des Pupstes über,
der den Stein um 18,000 Dukaten von den Fuggern erstand [2]). Die
Fugger aber zahlten jene Summe statt mit baarem Gelde — mit
Kupferbarren und zwar im Betrage von 500,000 Pfund. Wie bei
jedem anderen Kaufgeschäfte, waren auch hier, was Sanuto nicht zu
erwähnen vergisst, Sensale zum Abschluss des Kaufes nothwendig
und betheiligt, und sie mögen über den ihnen dabei zugekommenen
Antheil wohl zufrieden gewesen sein. — Dass unter solchen Umständen die Fugger wohl die erste Rolle im Fondaco gespielt haben,
ist leicht zu vermuthen und geht auch ziemlich deutlich aus den
Diarien Sanuto's hervor, in denen sie wiederholt an der Spitze der
deutschen Kaufleute, gewissermassen als deren Repräsentanten genannt
werden [3]).

Von den übrigen schwäbischen Städten wollen wir zuerst nennen
Memmingen wegen des engen Zusammenhanges, der zwischen
dieser Stadt und der obengenannten Augsburger Handelsgesellschaft
Anton Welser, Konrad Vöhlin & Cie. bestand. Waren doch die
Vöhlin's ein Memminger Geschlecht; Anton Welser selbst war
„Bürger wie Stadthauptmann" in Memmingen geworden und gab
auch nach seines Vaters Tod sein Bürgerrecht in Memmingen nicht
auf, obgleich er nach Augsburg zurückkehrte [4]).

Vielleicht gehörte auch der als Vertreter der Fugger oben
erwähnte Johannes Cheler der Memminger Familie Keller an; und
wiederum vielleicht ist hinter dem etwas räthselhaften Marcus
Siaorle ein Glied der wenigstens im 17. Jahrhundert in Memmingen
lebenden Familie Stierle [5]) zu suchen. Weitere Namen, die hier
zu nennen wären, sind mir aus diesem Zeitraume nicht bekannt;
der Verkehr der Memminger mit Venedig ist aber noch besonders
durch die Schreiben der venetianischen Regierung von 1432 und 1433
bezeugt, worin dieselbe mit Repressalien droht, wenn dort auf-
gehaltene Waaren venetianischer Bürger nicht freigegeben werden [6]).

Dasselbe gilt von Kempten [7]).

In derselben Weise suchte die venetianische Regierung um
dieselbe Zeit auf Ulm einen Druck auszuüben [8]), das durch seine
Webereien auf eifrigen Verkehr mit Venedig angewiesen war. Wann
derselbe seinen Anfang genommen, wissen wir nicht. Aus dem 15. Jahrhundert aber können wir — besonders aus den von G. M. Thomas
veröffentlichten Ulmer Archivalien [9]) — folgende Namen anführen:

---

[1]) Sanuto, Diarii tom. VIII p. 87 zum 14. April. — [2]) ibid. tom. X
p. 283. — [3]) cf. ibid. tom. II p. 1067, 1075, 1121; V, 195. — [4]) s. Kleinschmidt
u. a. O. S. 136. — [5]) s. Bd. I Nr. 544; cf. Schorer, Chronik von Memmingen (1660)
S. 11. — [6]) s. Bd. I Nr. 393, 396, 399. — [7]) ebda. Nr. 393, 396, 445, 448,
449. — [8]) ebda. Nr. 395, 402, 404, 405. — [9]) Sitz.-Ber. d. k. bayer. Akad. d.
Wiss. 1869 Bd. I S. 281 u. ff.

1420 Johannes Diether(r?) und Sohn;
1427 und 1437 Heinrich Clich oder Clinch;
1430 und 1431 Peter Weiss[1]);
1441 Johannes Moche;
1446 Ott Ruland und Konrad Kemmlin[2]);
1453 Peter Roys;
1464 ein Angelinus, dessen Bruder in Treviso ansässig war;
1476 Heinrich Löw (Lion)[3]);
1482 und 1489 Otto Roth;
1483 Ytel (Eitel) Rentz, der Vertreter der Ulmer Gesellschaft
      Rottengetter, der den aus dem heiligen Land nach Venedig
      zurückkommenden Felix Fabri gastfreundlich in seiner Kammer
      im Fondaco aufnahm[4]). Dem ausführlichen, so überaus werth-
      vollen Reisebericht Fabri's danken wir dann noch die Namen
      zweier damals in Venedig weilender Ulmer Kaufleute, Johannes
      Müller, mit welchem Fabri in die Vaterstadt Ulm zurückkehrte[5]),
      und Stoffel Schleicher[6]). Es darf noch erwähnt werden, dass
      Fabri bemerkt, es seien damals bei seiner Rückkehr viele
      Kaufleute aus Ulm in Venedig gewesen.
   Ob der 1420 genannte Johannes Aysslinger aus Lauingen[7])
direkt in Verbindung mit Venedig stand oder aus zweiter Hand von
dort Waaren bezog, ist nicht ganz klar.
   Ebenso ist unsicher, ob unter den zum 8. Dezember 1366
erwähnten[8]) Kaufleuten von ‚Hohenoro‘ solche aus Hohen-Urach
gemeint sind, das allerdings „schon von alter Zeit her eine angesehene Fabrikstätte der schwäbischen Leinwand war“[9]) — oder,
wie man von anderer Seite gemeint hat, aus Hagenau[10]). —
   Aus Biberach wird ein gewisser Rigo S(ch)noper genannt,
der im Jahre 1423 mit Erfolg in Venedig sich über eine neue Steuer
auf die von ihm importirten Hornwaaren beschwert[11]); von Kempten
und Kaufbeuern sind mir aus dieser Zeit keine Namen bekannt,
ebensowenig aus Lindau, von dem Carl Jäger behauptet[12]), dass

---

[1]) s. Bd. 1 Nr. 364. 365. — [2]) Ruland's Handlungsbuch (Bibl. des liter.
Ver. in Stuttg. Bd. I) S. IX und 6. — [3]) s. Bd. I Nr. 537, 538, 546: cf. Dieterich.
Beschreibung der Stadt Ulm (1825) S 194. — [4]) s. dessen Evagatorium vol. III
(Bibl. d. liter. Ver.) Bd. IV S. 388 . . . quidam mercator juvenis, Ytel Rentz,
vir juvenis et humanus, procurator illius magnae societatis, quam nominant
Rottengetter, duxit me in cameram suam, nolens me manere in hospitio, sed
clavem ad cameram thesaurorum dedit, ut in eam meam suppellectilem ponerem
et in ea dormirem et in refectorio communi dominorum mercatorum manducarem,
quamdiu ibi mansurus essem, quod et feci. — [5]) a. a. O. IV S. 436. — [6]) Dieser nur
in der deutschen Bearbeitung (in Feyerabend's Reisbuch 1584 f. 186') genannt. —
[7]) s. Bd. I Nr. 326. Dass er übrigens in Nürnberg den ihm zugeschickten
Safran untersuchen liess, hängt wohl damit zusammen, dass seine Tochter Martha
sich 1397 mit Jörg Stromer, dem Sohne Ulman Stromers, verlobt hatte; cf. Chroniken
d. d. St., Nürnberg, I, 69. — [8]) Commemoriali lib. VII no. 314. — [9]) Memminger,
Beschreibung des Oberamtes Urach (1831) S. 87. — [10]) s. Winckelmann, Acta II
no. 903. — [11]) s. Capitolare p. 133 cap. 240. — [12]) Geschichte der Stadt
Heilsbronn und ihres ehemaligen Gebietes (1828) Bd. I S. 84 ff.

es beinahe den ausgedehntesten (?) Handel unter den schwäbischen
Städten im Mittelalter gehabt und eigene reitende Boten nach Venedig
unterhalten habe. Als Durchgangspunkt für die Venetianer Kaufleute erscheint es 1309 (Febr. 6.)[1], aus welcher Urkunde man zugleich sieht, dass Lindauer damals mit Mailand in direktem Verkehr
standen.

Dann erscheint Ravensburg am Ende des 14. Jahrhunderts
ziemlich lebhaft am Handel nach Venedig betheiligt[2]. Es werden
genannt:

1390 (oder 1394) Konrad, Johannes und Ulrich Wirt, von denen
  der zweite Johannes auch 1403 in unseren Urkunden erscheint[3];
  ferner als Diener und Geschäftsführer der Wirt Martin Roeggli;
  ausserdem ein gewisser Husler und Konrad Segelbach.

Der letztere wird mit seinem Bruder Johann dann noch in
anderen Urkunden vom Jahre 1391 und 1399 erwähnt, aus denen
erhellt, dass sie ihren früher, im Jahre 1388 oder 1389, in Venedig eingegangenen Verpflichtungen nicht pünktlich nachkommen
konnten[4]. Wie das in solchen Fällen häufig geschah, hielten
sich die Gläubiger in Venedig dann an andere Waaren, die eben aus
Ravensburg ankamen, um damit ihre Guthaben zu decken, in der
Voraussetzung, der schuldige Ravensburger könne Theil an diesen
Waaren haben. Das gab dann wieder Anlass zu Reklamationen von
Seiten der wirklichen Besitzer, deren Namen uns dabei wenigstens
überliefert werden, wie beispielsweise in dem vorliegenden Falle 1391
der eines H(einrich) Rengger[5] und eines Heinrich von Walse,
genannt Manz[6], deren Leinwand-Ballen für die Schulden der
Gebrüder Segelbach hätten haften sollen. — Ob der 1392 genannte
Ravensburger Heinrich Ekol[7] ein Kaufmann oder ein in Venedig
ansässiger Gewerbetreibender gewesen, wage ich nicht zu entscheiden.

Nicht blos räumlich, sondern auch geschäftlich standen wohl
Ravensburg und Konstanz einander nahe. Wenigstens finden wir,
dass im Jahre 1404 ein Johannes Muntbrat, wohl ein Glied dieser
alten Ravensburger Familie, der freilich als ‚concivis‘ von Konstanz
bezeichnet wird, als Bevollmächtigter zweier Konstanzer Kaufleute
mit deren Wechseln zur Einkassirung nach Venedig geschickt wird[8].
Uebrigens stand Konstanz auch direkt mit Venedig in Verbindung
und zwar wenigstens schon seit der Mitte des 14. Jahrhunderts,
abgesehen davon, dass Konstanz für die Venetianer Durchgangsstation war[9].

Es werden genannt:

1341 ein Thomas und Matthaeus[10];

1366 Konrad Bader und Johannes Cumpast (= Gumpost)[11];

[1] s. Bd. I Nr. 30. — [2] s. Mone in der Zeitschr. f. Gesch. d. Oberrheins
Bd. IV S. 24 ff. — [3] s. Bd. I Nr. 286. — [4] ebda. Nr. 258, 259, 267—270,
271, 278. — [5] ebda. Nr. 267. — [6] ebda. Nr. 268, 270, 271. — [7] ebda. Nr. 274.
— [8] Mone, Zeitschr. IV, 28. — [9] s. Bd. I Nr. 23. — [10] ebda. Nr. 800. —
[11] Commemoriali lib. VII no. 314, 324, 325; cf. Winckelmann, Acta II no. 903.

1368 Heinrich Plauer und Walter Aufert [1]);
1404 Johannes Slatter und Lutfried Bettminger [2]), der letztere
auch 1407, wo ferner die Brüder Albert Kirchherren, Burkart
Wiener, Wernlin Aenslinger als in Handelsverbindung mit
Venedig stehend erwähnt werden;
1410 Johannes Wagenmann [3]).

Dass diese Verbindung im 15. Jahrhundert noch fortdauerte,
erhellt übrigens auch aus den Notizen über die Botschaften, welche
den Konstanzern von Augsburg und Nürnberg über die von Kaiser
Sigmund verhängte Strassensperre zugiengen [4]).

Zu den dort erwähnten Städten, welche diese Sperre berührte,
gehört auch Basel, das übrigens schon seit dem 14. Jahrhundert
an diesem Handel Theil nahm. Es sind da zu nennen:

1338 Johannes Motozer (Muttentzer), der als Zeuge in einem
Aktenstück fungirt [5]);
1355—1363 Burkhard Münch (Monacus) zu Landskron [6]);
1355 Johannes Vilicus (? Wiler) [7]), wohl aus dem Geschlechte
der Wiler, aus welchem dann besonders noch zum Jahre
1433 und 1434 Andreas Viler erscheint, zuletzt als Geschäftsführer für die Gesellschaft Guarnerius de la Chiesia [8]). Ob der
1485 genannte Hieronymus Bilia [9]) derselben Familie angehörte,
wage ich nicht zu entscheiden. —

Aus St. Gallen scheint ein gewisser Johannes gewesen zu
sein, der zum Jahre 1362 als in Venedig verkehrend erwähnt wird [10]);
wohl auch ein Johannes Cili [11]), der 1483 nach dem Tod eines anderen
Deutschen dessen Kammer 26 Jahre lang im Fondaco benützte und
sie schliesslich auch förmlich von der venetianischen Regierung für
sich und seine Erben zugewiesen erhielt, da er grosse „Geschäfte"
treibe. Ferner 1491 Christian Wetter und Jacob Hezer [12]). Ausserdem werden noch in einem Dokument des Jahres 1368 unter den
Zeugen aufgeführt ein Henricus Spiser und ein Gualterius Plorer
„aus Alemanien", von denen aber, wie aus dem Register zu dem
von Boos herausgegebenen „Urkundenbuch der Landschaft Basel"
hervorgeht, der erstere, Spiser, einem Rheinfeldener, der zweite,
Plorer (Blorer?) einem Baseler Geschlecht angehört haben dürfte.

Mit ‚Alemania‘ bezeichnete man eben damals und später, z. B.
1409, auch die Schweiz. Es ist sehr charakteristisch und interes-
sant, wie gerade in diesem Jahre 1409 der Ausdruck gebraucht

---

[1]) Commemoriali lib. VII no. 435—439, wo beide ausdrücklich als ‚Theo-
tonici mercatores in funtico‘ bezeichnet sind. — [2]) s. Mone, Zeitschr. IV, 29. —
[3]) s. Bd. I Nr. 302. — [4]) s. Deutsche Reichstagsakten Bd. VII, S. 370 Nr. 248.
— [5]) Commemoriali lib. III no. 414; vielleicht derselbe, der 1371 Amtmann
zu Basel war; s. Boos, Urkundenbuch der Landschaft Basel S. 412. — [6]) s. Commemoriali lib. V no. 103, 113; VI no. 132, 197, 210, 236, 240, 260, 283, 293;
VII no. 141 und Winckelmann, Acta II no. 804, 856, 860, 873, 878, 880, 883,
1203; cf. Bd. I Nr. 182, 197, 200, 204. — [7]) Commemoriali lib. V no. 113. —
[8]) Bd. I Nr. 401, 409. — [9]) ebda. Nr. 569. — [10]) ebda. Nr. 193. — [11]) ebda.
Nr. 557. — [12]) s. Sammlung der eidgenöss. Abschiede III, 1 S. 384 Nr. 412, g.

wird: partes Alemanie qui vocantur Sbaycer (= Svaycer = Schweizer [1]).
Erst später wird dann der Name Helvetia angewendet, so in jenen
wichtigen Aktenstücken aus den Jahren 1490, 1494, 1496, welche
von dem fortdauernden Handel der Schweizer Kantone mit Venedig
werthvolle Kunde geben. Ein venetianischer Gesandter nach Burgund
war auf der Durchreise in Wesen [2]) aufgehalten und mit seinen
Begleitern festgenommen und nur gegen ein hohes Lösegeld frei-
gelassen worden. Dieses Attentat beschloss die venetianische Regierung nicht ungeahndet zu lassen. Sie verbot zuerst, wie es
scheint [3]), den schweizerischen Kaufleuten überhaupt den Verkehr,
und als diese dagegen remonstrirten, verfügte sie 1490, dass alle
von Wesen eingeführten Waaren in Zukunft noch einen besonderen
Eingangszoll von $1\frac{1}{3}$ % zahlen sollten, bis genügende Satisfaktion
geleistet sei [4]). Als die Massregel wegen des geringen Ertrages den
gewünschten Erfolg nicht hatte, folgte 1494 eine Verschärfung der
Massregel [5]), indem bestimmt wurde, dass nun alle übrigen Schweizer
Kantone, Zürich, Bern, Luzern, Schwyz, Unterwalden, Uri, Zug,
Glarus, Freiburg, St. Gallen, Solothurn, Appenzell, von ihren nach
Venedig eingeführten Waaren (Tuch und Leinwand) eine Extra-
steuer von 2 % zahlen müssten. Dagegen liessen Freiburg und Bern
durch eine Gesandtschaft vom Bürgermeister Freiburgs, Johannes
Techtermann, und vom Berner Propst Johannes Ballistarius um
Indemnität in Venedig nachsuchen und erhielten sie auch [6]).

Von Freiburg ist noch speziell ein Jacob Perremann zu
nennen, der 1431 mit Venedig direkt in Handelsverbindung gestanden zu haben scheint [7]), und 1441 ein Peter Argentus (Silber?) [8]).

Züricher (jüdische) Kaufleute werden bereits 1329 als in
Venedig verkehrend genannt [9]), ferner 1339 ein Rigus aus Zürich [10]). —

Nach Heyd würde Basel schon zur Nürnberger Tafel gehört
haben, was mir jedoch fraglich erscheint; denn Basel war doch
gewiss eine alamanische Stadt, so gut als Strassburg, zu welchem
wir nun übergehen wollen.

„Strassburg war der Ort, wo der Handelsweg von Venedig
nach den Niederlanden den schiffbaren Rhein erreichte, also ein
natürlicher Stapelplatz für den Wassertransport abwärts und für die
Landstrasse aufwärts. Es war der rheinische Ausgangspunkt des
italienischen Handels [11]).‘

---

[1]) s. Bd. I Nr. 296; cf. 300. — [2]) von „Etlichen von Schwyz und Glarus“?:
cf. Sammlung der eigen. Absch. III, 1 S. 312 Nr. 341. d. — [3]) s. Sammlung III, 1
S. 78 Nr. 210, b; S. 222 Nr. 251, a; S. 286 Nr. 319, c; S. 312 Nr. 341. d; S. 329
Nr. 355. e; S. 330 Nr. 356, c; S. 332 Nr. 357, h; S. 350 Nr. 384, e; S. 358 Nr. 391, o;
S. 361 Nr. 392, 1; S. 380 Nr. 409, f. — [4]) s. Bd. I Nr. 584. — [5]) ebda. Nr. 593. —
[6]) ebda. Nr. 599; cf. Sammlung III, 1 S. 472 Nr. 496 (wo zu lesen 1496; cf. Vorwort S. XXII und Bd. I Nr. 599); S. 486 Nr. 508, c. — [7]) s. Bd. I Nr. 379. —
[8]) ebda. Nr. 424. 557; am Anfang des 16. Jahrh. wird ein François Arsent aus
Freiburg nach Venedig gesandt; cf. Berchtold. Hist. du canton de Fribourg
tom. II p. 37. — [9]) s. Bd. I Nr. 82. — [10]) ebda. Nr. 793. — [11]) Zeitschr. f.
Gesch. d. Oberrheins VIII. 163.

Unter solchen Umständen wird auch Strassburg bald selbst den Weg nach Venedig gefunden haben, wie es z. B. gleichfalls unter den Städten genannt ist, die an der Handelssperre König Sigmund's betheiligt waren. Sonst sind uns aus dieser Zeit freilich nur wenig Nachrichten darüber erhalten. In einem Aktenstücke vom 6. Juli 1355 werden mehrere Strassburger als Zeugen in Venedig aufgeführt [1]: ‚Voalcherus de Muluocheim, Eberlinus de Mulucheyn, Nicolaus de Crostein und Johannes Tronger oder Troynger oder Tiringer‘. A. Schulte [2] erklärt dieselben als einen „Waltherus (?) und Eberlinus de Mülnheim, Nicolaus de Grostein und Johannes Twinger, der dreimal Strassburger Stättmeister gewesen und 1376 starb“, und weist auf die interessante Erscheinung hin, dass Mitglieder der alten Geschlechter Strassburgs noch 1360 so am Handel betheiligt gewesen, dass zugleich drei von ihnen in Venedig sich aufhielten“. Doch scheint es mir keineswegs ganz sicher, ob jene wirklich zu Handelzwecken in Venedig weilten. Es wird dies wenigstens nicht deutlich gesagt; im Gegentheil werden die ersten ausdrücklich als ‚milites‘ (Tiringer-Twinger als civis) bezeichnet, die aus ganz anderen Gründen damals in Venedig gewesen sein können — entweder als Truppenführer im Dienste der Republik oder vorübergehend etwa auf einer Fahrt nach dem heiligen Land begriffen.

Zu der Nürnberger Tafel würden nun wohl aber sicher die weiteren rheinischen Städte zu rechnen sein: Speier, Worms, Mainz, über deren Handelsbeziehungen zu Venedig — was wenigstens die beiden letzten, Worms und Mainz, betrifft — wir bisher nur aus dem mehrerwähnten Verbot König Sigmund's vom Jahre 1418 Kenntniss haben.

Von Speier dagegen sind uns einige Namen überliefert, wenn anders der 1378 genannte [3] Nicolaus (de Spiera) und die mit ihm erwähnten Johannes Ainsunber oder Ainflenger und Karulus Temphel wirklich aus Speier gewesen. Ferner waren vielleicht aus Speier die 1465 genannten [4] Henricus (de Spera) und Matheus Geder, die wie viele Andere gezwungen waren, mit ihren venetianischen Gläubigern sich zu vergleichen. —

Des Weiteren ist dann Frankfurt zu nennen, ebenfalls vom Handelsverbot des Jahres 1418 betroffen. Venetianische Kaufleute bezogen, wie Kriegk bemerkt [5]), schon im 14. Jahrhundert die Frankfurter Messe, wie denn bereits 1367 der „Venediger Gäste“ gedacht wird. Ob der 1336 erwähnte ‚Rigus da Fansifor‘ (?) aus Frankfurt gewesen, wage ich nicht zu entscheiden [6].

„Die früheste Erwähnung eines Frankfurtischen Geschäftes zu

---

[1] s. Commemoriali lib. VI no. 210 und Winckelmann. Acta II no. 860. — [2] Jahrbuch der Görresgesellschaft VIII. 117 (Besprechung von Winckelmann's Acta). — [3] Bd. I Nr. 241. — [4] ebda. Nr. 499. — [5] Deutsches Bürgerthum im Mittelalter, Neue Folge. S. 442 Anm. — [6] s. Bd. I Nr. 789.

Venedig", bemerkt Kriegk[1]), „fällt in das Jahr 1449, in welchem Hans Bromm seinen Schwager Karl Stalburg dahin schickte, um „sin gewerbe und keuffehandelunge uüzurichten"". Es geht nun zwar allerdings auch aus diesen Worten nicht sicher hervor, ob Bromm und Stalburg schon damals ein förmliches Geschäft in Venedig hatten oder, wie wir es ausdrücken würden, auf längere Zeit Kammer und Gewölbe im Fondaco gemiethet hatten. Aber der Beginn des direkten, aktiven Handels von Frankfurtern mit Venedig ist jedenfalls — schon mit Rücksicht auf das Jahr 1418 — früher anzusetzen.

Es wird erwähnt[1]), dass 1410 der Frankfurter Paul Feczbrij venetianische Wolle, d. h. wohl, wie Kriegk richtig bemerkt, Baumwolle aus Cypern, gekauft und sie zum Verkauf nach Augsburg und Ulm gebracht habe. Da den Venetianern der Import nach Deutschland ja nicht gestattet war, wird man wohl annehmen müssen, dass er diese Baumwolle, wenn nicht etwa aus den Niederlanden, direkt aus Venedig bezogen habe.

Und wenn im Jahre 1442 der Handelsherr Wolf Blum(e) im Auftrag des Rathes aus Venedig einen grossen Waagenbalken kommen lässt, auf welchem man ganze Fuhrwerke wiegen konnte, so zeugt das gleichfalls für den direkten Verkehr zwischen beiden Städten. Die Blum's finden wir dann auch später an demselben betheiligt. Es ist bereits früher erwähnt worden, dass die Gesellschaft Wolf Blum und Cie. im Jahre 1483 in Venedig mit einer Schuldenlast von ca. 23,000 Dukaten fallirte[2]). Ein Bruder des damaligen Geschäftsinhabers und Sohn des alten Wolf Blum, Georg Blum (Plun), wird unter den in der Kirche S. Giovanni e Paolo in Venedig bestatteten Deutschen erwähnt[3]) — zugleich mit einem Gaspar Helier, wofür wohl zu lesen Heller, ein Bruder wohl des zu Siena im Jahre 1495 ermordeten Wolff Heller[4]).

In der nämlichen Kirche S. Giovanni e Paolo liegt begraben der Frankfurter Johann Rauchfass[5]), Geschäftsführer der oben genannten Handelsgesellschaft Stalburg und Bromm, über deren bis in's 16. Jahrhundert hinein wohl ununterbrochen fortdauernde Handelsbeziehungen zu Venedig Kriegk sehr werthvolle urkundliche Nachrichten veröffentlicht hat[6]). Ich will hier daraus nur noch erwähnen, dass an Stelle jenes Johann Rauchfass ein Wolff Kem-

---

[1]) a. a. O. — [2]) s. oben S. 38 u. Bd. I Nr. 562. Der alte Wolf Blum war übrigens 1471 gestorben; sein gleichnamiger Sohn heirathete 1477 Lysa die Tochter Conradi Hulczhusen's; s. Archiv für Frankfurts Gesch. und Kunst, Neue Folge, Bd. III S. 162. (Nach Grotefend, Quellen zur Frankfurter Gesch. Bd. I S. 417 fand die Heirath 1476 statt.) — [3]) Nach Grotefend, Quellen I, 417, gestorben 1491; cf. später bei den Grabschriften. — [4]) Archiv etc. III, 175 u. Grotefend, Quellen I, 423, wo als Todesjahr Kaspar Heller's 1502 angegeben. — [5]) gestorben 1478; s. Kriegk a. a. O. S. 441. — [6]) a. a. O., Deutsches Bürgerthum im Mittelalter. Neue Folge, III, 439 u. ff., grösstentheils aus Kopien von Urkunden, welche Fichard in seinen Manuskripten hinterlassen hat, und die theils aus patricischen Familienarchiven, theils aus dem Archiv der Patriciergesellschaft Limburg entlehnt sind. Die Gesellschaft scheint sich übrigens später getrennt zu haben, da die Stalburg und

merer von Augsburg, der bereits 1474 „als Commis" im Stalburgi-
schen Geschäft erscheint, Geschäftsführer in Venedig wurde.

1502 wird ein Friedrich Heyde (gebürtig aus Bar in Lothringen)
als Handlungsdiener der beiden Hans Bromm, des Aelteren
und Jüngeren, genannt.

1490 verweilte der junge Johann Heise im Dienst von Johann
Güldenschaff in Venedig [1]) und der junge Conrad Rohrbach
verbrachte als Commis wohl mehrere Jahre (1493?—1498) in
der Lagunenstadt [2]).

1499 wird Loysius Justenhofer mit seiner Gesellschaft als mit
Venedig in Geschäftsverbindung stehend erwähnt [3]) — ein Verwandter des öfters genannten Frankfurter Peter Ugelheimer, der
eigentlich der Wirth einer deutschen Herberge (Deutsches Haus
oder St. Georg, zur Flöten, auch zur Trinität genannt) in Venedig
war [4]), später aber auch Geschäfte, vielleicht besonders Buch-
handel, getrieben zu haben scheint, und 1488 gestorben ist [5]). —
Ob auch Würzburg wegen eines gelegentlich erwähnten
Jodocus Eckhard 1427 hier aufgeführt werden darf, ist zweifelhaft [6]);
hingegen erscheint auch Windsheim unter den 1418 vom Verbote Sigmund's betroffenen Städten. —

Verhältnissmässig sehr gut sind wir über die Handelsbeziehungen Köln's zu Venedig unterrichtet — Dank vornehmlich
den archivalischen Mittheilungen L. Ennen's [7]). Es geht daraus hervor, dass nicht blos die Venetianer in der ersten Hälfte auf ihrem
Wege nach Flandern Köln besuchten [8]), sondern dass zur nämlichen
Zeit auch Kölner bereits in Venedig verkehrten. Sander unter
(der?) Lauben aus Köln verzichtet am 19. März 1336 ausdrücklich
auf jeden Ersatz, den er wegen des zu Venedig erlittenen Schadens
fordern könnte [9]). Vielleicht allerdings war er nur der Bevoll-
mächtigte oder Geschäftsführer zweier anderer Kaufleute, des Engel
von Florenz und des Heinrich von Lindau, welche einige Tage
zuvor eine ähnliche Erklärung abgegeben hatten, dass sie nämlich
wegen der 36 Gulden, die jenem Sander von ihnen gegeben und
dann in Venedig genommen worden waren, die Stadt Köln nicht
ansprechen würden [10]). Aber wenn wir im Mai 1337 von Repres-

die Bromm später je allein genannt werden". — [1]) Grotefend, Quellen I, 234,
Z. 7. — [2]) ebda. 237, 435; cf. K. Bücher, Die Bevölkerung von Frankfurt a. M.
im 14. und 15. Jahrh. (1886) I, S. 245, wo jedoch einige unrichtige Citate. —
[3]) Bd. I Nr. 605 und „Addenda'; cf. Grotefend, Quellen I, 243. — [4]) Röhricht
u. Meissner, Pilgerreisen, S. 11; cf. Meerfahrt Herrn Johann Grafen zu Solms
1483 im Reyßbuch deß heyligen Landes 1584 f. 50'. — [5]) cf. E. Motta in der
Rivista storica italiana I, 252 u. ff. und Hans Reininger (1483) in Vulpius,
Kuriositäten Bd. VI S. 332. — [6]) s. Bd. I Nr. 347, 349. — [7]) theils in seinem
Aufsatze: „Die Stadt Köln und das Kaufhaus der Deutschen in Venedig" in
der „Monatsschrift für rheinisch-westfälische Geschichtsforschung und Alter-
thumskunde" Bd. I S. 105 ff., theils in seinen „Quellen zur Geschichte der Stadt
Köln". — [8]) s. Ennen, Quellen Bd. IV S. 232 Nr. 218, Urkunde vom 22. Februar
1335. — [9]) ebda. S. 236 Nr. 219. — [10]) ebda. S. 235 Nr. 218.

salien lesen[1]), welche die Venetianer gegen die Kölner verhängten
(von denen vorübergehend auch ein Brüsseler, Giovanni de Nebiet,
zu leiden gehabt hatte), so muss man doch daraus den Schluss ziehen,
dass eine solche Massregel die Anwesenheit, den Verkehr von Kölnern
in Venedig nothwendig zur Voraussetzung hat. Ebenso erhellt derselbe daraus, dass im Januar 1373 der Kölner Rath neben anderen
Städten auch Venedig anzeigt[2]), an welchen Merkmalen das ächte
Kölner Goldschläger- und Golddrahtwerk erkannt werden könne.

Im Anfang des 15. Jahrhunderts wurde der Handelsverkehr
zwischen Köln und Venedig eine Zeit lang durch eine Fehde des
Marschalls von Pappenheim mit Venedig unterbrochen[3]). Da Kölner
Kaufleute hiebei im Pappenheimer Gebiet angehalten und der aus
Venedig mitgebrachten Habe beraubt worden waren, untersagte der
Kölner Rath im August 1407[4]) seinen Bürgern jeden Verkehr mit
Venedig. — Einige Monate zuvor finden wir einen Kölner, Johannes
Retchir, Sohn eines Hermanns aus Köln, als Zeugen in einer Urkunde
vom 2. Juni 1407 aufgeführt[5]), der vermuthlich ein Kaufmann war. —
Das Handelsverbot König Sigmund's vom Jahre 1418 mag dann neuerdings lähmend auf diese Beziehungen gewirkt haben. Doch wird
bereits 1423 ein Kölner, Simon de Sessalinis[6]), als in direktem
Verkehr mit Venedig stehend erwähnt. Und dass Kölner Kaufleute
damals und schon vorher ständige Gäste im Fondaco waren, geht
deutlich aus dem interessanten Aktenstück vom 6. Juli 1429 (oder
1428) hervor[7]), auf welches wir in anderem Zusammenhange zurückkommen werden. Namentlich aufgeführt werden dann noch[8]):

1430 Lorenz Stalen, der in Venedig stirbt;

1444 Johann von der We als Vertreter der Gesellschaft Anton
Paffendorf, Heinrich Gerlaci (Gerlach?) und Johann von der We;

1464 Heinrich von der kalten Herberge (? de frigido hospitio),
in Venedig gestorben;

1466 Heinrich Koevoet (Kuhfuss);

1467 Philipp Well von St. Goar und Heinrich Lovenberg, in
deren Interesse der Kölner Rath gegen eine von der venetianischen Regierung beschlossene Erhöhung des Eingangszolles
auf deutsche Waaren protestirte[9]); im nämlichen Jahre 1467
verwendet sich dann aber der Rath zu Gunsten eines anderen
Kölners, Heinrich Sass, gegen jenen Philipp Well[10]);

1469 Arnold von Birgel, Goldschmied, gleichfalls in Venedig
gestorben; mit Erhebung seines Nachlasses wird Johann Sleger
(Schläger?) beauftragt;

1481 Johann von Wangen, in Venedig gestorben, dessen „nicht

---

[1]) Commemoriali lib. III no. 400. — [2]) s. Ennen, Quellen Bd. V S. 6 Nr. 4
und „Mittheilungen aus dem Stadtarchiv in Köln", hrsg. von K. Höhlbaum, Heft I
S. 80. — [3]) Ennen in der „Monatsschrift" S. 114. — [4]) ebda. S. 122. — [5]) Commem.
lib. X no. 47. — [6]) Ennen a. a. O. S. 115. — [7]) Bd. I Nr. 357. — [8]) Ennen
a. a. O. S. 115 ff. — [9]) ebda. S. 116. — [10]) ebda. S. 124.

unbeträchtliches Vermögen von dessen damals in Venedig woh-
nendem Freunde Huygelhanner in Obhut genommen wurde" [1]);
(c. 1482) hat Johann Rummel einen Diener oder Geschäftsführer
in Venedig, der mit jenem des Frankfurter Hauses Stalburg
in Streit gerieth [2]);
1487 wird ein gewisser Gottschalk (?) aus Köln in Venedig als
Zeuge genannt [3]);
1490 Gerardus und Henricus Justus [4]);
1497 finden wir ein anderes Glied der Familie Rummel, Namens
Heinrich [5]), im Besitz einer Kammer im Fondaco, die ihm
von Anderen streitig gemacht wird, worauf später gleichfalls
noch zurückzukommen sein wird.

Und endlich haben wir zu erwähnen, dass der Ritter Arnold
von Harff, als er sich auf dem Wege nach Jerusalem 1497 in
Venedig aufhielt, im Fondaco in der Kammer des Anton Paffendorf
(cf. oben zum Jahre 1444), wie er selbst erzählt [6]), freundliche
Aufnahme fand.

Arnold von Harff beschreibt uns in seiner inhaltsreichen
„Pilgerfahrt" [6]) sehr anschaulich, aber freilich nur viel zu kurz das
Treiben der Kaufleute im Fondaco und am Rialto. Für uns ist
hier von besonderem Interesse und bemerkenswerth, dass er schreibt:
jeder Kaufmann habe im Fondaco seine eigene Kammer, sowohl der
von Köln, als von Strassburg, Nürnberg, Augsburg, Lübeck und
anderen Städten des Reiches.

So stand also auch Lübeck mit Venedig in direkter Handelsverbindung? Allerdings. Wir finden [7]), dass bereits im Jahre 1376
Wechsel auf Venedig für Lübecker ausgestellt wurden: von einem
‚Hinricus Korsnere de Bauenberghe' für ‚Sigbot Crispin'; für den
ersteren stand gut Petrus Cuper. Pauli meint zwar, dass dieser
Wechsel nicht ‚a drittura', sondern durch Vermittlung Nürnberger
Häuser gezogen wurde. Allein wir lesen dann z. B. ferner [8]), dass
1378 ein Lübecker Jordanus Kubbeling in Venedig 10 Falken
(die dann nach Alexandria weiter gingen) verkaufte, so dass an
einem direkten Verkehr nicht gezweifelt werden kann. Dass derselbe nicht sehr rege gewesen sein wird, begreift sich ja. Wir finden
daran betheiligt:
1405 Wernher Ducker [9]);
1410 Petrus Carbo [10]):

[1]) Ennen a. a. O. S. 117. Sollte dieser „Huggelhanner" nicht vielleicht mit
dem oben (S. 69) genannten „Peter Ugelheimer" aus Frankfurt identisch sein? —
[2]) Kriegk a. a. O. S. 444. — [3]) Bd. 1 Nr. 577. — [4]) ebda. Nr. 583. — [5]) Ennen,
Monatschrift S. 127. — [6]) Ausgabe von E. von Groote (Köln 1860) S. 41. — [7]) Codex
diplom. Lubecensis tom. IV no. 287, und C. W. Pauli, Lübeckische Zustände im
Mittelalter Hft. II S. 103 u. S. 141 Nr. 43. — [8]) Codex diplom. l. c. Anm. 1. —
[9]) Bd. I Nr. 291. — [10]) ebda. Nr. 301. Dass die Familie der Carbo öfters in
Venedig verkehrte, geht auch daraus hervor, dass ein Nicolaus Carbo 1421
als Bevollmächtigter der Stadt Stralsund erscheint, um für dieselbe eine Art
Bündniss oder Vertrag mit Venedig abzuschliessen, der den Stralsundern, wenn

1424 Cornelius Veckinghausen [1]);
1467 Hans Schinkell, Hans Vogede und Peter Vrouwdenbergh [2]);
1472 Heinrich Drosedouw [3]);
1473, 1478, 1482 Hans Bückinck und (Geverde?) Heynecke,
    welche in Venedig eine Handelsgesellschaft (1473) begründet
    hatten, bei der auch ein Lübecker Heinrich Prume betheiligt
    war. Im Jahre 1478, als Heinrich Prume bereits todt war,
    betrug dessen Vermögen in der Gesellschaft 15,108 Mark und
    vermehrte sich dann noch weiter [4]). —

    In einem ziemlich regen Verkehr mit Venedig stand Breslau
und zwar nachweisbar seit der zweiten Hälfte oder dem Ausgang
des 14. Jahrhunderts. Im Jahre 1397 kam ein Bevollmächtigter
des venetianischen Geschäftshauses Paruta nach Breslau, um dort
von Franz Dumloz Schulden einzutreiben, die dessen Geschäftsführer Nickel in Venedig selbst nicht hatte bezahlen können [5]).
Breslau war ja „seit alten Zeiten der grosse Stapelplatz, wo die
Rohprodukte des Ostens, Salz, Pelzwerk, Häute und Leder umge-
tauscht wurden gegen die Produkte des Welthandels, der Spezereien
und Gewürze, welche aus den niederländischen Hafenplätzen, aber
auch aus Venedig bezogen wurden" . . . „Im 15. Jahrhundert ist
sicher der grössere Theil der überseeischen Artikel auf diesem
Wege (über Venedig) nach Breslau gekommen . . ." [6]). Namentlich
aufgeführt finden wir da:
    1410 Johannes Grofener (Groschener?) [7]) und seinen Geschäfts-
        führer (?) Nicolaus Chever;
    1429 und 1440—1441 Johannes Banch (Banke?) [8]);
    1436 Georg Bauliaw, in Venedig gestorben und bestattet [9]):
    von 1449 an Albrecht Scheurl [10]);
    1466 Niklas Tinzmann, Hans Gebauer u. Cie. [11]);
    1481 Niklas Kurn, Hieronymus Scheuerlein u. Cie. [12]);
    1482 (Okt. 10) stirbt Marcus Kurn in Venedig und wird im Kloster
        des h. Salvator daselbst begraben [13]).
    Von den übrigen Städten Schlesiens finden wir nur Bautzen
mit einem Johannes, Sohn eines Petrus, im Jahre 1429 vertreten [14]).

---

sie auf dem Wege nach Rom Venedig passirten, gute Aufnahme zusichern sollte:
s. Erdmannsdörffer, De commercio etc. S. 36—38. — [1]) s. Codex diplom. Lubec.
tom. VI no. 633. — [2]) Pauly a. a. O. Hft. II S. 140 Nr. 41. — [3]) ebda. S. 141
Nr. 43. — [4]) ebda. Hft. III S. 36. — [5]) Hüllmann, Städtewesen des Mittelalters
Bd. I S. 362 aus Klose, Dokumentirte Geschichte und Beschreibung von Breslau
Bd. II Thl. II S. 353. — [6]) Grünhagen, C., Schlesien am Ausgang des Mittelalters
in der Zeitschr. des Vereins für Geschichte und Alterthum Schlesiens Bd. XVIII
S. 39; cf. zur Bestätigung Bd. I Nr. 434. — [7]) Bd. I Nr. 303. — [8]) cf. Hüllmann
a. a. O. S. 363 und Bd. I Nr. 358, 367, 368, 434. — [9]) in S. Giovanni e Paolo:
cf. später bei den Grabschriften.[1] — [9]) A. v. Scheurl, Christoph Scheurl etc. in
den Mittheilungen des Vereins für Geschichte der Stadt Nürnberg Heft 5 S. 15.
— [11]) Grünhagen a. a. O. aus Klose's Darstellung der inneren Verhältnisse der
Stadt Breslau 1458—1526 in Bd. III der Script. rerum Silesiac. p. 137. —
[12]) Grünhagen ebda. — [13]) Scr. rer. Siles. III. 401. — [14]) Bd. I Nr. 358.

Der Handel Schlesiens hatte eben in Breslau seinen „natürlichen und anerkannten Mittelpunkt" [1]). „Nach Westen zu aber
war für Breslau Nürnberg die Hauptstation. Vielfach sind Kaufmannsfamilien von daher nach Breslau übergesiedelt" [2]); und da
wir öfters sehen [3]), wie Kaufmannsgüter von Breslau über Nürnberg
nach Venedig gehen und umgekehrt von Nürnbergern Venetianer
Waaren weiter nach Breslau befördert werden, schliessen wir wohl
passend hier die Betrachtung des Antheils von Nürnberg an dem
Handel nach Venedig an.

Den Beginn desselben genau festzusetzen ist wiederum nicht
möglich. Dass er kaum schon in das 11. oder 12. Jahrhundert fällt.
ist theils schon oben theils von Anderen mit dem Bemerken zurück-
gewiesen worden, dass sich wenigstens bisher dafür keine Beweise
aus den Quellen anführen lassen [4]). Im Gegentheil: es liegen vielmehr Zeugnisse vor, dass erst am Ausgange des 13. oder im Anfange des 14. Jahrhunderts die Nürnberger begonnen hätten, nach
Venedig Handel zu treiben. Das Letztere wenigstens sagt geradezu
Sigmund Meisterlin in seiner Chronik von Nürnberg [5]), während
nach Joh. Ferd. Roth's Angaben [6]) die Ebner und Behaim bereits
in der zweiten Hälfte des 13. Jahrhunderts durch den Handel nach
Venedig reich geworden wären, so dass z. B. Konrad Ebner dem
Kaiser Rudolf I. im Jahre 1276 in Folge dessen eine ansehnliche
Summe Geldes habe leihen können. Jedenfalls aber war das 14. Jahrhundert erst die Zeit, wo der Verkehr lebhafter wurde, der ja dann
so mächtig — ja vielleicht mehr als sonst etwas — zu dem Aufblühen Nürnbergs beigetragen hat. Es ist wohl als sehr zutreffend
zu bezeichnen, wenn die venetianische Regierung einmal bemerkt [7]),
dass durch den Handel mit Venedig die Nürnberger „gewissermassen
von Nichts zu den grössten Reichthümern gelangt seien".

Anfangs scheinen die Nürnberger auch nicht gar zu grossen
Gefallen an demselben gefunden zu haben. Die Beschwerden, welche
am Ausgang des 13. und zu Beginn des 14. Jahrhunderts gegen das
Institut des Fondaco überhaupt, wie gegen die mancherlei Beschrän-
kungen und Besteuerungen des deutschen Handels in Venedig erhoben
wurden und derer wir mehrmals gedacht haben [8]) — sie sind zweifels-

---

[1]) Grünhagen a. a. O. S. 39. — [2]) Grünhagen ebda. Umgekehrt haben sich
geborene Breslauer auch in Nürnberg niedergelassen, wie der bekannte Christoph
von Scheurl, der eine so bedeutende Rolle in der Geschichte Nürnbergs gespielt
hat: cf. A. v. Scheurl a. a. O. — [3]) cf. Bd. I Nr. 368, 412 und Baader im
38. Jahresber. d. hist. Ver. f. Mittelfranken S. 112. — [4]) s. oben S. 8 und Kief-
haber, Ueber die Handelsverbindung Teutschlands mit Italien in den Zeiten
des Mittelalters in der „Zeitschrift für Baiern und die angrenzenden Länder"
2. Jahrg. 3. Bd. 1817 S. 348—349. — [5]) II, c. 6; s. Chroniken d. d. St., Nürnberg, Bd. III S. 220 „erigebatur tunc (zur Zeit König Albrecht's I.) civitas
paulatim in emporium Francorum et Noricorum, et cives allecti dulcedine questus
Veneciis et Alexandrie commercia ceperunt exercere.' — [6]) Geschichte des Nürnbergischen Handels Thl. I S. 52 ff.; s. auch Erdmannsdörffer a. a. O. p. 23. —
[7]) Bd. I Nr. 127. — [8]) cf. oben S. 12. 29. 32.

ohne von Nürnbergern ausgegangen. In den vierziger Jahren des 14. Jahrhunderts drohte dann ein ernsterer Zwist wegen Aufhaltung venetianischer Waaren in Nürnberg, die gedeihliche Entwicklung der gegenseitigen Beziehungen zu hemmen und zu stören [1]). Doch wurde das gute Einvernehmen schliesslich wieder hergestellt und hat sich dann mehr und mehr gefestigt und bis zu wahrer Freundschaft ausgebildet. Ein Beweis dafür, für die Innigkeit der Beziehungen, liegt in der gleichfalls schon erwähnten Thatsache [2]). dass in den Jahren 1418 und 1420 eine Reihe Nürnberger Kaufleute lieber sich bestrafen liess, als König Sigmund's Befehlen, von dem Handel nach Venedig abzustehen, Folge leistete. So sehr war dieser damals für sie bereits eine Lebensfrage geworden.

Es ist denn nun auch eine erkleckliche Anzahl von Namen. die wir an demselben betheiligt finden und darunter die Namen der ersten hervorragendsten Geschlechter Nürnbergs. Ausser den schon erwähnten Behaim und Ebner, welche während dieses ganzen Zeitraumes fast ununterbrochen nach Venedig und Italien Handel getrieben zu haben scheinen [3]), ohne dass jedoch genauere Zeitangaben im Einzelnen hiefür aus Urkunden bekannt wären, und ausser der Familie Mendel und Koler, welche gleichfalls schon seit der Mitte, beziehungsweise zweiten Hälfte des 14. Jahrhunderts an diesem Handel Theil genommen haben [4]), sind noch folgende Nürnberger einzeln anzuführen:

1331 Marquard Tockler [5]), vielleicht allerdings auch nur ein Vertreter der Behaim;

1333 ein Fredericus [6]):

1334 ein Henricus [7]);

1344 ein Henricus, vielleicht identisch mit dem vorhergehenden [8]);

1348 ein Conradus Leo (Konrad Löw?), der es freilich bestritt ein Nürnberger zu sein [9]);

1356 ein gewisser Andreas, dem Seidenwaaren im Werthe von 300 Gulden beschlagnahmt worden waren, die er, unkundig der inzwischen in Venedig erlassenen Verbote, dorthin gebracht hatte [10]); wie für diesen, trat der Kaiser

1357 für zwei andere Nürnberger Kaufleute ein: Ulrich und Konrad Botenstein [11]) (Potestain), deren Geschäftsführer übrigens jener Andreas gewesen zu sein scheint;

1358 Marcus Pfinzing, der als ‚hospes' bezeichnet wird [12]), von dem es also zweifelhaft, ob er in Venedig selbst verkehrt: ferner ein gewisser Paulus [13]);

---

[1]) Bd. I Nr. 120—123, 127—132, 135, 136, 138, 140—144. 147. — [2]) cf. oben S. 45. — [3]) s. Roth a. a. O. S. 51 ff. — [4]) cf. Bd. I Nr. 362. 351. — [5]) Lochner. Geschichte der Reichsstadt Nürnberg zur Zeit Kaiser Karl's IV. (1873) S. 161. — [6]) Bd. I Nr. 784. — [7]) ebda. Nr. 787. — [8]) ebda. Nr. 106. — [9]) ebda. Nr. 145. — [10]) Commemoriali lib. V no. 185 und Winckelmann, Acta imp. II no. 817. — [11]) ibid. p. 264 no. 239. Winckelmann, Acta II no. 839 und Bd. I Nr. 164. — [12]) Bd. I Nr. 177.

1359 ein Armanus[1]);

1360 Brant Gross (Prandus Grossus), ein Sohn Philipp's Gross[2]);

1364 ein Marcus und sein Bruder Conradus[3]):

1377 wird Marcus Mendel als ein „grosser Kaufmann" gerühmt[4]), der — vielleicht einer der ersten — die von ihm und seinen Brüdern bisher benützte Kammer sammt Gewölbe im Fondaco auf unbestimmte längere Zeit zur Benützung zugestanden erhält, da er derselben nothwendig bedürfe, auch für die Instandhaltung derselben bereits viel aufgewendet und um die in Nürnberg verkehrenden (oder aufgehaltenen?) Venetianer sich verdient gemacht habe;

c. 1377—1379 Konrad Behaim, von dessen Schulden in Venedig das Testament seines Vaters Erwähnung thut[5]).

Seit dem Ende der 70er Jahre des 14. Jahrhunderts verkehrten in Venedig auch die Familien Koler und Füchsel, Kress (besonders Fritz Kress) und Rummel (besonders Heintz Rummel[6]). Ferner werden genannt:

1383 Philipp Grandis (Gross?)[7]);

1385 Marquard Mendel, der am 4. Juni d. J. in Venedig stirbt[8]);

1386 Philipp Strucius[9]);

1387 Rudolf Gundelfinger und Bernhard Lang(?)[10]);

1392 Wilhelm Mendel[11]);

1396 stirbt Konrad Imhof in Venedig[12]);

1397 stirbt Sigmund Schopper in Venedig[13]);

1398 Berthold Fosse (?)[14]);

1401 und 1402 Wilhelm Rummel und sein Schwager Andreas Heller, Konrad Sailer, Hans Kress[15]);

(1402 Ulrich Semler der Junge, Wilhelm Rummel, Hilpolt Kress, Hans Birkheimer, Ecke vom Sterne, Konrad Seyler, Andres Haller, Kunz Haller, Jacob Ortlieb, Fritz Schurstab, Jacob Granetl, Sebold Ellwanger[16]):

1404 Konrad Pirkheimer und Heinrich Imhof[17]);

---

[1]) Bd. I Nr. 180. — [2]) ebda. Nr. 183; Verwandter Ulman Stromer's, s. dessen Gedenkbuch II c. 28 in den Chroniken d. d. St., Nürnberg, I. 72; Brant Gross, welcher 1380 im Rath sass und zu den „Alten Genannten" gehörte (s. Roth, Geschichte der Nürnb. Karthause, S. 29), starb im Jahre 1393 (s. Ulm. Stromer ebda. II, c. 32; Chron. I. 89). — [3]) ebda. Nr. 201. — [4]) ebda. Nr. 240. — [5]) Lochner, Gesch. d. Stadt Nürnberg etc. S. 161. — [6]) cf. Bd. I Nr. 351, 363 und (Kress) Beiträge zur Nürnberger Handelsgeschichte aus den Jahren 1370 bis 1430 in den „Mittheilungen des Vereins für Geschichte der Stadt Nürnberg" 2. Heft S. 187. — [7]) Bd. I Nr. 247. — [8]) der berühmte Stifter des Karthäuser-Klosters in Nürnberg; s. Roth, Gesch. der Nürnb. Karthause, S. 59. — [9]) Bd. I Nr. 254. — [10]) ebda. Nr. 256. — [11]) ebda. Nr. 273. — [12]) s. Ulman Stromer's „Püchel von meim geslechet" ... II c. 32 (Chroniken der deutschen Städte, Nürnberg, I, 95); bestattet in der Kirche S. Giovanni e Paolo; cf. später bei den Grabschriften. — [13]) Ulman Stromer u. a. O. Chroniken I, 87. — [14]) Bd. I Nr. 279. — [15]) Deutsche Reichstagsakten Bd. IV S. 427 Nr. 357 § 11 und Bd. V S. 216 Nr. 37, 58, 60. — [16]) ebda. Bd. V S. 217 Nr. 50 Anm. 6 „Gläubiger Kaiser Ruprechts". — [17]) Bd. I Nr. 288.

1405 stirbt Peter Haller in Venedig [1]);

1406 die Söhne des verstorbenen Johannes Imhof, Erhard, Sebald, Johannes, Pankratz, Paul [2]); ferner Heinrich Imhof und Rudolf Gundelfinger (wiederum) [3]);

1407 Johannes Kress, Sohn des Kraft Kress [4]), Heinrich Rummel und Ulrich Imhof, beide Söhne gleichnamiger Väter;

1410 Ulrich Hirschvogel und Franziscus Pfinzing [5]); Wilhelm Rummel, Konrad Pirkheimer und Rudolf Gundelfinger [6]);

1412 Wilhelm und Johannes Rummel [7]);

1416 Christoph Eisenhuter stirbt zu Venedig [8]);

1418 Fritz und Kunz Pirckamer (Pirkheimer), Hans Teuffel, Peter Pfinzing, Seiz Schmelzing, Ulrich Hirschvogel, Hermann Reinsperger, Hans Rab, Georg Lohner, Jakob Auer, Ulrich Ebner, Hermann Schedel, Wilhelm von Castell, Rudolf Gundelfinger, Jobst Schnödt: alle wegen Uebertretung oder Missachtung des von König Sigmund erlassenen Handelsverbotes bestraft [9]). Dasselbe widerfuhr

1420 Peter Neumeister, Hermann Vohenstein, Sebald Halbach (Halbwachsen?), Endres Gewein (Cleewein?), Hans Ottnant, Barthl Ziegler, Hermann Reck, Seiz Oesterreicher, Hans Sigwein, Sigmund Pfinzing, Osswald Tillinger, Niclas Kaufmann, Heinrich Hainzerlein, Barthl Zeichenmeister (Zeichenmacher), Lorenz Nördlinger, Hans Hirschvogel. Und zum zweiten Mal wurden aus dem nämlichen Grunde bestraft: Hans Teufel, Peter Pfinzing, Seiz Schmelzing, Hans Rab, Jakob Auer, Ulrich Ebner, Hermann Schedel [10]). Ferner sind zu nennen:

1421 Hermann Reck [11]) und Nicolaus Halbwachsen, der wenigstens, aus Nürnberg ausgewiesen, in Venedig seinen Aufenthalt nahm, wo er wohl schon früher verkehrte [12]);

1422 Johannes Daga (? statt Auer?) [13]);

1423 Wilhelm Rummel wiederum [14]);

1424 Stephan und Johannes Koler [15]); ferner Konrad Reck als Vertreter der „Konrad Kress und seiner Brüder etc." Gesellschaft [16]). „Auch seinen ältesten Sohn zweiter Ehe, Fritz, sandte Konrad Kress nach Venedig und liess ihn bei seinem Geschäftsfreunde Franzesco de Amado zwei und ein halbes Jahr die Lehre durchmachen, wogegen der Sohn des Letzteren während der

---

[1]) cf. Chroniken I. 89; bestattet in der Kirche S. Giovanni e Paolo, s. später bei den Grabschriften. — [2]) Bd. I Nr. 292. — [3]) ebda. Nr. 293. — [4]) (Kress) a. a. O. S. 188; cf. Commemoriali lib. X no. 47 (Monum. III p. 322, wo statt Giovanni Cresso figlio di Crest. di Norimberga mit der Handschrift (fol. 38) zu lesen ist: ‚testibus Johanne Cresso, filio Crost (verschrieben statt Croft) de Norimbergo.' — [5]) Bd. I Nr. 298. — [6]) ebda. Nr. 304, 305. — [7]) ebda. Nr. 307. — [8]) Bestattet in S. Giovanni e Paolo; cf. unten. — [9]) Roth, Gesch. des Nürnb. Handels. I, 112. — [10]) Roth u. a. O. — [11]) Bd. I Nr. 327. — [12]) ebda. Nr. 328. — [13]) ebda. Nr. 329. — [14]) ebda. Nr. 330. — [15]) ebda. Nr. 340. — [16]) s. (Kress) Beiträge etc. a. a. O. S. 188 u. 190.

gleichen Zeit bei ihm in Nürnberg sich aufhielt. Ebenso hatte er den Sohn eines verstorbenen Vetters, Albrecht Kress, nach Venedig geschickt [1]." Konrad Kress selbst starb 1430; über seinen Nachlass erhoben sich nicht nur zwischen der Wittwe und den erstehelichen Kindern Streitigkeiten, sondern es meldeten sich auch venetianische Gläubiger, um sich daraus befriedigen zu lassen, was zu einem eifrigen Briefwechsel zwischen dem Nürnberger Rath und der venetianischen Regierung Anlass gab [2]. Vorher aber sind noch zu erwähnen:

1425 Franz Stromeier (Stromer) [3];

1426 Jacob Tetinger, Seiz Schmelzing [4]; ferner Konrad Babenberger, Paul Teufel, Nyklas Granetl, Ludwig Gruber, Konrad Kugler, Hans Waltstromeyer und Konrad Paumgartner, Seytz Oesterreicher, Ulrich Hirschvogel, Bartholomeus Knebel, Kunz Imhof, Nyclas Jacob, denen allen von zwei Adeligen aus Schwabenland, Hans von Vilibach und Konrad von Magenbuch, Waaren auf dem Wege aus Venedig weggeführt wurden [5];

1427 Friedrich Usmer [6];

1427 und 1428 Stephan Koler wiederum und sein Schwiegervater Heinrich Füchsell [7];

1428 die Söhne der Wittwe Schopper [8];

1429 Rudolf Gundelfinger, Georg Pirkheimer, Marcus und Peter Mendel, welch' letztere alle seit längerer Zeit im Fondaco zu verkehren angaben [9];

1431 Hermann Reck [10], Burkhard Mufflinger [11], Jacob Auer, Hans Sigwein [12];

1432 Johannes und Heinrich Rummel, Konrad Paumgartner, Konrad Eysfogel, Paul Teufel und Konrad Tetzel: alle Gläubiger des nach Venedig entflohenen Seiz Schmelzing [13];

1436 Johannes Swob (Schwab) als Diener der Brüder Erkembrecht, Johannes und Georg Koler, nach dessen Ableben sein (Stief-)Bruder Peter sowohl gegen die Koler als gegen seinen Schwager Studenecker lange Zeit prozessirte [14];

1437 Endres (Andreas) Tucher, aus welcher Familie bereits seit Anfang des 15. Jahrhunderts Einzelne in Venedig „in der Lehre" gewesen waren [15];

---

[1] Kress aus dem „Schenkbuch einer Nürnberger Patrizierfrau (Walpurg Kressin) von 1416—1438" im „Anzeiger für Kunde der deutschen Vorzeit", 1876. Bd. 23 S. 70. — [2] (Kress) Beiträge S. 191 und Bd. I Nr. 372, 373, 375, 376, 378. 380, 381, 382, 383, 388. — [3] Bd. I Nr. 343. — [4] ebda. Nr. 346, 353. — [5] Baader im 38. Jahresber. des histor. Ver. für Mittelfranken (1871—1872) S. 108; cf. Bd. I Nr. 348. — [6] erwähnt in den Chroniken der deut. St., Nürnberg, II, 86 und Monum. Boica V, 212; XXV, 64. — [7] s. Zeitschr. f. Baiern, II. Jahrg., 3. Bd. 1817 S. 357 und Bd. I Nr. 351. — [8] Bd. I Nr. 354. — [9] ebda. Nr. 361, 362. — [10] ebda. Nr. 369, 370; cf. 387, 407. — [11] ebda. Nr. 379, 384. — [12] ebda. Nr. 366. — [13] ebda. Nr. 388, 389; cf. Chroniken d. deut. St., Nürnberg, I, 373; IV, 144. — [14] ebda. Nr. 411. — [15] Endres Tucher's Memorialbuch in den Chron. d. d. St., Nürnb., II, 4, 5, 26.

1440 Konrad Imhof, Anton und Herdegen Tucher (Brüder), Ulrich
   Stark[1]);
1441 Georg Mendel, Georg Lengfelder, Anton Rigler, Wilhelm
   (oder Berthold) Hirschvogel[2]);
1442 Fritz Ulrich[3]); Konrad Paumgartner, Hans Gruber, Fritz
   Hiltprand[4]); Ulrich Herl, Diener des Martin Pregler und
   Johannes Gruber, Nicolaus Koler[5]);
1443 Nicolaus Streber[6]);
(1444 Lienhard Hirschvogel und Heinrich Rummel)[7]);
1448 Cyriacus Hofmann[8]);
vor 1449 Konrad, Hans und Ludwig Gruber[9]);
(1449 Marcus Landauer?)[10]);
1451 Ulrich Michel[11]), als dessen Bürge in einem lang andauernden
   Prozess gegen einen Arnold von Seeland ein Birkenfeld genannt
   wird[12]);
1453 Wilhelm und Sebald Rummel wiederum[13]);
(1454 Nicolaus Mis und sein Vertreter Johannes Gebitzer?)[14]);
1456 Konrad Paumgartner[15]);
1460 Sebastian Rummel, Martin Paumgartner, Heinrich Eber-
   hardt[16]); ferner Heinrich Meischner und seine Gesellschaft, als
   deren Vertreter Konrad Stetbeck genannt wird[17]);
1465 Anton Paumgartner (früher 1460 Vertreter des Konrad
   Paumgartner und seiner Gesellschaft)[18]);
1467 und 1469 Hanns Gruber; ferner Paul Imhof[19]);
1468 Johannes und Heinrich Rummel, als. deren Vertreter ein
   Regensburger (?) Thomas Curtus (= Kurz?) genannt wird[20]);
1471 Konrad Imhof und seine Brüder[21]);
1466—1473 verkehrte in Venedig Endres Tucher[22]);
1475 Johannes Winter[23]) und Christoph Scheurl, der wiederholt
   in Handelssachen nach Venedig reiste und selbst wieder junge
   Patriciersöhne, die ihm in die Lehre gegeben wurden, dorthin
   schickte[24]);

[1]) Baader a. a. O. S. 111. — [2]) Bd. 1 Nr. 421, 428—433. — [3]) ebda.
Nr. 438. — [4]) ebda. Nr. 439. — [5]) ebda. Nr. 443. — [6]) ebda. Nr. 444. — [7]) ebda.
Nr. 450; ich schliesse die Namen ein, weil es fraglich, ob die Beiden wirk-
lich nach Venedig gegangen. — [8]) Bd. I Nr. 457. — [9]) cf. A. v. Scheurl in
den Mittheilungen des Vereins f. Gesch. der Stadt Nürnberg Heft 5 S. 15. —
[10]) Bd. 1 Nr. 458. — [11]) ebda. Nr. 460—463, 466—469, 471—474. — [12]) ebda.
Nr. 466, 468. — [13]) ebda. Nr. 470. — [14]) ebda. Nr. 475. Miz kommen in
Nürnberg im 17. Jahrh. vor: s. Roth, Gesch. des Nürnb. Handels, II, 256.
Statt Gebitzer ist vielleicht zu lesen Schlebizer, die am Anfang des 15. Jahrh.
in Nürnberg erwähnt werden. (Oder Gaubitzer? die es im 14. Jahrh. in Wiener-
Neustadt gab; s. Gleich, A., Gesch. der Stadt W.-N. S. 157.) — [15]) Bd. 1 Nr. 480,
482, 485, 491. — [16]) von denen freilich der Rath behauptete, dass sie nicht oder
nicht mehr Bürger der Stadt seien; s. Bd. 1 Nr. 490. — [17]) Bd. I Nr. 491. —
[18]) ebda. Nr. 491. 498. — [19]) ebda. Nr. 504. 512. 516. — [20]) ebda. Nr. 511; oder
Kölner? cf. oben S. 71. — [21]) ebda. Nr. 520. — [22]) s. Anton Tucher's Haushaltbuch (1507—1517), hrsg. von Wilh. Loose in der Bibliothek des literar. Ver.
in Stuttgart Bd. 134 S. 60 Anm. 2. — [23]) Bd. I Nr. 535. — [24]) cf. A. v. Scheurl

1476 und 1478 Johannes Magnus (Gross?)[1]);

1479 Johannes Stoler[2]); ein gewisser Hermann, Pferdehändler
in Conegliano (auch 1484 erwähnt)[3]); Hans Tucher, Peter
Imhof, in dessen Kammer im Fondaco Sebald Rieter der Jüngere,
wie er erzählt, auf seiner Reise nach Jerusalem Aufnahme
fand, wobei er bemerkt, dass diese Kammer früher die der
Mendel gewesen sei; Hans Knewssel (= Kneissel?) und Peter
Schneyder (Augsburger?) nennt gleichfalls Rietter als damals
in Venedig anwesend[4]);

1484 Melchior Tochauer (Tucher?)[5]); Paul Colb (?)[6]);

1487 Lorenz Angeli (wohl Engel?)[7]) und Brüder, denen ihre
Kammer auch „für immer" zur Benützung überlassen wurde[8]);

1491 Johannes Paumgartner (?)[9]);

1492 Lorenz und Albert Haller[10]); Guido Imhof, der erste Consul
der deutschen Kaufmannschaft im Fondaco, dem aus demselben
Geschlechte in diesem Amte folgten[11]):

1493 Sebastian Imhof;

1494 Jeremias Imhof;

1495 Guido Imhof, vielleicht einer der unter dem nämlichen
Jahr genannten[12]) Brüder des Johannes Imhof; in demselben
Jahre wird ferner erwähnt Leonhard Eysfogel[12]);

1496 Johannes Prewnlein (Bräunlein), „in Genua genannt Angelinus Borlinus"[13]);

1498 Franz Imhof, Consul[11]);

1499 Peter Imhof, Consul[11]);

1501 Leonhard Eysfogel wiederum[14]). Ob der in dem nämlichen
Jahre in Venedig sich aufhaltende Hans Koberger auch, wie
O. Hase meint, im Fondaco verweilte, ist mir zweifelhaft[15]).
In demselben Jahre war Marcus Milic Consul[11]), der vielleicht
auch der Nürnberger Familie Mülich[16]) angehörte;  .

1505 Franz Hirschvogel, Consul[11]).

Man sieht schon aus dieser Zusammenstellung, die ja aus den
mehrfach angegebenen Gründen nicht Anspruch auf Vollständigkeit
machen kann, wie gross die Betheiligung Nürnberg's am venetianischen Handel gewesen ist. Es kann keinem Zweifel unterliegen —
und wir werden später noch Gelegenheit haben, dies zu konstatiren —
dass die Nürnberger Kaufherren im Fondaco alle Zeit eine hervorragende Rolle gespielt haben, was sich ja auch schon in der bereits

in den „Mittheilungen des Vereins für Geschichte der Stadt Nürnberg", Heft 5
S. 13 u. ff.: cf. oben S. 40. — [1]) Bd. 1 Nr. 540, 547. — [2]) ebda. Nr. 551.
— [3]) ebda. Nr. 553, 558, 566. — [4]) s. das Reisebuch der Familie Rieter in
der Bibliothek des literar. Vereins in Stuttgart Bd. 168 S. 37. — [5]) Bd. 1
Nr. 564. — [6]) ebda. Nr. 567. — [7]) cf. Roth, Gesch. des Nürnb. Handels, 1,
316. — [8]) Bd. 1 Nr. 574. — [9]) ebda. Nr. 586. — [10]) ebda. Nr. 590; cf. Chroniken d. d. St.. Nürnb., IV, 344, wo z. J. 1475 Lorenz Haller genannt wird.
— [11]) cf. später die Consuln-Liste. — [12]) Bd. 1 Nr. 598. — [13]) ebda. Nr. 600. —
[14]) ebda. Nr. 615 (S. 338). — [15]) „Die Koberger", 2. Aufl., S. 293. — [16]) s. Roth
a. a. O. 1, 346 und Anton Tucher's Haushaltbuch a. a. O. S. 210.

erwähnten Thatsache ausspricht, dass sie den Vorsitz an einer
Tafel geführt haben. Irrig aber scheint es mir, von einer förmlichen Nürnberger Gemeinde in Venedig oder im Fondaco zu
sprechen [1]). Vielleicht hat zu diesem Irrthum der Umstand Veranlassung gegeben, dass in der Bartholomäuskirche zu Venedig es
eine auf den Altar des h. Sebald gestiftete Messe gab. Sie wurde
nach den Angaben des Nürnberger Chronisten Müller im Jahre 1434
von den nach Venedig handelnden Nürnberger Kaufleuten gestiftet.
„Heinrich Rummel, Kunz Imhoff, Erkenbrecht Koler und Fritz Kress
waren die ersten Verwalter und haben die Hauptsumme in die
Losung-Stube zu Nürnberg gelegt." Sie betrug zuerst 20 fl. und
wurde dann bis 44 fl. erhöht [2]). Möglich auch, dass im Anschluss
daran die Nürnberger Kaufleute eine Bruderschaft unter sich errichtet
hatten, deren später 1517 Anton Tucher zu gedenken scheint [3]),
wenn anders nicht eine allgemeine Bruderschaft der deutschen Kaufleute in Venedig darunter zu verstehen ist. Im Uebrigen nahmen
die Nürnberger in Venedig und im Fondaco — insbesondere in
diesem Zeitraume — durchaus keine Sonderstellung ein. —

Sehr alt ist dann weiter die Handelsverbindung zwischen
Böhmen und speziell Prag und Venedig. Nach F. L. Hübsch [4])
standen die Prager Kaufleute am Ende des 13. Jahrhunderts in
direktem Verkehr mit den ersten Handlungshäusern damaliger Zeit
in Florenz, Venedig und Pisa. Wenn er freilich als Beweis dafür
anführt, dass Papst Urban IV. im Jahre 1262 in Venedig Beschlag
legen liess auf das Geld, welches König Ottokar für Waaren, die
er für seinen Hof verschrieben haben mag, dahin remittirt hatte —
so wird mancher vielleicht diesen Beleg nicht für sehr vollgültig
zu halten geneigt sein. Beweiskräftiger ist jedenfalls der Schutzbrief
„ohngefähr vom Jahre 1303", den Herzog Rudolf von Oesterreich für
die durch sein Land nach Venedig reisenden Prager Kaufleute
erliess [5]). Oder die Statutensammlung von Alt- und Neuprag ‚de
hospitibus mercimonia adducentibus', welche König Wenzel im Jahre
1304 bestätigte [6]). Oder die kurze Notiz in unserem Aktenstücke
vom 4. Februar 1302 [7]), wo von Repressalien der Venetianer gegen
die Unterthanen des Königs von Böhmen die Rede ist. Vielleicht
noch häufiger allerdings als Prager nach Venedig, kamen umgekehrt
damals am Anfang des 14. Jahrhunderts Venetianer nach Prag,
wofür Erdmannsdörffer [8]) und Tadra [9]) mehrere Zeugnisse beigebracht

---

[1]) Wie dies z. B. Hermann Grimm, Ueber Künstler und Kunstwerke 1. Jhrg.
(1865) S. 147 thut. — [2]) Roth, Gesch. des Nürnb. Handels, I, 113, 114; cf. Bd I Nr. 701.
— [3]) Haushaltbuch a. a. O. S. 154: ‚1517 bezalt dem Jorg Spengler, für das er mich
czu Venedig in der prüderschaft, darinn ich daselbst pin, geledigct und gelost hat.
nemlich 41 jar, die ich dahin schuldig pin gewest . . ." — [4]) Versuch einer Geschichte des böhmischen Handels (1849) S. 112 ff. — [5]) Palacky, Ueber Formel-
bücher S. 323 Nr. 120. — [6]) Erben, Regesta Bohemiae et Moraviae II p. 868. —
[7]) Bd. I Nr. 18. — [8]) De commercio p. 33 aus dem Jahre 1308 und 1348. —
[9]) Summa Gerhardi, ein Formelbuch aus der Zeit des Königs Johann von Böhmen

haben, und wozu auch wir in der Notiz vom Jahre 1337 (28. März) [1]),
dass über 20 Jahre schon ein gewisser Petrus Vulpe nach Böhmen
reise, einen Beitrag zu liefern im Stande sind.

Wir haben ferner zu gedenken der Verfügung des Herzogs
Rudolf von Oesterreich vom 25. Februar 1364, durch welche derselbe den Pragern den Weg über Wien nach Venedig gestattete [2]) —
eine Erlaubniss, die Herzog Albrecht am 12. Mai 1366 dahin erweiterte, dass die Prager dabei für die nächsten 4 Jahre nicht gezwungen
sein sollten, ihre Waaren in Wien „niederzulegen" [3]). Später, ca.
1386, „legten die Wiener Kaufleute dem Handel der Böhmen mit
Venedig grosse Hindernisse in den Weg, weshalb Wenzel gegenseitige Repressalien nahm und im Jahre 1387 den Wiener Kaufleuten den Handel nach Böhmen förmlich untersagte. Im Jahre 1388
erliess Wenzel ein Mandat, worin er sich aussprach, dass die
Breslauer (?), die aus Polen und Böhmen nach Venedig zu Wasser
und zu Land Handel treiben, darin weder gestört noch aufgehalten
werden sollen" [4]).

Namentlich aufgeführt finden wir:
1341 einen Johannes [5]);
1363 einen Reinaldus, der die Hinterlassenschaft eines bei Mestre
erschlagen gefundenen Christoph Payer (ob Kaufmann, wird
nicht gesagt) in Empfang genommen hat [6]);
1399 und 1404 einen Petrus Cochus (Peter Koch?, Sohn eines
Boschus Koch) [7]). —

Nur dürftig sind die Nachrichten über Handelsbeziehungen
des benachbarten Mähren zur Lagunenstadt. Nach Weiss [8]) gestattete erst (oder wieder?) in den Jahren 1462 und 1463 Kaiser
Friedrich IV. den Brünnern die Handelsverbindung mit Venedig,
als die Wiener sich gegen ihn empörten. In unseren Urkunden
werden bereits zum Jahre 1337 ein Conradus aus Brünn und ein
Corradus aus Mähren als in Venedig Handel treibend erwähnt [9]). —

Wie aus dem Capitolare dei Visdomini hervorgeht, wurden
auch die Ungarn und Polen [10]) und selbst die Unterthanen des Herzogs von Savoyen [11]) damals als Angehörige des deutschen Reiches
betrachtet, und wenn sie nach Venedig mit Waaren kamen, den
übrigen Deutschen gleichgestellt. Aber ich glaube, wir können
füglich von diesen Ländern hier abstrahiren — abgesehen davon,

---

(c. 1336—1345) herausg. von F. Tadra im Archiv f. österr. Gesch., Bd. 63 S. 540
Nr. 199: König Johann befreit den Kaufmann Baldevin Valaster aus Venedig von
sämmtlichen Mauth- und Zollabgaben in Böhmen; cf. Tomek, Gesch. der Stadt
Prag S. 353. — [1]) Bd. I Nr. 94. — [2]) Pelzel, Kaiser Karl IV. Bd. II Urkundenbuch
S. 336; cf. auch S. 367. — [3]) Pelzel a. a. O. Urkundenbuch S. 308. — [4]) Hübsch,
Versuch S. 264. — [5]) Bd. I Nr. 799. — [6]) ebda. Nr. 196. — [7]) ebda. Nr. 290. —
[8]) Geschichte der Stadt Wien Bd. I S. 213. — [9]) Bd. I Nr. 96. — [10]) s. pag. 227
cap. 3 no. 13 Verordnung vom 31. August 1475 (abgedruckt auch von Ennen in
der Monatsschrift etc. I S. 126; cf. Bd. I Nr. 139, wo ein Johannes und ein Theo-
doricus aus Polen im Jahre 1348 ausdrücklich als Deutsche bezeichnet werden.
— [11]) cap. 243 p. 137 Verfügung vom 3. Januar 1427.

dass uns über ihre Handelsbeziehungen zu Venedig nichts Näheres
bekannt ist. Dass die ungarischen Kaufleute frühzeitig, z. B. schon
in den Jahren 1224, 1226 und 1227 nach Venedig gekommen sind,
erhellt aus einzelnen Angaben im Liber Plegiorum [1]).

Somit hätten wir unsere etwas anstrengende Rundreise durch
die verschiedenen Länder und Städte unseres deutschen Vaterlandes
und, wie wir vielleicht hinzufügen dürfen, durch einen grossen Theil
der einschlägigen Literatur beendet. So sehr wir uns dabei bemüht
haben, die Träger der deutsch-venetianischen Handelsbeziehungen
in diesem Zeitraume, soweit sie namentlich in unseren Urkunden
vorkommen, in Reih und Glied zu stellen, ihnen ihre Heimaths-
stätte anzuweisen — leider bleibt noch eine freilich verhältnissmässig
geringe Zahl solcher übrig, die wir bisher nicht oder nicht sicher
unterzubringen im Stande gewesen sind. Ich will sie hier wenigstens
in alphabetischer Ordnung aufführen:

Adguil, Albert 1495 [2]);
Athemannus 1317 [3]) (vielleicht identisch mit dem 1343 genannten
   Altemannus aus Regensburg) [3]);
Canter, Johannes 1355 [4]);
Carne, Marcus 1476 (Wiener? Laibacher?) [5]);
Ciler, Georg 1476 (Laibacher?) [6]);
Conradus und Conçolinus 1329 [7]);
Conradus 1345 [8]);
Cronier, Bulfardo 1489 (Wiener? oder Genfer?) [9]);
Curatus, Paulus 1463 [10]);
Diatrichus de Bangha 1356 [11]);
Gebizer, Johannes 1454 (Nürnberger? Wiener-Neustädter?) [12]);
Gualterius (Walter) 1329 [13]);
Henricus de Matho 1319 [14]);
Jacobus 1316 [15]);
Justus de Orlinger (Nördlingen?) 1476 [16]);
Leonardus 1355 [17]);
Leonardus de Lancoleto 1364 [18]);
Limpech, Johannes 1483 (Regensburger?) [19]);
Luchinius, Johannes 1350 [20]);
Magnus, Johannes 1476 (Nürnberger?) [21]);
Mis, Nicolaus, Sohn des Petrus Mis 1454 (Nürnberger?) [22]);
Morretus 1327 [23]);

---

[1]) Predelli, Regesti p. 58 no. 189; p. 99 no. 392 und p. 121 no. 502; s. auch
Minotto, Documenta ad Bellunum etc. spectantia. Sect. I p. 71 ad n. 1286, 20 Mai u. ff.;
cf. oben S. 9. — [2]) Bd. I Nr. 598. — [3]) ebda. Nr. 50; cf. 804. — [4]) Commemoriali
lib. V no. 100, 111. — [5]) Bd. I Nr. 544. — [6]) ebda. Nr. 540. — [7]) ebda. Nr. 83. —
[8]) ebda. Nr. 113. — [9]) ebda. Nr. 581. — [10]) ebda. Nr. 496. — [11]) ebda. Nr. 163.
— [12]) ebda. Nr. 475; cf. oben S. 78. — [13]) ebda. Nr. 83. — [14]) ebda. Nr. 61. —
[15]) ebda. Nr. 43. — [16]) ebda. Nr. 545. — [17]) ebda. Nr. 158. — [18]) ebda. Nr. 205.
— [19]) ebda. Nr. 559. — [20]) ebda. Nr. 152. — [21]) ebda. Nr. 540, 547. — [22]) ebda.
Nr. 475. — [23]) ebda. Nr. 75.

Pichel, Johannes 1467[1]);
Rigus 1363[2]);
Siaorle, Marcus 1476 (Memminger?)[3]);
Staynsulzer, Peter 1439[4]);
Tencumath, Peter 1346[5]);
Tochauer, Melchior 1484 (Nürnberger?)[6]);
Varnerius (Werner) de Cono 1343[7]);
Zodoler, Johannes 1483 (Regensburger?)[8]).

Welch' eine stattliche Reihe von Namen erscheint hier als Träger der deutsch-venetianischen Handelsbeziehungen! Zwar nicht Alle, die wir hier aufgeführt, mögen oder sind gewiss nicht in eigener Person nach der Lagunenstadt gekommen — durch Vertreter u. s. w. konnten sie, wie wir sogleich näher erwähnen werden, ihre Geschäfte dort führen lassen; und namentlich im späteren Mittelalter und von Seite derjenigen Kaufleute, welche seit längerer Zeit mit Venedig in Geschäftsverbindung standen, wird das vorzüglich geschehen sein. Aber andererseits müssen wir bedenken oder uns daran erinnern, dass die von uns oben aufgeführten Kaufleute nur einen kleinen — wir wissen leider nicht den wievielten — Prozentsatz aller derer bilden, die mit Venedig in Geschäftsverbindung standen, die eben nur deshalb in Urkunden nicht erwähnt werden, weil ihnen weder auf der Reise noch in Venedig etwas widerfuhr, was Anlass zu Reklamationen hätte geben können. Wenn nun aber jährlich so und so viele unserer Landsleute nach der Lagunenstadt kamen — welch' eine Menge von Eindrücken, Erfahrungen und Anschauungen wurde da zugleich gewonnen! und in welch' unermesslicher Fülle musste da venetianische Kultur und Gesittung nach Deutschland zurückströmen!

Ich habe eben der Vertreter der Kaufleute gedacht und mehrere solcher ja bereits mit Namen zu nennen Gelegenheit gehabt. Nach den Bemerkungen von Kriegk[9]), die anderweitig ihre Bestätigung finden, haben wir da zu unterscheiden zwischen den Handlungsdienern oder Commis, ‚famuli, servitores‘, und den Geschäftsführern, den ‚actores, factores, negotiorum gestores‘. Die ersteren mögen wohl nur seltener, in einzelnen Fällen, von ihren Herren zur Wahrung ihrer Interessen u. s. w. mit einem bestimmten Auftrag nach Venedig geschickt worden sein. Die ‚factores‘ hingegen waren gewiss für längere Zeit die (ständigen) Vertreter des betreffenden Hauses, das sie nach Venedig gesandt[10]). Namentlich Handelsgesellschaften, die sich gerade für den auswärtigen Handel leicht bildeten und deren frühzeitig mehrere genannt werden[11]), pflegten in dieser Weise sich vertreten und ihre Geschäfte führen zu lassen. Natürlich, dass

---

[1]) Bd. I Nr. 506. — [2]) ebda. Nr. 199. — [3]) ebda. Nr. 544. — [4]) ebda. Nr. 418. — [5]) ebda. Nr. 115. — [6]) ebda. Nr. 564. — [7]) ebda. Nr. 105. — [8]) ebda. Nr. 559. — [9]) Deutsches Bürgerthum im Mittelalter, Neue Folge, S. 443 Anm. — [10]) s. Bd. I Nr. 164. 409. 491. 622. — [11]) s. Kriegk a. a. O. S. 439; Mone, Zeitschr. f. Gesch. d. Oberrheins IV, 244 ff.; Heyd, Oberschwäbischer Handel mit Italien

dieser ‚factor‘ dann noch Untergebene, „Lehrlinge“, famuli u. s. w. zu
seiner Unterstützung hatte, dass so in der That eine förmliche Filiale,
ein „Gleger“ des Hauses oder der Gesellschaft in Venedig entstand,
wie wir beispielsweise von dem „Gleger“ der Fugger gehört haben.
— Wie aus dem Capitolare[1]) erhellt, wurden unter dieser Maske
aber auch oft Betrügereien verübt: da kamen Leute nach Venedig,
die sich als Vertreter einer der grossen deutschen Handelsgesellschaften
ausgaben, in deren Namen grössere Käufe auf Kredit abschlossen
und beim Zahlungstermin — verschwunden waren. Die Regierung
beschloss daher im Jahre 1448, in Zukunft Beglaubigungsschreiben
und Zeugnisse zu verlangen.

In der Regel wurde wohl bei Kauf und Verkauf baar bezahlt;
wir sehen aber schon aus dem eben angeführten Aktenstück, dass
auch das Kreditgeschäft in Anwendung kam, und dann weiter gewiss
überhaupt alle Arten des damaligen Geschäftsverkehrs, wie das ja
vom Wechsel — bekanntlich einem italienischen Produkt — von
Schuldscheinen u. s. w. genügend bezeugt und auch durch einzelne unserer Urkunden zu belegen ist[2]). Nach dieser Richtung
hin und überhaupt für das venetianische Handelsrecht belehrend
scheinen mir da die Verhandlungen vor dem Gericht der ‚Giudici
di Petizion‘, die ich deshalb ausführlich mittheilen zu sollen geglaubt habe. Auch die Vergleiche, welche zwischen falliten oder
zahlungsunfähigen deutschen Kaufleuten und ihren Gläubigern in
Venedig getroffen wurden, beanspruchen unser volles Interesse[3]). Ich
möchte hier nur noch speziell darauf aufmerksam machen, wie eifrig
sich die venetianische Regierung um das Zustandekommen solcher
Vereinbarungen bemühte und oftmals, über den Widerspruch einzelner
Gläubiger sich hinwegsetzend, das getroffene Uebereinkommen billigte
und für perfekt erklärte — ein neuer Beweis für die wohlwollende,
wenn auch von selbstischen Interessen gewiss nicht freie, Gesinnung
der venetianischen Regierung gegen die deutschen Kaufleute.

Am meisten würde es uns nun aber interessiren, über das
innere Leben der deutschen Kaufleute im Fondaco, über
die innere Geschichte dieser deutschen Kolonie in Venedig, wenn
man so sagen darf, etwas Genaueres zu vernehmen. Leider sieht
es hier aber mit unserer Kenntniss für das ganze Mittelalter nicht
eben besonders gut aus. Dem Wenigen, was Heyd hierüber zusammengestellt hat, vermögen wir nicht viel Neues hinzuzufügen.

---

und Spanien in den Württemberg. Vierteljahrsschriften f. Landesgeschichte 1880
S. 147 aus der Chronik des Ladislaus von Suntheim; cf. Bd. l Nr. 247, 361, 363,
390, 409, 491, 526, 594, 598, 605, 606, 622. — [1]) pag. 174 c. 283 a. 1448. —
[2]) s. Bd. l Nr. 30, 533; 76, 77, 233, 258, 259, 268, 271, 278, 290, 301, 303, 512;
cf. O. Ruland, Haushaltbuch a. a. O. S. IX, ferner Zeitschr. f. d. gesammte Handelsrecht Bd. VI, 540; VIII, 37 mit Rücksicht auf das von Mone a. a. O. Bd. IV
S. 24 ff. publicirte Material. — [3]) s. Bd. l Nr. 286, 559, 561, 562, 564, 569, 573,
591, 592, 594, 595 (598), 602—606, 608, 609, 613—615.

So lange die venetianische Regierung die Verwaltung des Fondaco in Händen hatte — und das war, wie früher erwähnt, ja bis zum Ende des 15. Jahrhunderts ganz und gar der Fall —, so lange sie, wie Heyd es ausdrückt[1]), die Beschaffung und Erhaltung der Wohngelasse, Magazine und Verkaufslokale besorgte, die Polizei im Hause übte, den Verkehr der Deutschen mit den Venetianern, das Verfahren bei Kauf und Verkauf u. s. w. regelte, so lange blieb den Deutschen wenig zu verwalten übrig. Das Wichtigste, was es da gab, betraf ihr leibliches Wohl. Verköstigen nämlich mussten sie sich selbst — meint Heyd. Das scheint mir aber nicht ganz richtig. Dass die Regierung den Wein selbst z. B. beschaffte, der in der Schenke verabfolgt wurde, hebt auch Heyd hervor. Was aber die deutschen Kaufleute bei ihrem gemeinsamen Mahl assen und tranken, meint er, das mussten sie selbst beschaffen. Nur das Geschirr für die Küche habe die Regierung gestellt. Allein in dem betreffenden Aktenstück vom Jahre 1474[2]) heisst es, dass die venetianische Regierung auch „anderer Notdurft den deutschen Kaufleuten — gegen Bezahlung — Fürsehung gethan"; und in einem späteren Dokument lesen wir[3]), dass die Kaufleute bis zum Jahr 1510 für Beschaffung der für die Küche nöthigen Sachen, Wasser, Oel u. s. w. monatlich acht „grossi" in Gold (= ⅓ Dukaten) per Mann der Regierung zahlten, was im Jahre 1510 geändert wurde, worauf wir später in einem anderen Zusammenhange zurückkommen werden.

Sicher hingegen ist, dass die Deutschen das Personal der Küche, zwei Köche mit ihren Gehülfen, selbst wählten[4]). „Ferner bedurften sie zu ihrer Bedienung, zur Krankenpflege, zu Gängen in die Stadt Diener (Knechte oder Junckherren). Auch diese, im Jahre 1474 vier an der Zahl, stellten sie selbst an. Endlich bestand ein Botendienst zur Verbindung der Kolonie mit der deutschen Heimath[5]). Die Wahl der (reitenden) Boten und die Beaufsichtigung derselben war Sache der Insassen des Fondaco." So weit schon Heyd[6]). Wir können noch hinzufügen, dass auch die Aufnahme in die Zunft der Ballenbinder, die ja, wie früher erwähnt, Deutsche waren, von der Zustimmung der deutschen Kaufleute abhängig war[7]). So gab es immerhin Manches zu berathen, was die „gemeine Notturfft" antraf.

Abgestimmt wurde „in der Regel in denselben (zwei) landsmannschaftlichen Gruppen, welche auch für die Sitzordnung bei Tische massgebend waren und eben deshalb Tafeln genannt wurden; als Beschluss galt, was in beiden Tafeln die Mehrheit der Stimmen auf sich vereinigt hatte. Konnten sich die Tafeln über etwas nicht einigen, so wurde die Entscheidung einer Generalversammlung (einem

---

[1]) Hist. Zeitschr. a. a. O. S. 206. — [2]) s. Flegler im Anzeiger f. Kunde etc. 1867 S. 334. — [3]) ebda. S. 365 u. Thomas, Milesio S. 50. — [4]) Ob der mehrmals erwähnte Unterkoch identisch ist mit dem 1474 genannten „Kellner" ist nicht ganz klar. — [5]) cf. unten S. 88. — [6]) Heyd, Hist. Zeitschr. a. a. O. p. 207 aus den von Flegler a. a. O. mitgetheilten Dokumenten, besonders S. 337. — [7]) s. Bd. I Nr. 320, 524 und oben S. 20.

„gemain Kapitel') anheimgegeben, welche in der Regel zu solchen
Zeiten stattfand, wo besonders viele deutsche Kaufleute beisammen
waren, an Weihnachten oder an Jacobi" [1]). In diesen Kapiteln — dies
verdient noch hinzugefügt [2]) und besonders hervorgehoben zu werden
— sollte „jeder gelenndter Kaufmann ain Stymm und Waal
haben", gleichwie jeder, der am gemeinsamen Mahle auf seine
Kosten sich betheiligen wollte, an den Tafeln Platz nehmen durfte,
da, wie ausdrücklich betont wird, „Nyemand sunnder (besondere)
Gerechtigkait da hatt": ein rechter Kaufmann galt so viel als
der andere. Die gemeinsam gefassten Beschlüsse aber wurden in
der „gemainen Truchen", also in einer Art Archiv sorgfältig aufbewahrt, damit sie für spätere Fälle und Vorkommnisse als Richt-
schnur dienen könnten. Leider ist sie im grossen Brande vom
Jahre 1505 mit dem alten Gebäude zu Grunde gegangen. Ich sage
„leider" und kann hier mit Heyd nicht übereinstimmen, der meint,
dass der Verlust wegen der geringen Wichtigkeit der Berathungs-
gegenstände vielleicht nicht zu beklagen sei. Allein auch die kleinste
Notiz, meine ich, müsste uns für diese frühere Zeit willkommen sein
zur Vervollständigung des dürftigen sonstigen Materiales; und vielleicht erführe auch die „innere Geschichte" der Deutschen im
Fondaco in diesem Zeitraum doch noch einige weitere Beleuchtung.

Auch hiefür hat bereits Heyd das, was die bisher bekannt
gewordenen Quellen berichten, geschickt zusammengestellt [3]). „Dass es
bei der Rivalität unter den einzelnen Städten nicht ohne Misshellig-
keiten und Kämpfe abging, lässt sich denken und dies ist eigentlich das Einzige, was wir auch aus Geschichtschreibern belegen können.
Zuerst melden diese einen Konflikt zwischen den Regensburgern und
Nürnbergern. Der (im 15. Jahrhundert lebende) Regensburger Pres-
byter Andreas erzählt in seinem Chronicon Generale [4]) nach dem
(mündlichen) Bericht eines Mithandelnden Folgendes: Zur Regierungszeit Kaiser Karl's IV. rissen die Nürnberger den ersten
Platz (locum supremum) im Fondaco an sich, welchen die Regensburger von Alters her inne gehabt hatten. Als die Regensburger
dies hörten, schickten sie eine grosse Summe Geldes nach Venedig
und liessen durch ihre Kaufleute so viel Waaren auf einmal ankaufen, als die Nürnberger im Laufe eines Jahres zu kaufen pflegten
und zwar gegen baar, während die Nürnberger Vieles auf Rechnung
kauften. Daraufhin bestätigte die venetianische Regierung die
Regensburger in ihrem alten Recht. Später, unter König Wenzel's
Regierung, wollten die Nürnberger jenen Platz neuerdings in Anspruch nehmen; zwei Regensburger aber, Matthäus Rantinger und
Franz Putreich (dies der Gewährsmann des Andreas), wehrten sich
für das Recht ihrer Stadt mit den Stöcken in der Hand. Die Sache

[1]) Heyd, Hist. Zeitschr. u. a. O. p. 207. — [2]) gleichfalls aus Flegler a. a. O.
— [3]) a. a. O. S. 208. — [4]) bei Pez, Thesaurus anecdotorum tom. IV p. 3
col. 606 C.; Heyd hat die Stelle fast wörtlich wiedergegeben.

wurde vor den Dogen gebracht; dieser wollte insgeheim den Regensburgern wohl, während die zahlreich in Venedig anwesenden Nürnberger viele Gönner sonst in der Stadt hatten. Franz Putreich führte
vor dem Senat[1]) die Sache seiner Mitbürger — unter Hinweisung
auf jenen starken Einkauf — so kräftig, dass er ein Senatsdekret
erwirkte, welches den Regensburgern den ersten Platz im Fondaco
„für immer" zuteilte[2]). Er und sein Genosse Rantinger brachten
dies Dekret selbst in die Heimath". Dort hat es Gemeiner noch gesehen[3]), dann aber ist es spurlos verschwunden. In den venetianischen
Akten aber hat sich, so viel ich bisher habe sehen können, über
den ganzen Streit nichts erhalten. Allerdings sind gerade für diese
Zeit in den Registerbänden der in Frage kommenden venetianischen
Kollegien Lücken vorhanden. Um was es sich übrigens bei dem
ganzen Streit handelte, ist nicht recht klar; noch weniger sieht man
ab, wie Heyd mit Recht bemerkt, „inwieweit jener Vorrang wirkliche
Vortheile in sich schloss, die einen so hartnäckigen Kampf rechtfertigen konnten". Vorausgesetzt, dass es schon damals General-
versammlungen (gemaine Kapitel) gab, könnte man an den Vorsitz in
denselben (und ebenso an den Tafeln) denken, was jedoch nur ein
Ehrenamt gewesen sein dürfte.

Ein anderer Streit, von dem wir bisher keine Kenntniss
hatten und erst aus unserer Urkundensammlung erfahren, entspann
sich am Anfang des 15. Jahrhunderts zwischen den Städten Ober-
und Niederdeutschlands[4]). An der Spitze dieser stand Köln, jener
Nürnberg. Die Nürnberger Kaufleute behaupteten, dass von Alters
her es in der Küche des Fondaco zwei Herde für zwei Köche gegeben habe, von denen der eine das Mahl für die Kaufleute derjenigen Städte bereitete, welche Fürsten oder Herren untergeben
waren, der andere für die Kaufleute, welche den (freien) Reichsstädten angehörten. Ferner habe es ebenso zwei Tafeln bei Tische
gegeben, an deren einer eben die Kaufleute aus Herren-Städten
(um es kurz so auszudrücken) sassen, während an der anderen jene
aus den Reichsstädten. Beide Theile hätten dem entsprechend die
Kosten zu tragen gehabt. Die Kölner Kaufleute aber behaupteten,
das sei nicht richtig: sie hätten nicht an der Tafel, sondern für sich
in ihren Kammern gespeist, und weigerten sich, zu den Kosten
der einen Tafel (jener der Reichsstädte, zu der sie selbst gehört
hätten) ihrerseits beizutragen. Nachdem auf Befehl der venetianischen Regierung die Visdomini des Fondaco die Voruntersuchung
geführt, kam der Streit zur Entscheidung vor das zuständige Kollegium der ‚Proveditori di Comun‘ und ‚Consoli dei Mercadanti‘.
Diese bestimmten nun, dass alle Kaufleute an den Tafeln speisen

---

[1]) ‚in publico Consilio‘. — [2]) ‚Consules considerato jure et veritate decernunt
bullam Ducis continentem quod Ratisponenses perpetuo locum supremum in dicta
domo debeant obtinere.‘ — [3]) Regensburgische Chronik Bd. II S. 220 Anm. —
[4]) s. Bd. I Nr. 357.

und nur diejenigen von dieser Verpflichtung ausgenommen sein
sollten, die entweder durch Krankheit daran gehindert wären, oder
wegen ihrer Mittellosigkeit die Kosten nicht erschwingen könnten.
Wie früher solle es zwei Herde und zwei Köche geben, einen
für die Kaufleute aus den Herren-, den anderen für die aus den
Reichsstädten, gleichviel ob aus Ober- oder aus Niederdeutschland.
Weiters bestimmten sie — zu Gunsten der Nürnberger —, dass
die Kosten für den Koch und seinen Gehülfen, den Unterkoch,
sowie für die Tafel der Reichsstädte nicht allein von den Nürnbergern und Oberdeutschen getragen werden sollten, sondern zu
gleicher Hälfte von den Kölnern und Niederdeutschen und zwar
abwechselnd einen Monat von diesen, den folgenden von jenen.
Auch die Kosten für Bekleidung des Koches und Unterkoches, sowie
andere etwaige Geschenke an dieselben sollten in gleicher Weise
getheilt werden: die Nürnberger blieben also Sieger in diesem
Streite, bei dem es sich vorwiegend um materielle Interessen
handelte.

Nicht ganz 50 Jahre später finden wir die Nürnberger im
Streit mit den Augsburgern. „Die Nürnberger klagten im Jahre
1474 in einem Bericht an den Rath ihrer Heimathstadt über den
Eigennutz der Augsburger. Früher seien alle die Boten, die „auf der
Strassen auss oder ein geloffen" [1]), gewöhnlich Nürnberger gewesen,
die unparteiisch ohne Bevorzugung der Einen oder Anderen ihren Dienst
versehen hätten. Jetzt aber würden Augsburger als Boten benützt,
und deren Reise werde heimlich unterwegs (in Mestre oder Treviso)
und dann namentlich in Augsburg aufgehalten, so dass die Nürnberger
Kaufleute ihre Briefe und Botschaften um mehrere Tage später
erhalten und die Antwort darauf in gleicher Weise sich verzögere.
Als Beispiel führen sie dann noch nachträglich an, dass jüngst um
Ostern ein Nürnberger Bote in 10 Tagen von Venedig hinausgeritten
sei, während die Augsburger Boten sich oft 13—14 Tage auf der
Strasse aufhalten. Auch sei diesem Nürnberger Boten von den
Augsburgern mit höhnischen Worten die Wegzehrung verweigert
worden, wie sie sich denn überhaupt im weiteren Verlaufe ihres
Berichtes vornehmlich über das rücksichtslose und parteiische Be-
nehmen der Augsburger besonders bei Anstellung und Verwendung
der gemeinsamen Diener beklagen.

Einmal würden dieselben von den Augsburgern eigenmächtig
verwendet und ausgeschickt, ohne dass diese davon dem anderen
Theil, der anderen Tafel, Meldung thäten oder sie gar, wie sonst
üblich, um Erlaubniss dazu fragten. In Krankheitsfällen ferner
liessen die Augsburger ihren Kranken durch die Diener grössere
Sorgfalt angedeihen als denen der anderen Tafel. Wenn ein Diener
abgegangen oder entlassen worden, sei gewöhnlich an dessen Stelle

---

[1]) d. h. den Briefdienst von Deutschland nach Venedig versahen und umgekehrt.

wieder einer aus der nämlichen Stadt oder Tafel gewählt worden.
Das geschehe auch jetzt noch sofort von Seite der Augsburger;
ihnen, den Nürnbergern, würden dagegen Schwierigkeiten in den
Weg gelegt, werde die Wahl hinausgeschoben.

Wieweit diese Klagen begründet waren, müssen wir mit Heyd
sagen, steht dahin. · Die Augsburger behaupteten in ihrer Recht-
fertigungsschrift, sie hätten nie für sich allein und blos zu ihrem
Nutzen, vielmehr immer im Einklang mit der gesammten Kauf-
mannsgemeinde gehandelt, und es sei eine ungebührliche Ueber-
hebung der Nürnberger, wenn sie Anspruch auf besondere Berück-
sichtigung ihrer Vorschläge und Wünsche machten.  Denn (wie schon
oben erwähnt worden) alle Kaufleute besässen gleiche Rechte, Niemand besondere „Freiheiten“ oder Privilegien: nur die Stimmen-
mehrheit entscheide, der sich die Minderheit zu fügen habe, in der
sich die Nürnberger eben jeweilig befänden. — Hinsichtlich der
Boten steht die Behauptung der Nürnberger, dass früher alle gewöhnlich Nürnberger gewesen, im Widerspruch mit der Angabe
Greiff's [1]), dass „schon um die Mitte des 14. Jahrhunderts zwischen
Augsburg und Venedig ein regelmässiger Verkehr bestand, der
durch ‚Ordinari-Postboten‘ unterhalten wurde, an den sich die dahin
handelnden Kaufleute als Reisegeführten anschlossen“.

Auch über diesen Streit findet sich nichts und kann sich wohl
schwerlich etwas in den venetianischen Akten finden.  Die paar
Dokumente, die in einem der Briefbücher des Nürnberger Rathes darüber verzeichnet sind, enthalten nichts Wesentliches und geben uns
nur einige Daten an die Hand zur genaueren Bestimmung der Zeit
des Streites [2]).  Dass derselbe aber keine ernstere Differenz zwischen
den beiden Reichsstädten selbst hervorzurufen im Stande war, bezeugt
ein anderes Schriftstück aus der nämlichen Zeit (Juni 1476), worin
der Nürnberger Rath dem von Augsburg Nachricht gibt von den
Umtrieben und Anschlägen zweier Widersacher beider Städte gegen
die aus Italien zurückkehrenden Kaufleute [3]).

In der That „sieht man auch aus dem Gegenstande dieser kleinen
Reibereien, wie wenig Bedeutendes inmitten dieser kaufmännischen
Genossenschaft berathen und beschlossen wurde“ [4]).

Das änderte sich nun freilich bereits am Ausgange des
15. Jahrhunderts.

Auf einem am 2. April [5]) 1492 gehaltenen General-Kapitel wurde
nämlich der Beschluss gefasst, dass zur Bestreitung der „gemeinsamen Ausgaben“ jeder deutsche Kaufmann einen kleinen Geld-
beitrag je nach dem Umfange seines Waarenumsatzes leisten sollte.
Dieser Beitrag wurde der Cottimo genannt — ein Name, der auch

---

[1]) Anmerkungen zum Tagebuch des Lucas Rem S. 77 Nr. 2. — [2]) s. Bd. I
Nr. 528—530, 532. — [3]) ebda. Nr. 541. — [4]) Heyd, Hist. Zeitschr. S. 209. —
[5]) Nach Elze, Der Cottimo der Deutschen Nation in Venedig (Beilage zu Milesio
bei Thomas S. 75) am 2. Februar.

sonst als Bezeichnung für eine solche Quote öfters vorkommt[1]). Wir
werden über denselben und über die „gemeinsamen Ausgaben", für
welche er verwendet werden sollte, im nächsten Theile ausführlicher
zu handeln haben. Hier sei vorläufig nur noch erwähnt, dass zur
Erhebung und Verwaltung dieser Umlage aus dem Kreise der Kaufleute zwei Männer gewählt wurden, welche ‚Cottimieri' hiessen
und erst später (1578 oder 1587)[2]) offiziell von der venetianischen
Regierung den Namen ‚Consoli', Consuln der deutschen Kaufleute
erhielten[3]). Anfänglich wurden sie, wie Milesio angibt[4]), nur auf
die Dauer von 6 Monaten gewählt: wie aus einigen Aktenstücken,
die ich selbst gefunden, ersichtlich ist[5]), erfolgte die Wahl immer zu
Ende April oder Anfang Mai und Ende Oktober oder Anfang
November. —

Ehe wir die Geschichte des Fondaco weiter verfolgen, haben
wir zuvor noch über zwei Punkte zu handeln: über die Strassen,
welche die deutschen Kaufleute nach oder von Venedig einschlugen,
und über die Handelsartikel, welche sie entweder nach Venedig
brachten oder von dort mitnahmen.

## IV. Die Verkehrswege.

Es ist natürlich nicht möglich, hier in dieser Skizze über ein
Thema erschöpfend zu handeln, welches den Gegenstand einer
eigenen Monographie bilden könnte und wozu es noch, namentlich
bezüglich der Verkehrsstrassen in Deutschland selbst, der umfassendsten Vorarbeiten bedürfte. Was sich aus unseren Urkunden hiefür
anführen lässt, ist nicht eben sehr viel. Im Zusammenhang und
ausführlich mit Angabe aller Stationen wird keine einzige Strassen-
route mitgetheilt; nur ganz kurz und im Allgemeinen wird ein paar
Mal einer Route und zwar häufiger von Venedig heraus als hinein
gedacht oder einzelner Punkte gelegentlich Erwähnung gethan.

So ist öfters von dem ‚caminum', der ‚via' oder ‚strata Alemanie' die Rede[6]) oder vom ‚caminum Basle'[7]) und ‚Usburgi'[8]) (Augsburg) oder der ‚via Nurimbergi'[9]) nach Flandern, wobei bald der eine,
bald der andere Weg von der venetianischen Regierung als derjenige bezeichnet wird, den die venetianischen Kaufleute mit Vorliebe benützten.
Oder es wird erwähnt[10]), dass die Regierung den Deutschen den
Verkehr über Treviso statt über Latisana erlaube. Oder wir lesen,
dass Kaufleuten aus München und Regensburg Waaren bei Treviso

---

[1]) cf. Boerio, Dizionario del Dialetto Veneziano. — [2]) Elze a. a. O. S. 75
„am 23. August 1578", Milesio bei Thomas S. 66 „am 13. Juli 1587". — [3]) In
einem Schriftstücke vom 15. Dezember 1539 werden sie als ‚Deputati al Cothimo'
bezeichnet; cf. später Consuln-Liste. — [4]) bei Thomas S. 61 ad a. 1492. —
[5]) cf. später Consuln-Liste. — [6]) s. Bd. I Nr. 101, 120, 123. — [7]) ebda. Nr. 133,
200, 204, 207. — [8]) ebda. Nr. 204, 207. — [9]) ebda. Nr. 215. — [10]) ebda. Nr. 49.

geraubt wurden[1]), dass um 1375 die Kaufleute aus Nürnberg u. s. w.
meist über Serravalle und durch das Gebiet von Treviso[2]), die aus
dem Erzbisthum Salzburg, aus Böhmen, Passau und Niederbayern
meist über Latisana nach Venedig zogen. Die ‚via Latisana‘ wird
sonst noch erwähnt[3]), wo zugleich des Wasserweges dahin durch die
Lagune, den Kanal Poveglia und dell' Arco (la Cava Zuccarina
heutigen Tages) gedacht wird[4]). Von den Augsburgern lesen wir,
dass sie den Weg über Schongau an den Gardasee[5]) oder über
Spital und Serravalle nach Venedig einschlugen[6]). Auch die Nürnberger versicherten 1458[7]), den Weg über Schongau einem anderen
vorzuziehen.

Von einzelnen Punkten finden wir sonst noch erwähnt — und
ich schliesse hier auch die von den Venetianern berührten Punkte mit
ein — das Schloss Lichtenberg bei Augsburg[8]), Murnau, Weilheim[9]),
Füssen[10]), Innsbruck[11]), Lavant (in Tirol)[12]), die Zollstätte an
der Töll bei Meran[13]), Toblach[14]), Amsee bei Höhlenstein (Landro)
im Ampezzaner Thal[15]), zu den Haiden (= Ampezzo)[16]), die Val-
sugana[17]), Lovadina und Ospitale an der Piave[18]), Caneva bei
Sacile[19]), Conegliano[20]), La Motta[21]), Treviso[22]), Villach[23]), Spital
und den Kreuzberg (in Kärnthen)[24]) und einige andere, die uns
als Belege für die uns anderwärts überlieferten Nachrichten über
die benützten Strassenwege dienen können.

Hauptquelle hiefür sind die ausführlicheren Reiseberichte
namentlich nach dem heiligen Land ziehender Pilger, von welchen
Einzelne — freilich bis gegen Ende dieses Zeitraums, des 15. Jahrhunderts, nur Wenige — alle Orte verzeichnen, durch welche sie gekommen, wo sie sich etwa Mittags aufgehalten oder Nachtquartier
genommen haben. So besonders der mehrfach genannte Felix
Fabri, dessen Evagatorium auch nach dieser Richtung hin Unschätz-
bares bietet; ferner der gleichfalls schon erwähnte Ritter Arnold
von Harff und einige Andere aus früherer Zeit, wie z. B. Albert
von Stade, der 1236 selbst eine Romreise unternahm und in seine,
wohl wenig später begonnene Chronik mehrere sehr genaue Itinerarien
eingeschaltet hat. Nicht minder wichtig sind die Reiserechnungen
des früheren (1191—1204) Bischofs von Passau und nachherigen
(1204—1218) Patriarchen von Aquileja, Wolfger von Ellenbrechts-
kirchen, den diplomatische Geschäfte wiederholt über die Alpen
führten. — Auf Grund dieser und anderer zerstreuter Nachrichten
und insbesondere der Nachrichten über die Römerstrassen, welche
vielfach oder meistens auch später benützt wurden, hat in letzter Zeit

---

[1]) s. Bd. I Nr. 88, 89. — [2]) ebda. Nr. 230, 231. — [3]) ebda. Nr. 252, 276,
786. — [4]) ebda. Nr. 325. — [5]) ebda. Nr. 503. — [6]) ebda. Nr. 439, 508. —
[7]) ebda. Nr. 486. — [8]) ebda. Nr. 348. — [9]) ebda. Nr. 486, 503. — [10]) ebda. Nr. 26.
— [11]) ebda. Nr. 386. — [12]) ebda. Nr. 508. — [13]) ebda. Nr. 517. — [14]) ebda.
Nr. 422, 431. — [15]) ebda. Nr. 452. — [16]) ebda. Nr. 498. — [17]) ebda. Nr. 583. —
[18]) ebda. Nr. 451. — [19]) ebda. Nr. 506. — [20]) ebda. Nr. 148, 444. — [21]) ebda.
Nr. 343. — [22]) ebda. Nr. 799. — [23]) ebda. Nr. 438. — [24]) ebda. Nr. 439.

E. Oehlmann eingehender über „die Alpenpässe im Mittelalter"
gehandelt [1]), dem wir bei dieser Uebersicht uns anschliessen wollen.

Wir glauben hier absehen zu können von den westlichsten
Alpenpässen, dem Mont Cenis und Mont Genèvre, die höchstens für
die gewiss nur selten nach Venedig wandernden Unterthanen des
Herzogs von Savoyen in Betracht kommen könnten. Ebenso wird
der Grosse St. Bernhard schwerlich von deutschen Kaufleuten benützt
worden sein; auch der Gotthard war gewiss wegen seiner Höhe und
Unwirthlichkeit keine sehr betretene Verkehrsstrasse, wiewohl seit
dem Eude des 13. Jahrhunderts, wie Oehlmann nachweist [2]), ein Saum-
pfad über denselben erwähnt wird, der übrigens naturgemäss mehr
dem Handel (der Schweiz) mit Mailand diente. Viel häufiger benützt
war der Bernhardin und besonders der Septimer, von welchem Oehlmann geradezu und, wie es scheint, mit gutem Grund behauptet [3]),
dass er im 13. Jahrhundert in jenem Theil der Alpen die wichtigste,
ja die einzige vom Handel und grossen Verkehr aufgesuchte Strasse
gewesen. Zunächst freilich ebenfalls wieder für den Verkehr mit
Mailand, Genua u. s. w.; nach Venedig werden wohl nur die Schweizer
diesen Weg eingeschlagen haben. Denn wenn auch die verschiedenen
Wege aus dem südlichen Deutschland im Mittelalter bei Bregenz
am Ostende des Bodensee's zusammenliefen [4]), bequemer und näher
war doch auch für die Kaufleute West- und Südwestdeutschlands,
sowie selbst der Schweiz nach Venedig der Weg über den Brenner
oder durch eines der zu seinem Strassensystem gehörigen Thäler.

Oehlmann theilt dieses letztere selbst in folgende Abtheilungen:

1. Von Norden: die Hauptstrasse von Augsburg nach Verona.
2. Von Osten: das Pusterthal.
3. Von Südosten: das Brentathal.
4. Von Südwesten: die verschiedenen durch das Val di Non,
   Val Camonica und über Riva gehenden und westlich vom
   Gardasee ausmündenden Wege. Dazu
5. als Transversale die Strasse von Meran über Landeck
   nach Feldkirch, welche das Brennersystem mit dem cur-
   rätischen verband.

Um mit der letzten zu beginnen, so scheint sie im Mittelalter ziemlich belebt und im Gebrauche gewesen zu sein — vielleicht mehr als Oehlmann anzunehmen geneigt ist. In einem
Wallfahrtsbüchlein des 15. Jahrhunderts (in der ehemaligen Strassburger Bibliothek C. m. 458) ist ein Wegweiser von Strassburg
nach Italien enthalten [5]), worin als „Propinqua via zu dem Arle-
berg über die Etzge" eben diese Route angegeben ist: Strassburg — Offenburg — Gengenbach — Haslach — Hornberg — Villingen —

---

[1]) Im „Jahrbuch für Schweizerische Geschichte" Bd. III u. IV (1878—79);
vgl. auch Mone a. a. O. IV, 8 u. ff. — [2]) ebda. Bd. III S. 285. — [3]) ebda.
S. 201. — [4]) ebda. Bd. IV S. 167. — [5]) Von Mone in der Zeitschr. für Gesch. des
Oberrheins Bd. IV S. 17 veröffentlicht und von Oehlmann nicht berücksichtigt.

Geisingen—Engen—Radolfzell am Untersee—Konstanz—Rheineck—
Feldkirch—Bludenz—Klösterle (bei Stuben)—Arlberg[1])—Landeck—
Prutz im Oberinnthal—Finstermünz—Nauders—Mals—Schlanders—
Meran—Kaltern—Tramin—S. Michele—Trient u. s. w.

Den nämlichen Weg zum Theil — mit Umgehung des Brenners
— ist auch der Ritter Arnold von Harff auf seiner Pilgerreise 1496
gezogen. Er nennt[2]) folgende Orte, durch die er auf derselben gekommen, die uns zugleich die wohl gewöhnlich von den Kölnern
eingeschlagene Route bezeichnen dürften: Köln—Bonn—Wynteren
(Königs-Winter)—Remagen—Breisach (Breissig)[3])—Andernach—
Coblenz—Rense—Boppard—Hirtzenau—St. Goar—Wesel—Bacharach
—Dreckshausen (Trechtlingshausen)—Bingen—Ingelhausen (Ingel-
heim)—Mainz—Oppenheim—Worms—Speyer—Bruessel (Bruchsal)
—Breyten (Bretten)—Smeen (?)—Vaihingen—Swepertingen (Schwie-
berdingen)—Canstatt—Esslingen—Göppingen—Geisslingen—Ulm[4])
—Memmingen—Kempten—Nesselwang—Fijls (Füssen)—Reutte—
Lermoos—Fernpass—Sigmundsschloss(burg)—Nassereit—Eyms (Imst)
—Landeck—Prutz—Reet (Ried)—Fons (Pfunds)—Nauders—Mals—
Schlanders—Letz (Latsch)—Turnot (Naturns?)—Meran—Eppan—
Kalters—Tramin—Lorne (Salurn)—S. Michele—Nevus (Lavis)—Trient.

Wenden wir uns nun zu der Hauptstrasse über den Brenner
selbst, so wollen wir unsere Reise nicht erst von Augsburg antreten,
sondern weiter droben im Norden und zwar an der Hand des Albert
von Stade, der neben Wolfger im früheren Mittelalter diesen Weg am
ausführlichsten beschrieben, in Stade. Denn ähnlich mag die Route
gewesen sein für den Kaufmann, der aus Lübeck nach Venedig
zog. Da begegnen wir nun folgenden Stationen[5]): Stade—Celle—
Rietze in der Gemeinde Wipshausen—Braunschweig—Hornburg—
Wernigerode—Hasselfelde—Nordhausen—Langensalza—Gotha—
Schmalkalden—Meiningen an der Werra—Neustadt an der Saale—
Münnerstadt—Schweinfurt—Würzburg—Ochsenfurt am Main—Aub—
Rothenburg an der Tauber—Dinkelsbühl—Offingen—Donauwörth—
Augsburg.

Von Augsburg an entwirft Oehlmann auf Grund der Berichte
Albert's und Wolfger's, sowie anderweitiger Angaben folgendes ge-

---

[1]) Ueber die Umgehung des Arlbergs in früherer Zeit, dessen Strasse am
Ende des 14. Jahrhunderts zwar begangen und zu Pferde zurückgelegt wurde,
aber noch nicht fahrbar war, s. Bidermann, Herm. Ign., Verkehrsgeschichte des
Arlbergs in der Zeitschr. des deutschen und österreichischen Alpenvereins 1884
S. 408 u. ff., worin derselbe nachweist, dass man von Landeck aus lieber den
Umweg über Imst (Telfs), Nassereit, Lermoos, Reutte, am Gachtpass vorüber in's
Tannheimer Thal, Hindelang, Sonthofen, Immenstadt zum Bodensee einschlug. —
[2]) Ausgabe von Groote S. 5. — [3]) Die Namen modernisirt und rectifizirt nach
L. Ravenstein, Spezialkarte des Deutschen Reichs (Leipzig 1883). — [4]) Von hier
bis Nassereit stimmt auch das Itinerar Fabri's mit diesem überein. — [5]) Albert
führt sie freilich in umgekehrter Reihenfolge auf, da er von Italien nach
Deutschland reist; cf. Oehlmann a. a. O. Bd. IV S. 207 und die Ausgabe Albert's
von Lappenberg in den Monum. Germ. hist. Script. t. XVI p. 339.

nauere Itinerar über den Brenner: Augsburg—Igling—Schongau—
Peiting — Oberammergau [1])—Partenkirchen— Mittenwald—Scharnitz
—Seefeld—Zirl—Innsbruck—Wilten—Matrey—Brenner—Gossensass—Sterzing [2])—Franzensfeste—Brixen—(Süben)—Klausen—Leng-
stein auf dem Ritten-Plateau—Botzen—Branzoll—Tramin—Neumarkt—Salurn—Trient—Volano—Roveredo—Lizzana—Ala—Rivoli
—Chiusa an der Veroneser Clause—Volargne—Verona.

Daneben gab es nun aber streckenweise noch andere Wege,
die auf dieser Route eingeschlagen werden konnten und benutzt
wurden. So von Augsburg statt über Schongau und Peiting über
Mehring—Inning—Polling nach Oberau auf die Hauptstrasse. — Bei
Zirl vereinigte sich die Hauptstrasse mit der anderen, theilweise
schon oben angegebenen, welche von Ulm her über Kempten—
Füssen—Reute und den Fernpass führte und in Nassereit ebensogut
wie gegen Südwesten nach Landeck, so gegen Osten nach Zirl
und Innsbruck eingeschlagen werden konnte.

Eine besonders wichtige Strasse traf in Innsbruck von Norden
her mit jener anderen zusammen: die von Regensburg längs des
Inns über Rosenheim und Hall her führte und (über Wasserburg)
wohl auch von München aus benützt wurde [3]).

Ehe wir von Innsbruck den Weg weiter nach Süden fortsetzen,
müssen wir uns noch einmal auf jene Hauptstrasse von Augsburg
nach Innsbruck zurückbegeben, um an einem der wichtigsten Punkte
derselben noch einen Augenblick zu verweilen, in Mittenwald, dessen
hervorragende handelsgeschichtliche Bedeutung J. Baader in seiner
„Chronik des Marktes Mittenwald" [4]) in ein helles Licht gesetzt
hat. Was nämlich an Kaufmannsgütern aus Italien und Tirol einer-
oder aus Süddeutschland oder dem „Reiche" andererseits kam, musste
in Mittenwald „niedergelegt" werden und Niederlagegeld bezahlen.
Und zwar besass das ausschliessliche Recht der Erhebung dieses
Niederlagegeldes, sowie der „Verfrachtung" der Kaufmannsgüter
ein wohlorganisirter Verein bürgerlicher Fuhrleute, welcher den
Charakter einer Innung hatte und die „Rott" hiess. Davon wurde
die ganze Strasse auch die „Rottstrasse" genannt. Dieselbe führte
übrigens nicht blos über Partenkirchen und Schongau nach Augs-

---

[1]) Daisenberger, Gesch. des Dorfes Oberammergau im Oberbayer. Archiv Bd. 20
S. 83 „Die Ammergauer fanden durch Fuhrwerk, welches sie übernahmen, vielen
Verdienst. Sie führten die Güter, die aus Italien kamen, gewöhnlich bis nach
Schongau, wo sie abgelöst wurden; die Güter, die von Augsburg kamen, nach
Partenkirchen" allerdings nach Daisenberger besonders erst seit der Gründung
des Klosters Ettal (1330), da „früher des Reiches Strasse von Au am Hengenstein
gen Eschenloh und Murnau nach Weilheim führte". — [2]) Fabri a. a. O. IV. 455
nennt als Stationen zwischen Matrey und Sterzing ‚Im Lug' (Zollstation) ‚ubi
sunt gravia telonca omnium rerum quae a Venetiis in Sueviam ducuntur estque
ibi culeum grande cum magnis catenis, in quo librantur gravissimi currus cum
omnibus oneribus suis' und ‚St. Valentin' (Wasserscheide zwischen Donau und
Etsch). — [3]) s. Lori, Gesch. von Baiern II. Thl. (von K. H. v. Lang 1816) S. 351.
— [4]) Nördlingen 1880.

burg, sondern dazu gehörte auch der früher ziemlich häufig, im
15. Jahrhundert aber wegen des schlechten Zustandes der Strasse
wohl weniger benützte Arm Partenkirchen—Murnau—Weilheim—
München[1]). „Verfrachtet durfte in der Regel nur bis zur nächsten
Rottstation werden, z. B. (von Mittenwald aus) nach Partenkirchen
baierischer-, nach Seefeld tirolerseits. Brachten dagegen die Rottleute Kaufmannsgut von weiter Entfernung, z. B. aus Augsburg
oder Botzen, auf eigenen Geführten durch die Rottstationen, so
waren sie zur Niederlage nicht verpflichtet; sie konnten ohne dieselbe ihr Gut bis an seinen Bestimmungsort führen, entweder nach
Botzen einer- oder nach Augsburg andererseits. Die Rottleute wech-
selten mit der Verfrachtung der ankommenden Güter, so dass
immer einer nach dem anderen an die Reihe kam.“ — Man kann
sich denken, was das einbrachte, wie der Wohlstand des Platzes
und der ganzen Gegend in raschem Aufblühen begriffen war. Und
wie stark der Verkehr hier war und wie sehr er zunahm, geht am
besten auch daraus hervor, dass am Anfange des 15. Jahrhunderts
die Rottfuhren zu Lande für die Weiterbeförderung nicht mehr
ausreichten und die Mittenwalder daher im Jahre 1407 auch eine
Rottfuhr auf dem Wasser der Isar errichteten, an welcher namentlich die Nürnberger Kaufleute, wie überliefert wird, grosses Interesse
nahmen. Denn durch diese Wasserrott „dirigirten sie ihre Waaren
durch Baiern und vermieden die Strasse durch Schwaben und
Franken (?), wo ihnen zahlreiche Placker auflauerten“ [2]). Aber die
Mittenwalder verlangten anfangs so hohe Frachtgebühren und stellten
so harte Bedingungen, dass erst nach einigen Jahrzehnten — Baader
gibt die genaue Jahreszahl nicht an — zwischen 1431 und 1450
eine Uebereinkunft erzielt wurde. Immer mehr steigerte sich so
der Verkehr. Im Jahre 1470 bauten Richter, Rath und Gemeine
zu Mittenwald ein Waarenhaus, worin die ankommenden Güter
niedergelegt und verwahrt werden konnten. Und als nun vollends
im Jahre 1487 in Folge eines Streites zwischen dem Erzherzog
Sigmund und Venedig der grosse Botzener Markt nach Mittenwald
verlegt wurde, erreichte der Ort den Gipfel seines Glanzes. Denn
diese Botzener Märkte waren (nach Baader) ein „Brennpunkt des
Handelsverkehrs zwischen Deutschland und Italien gewesen; die
Kaufleute beider Länder rechneten dort auf den Messen mit einander
ab, zu welchem Behufe der Stadt auch ein schnelleres Rechtsver-
fahren in Schuld- und Wechselsachen verliehen war“. Nachdem nun
in dem genannten Jahre 1487 Erzherzog Sigmund 130 Venetianer
Kaufleute in's Gefängniss hatte werfen lassen[3]), „beschloss die stolze
Lagunenstadt die Niederlage ihrer Waaren und die Abrechnung
mit ihren deutschen Geschäftsfreunden von Tirol weg nach Mitten-

---

[1]) cf. Bd. I Nr. 486, 503 und Töpfer im Oberbayerischen Archiv VIII, 286.
— [2]) Baader a. a. O. S. 171. — [3]) cf. A. Jäger, Gesch. der landständischen Verfassung Tirols Bd. II Thl. 2 S. 322 und Primisser im „Sammler f. Gesch. und
Statistik von Tirol“ Bd. II S. 97 ff.

wald zu verlegen, und 192 Jahre lang wurden dann die Botzener
Mürkte hier abgehalten." — Dieser Verlegung des Botzener Marktes
verdankte die Strasse München—Benediktbeuern—Kochel—Kessel-
berg—Walchensee—Wallgau—Grün—Mittenwald ihre Entstehung.
Denn gerade mit Rücksicht auf die gesteigerte Bedeutung von
Mittenwald, um seine Hauptstadt mit diesem Orte in nähere Verbindung zu bringen, hat Herzog Albrecht von Bayern im Jahre
1492 diese Strasse anlegen lassen, welche der einige Stunden weiter
westwärts ziehenden grossen Rottstrasse parallel lief [1]. —

Von sehr untergeordneter Bedeutung waren, wie Oehlmann
wohl mit Fug und Recht sagt, die Strassen westlich vom Garda-See,
die an irgend einem Punkte des Trienter Thales dahin abbogen, da
ohne besondere Veranlassung sich niemand seitwärts in das Gebirge
geschlagen haben wird, während ihn die gerade Strasse über Verona
schneller und leichter seinem Ziele zuführte. Da aber doch gelegentlich von Ueberfüllen und Beraubungen die Rede ist, die in der Nähe
des Garda-Sees stattfanden [2], mögen kurz auch diese Wege genannt
werden. Es sind nach Oehlmann drei Linien, die hier in Betracht
kommen konnten: 1. die von Trient oder Roveredo nach Ripa am
Gardasee, 2. von Trient über Stenico im Sarcathale den Chiese entlang nach Brescia, 3. durch Val di Non, Val di Sole und Camonica.

Hingegen von der grössten Wichtigkeit für den deutsch-
venetianischen Handelsverkehr und von diesem wohl fast noch mehr
benutzt als die Hauptstrasse Trient—Verona waren die beiden
nach Osten und Südosten vom Brenner abzweigenden Strassen durch
das Pusterthal und durch das Brentathal.

Was die erstere betrifft, so gedenkt ihrer bereits Albert von
Stade, aber freilich nicht in sehr schmeichelhaften Ausdrücken.
„Im Pusterthal," sagt er, „ist es sehr theuer, und die Wirthshäuser
sind schlecht." Und selbst noch über 200 Jahre später klagt Felix
Fabri, der auf der Rückreise von Venedig diesen Weg einschlug,
über einzelne schlechte Gasthäuser und besonders über den schlechten
Zustand der Strasse, an welchem freilich die Jahreszeit — Fabri pas-
sirte die Strasse im Monat Januar — und die Schnee- und Eismassen
wesentlich mit schuld gewesen sein mögen. Sie führte von der
Brennerstrasse bei der heutigen Franzensfeste weg und ging über
Bruneck—Toblach (wo in südöstlicher Richtung ein Weg über den
Kreuzberg nach Venzone abzweigte [3]—Niederndorf—Holenstein [4])—
Peutelstein (wo Venedigs Gebiet anfing und eine Zollstation errichtet
war)—Cortina oder Ampezzo (oder Prata, zum Heyden)—Cadore
(Kadober)—Ospitale—Capo di Ponte (Plassprugg von den Deut-
schen genannt)—Serravalle (Spervall [5])—Conegliano—über die Piave

---

[1] Baader a. a. O. S. 184. — [2] Bd. I Nr. 316. — [3] s. unten — [4] Diesen
Ort als Nachtquartier nennt auch Burkhard Zink zum Jahre 1446; s. Chroniken
der deutschen Städte, Augsburg, Bd. II S. 181. — [5] Diese Strecke von Capo
di Ponte bis Seravalle beschreibt genauer Marino Sanuto in seinem ‚Itinerario
per la Terra ferma Veneziana nell' anno 1483' (veröffentlicht von Rawdon

nach Treviso—Mestre, wo die Pilger die Pferde zu verkaufen pflegten und die Kaufleute ihre Waaren auf die Barken umluden, mit denen man nach Venedig hineinfuhr. —

Die Strasse durch das Brentathal oder die Val Sugana zweigt von Trient ab. Als Stationen auf diesem Wege nennt schon Albert von Stade (jedoch in umgekehrter Reihenfolge): Pergine—Levico—Borgo (di Val Sugana)—Grigno (Primolano)—Kofel mit einem wohl befestigten Schloss, das zugleich die von hier nach Feltre—Quero (Owero) an der Piave—Treviso abzweigende, sogar häufiger betretene Strasse beherrschte, ferner Solagna und Bassano. Die weiteren Stationen bis Venedig wären Cittadella—Rimine (Limena?)—Padua—Lizzafusina—Venedig.

Von Interesse und mit den vorausgehenden Angaben ziemlich übereinstimmend ist die Route, welche der letzte Graf von Katzenellenbogen auf seiner Pilgerreise (1433—1434) einschlug, deren Beschreibung jüngst Röhricht und Meissner herausgegeben haben [1]). Er reiste von Darmstadt über Zwingenberg—Sinsheim—Marbach—Stuttgart—Nürtingen—Blaubeuern—Ulm—Memmingen—Kempten--Vils—Lermoos—Telfs—Innsbruck—Matrey—Sterzing—Mühlbach—Brunneck—Toblach—Ampezzo—S. Martino—Ospitale—S. Croce—Serravalle—Conegliano—Treviso—Mestre nach Venedig.

Den Rückweg nahm er von Venedig über Mestre—Treviso—Conegliano—Serravalle—Capo di Ponte—Toblach—Bruneck—Sterzing—Matrey—Innsbruck—Heiligenblut—Seefeld—Mittenwald—Ammergau—Schongau—Augsburg—Wembding(en)—Schwabach—Nürnberg—(Forchheim—Bamberg—Koburg—Gräfenau a. Ilm—Erfurt—Rossla—Naumburg—Halle—Calbe—Magdeburg—Tangermünde—Wilsnack—Magdeburg—Halle—Naumburg—Erfurt—Eisenach—Cassel—Treysa—Marburg—Hachenburg—Cöln—Aachen—Jülich—Cöln—Poppelsdorf—Andernach—Boppard—Rheinfels).

Wenden wir uns nun zu dem Gebiet der Ostalpen, das theils wegen der Configuration des Bodens, der reichen Gliederung der Oberfläche und der früher vielfach unstäten Besitzesverhältnisse ein

---

Brown 1847) p. 124. Er nennt noch S. Croce, Vigo und il castello di Caxamata, wo in den Berg ein Loch (Tunnel oder Gallerie) gehauen war, um die Waarenballen nach Deutschland durchzulassen (dove è uno buso taiato in la montagna tanto quanto è le balle (che) si liga in fontego per andar in Elemagna le qual tutte convien passar di lì). Desselben Tunnels gedenkt auch Felix Fabri mit dem Bemerken, dass schon in Venedig beim Ballenbinden auf diesen Tunnel Rücksicht genommen wurde (Evagatorium a. a. O. IV, 446: venimus in locum ubi ingens petra de pariete rupis protensa objicit se viae regiae; hanc petram antiqui perforaverunt, maximis non dubito laboribus, ita quod per foramen illud equites et onerarii currus transeunt cum omnibus Venetiarum mercibus. Ad quantitatem autem illius foraminis colligantur fardella vel ballae aut sacci mercium in fontico Venetiis, nec sinunt aliquid transire, quod latera foraminis tangit, nec permittunt quod foramen amplietur ferro, ut semper eadem magnitudo ballarum maneat. Et hoc rationabiliter faciunt, quia, si mercatores possent ad suum libitum onera facere, multa bona perirent). — [1]) Zeitschr. f. deutsches Alterthum Bd. XXVI S. 348 ff.

7

ziemlich komplicirtes Strassennetz aufweist. Indem Oehlmann hier den Angaben aus der Römerzeit und Wolfger's von Passau u. s. w. folgt, zerlegt er dieses Netz ebenfalls — in der Richtung von Süden nach Norden — in fünf Abschnitte: a) von Aquileja über den Pass von Pontebba bis Tarvis, b) von Aquileja oder Cividale über den Predilpass dahin, c) die gemeinsame Strasse von Tarvis über Friesach bis an die Mur, d) von der Mur über die Sölkscharte nach Lorch, e) von Unzmarkt über den Semmering nach Wiener-Neustadt. Wir werden dieser Eintheilung uns nicht anschliessen, da es uns doch mehr darauf ankommt zu wissen, welchen Weg unsere Landsleute nach Venedig hinein als heraus eingeschlagen haben. Beginnen wir da mit Wien, das ja überdies mit am frühesten zu Venedig in Handelsbeziehung getreten ist.

Als östlichster Verbindungsweg hätten wir hier zu nennen die von Wien über Baden — Wiener-Neustadt — Oedenburg — Stein am Anger—Körmönd—über die Raab—Martyancz—Radkersburg—(über die Mur)—nach Pettau führende Strasse. Von hier ging dieselbe weiter nach Ober-Pulsgau—Windisch-Feistritz — Cilly—Franz (Vransko)—St. Oswald—Laibach—Sta. Croce — Ober-Laibach—Loitsch—über den Birnbaumer Wald nach Wipbach—über den Isonzo—Palma Nuova—Aquileja. Von hier aus benützte man wohl früher den Wasserweg nach Venedig; später, als Aquileja sank, schlug man wohl von Palma Nuova den Landweg über Latisana—Portogruaro—Oderzo nach Treviso u. s. w. (cf. oben) ein. Ueberhaupt scheint diese ganze Route, die hauptsächlich in früherer Zeit dem Verkehr zwischen Ungarn und Venedig gedient hat, später weniger benützt worden zu sein. Der Verbote österreichischer Herzoge im 14. Jahrhundert gegen diesen Weg über Pettau haben wir schon früher gedacht[1]).

Von Wien schlug man in Folge dessen öfter, wenn nicht sogar ausschliesslich, den Weg über den Semmering ein, der schon aus Wolfger's Reiserechnungen[2]) und den Angaben Anderer, z. B. Ulrichs von Lichtenstein, sich so feststellen lässt: Wien—Traiskirchen—Neustadt—Neuenkirchen—Glocknitz—Semmering—Mürzzuschlag—Krieglach—Kindberg—Kapfenberg—Bruck—Leoben—Pöls—Knittelfeld—Judenburg—Unzmarkt—Scheifling—Neumarkt—Friesach—Treibach—St. Veit (in Kärnthen)—Feldkirch—Villach—Tarvis—Pontebba—den Fellacanal entlang über Chiusa—Resiutta—Venzone—Ospedaletto—Gemona. Von hier aus konnte man[3]) (südöstlich über Udine nach Aquileja oder) südlich über S. Daniele und Codroipo nach Latisana, Portogruaro u. s. w. (s. oben) oder vom Tagliamento bei Casarsa ab entweder über S. Vito—Portogruaro u. s. w. oder endlich (wie z. B. Ulrich von Lichtenstein) über Pordenone—Sacile—Conegliano—Treviso den Weg nach Venedig einschlagen.

---

[1]) cf. oben S. 49 u. ff. — [2]) s. die Ausgabe derselben von J. Zingerle (Heilbronn 1877). — [3]) s. Zahn, Friaulische Studien im Arch. für österr. Gesch. Bd. 57 S. 364 ff.

Von dieser Hauptstrasse zweigten dann aber noch mehrere andere Routen ab, deren wir hier noch zu gedenken haben. So von Bruck an der Mur eine in südöstlicher Richtung nach Graz—Leibnitz, welche besonders dem Verkehr mit Ungarn diente, also hier strenge genommen nicht in Betracht gezogen zu werden braucht. In Folge des von Herzog Albrecht III. 1386 verhängten Strassenzwanges zu Gunsten von St. Veit und Villach, dem Klagenfurt und Völkermarkt zu entgehen suchten, gewannen die Wege über den Loibl und durch die Eisenkappel über den Seeberg und den Kankerpass „eine stetig wachsende Bedeutung" [1]. — Im Jahre 1389 wurde von Cividaler Kaufleuten die Strasse über den Predil, von Tarvis nach Flitsch, angelegt [1].

Besonders wichtig sind die von Norden oder Nordwesten her auf diese Hauptstrasse (Wien — Semmering — Villach — Gemona) treffenden Routen. Da kam zwischen Judenburg und Unzmarkt die Strasse her, welche aus Oberösterreich über Zeyring führte. Oehlmann hat dieselbe nicht berücksichtigt. Aber wir wissen von früher her [2], dass den fünf Städten Wels, Linz, Enns, Steyr, Freistadt dieser Weg gestattet oder vorgeschrieben, anderen Städten aber verboten war. Also musste er doch ein öfters benützter sein. Er wird von Enns und Steyr der Enns entlang gegangen sein bis über Admont, dann über Rottenmann und den Rottenmanner Tauern nach Zeyring geführt haben. — Oder er führte — und dies gilt besonders für die Kaufleute von Linz und Wels — auf einer alten Römerstrasse [3] — über Kirchdorf—Windischgarsten—den Pyrnpass nach Lietzen—Rottenmann u. s. w. oder — dies allerdings wohl nur ein Samweg [4] — von Lietzen südwestlich über Irdning durch das Gr. Sölkthal nach dem Katschthal über S. Peter—Oberwölz und erreichte bei Scheifling die Hauptstrasse Wien—Friesach.

Etwas weiter hinter Scheifling bei Teufenbach kam eine andere gleichfalls [4] alte Römerstrasse heran, die, wenn wir sie rückwärts verfolgen, über Murau—Tamsweg—Mauterndorf—Tweng—den Radstädter Tauern—Untertauern—Radstadt—Bischofshofen - Werfen — durch den Pass Lueg—über Golling—Kuchel—Hallein nach Salzburg führte: eine der Hauptstrassen für den Handel zwischen Salzburg und Venedig [5]. — Näher war es für die Salzburger wohl von Mauterndorf statt östlich über Tamsweg südlich den Weg über den Katschberg nach Gmünd—Spittal und von da die Drau entlang nach Villach einzuschlagen [6] oder auf einem Samweg über Windisch-Feistritz nach Tarvis zu ziehen [7]. Und noch eine andere Route (ebenfalls zum Theil Samweg) führte von Salzburg—Bischofshofen über Gastein und den Malnitzer Tauern nach Ober-Vellach im Möll-

---

[1] s. Aelschker, Geschichte Kärnthens (1885) Bd. I S. 783. — [2] cf. oben S. 50 u. ff. — [3] cf. Aelschker a. a. O. S. 71. — [4] cf. Zahn a. a. O. S. 365. — [5] cf. Aelschker a. a. O. S. 71 und Koch-Sternfeld, Die Tauern (1820) S. 231 u. ff. — [6] cf. Aelschker a. a. O. S. 784 und Ankershofen, Handbuch der Gesch. des Herzogthums Kärnthen Abth. II Bd. I S. 556. — [7] s. Koch-Sternfeld a. a. O.

thal und von da an die Drau nach Spittal und südöstlich nach Villach
oder südwestlich gegen Ober-Drauburg u. s. w. (cf. unten).

Dann traf vor Venzone noch eine Strasse auf jene Hauptlinie,
welche sich (rückwärts verfolgt) bald bei Tolmezzo („dem deutschen
Schönfeld") [1]) selbst wieder theilte. Von hier aus konnte man in
nordwestlicher Richtung durch den Canal di Gordo über „die uralte
deutsche noch heute bestehende Colonie" [1]) Sappada (Bladen) – Comelico
—den Kreuzberg (Monte Croce) — Sexten — nach Innichen in's Pusterthal u. s. w. gelangen; und für den Verkehr etwa zwischen Augsburg
und Aquileja war diese alte, schon 1184 erwähnte, obwohl „müh-
same" Strasse [1]) in der That der nächste Weg [2]). — Wandte man
sich aber von Tolmezzo direkt nördlich, so führte eine alte Römerstrasse [3]) über Zuglio (Julia Carnica) — Paluzza — durch den Canal
di S. Pietro nach Timau und über den Pleckenpass nach Mauthen
und über den Gailberg nach Oberdrauburg. — Von Osten her
mündete hier in Oberdrauburg eine der Drau entlang führende
Strasse von Spittal ein (cf. oben), während in nördlicher Richtung der
(Sam-)Weg über Capaun — Winklern — Döllach — Heiligenblut — den
Tauern — durch die Fusch oder Rauris nach Bruck — Zell — Saal-
felden oder in nordwestlicher Richtung der Weg über Lienz —
Windisch-Matrey und den Velber Tauern nach Mittersill in's Salz-
burgische weiter führte [4]). — Der eben erwähnte Pleckenpass
hiess auf älteren Karten, wie Ficker betont, gleichfalls der ‚Kreuzberg' und wird heutigen Tages noch auf der italienischen (Friauler)
Seite ‚Monte Croce' genannt. Und Ficker hält wohl mit Recht [3])
gegen Meiller [5]) und gegen Zahn [6]) eben diesen (Plecken) Kreuzberg
und nicht jenen bei Innichen, für denjenigen ‚Mons Crucis', dessen
in einem Vertrage zwischen dem Patriarchen Bertold von Aquileja
und dem Grafen Meinhard von Görz vom 27. November 1234 Erwähnung geschieht. Der Graf hatte das ausschliessliche Geleitsrecht
„auf der Strasse über den Kreuzberg" beansprucht; der Patriarch
dagegen behauptete, dass ihm dasselbe nur zustehe gegenüber den
„Baiern", die von den Tauern, und Allen, welche aus Gegenden
von Niederwelz aufwärts — d. h. aus dem Salzburgischen — kämen;
nicht aber gegenüber Denjenigen, die aus Steiermark, Kärnthen und
Oesterreich kämen. Diese hätten gewöhnlich seit langer Zeit den
Weg über Chiusa und den Fella-Canal eingeschlagen; um aber der
Mauth bei Chiusa zu entgehen, nähmen sie jetzt auch den Weg
über den Kreuzberg, weshalb er nun die Mauth eben da am Kreuzberg erheben wolle. Schliesslich wurde durch schiedsrichterlichen
Spruch bestimmt, dass der Patriarch in der That von diesen Letzteren, wenn sie über den Kreuzberg zögen, an irgend einem Orte

---

[1]) Zahn a. a. O. S. 367. — [2]) Ficker in den Mittheilungen des Instituts
f. österr. Geschichtsforschung Bd. I S. 299. — [3]) Ficker ebda. S. 301. — [4]) Koch
a. a. O. — [5]) Babenberger Regesten 222. — [6]) Urkundenbuch des Herzogthums
Steiermark Bd. II S. 419 u. 631 und Friaulische Studien a. a. O. S. 367.

seines Gebietes die Mauth erheben dürfe, aber sie müsse um ein
Drittel ermässigt werden.

Damit hätten wir auch diese Seite der Alpen für unsere Zwecke
erledigt. Es erübrigt nur noch einen kurzen Blick auf das innere
Deutschland, so weit es noch nicht berührt wurde, zu werfen und zu
sehen, auf welchen Wegen man von hier aus nach Venedig gelangte.
Für die Prager war, abgesehen vom Weg über Wien, wohl die nächste
Verbindung die über Budweis durch den Böhmerwald nach Linz. Die
Breslauer konnten zuerst die Oder hinauffahren, mussten dann wohl zu
Lande bis Olmütz reisen und konnten von da wiederum den Wasser-
weg auf der March und zuletzt auf der Donau bis Wien benützen.
Die Nürnberger aber zogen wohl entweder über Augsburg oder über
München auf den oben verzeichneten Strassen nach Venedig. —

Im Anschluss hieran mögen einige Notizen über die Ent-
fernuugen zwischen Deutschland und Venedig beigefügt werden.
Wie lange freilich der Kaufmann (oder sein Vertreter) mit seinen
Waaren unterwegs war, darüber fehlen alle Angaben. Nur über die
Zeit, in welcher der Weg zu Pferd von Reisenden und Brief-Boten
zurückgelegt wurde, sind wir, allerdings leider auch nur dürftig, unterrichtet. So brauchte der früher erwähnte letzte Graf von Katzenellenbogen auf seiner Pilgerreise [1] 1433—1434 von Ulm bis nach
Venedig 10 Tage, von Venedig heraus nach Augsburg 11 Tage, und
weiter bis Nürnberg 14 Tage, die Markgrafen Johann und Albrecht
von Brandenburg 1435 von Nürnberg bis Venedig nur 9 Tage
(31. März bis 8. April) [2], Stephan von Gumppenberg 1449 von
Würzburg bis Venedig 13 Tage [3].

Johannes Schedel, ein älterer Bruder des berühmten Humanisten
Hartmann Schedel [4], reiste nach seiner eigenen Angabe am 27. April
1459 in Nürnberg ab und langte — in 13 Tagen — am 9. Mai in
Venedig an. Den Rückweg legte er in gleicher Zeit vom 13. bis
26. Februar 1461 zurück [5].

Hans von Radwitz ging am 3. April 1467 von Bamberg über
Nürnberg nach München und traf am 19. April in Venedig ein [6];
Graf Eberhard von Württemberg im Bart brach am 10. Mai 1468
von Herrenalb auf und kam 20. Mai in Venedig an; den Rückweg
von Venedig nach Urach legte er in gleich kurzer Zeit vom
25. Oktober bis 4. November zurück [7].

---

[1] cf. Zeitschr. für deutsches Alterthum Bd. XXVI S. 348 ff. — [2] Röhricht
und Meissner, Pilgerreisen etc. S. 472—473. — [3] ebda. S. 478. — [4] s. Watten-
bach in den Forschungen zur deutschen Geschichte Bd. XI S. 352. — [5] Cod.
germ. der hiesigen Staatsbibliothek 409 fol. 306' heisst es: ‚Item io Zuan Schedel
andava a Venesia con ser Lorenczo Memminger e si rivassemo a Venesia adi 9
de Mazo 1459 e si andessemo via a Nurembergo adi 27 de Avrilo, e son sta
con mi° Pi(e)ro Chogo 21 mesi, 2 duc(ati) al mesi, che val 42 duc(ati). E si
andessemo via a Venesia adi 13 del Fevrer 1461 e si venissemo a Nur(embergo)
adi 26 del Fevrer 1461.' — [6] Röhricht u. Meissner, Pilgerr. S. 485. — [7] ebda.
S. 486.

Johannes Tucher brauchte 1479 von Nürnberg nach Venedig
gleichfalls 13 Tage [1]), Felix Fabri 1483 ebensoviele (17.—29. Januar)
zur Rückreise von Venedig nach Ulm [2]).

Darnach ist es also gar nichts so Besonderes, wie Greiff meint,
wenn der junge Lucas Rem 1494 in 10 Tagen [3]) (vom 6.—15. Oktober)
von Augsburg nach Venedig hineinreitet. Und was will das erst be-
sagen gegen einzelne, wirklich staunenswerthe Leistungen von Brief-
Boten? Erst in jüngster Zeit hat Hans Bösch unter dem Titel „Eil-
post im 15. Jahrhundert" im „Anzeiger des germanischen National-
museums" [4]) eine Urkunde aus dem Scheurl'schen Archiv im Germanischen Museum mitgetheilt, aus welcher hervorgeht, dass der Nürnberger
Bürger Jakob Krauss, „wahrscheinlich ein Bote", im Jahre 1494 innerhalb 4 Tagen und einiger Stunden — von Freitag dem 14. Februar
Nachmittags 4 Uhr bis Mittwoch Früh 2³⁄₄ Uhr — über Augsburg
nach Venedig geritten „respektive gereist" ist. Und er hatte dabei
noch 10³⁄₄ Stunden länger gebraucht, als er beabsichtigt hatte. Denn
er hatte sich, wie es ausdrücklich in der Urkunde heisst, verbindlich
gemacht, in 4 Tagen nach Venedig zu reisen!

So unglaublich dies auf den ersten Anblick erscheinen mag,
es steht doch nicht ohne Analogie da! In der Antwort, welche die
Augsburger Kaufleute des Fondaco im Jahre 1474 auf die von uns
früher berührte [5]) Beschwerdeschrift der dortigen Nürnberger Kaufleute erliessen, heisst es unter Anderem [6]): „wol hatt es die gestallt,
das in verganngner zitt ain gemainer (= gemeinsamer) diener, on
vnnser wort wissen vnnd willen, durch sich selbs vnnd vnns ze
schaden ainen oder mer mit briefen, die kauffmanschafft berürten,
eylennts geschickt hütt, der nacher dann in fünnff tagen hinüü gen
Nüremberg kommen ist ..!" Jedenfalls musste da Tag und Nacht
durchgeritten und durchgereist werden. Sonst brauchten die Boten,
wie wir aus der nämlichen Beschwerdeschrift erfahren, von Venedig
heraus nach Nürnberg 10—13 oder 14 Tage, über welch letztere
Zeit aber eben als eine zu lange die Nürnberger Kaufleute sich
darin beklagen.

Von Augsburg bis Venedig rechnete man wohl auch damals
schon [7]) für die gewöhnliche Bestellung der Briefe eine knappe
Woche, nämlich von Samstag Abend bis wieder Samstag Früh und
umgekehrt von Freitag Abend bis zum andern Samstag „bei
guter Zeit". —

Wir betrachten endlich die Gegenstände des deutsch-venetianischen Handels:

---

[1]) Röhricht u. Meissner a. a. O. S. 499. — [2]) ebda. S. 502. — [3]) nicht
in 8, wie Greiff sagt (Tagebuch des Lucas Rem) S. X; cf. S. 5. — [4]) 1886 S. 255.
— [5]) cf. oben S. 88. — [6]) Flegler im Anzeiger f. Kunde der deut. Vorzeit 1867
Nr. 11 S. 336. — [7]) cf. die „erneuerte" Augsburger Botenordnung vom Jahre 1555
bei Greiff, Tagebuch des Lucas Rem S. 77, auf welche ich im zweiten Theile
nochmals zurückkomme.

## V. Die Waaren.

Kurz, aber ziemlich treffend hat schon Mone als Hauptartikel der deutschen Einfuhr nach Venedig „Leinwand und Wolle", als jene der Ausfuhr aus Venedig „Spezereien, Seide und Wein" bezeichnet[1]). Vollständiger sind darüber die meist aus dem Capitolare[2]) geschöpften Angaben Heyd's in dem mehrerwähnten Aufsatz[3]). Die deutschen Kaufleute, sagt er, brachten nach Venedig:

1. die Ausbeute der deutschen Bergwerke: Metalle: Gold, Silber, Eisen, Kupfer, Blei, Zinn und zwar besonders aus den österreichischen Landen;
2. Pelzwerk aus den nördlicher gelegenen Theilen Deutschlands, vielleicht auch aus Russland her;
3. die Manufakturerzeugnisse der deutschen Lande: Leder, Hornwaaren, Zeuge aus Wolle, Leinwand und Baumwolle.

Aus Venedig aber holten unsere Kaufleute für die deutsche Heimath:

1. die Waaren der Levante, des Morgenlandes: Spezereien aller Art, Pfeffer, Zucker, griechische Weine, Rohseide, Baumwolle;
2. die Erzeugnisse des venetianischen Gewerbefleisses: der Glasfabrikation in Murano und der sehr vorgeschrittenen Textil-Industrie Venedigs für die feineren Zeuge aus Seide und Baumwolle, die Sammte, Tafte, Schleier, Goldbrokate, Kamelotte, Boccasini u. s. w.

Vergleichen wir damit unsere Urkunden, so finden wir fast alle diese Artikel auch in ihnen gelegentlich erwähnt: als deutsche Einfuhrartikel:

a) Gold und Silber, gemünztes und ungemünztes[4]), Messing[5]), Eisen[6]), Kupfer[7]), Zinn[8]), Bernstein[9]);
b) Pelzwerk. Häute, Felle[10]);
c) Deutsche Manufakturerzeugnisse: Zeuge (Tücher, Gewebe, Kleider) aus Wolle und Leinwand, wie diese selbst auch in unverarbeitetem Zustand[11]), Schleier und Hüte[12]), kirchliche Ausstattungsgegenstände[13]), ferner Paternoster[14]). Ausserdem bezog aber Venedig aus deutschen Landen

---

[1]) Zeitschr. f. Gesch. d. Oberrheins Bd. IV S. 8. — [2]) cf. p. XII; XV; 9 c. 29; 29 c. 86; 37 c. 105, 106; 53 c. 134; 73 c. 168; 74 c. 169; 83 c. 187; 86 c. 194; 95 c. 204; 100 c. 208; 103 c. 213; 116 c. 228; 133 c. 240; 141 c. 247; 153 c. 258; 164 c. 275; 168 c. 278; 172 c. 282; 193 c. 305; 209 c. 325; 224 c. 4; 253 c. 21; 263 c. 27; 266 c. 30; 274 c. 39. — [3]) S. 214 u. ff.; cf. auch dessen Gesch. d. Lev.-H. II, 550 u. ff. — [4]) Bd. I Nr. 9, 50, 68, 69, 86, 91, 96, 97, 162, 173, 179, 265, 298, 798. — [5]) ebda. Nr. 487, 491. — [6]) ebda. Nr. 98, 109, 510, 782. — [7]) ebda. Nr. 15, 16, 54, 216, 236, 360, 590, 597, 617. — [8]) ebda. Nr. 15, 16, 229, 236. — [9]) ebda. Nr. 212, 488. — [10]) ebda. Nr. 59, 114, 281, 301, 346, 367, 488, 789. — [11]) ebda. Nr. 63, 106, 137, 163, 168, 181, 212, 267, 268, 270, 488. — [12]) ebda. Nr. 212. — [13]) ebda. Nr. 483. — [14]) ebda. Nr. 298.

(besonders den angrenzenden österreichischen Gebieten) noch Holz [1]), Getreide [2]), auf dessen Einfuhr mitunter sogar eine Prämie gesetzt wurde [3]); dann ab und zu andere Lebensmittel: Mehl, Nüsse, Kapaunen (?)[4]), und namentlich Pferde und sonstige Zugthiere [5]) nebst Rosshaaren [6]).

Unter den Ausfuhrartikeln der Deutschen aus Venedig finden wir erwähnt:

1. Specereien im Allgemeinen [7]) und speziell: Pfeffer [8]), Ingwer [9]), Kümmel [10]), Zimmt [11]), Rhabarber [12]), Safran [13]), Cochenille [14]), Brasilienholz [15]), Räucherwerk [16]); ferner Mandeln [17]), Feigen uud Rosinen [18]), Johannisbrod [19]), Zucker [20]), Wachs [21]), Oel [22]), Seife [23]), Salpeter [24]); ferner Fische (besonders getrocknete) [25]), Fastenspeisen [26]), Weine (Malvasier und Chriechel) [27]);

2. venetianische Fabrikate: Stoffe aus Seide, wie diese selbst [28]), aus Sammt [29]) und Baumwolle, wie diese selbst [30]), Barchent [31]), Flachs [32]), Goldfäden oder Golddraht [33]), Glaswaaren [34]), Waffen (Panzer, Kürasse, Sturmhauben) [35]), Schleifsteine [36]), Papier [37]), Kaninchenfelle [38]) (die damals in Deutschland also noch selten gewesen zu sein scheinen),

womit natürlich die Zahl der ein- und ausgeführten deutsch-venetianischen Handelsartikel keineswegs erschöpft ist. Auch hiefür bedarf es noch vielfacher Vorarbeiten.

In einem Friesacher Mauthtarif vom Jahre 1425 werden als vorzüglichste Artikel, welche man aus Venedig (nach Kärnthen) herausführte, genannt [39]): Salpeter, Schwefel, Alaun, Oel, Weinbeeren, Mandel, Reis, Feigen, Seife, Lorbeeren, Boxhorn (Johannisbrot), Glas, Paradiesäpfel, Malvasier und andere griechische und italienische Weine, dürre (getrocknete) Fische, feines Tuch (aus Florenz und Verona), Seidenzeuge, Sammt, Schleier, Strohhüte, Farbwaaren, Gold- und Silbergeschmeide, alle Gattungen Gewürze, besonders Pfeffer und Ingwer u. a. „Dafür hatte Kärnthen einen sichern Absatz jener Produkte nach Venedig, welche dasselbe zur Ausrüstung und Proviantirung seiner Arsenale und Schiffe und für seinen

---

[1]) Bd. I Nr. 246. — [2]) ebda. Nr. 203, 563, 565. — [3]) ebda. Nr. 563. — [4]) ebda. Nr. 194. — [5]) ebda. Nr. 345, 406, 549, 553, 558, 566. — [6]) ebda. Nr. 224. — [7]) ebda. Nr. 75, 522. — [8]) ebda. Nr. 75, 236, 338, 440, 444. — [9]) ebda. Nr. 222. — [10]) ebda. Nr. 234, 338. — [11]) ebda. Nr. 338. — [12]) ebda. Nr. 164. — [13]) ebda. Nr. 11—13, 19, 326. — [14]) ebda. Nr. 88. — [15]) ebda. Nr. 88. — [16]) ebda. Nr. 338. — [17]) ebda. Nr. 221, 223. — [18]) ebda. Nr. 338. — [19]) ebda. Nr. 787. — [20]) ebda. Nr. 75, 273, 338. — [21]) ebda. Nr. 75. — [22]) ebda. Nr. 17, 49, 65, 108, 786. — [23]) ebda. Nr. 193, 338, 787. — [24]) ebda. Nr. 241, 283, 318, 327, 450, 552. — [25]) ebda. Nr. 579, 580. — [26]) ebda. Nr. 202. — [27]) ebda. Nr. 202, 338. — [28]) ebda. Nr. 43, 46, 61, 80, 83, 88, 89, 205, 423, 793, 794. — [29]) ebda. Nr. 205. — [30]) ebda. Nr. 56, 273, 338, 498, 522, 800. — [31]) ebda. Nr. 236. — [32]) ebda. Nr. 194. — [33]) ebda. Nr. 43, 158, 810. — [34]) ebda. Nr. 201, 338. — [35]) ebda. Nr. 36, 37. — [36]) ebda. Nr. 113. — [37]) ebda. Nr. 266. — [38]) ebda. Nr. 340. — [39]) s. Aelschker, Gesch. Kärnthens I, 778—781; Ankershofen, Handb. der Gesch. von Kärnthen II, 1 S. 550.

sonstigen Bedarf und Handel, als damals reich bevölkerte Stadt,
bedurfte. Die vorzüglichsten Artikel der Art waren: Leinwand
(und Hanf: Garn, Zwillich, Segeltuch oder Plahen), Tuch (Loden
aus der Wolle der zahlreichen Schafherden), Pferde, Rindvieh
(Wallachen, Stuten, Hornvieh), Eisen und Blei, Getreide und Holz" [1]).
„Ausser diesen grösseren Artikeln kommen in dem oben erwähnten
Mauthtarife noch folgende Waaren theils als Landesprodukte (Kärn-
thens) theils als Durchfuhrartikel vor: Honig, Meth, Bier, Hopfen,
Speck, Wachs, Parchant, Wolle, Flachs, Ross- und Rinderhaare, alle
Gattungen gearbeitete Häute, Stiefeln und Schuhe, Schweine, Ziegen,
Unschlitt, Schmalz, Käse, Federn, Filzhüte, Kotzen (grober wollener
Mantel), dann alle Gattungen Wilddecken und Rauchwerke, Yrch
oder gearbeitete Bockhäute, Kitzfelle, Kupfer und Zinn, Wasserblei,
Hüttenrauch (künstlich verfertigter Arsenik), Schwert- und Messer-
klingen, Gloriät oder Lörgat (Lärchenharz), Farbwaaren, Mehl,
Nürnberger Waaren, Zwirn, leinene Bänder jeder Gattung, Passauer
Geschirr, Quecksilber u. dgl. mehr" [1]).
Aehnlich werden in einem Seitenstetter Codex aus dem (ausgehen-
den?) 15. Jahrhundert folgende Waaren als Ausfuhrartikel aus Oester-
reich nach Venedig angegeben [2]): Leinen, Quecksilber, Wachs, Garn,
Zwillich, Plahen, Federn, Schmer (Fett), Unschlitt, Felle, Irich, Kupfer,
Zinn, Tegel (Lehm?), Blei, Speck, Tücher (graue und weisse),
Hüttenrauch, Häute, Hausen (Fischart), Hering, Salz, Schwert,
Prennt (?); dagegen als Einfuhrartikel: Weinbeeren, Safran, Feigen,
Welscher Wein, Terrant (Weinsorte?), Cotpoln (= Kotbuckeln?
eine Art Fische), Glass, Poxhörnl (Johannisbrot), Oel, Seife, Sammt,
Baldachin (Baldekino, Seidenstoff), Zugatoni (?), Kamucka (Camocato,
Seidenstoff), Corosyn (?), Spintel (?), Purpur, Maromat (Maramato,
Goldbrokat), Taffata, Sarassmat (?), Zenndel, Sandelin, Parchant.
Die Menge der Tauschgegenstände zwischen Deutschland und
Italien hat Baader in seiner „Chronik des Marktes Mittenwald" durch
folgende Aufzählung der in den Waarenhäusern Mittenwald's in da-
maliger Zeit „niedergelegten" Waaren zu veranschaulichen gesucht [3]):
„Aus der Levante und Italien waren aufgestapelt alle Gewürze und
Südfrüchte, Ballen mit Baumwolle, Pfeffersäcke in grosser Anzahl,
Lageln mit Kamlit (Kamelot, Wollenzeug), Säcke mit Zitwar (bittere
Wurzel), Büschel Filetseide (gedrehte Seide) in Löschen (eine Art
Leder), Truhen mit Kanel (Zimmt), Säcke mit Johannisbrot, allerlei
Ballen mit Baumwolle umschlagen, Büschel mit Löschen, schwarze und
weisse Poccaschyn enthaltend, Lageln mit Muskatblumen, Säcklein
mit Safran, in Lösch zusammengebundene Büschel mit Seide, Säcke
mit allerlei Gewürzen und Fastenspeisen, mit Wolle beschlagene

---

[1]) Ankershofen a. a. O. — [2]) Kurz, Oesterreichs Handel in älteren Zeiten
S. 485; cf. S. 327 u. ff. — [3]) S. 178 auf Grund archivalischer Aufzeichnungen:
cf. 38. Jahresbericht des hist. Ver. für Mittelfranken S. 108 u. ff. Die oben
eingeschlossenen Erklärungen sind von mir aus den Wörterbüchern von Grimm,
Lexer, Schmeller etc. beigesetzt.

Ballen, Säcke mit Ingwer, Nägelein und Zibeben, Büschel mit Taffata
und Joppenseide, Scharnitzen mit Nägelein, Ballen mit Schreibpapier,
Lageln mit Weihrauch, Säcklein mit Muskat, Löschbüschel mit Goldtafeln und Töckelseide (Docken- d. i. gehaspelte Seide?) von allerlei
Farben, Wollenballen mit Silber- und Goldtafeln, Zockeln (Holzschuhe)
und Schreibtafeln, Senftsäcklein, grosse Schachteln mit Konfekt,
Schachteln mit Borten, Schleierlein, in Bretter gebundene Büschel mit
rothem und schwarzem Sammt und mit Tüchern von Damasko, Büschel
mit Gold- und Silberfellen, Büschel mit Stückbörtlein, Schachteln mit
Gold und Silber, Schachteln mit Zitronato, Wachsscheiben, Pome-
ranzen und andere Südfrüchte, Löschbüschel mit Zendel, Krüge
mit Sabaina (Sabina? Sade- oder Sevenbaum), Oelfässer, Löschbüschel mit Sturzhauben (Schleierart), Füsser mit Feigen, Zucker
und Palmatseide (weiche Seidenart), Lageln mit Feigen, mit Weinbeeren, zahllose Fässer mit Wälsch- und Etschwein, Lageln mit
Malvasier, Säcke mit Mandeln und viel anderes Kaufmannsgut des
Südens und Ostens.

Aus Schwaben, Franken, Bayern, Sachsen und den Rhein- und
Niederlanden wurden nach Tirol und den angrenzenden Landen,
desgleichen nach Venedig und noch weiter verladen: Fässer mit
Kupferdraht, Viertelfässer mit weissen Blechen und Messing, Boden-
füsser mit schwarzem Eisen, Schocke (Büschel) mit Sturzhauben,
Säume mit Gewand, Tüchern von Aachen und Butzbach, rothen und
blauen lundischen Tüchern, weissen englischen Tüchern, dann mit
Tüchern von Frankfurt, Friedberg und Seligenstadt (Hessen), Säume
Kyrsaten („ein alter schwieriger Zeugname"), Doppel-Arras und mit
grauen englischen Tüchern, Säume mit Gewand von Köln, blauen
Tüchern, rothen und weissen Kyrsaten, dann hinwieder mit Trautner
und roth und kornblauem Teurner Gewand, Säume mit blauem
Herrnthaler und Speyrer Tuch, Kyrsat-Umschlägen und blauen
Guglern (Art Leinenzeug), Ballen und Fässer mit Barchant, Panzern,
Hundskappen (Art Visier oder Sturmhaube), Haarbändern, Nadeln,
Fingerhüten und Messern, Ballen mit Dorneckischen (Tournay) Tüchern
und Hosen, Päcke mit Biretlein, Papierballen, Ballen und Truhen
mit Buchsbaumkämmen, Künlein (Kaninchenfelle), Kröpf- (Halsstück
von Pelz), Geis- und Luchsfellen, Lüdlein mit Gold und Silber und
Heftlein, mit Abenteuer (Kleinodien) gezeichnet, Ballen mit Trusein-
hosen, mit Gewand von Löwen, grünem und rothem Tuch von
Löwen, mit schwarzem und lichtem Herrnthaler Tuch, mit schwarzem
und rothem Bursat (halbseidener Zeug), mit lichten Tüchern von
Aachen, mit rothem Frankfurter und rothem Gebershausener Tuch,
mit Lyrichhosen (Larichhosen? von Leinwerch, feinerem Werch),
mit grobem englischem und Akaley-Tuch, verschiedenes Kemlin-
Gewand (Zeug aus Kameelhaaren), Ballen mit Tafelmessing (in
Platten) und viele andere Handelsartikel der süd- und norddeutschen,
rhein- und ausländischen Industrie."

## Zweiter Theil.

Der grosse Brand, dessen wir öfters gedacht, brach in der Nacht vom 27. auf den 28. Januar[1]) des Jahres 1505 im Fondaco selbst aus. Erst am darauffolgenden Tage[2]) konnte dem wüthenden Element, das den ganzen Bau verzehrte, mit Hülfe der im Arsenal Bediensteten Einhalt gethan werden, die für ihre Mühewaltung ein Geldgeschenk erhielten[3]).

Noch am nämlichen Tage, also am 29. Januar (und nicht erst später), trat die Regierung in Berathung über den Wiederaufbau des Fondaco. Der Gewinn, den die Republik aus demselben wie aus dem Handel mit den Deutschen überhaupt bisher gezogen, war ja zu augenscheinlich, als dass man auch nur einen Augenblick hätte Bedenken tragen können, auf Staatskosten einen Neubau aufzuführen. Der Rath der Zehn ertheilte sogleich einem der Beamten des Salzamtes, aus dessen reichen Einkünften derartige Ausgaben damals gedeckt wurden, dem Francesco di Garzoni, Vollmacht, für die nächsten dringendsten Bedürfnisse die Summe von 500 Dukaten auszugeben[4]). Die Regierung erklärte sich auch alsbald (am 6. Februar) bereit, zu den Kosten für den interimistischen Aufenthaltsort der deutschen Kaufleute, welche zu diesem Zwecke den Palast der Brüder Lippomano (bei S. Sofia) mietheten, die grössere Hülfte (³/₅ oder 600 Dukaten für zwei Jahre) beizusteuern[5]). — Jene ersten 500 Dukaten waren freilich rasch verbraucht. Am 19. April mussten weitere 1000 Dukaten bewilligt werden[6]), und nachdem man sich im Laufe des Juni entschlossen hatte, behufs Vergrösserung und Verschönerung des Gebäudes noch mehrere der anstossenden Anwesen anzukaufen[7]), belief sich der Kostenvoranschlag, den der genannte Francesco di Garzoni auf Befehl der Regierung Ende Juli entwarf, bereits auf 11,250 Dukaten[8]). Und schliesslich, als auch noch die künstlerische Ausschmückung des Neubaues durch einen Giorgione und Tizian hinzukam, überstiegen — wie der Doge Leonardo Loredano in einem Schreiben an den Rath von Nürnberg vom 6. Dezember 1508 selbst angibt[9]) — die Kosten die Summe sogar von 30,000 Dukaten.

Freilich bildete dann auch das Gebäude in seiner neuen Gestalt eine Zierde, eine Sehenswürdigkeit der Stadt, auf welche auch die Reisebeschreibungen der Folgezeit nicht verfehlen aufmerksam zu machen; und nicht mit Unrecht nennt es der venetianische Geschichtschreiber Francesco Sansovino selbst eine kleine Stadt[10]). Es ist

---

[1]) Nicht Juni, wie es bei Conrady, 4 rheinische Palästina-Pilgerschriften, S. 196, Anm. 34 irrig heisst; cf. Sanuto, Diarii (Neue Ausg.) t. VI p. 126 und bei Thomas, Zur Quellenkunde etc. S. 39. — [2]) Sanuto t. VI p. 128 und bei Thomas a. a. O. — [3]) s. Bd. I Nr. 629. — [4]) ebda. Nr. 628. — [5]) ebda. Nr. 630; Sanuto VI, 131 sagt fälschlich „die Hälfte". — [6]) Bd. I Nr. 634. — [7]) Thomas, Quellenkunde, S. 39—41; Sanuto VI, 175; cf. Bd. I Nr. 636, 637, 646—650. — [8]) Bd. I Nr. 636. — [9]) s. Flegler im Anzeiger f. K. d. d. V. 1867 Nr. 12 S. 364. — [10]) In dem Schriftchen

in der Form eines Quadrats gebaut mit einem Hofe in der Mitte
und füllt auch heute noch, obwohl seines früheren Schmuckes zum
grössten Theil entkleidet, durch die Grösse des Umfanges, welche
nach verschiedenen Angaben 512 Fuss beträgt, sowie durch die bedeutende Höhe des Baues, der sich bis zu drei Stockwerken erhebt,
und durch seine Massigkeit überhaupt in die Augen.

Ich gehe hier weder auf die Baugeschichte noch auf den Bau
selbst im Einzelnen genauer ein. Was die erstere betrifft, so sei hier
nur erwähnt, dass der Neubau von der Regierung möglichst beschleunigt
wurde [1]) und in der That rasch beendigt war. Am 1. August 1508 —
also nach etwas über 3½ Jahren — war der neue Fondaco im Grossen
so weit fertig, dass er eingeweiht werden konnte. Es wurde, wie
Sanuto erzählt, zu dieser Feier im Hofe des neuen Gebäudes eine
Messe gehalten; dann begaben sich die Visdomini in ihr Amtszimmer,
die deutschen Kaufleute begannen ihre Ballen binden zu lassen, während freilich noch innen und besonders aussen an der Vollendung des
Baues gearbeitet werden musste [2]). Die Fresken scheinen aber doch
auch im Jahre 1508 noch fertig geworden zu sein, da wir wissen,
dass dem Giorgione durch den Spruch dreier von der Regierung

---

‚Delle cose notabili che sono in Venetia' 1561 p. 28, in welcher Sansovino nur im
Vorwort sich genannt hat. Da später das Büchlein anonym erschienen ist und dann
von Nicolò Dogl'oni Zusätze etc. erhalten hat, mag dies der Grund sein, warum
Milesio für die obigen Worte ‚una piccola città' eben den Letzteren, N. Doglioni,
irrig als Gewährsmann nennt (Thomas, Beschreibung S. 29). Cf. Hans Gg.
Ernstinger's Raisbuch, hrsg. von Ph. A. F. Walther in der Bibliothek des
liter. Ver. in Stuttgart (1877) Bd. 135 S. 47 (Reise nach Venedig 1593): „fontico
dei Todeschi oder das teutsche hauss ain schönes grosses gebey am grossen
canal gelegen, mit ainem schönen gevierten hoff, glegsamben zimmern und ge-
wölbern, auch ainer gueten cistern versehen"; ähnlich Hans Chilian Neumaier
von Ramssla, Reise durch Welschland (1622) S. 27: „Nicht weit von der
Brücken ist der Deutschen Kauffhauss ... stehet am Canal grande, ist ein vier-
eckicht grosses schönes Palatium, hat inwendig einen gevierdten Hoff vnd zween
gewölbte Gänge vber einander, sollen 80 Losament darinnen seyn ...‟; cf. auch
Joh. Henr. a Pflaumern, Mercurius Italicus (1625), p. 15 u. A. Die deutschen
Kaufleute selbst rühmen in einem späteren Dokument vom Jahre 1652 (cf. Bd I.
Nr. 773 S. 462) den Fondaco als eine ‚fabbrica, e per la isquisitezza del sito, che la
rende conspicua, e per l'artificio dell' architettura, che la singolarizza nelle
qualità, e per la grandezza della machina, che altamente la contradistingue,
e per l'effusione del dispendio, che la constituisce maravigliosa, ben degna di
quella mano, dalla quale prendono le attioni l'attributo di illustri'.

[1]) Bd. 1 Nr. 631, 634, 640. — [2]) Marino Sanuto, Diarii t. VII p. 597: Adi
primo (dil mexe di Avosto 1508) marti. Fo cantà una messa, preparato in corte
dil fontego di Todeschi, fabrichato novamente; opera bellissima, nel qual si è
speso fin qui da ducati ... milia. Et à (= ha) la cura di la expeditione sier
Alvise Sanudo, provedador al sal. Hor contato una solenne messa. Et introno
dentro li vicedomini a l'officio, la nome di qual sarà qui sotto scripti, et li
Todeschi comenzono a intrar et ligar balle; e tutavia dentro si va compiando
et depenzendo di fuora via, tamen non li core fitto si non al primo di Marzo
1509 si comenzerà; et le bottege di sotto funno affitade, e si trarà di fitto di
più al' anno ducati ... Hor li vicedomini che comenzono, funno sier Zuan
Augustin Pizamano, quondam sier Fantin, sier Hieronimo Malipiero, di sier
Piero, et sier . . . .

ernannter Schiedsrichter am 11. Dezember 1508 für „Bemalung des Fondaco" die Summe von 150 Dukaten zuerkannt wurde [1]).

Dieser hatte ja, wie bereits oben angedeutet, wie auch Tizian, von der Regierung den Auftrag erhalten [2]), die Aussenseite des Fondaco und den inneren Hofraum mit Fresken zu schmücken. Ich sage „von der Regierung" und betone dies gegenüber der Darstellung Thausing's in seinem „Albrecht Dürer". Es ist unbegreiflich, wie derselbe behaupten kann [3]), die Vertrauensmänner (d. h. die Cottimieri oder Consuln) der deutschen Kaufherren hätten die Aussenmauern des Fondaco von Giorgione und Tizian ganz mit Fresken bedecken lassen zum Ersatz dafür, dass die Regierung verboten hatte, beim Neubau etwas von Marmor oder in erhabener oder gebrochener Arbeit herzustellen und anstatt dessen die Verwendung von „Roh-Bruchstein" vorgeschrieben hatte. Dieses letztere Verbot ist allerdings richtig [4]). Aber nichts kann gewisser sein, als dass die Regierung selbst, und nicht die deutschen Kaufleute, die beiden genannten Maler mit jener Aufgabe betraute. Und zwar wurde Giorgione die Bemalung der West- und der Nordseite, d. h. der gegen den Canal grande und der gegen den Rio del Fontico zugewandten Façaden nebst dem Hofraume, Tizian dagegen die der Süd- und Ostseite, d. h. der Façade des Haupteinganges von der Strasse aus und der über der heutigen ‚Salizzada del Fondaco' liegenden Façade übertragen, die als eine Hauptverbindungsstrasse vom Campo di S. Bartolomeo (dem Ende der Merceria) nach dem Ponte dell' Oglio und weiter nach S. Giovanni Crisostomo führt. „Giorgione malte an den unteren Flächen stattliche Reiterfiguren in Colonnaden, an den Friesen, durch welche er die Stockwerke abtheilte, Trophäen, nackte Figuren und steinfarbige Köpfe als Consolen; an den abgestumpften Ecken des Gebäudes Geometer mit der Messung der Erdkugel beschäftigt; endlich theilte er den oberen, die Façade abschliessenden Fries in Nischen, welche einzelne Gestalten enthielten" [5]). Im Hofe malte er in Chiaro-oscuro über den Bogengängen der drei Stockwerke Friese, „Arabesken, welche in gleichen Zwischenräumen mit Landschaften, Köpfen römischer Imperatoren, Fratzengesichtern u. a. untermischt waren" [6]). Auch Tizian, scheint es, erledigte seine Aufgabe in ähnlicher Weise, nur vielleicht in anderer Anordnung, indem er neben oder über den einzelnen Figuren einen Fries in Chiaro-oscuro von Arabesken, Thieren und sonstigen Phantasiegebilden anbrachte. Unter den Einzel-Figuren

---

[1]) Crowe u. Cavalcaselle, History of Painting in North-Italy t. II p. 142 nota; cf. Gualandi, Memorie originali italiane risguardanti le Belle Arti, Bologna 1840—1842, Serie III p. 90. — [2]) Gegen Crowe und Cavalcaselle's Annahme (Life of Titian vol. I p. 93), dass Giorgione zuerst allein den Auftrag erhalten und ihn dann aus freien Stücken mit seinem Schüler Tizian getheilt habe, wendet sich, wie ich glaube mit Recht, neuerdings Lübke in seiner „Geschichte der italienischen Malerei" Bd. II S. 487. — [3]) (1. Aufl.) S. 256—257; der Fehler ist auch in der 2. beibehalten. — [4]) cf. Thomas, Quellenkunde, S. 42. — [5]) Lübke a. a. O. II. 486. — [6]) Elze, Ausland, 1870, S. 627.

aber wird besonders einer Judith, einer Eva, einer Venus, eines
Orientalen und eines jungen venetianischen Nobile in der Tracht
der Ritter ‚della Calza‘ gedacht, welche im Jahre 1715 noch erhalten
waren und die Bewunderung der Beschauer erregten [1]). Der Venetianer
Kunsthistoriker Zanetti rühmt bei Giorgione die glühende und
originale schöpferische Kraft, die Neuheit und Lebendigkeit der
Motive, die Meisterschaft in Abstufung und Vertheilung von Licht
und Schatten, an Tizian den grösseren, ruhigeren und weiseren
Genius, der das grosse Feuer Giorgione's in den tiefen Schatten und
den glühenden Fleischton zu einem Stil von vollkommener Schönheit
zu mildern gewusst [2]).

Heutzutage ist von diesen Fresken in Folge von Wind und
Wetter und der Venedig eigenthümlichen salzigen feuchten Luft so
gut wie gar nichts mehr vorhanden: „die Wände haben," wie Elze
treffend bemerkt [3]), „einen trostlosen modernen Anstrich".

Anderes ist durch Menschenhand am Bau geändert und be-
seitigt worden. So namentlich die beiden kleinen Thürmchen, welche
ehedem sich an den beiden Hauptecken der dem Canale grande
zugekehrten Façade erhoben. „Dieselben waren einerseits mit
marmornen Marcuslöwen und der Inschrift ‚Principatus Leonardi
Lauredani inclyti Ducis anno sexto', d. h. ‚im sechsten Regierungs-
jahre des Dogen Leonardo Loredano' (1508) verziert [4]), auf der
anderen Seite aber mit Malereien Giorgione's und Tizian's ge-
schmückt [5]). „Im nordwestlichen Thurm (gegen den Rio) befanden
sich zwei Glocken von mittlerer Grösse, deren Geläute nach Hospiz-
sitte die Hausbewohner zu Tische rief." Diese Thürmchen wurden
erst in neuerer Zeit unter der österreichischen Herrschaft abgebrochen
und nicht zum Vortheil des Gebäudes durch Zinnen, gleich den
schon von Anfang an vorhandenen, ersetzt.

Noch erhalten ist die in der Mitte dieser Façade gegen den
Canale grande angebrachte marmorne Trophäe in Basrelief mit der
ebenerwähnten Inschrift ‚Germanicis D(icatum)', „den Deutschen
gewidmet". „Unter derselben über dem Spiegel des Wassers tragen
sechs grosse Pfeiler von istrischem Stein eine fünfbogige Landungshalle. Rechts im Eingange derselben befand sich ehemals das Amt der
Visdomini, darüber [6]) ein Marcuslöwe und die noch vorhandene Jahreszahl 1559 [7]) nebst der Inschrift ‚Respice finem' (Bedenke das Ende).
Diesem gegenüber auf der linken Seite des Canaleinganges lag die
Dogana (das Verzollungslokal), ein geräumiges Lokal mit zwei
Thüren und einem grossen eisenvergitterten Fenster, welches zur

---

[1]) Elze a. a O. aus Milesio (cf. Thomas, Beschreibung. S. 44). — [2]) Lübke
a. a. O. II, 487. — [3]) a. a. O. S. 627. — [4]) Wozu als Ergänzung die unten zu
erwähnenden Worte Germanicis d(icatum), „Den Deutschen gewidmet", gehörte.
— [5]) Elze a. a. O. S. 628, woher auch das Folgende. — [6]) So Elze a. a. O.
S. 627; Milesio (bei Thomas, S. 30) sagt etwas genauer ‚über der Eingangsthür'.
— [7]) „In welchem das Amt dorthin verlegt wurde" Milesio ebda.

Empfangnahme der Waaren in Pestzeiten und zur Austheilung des Almosens der Panada [1]) diente."

Des Weiteren ist dann noch gut erhalten das ansehnliche „Eingangsportal auf der Süd-(oder Strassen-)Seite mit marmornen Säulen auf gleichen Piedestalen und mit einem Basrelief im Schlussstein der Bogenwölbung, das einen Putten mit Füllhorn darstellt. Im Fries ist die (nämliche) Inschrift eingehauen (die früher an den beiden Thürmchen angebracht war) ‚Principatus Leonardi Lauredani inclyti Ducis anno sexto‘. In der Nische über dem Thor befand sich ein geflügelter Löwe in Halbrelief" [2]). Unter dem Thore an der rechten Wand liest man noch auf einer Marmortafel ein Verbot vom Jahre 1670, im Hofe weder zu fluchen noch zu spielen, noch zu rauchen, noch viel weniger sich zu prügeln oder Lärm zu machen, um die Ruhe der Bewohner des Hauses nicht zu stören.

Das Thor führt in den (einzigen) Hof, einen „einfachen Pfeilerhof mit 20 Bogen im Erdgeschoss und je 40 (darüber) in den drei Stockwerken, also zusammen 140 Bogen, hinter welchen in allen Stockwerken regelmässige Korridore (und im Erdgeschoss ein Säulengang) den Hof umgeben". „In demselben zu ebener Erde befanden sich die Dienstzimmer des Pförtners (dessen eigentliche Wohnung im obersten Stock war) oder des Hausmeisters, wie wir wohl heutzutage sagen würden [3]), dann der Ballenbinder, der Träger [4]), der Wäger, dann zweier „Fattori" (Diener) der Deutschen; ferner die Weinschenke [5]) und 25 grosse Gewölbe (volte) [6]), welche als Magazine zur Aufbewahrung der Waaren dienten." Auf der Aussen- oder Strassenseite waren im Erdgeschoss 22 Verkaufsläden angebracht, die von der Regierung an einzelne Private (Venetianer) vermiethet wurden.

Zwei grosse Treppen, die eine im nördlichen, die andere im südlichen Flügel, führen in vier Armen vom Hofe zu den Kammern

---

[1]) cf. darüber weiter unten. — [2]) Elze a a. O. S. 629—30. Derselbe ist in jüngster Zeit wieder angebracht worden. Unterhalb desselben hatten die ersten Leiter des Neubaues des Fondaco, wie es scheint, ihre Wappenschilder anbringen lassen, was aber dann von den drei Häuptern des Rathes der Zehn nicht als statthaft erachtet wurde. Sanuto schreibt nämlich (Diarii t. VII p. 589): 1508 Luglio 21. Noto che il fontego di Todeschi fabrichato era a bon termine. La cura dil qual primo sier Piero Lando, poi sier Marco Ticpolo, ultimo sier Alvise Sanudo, provedadori al sal, per il consejo di X l'à a(v)uta. Et havendo tutti li provedadori stati, maxime li passati, fato meter le soe arme di marmoro soto San Marco su la porta dil ditto fontego, et de praesenti sopra l'officio dentro, parse a sier Marco Antonio Loredan, cao di X, con li compagni, sier Nicolò di Prioli, sier Alvise Emo, atento è certa parte vechia non si pol meter arme, di farle levar via; et cussì mandono comandamento al sal. fusseno statim levate. Et ita factum fuit, et perhò ne ho voluto far memoria. — [3]) Milesio a. a. O. S. 33 nennt ihn ‚Scoador‘, was identisch sein dürfte mit ‚Scoazzer‘ (cf. Boerio ‚Scoadura‘ = Spazzatura) und den Mann bedeutet, der für die Reinhaltung eines Ortes zu sorgen hat. Elze hat das Wort nicht übersetzt. — [4]) ‚Bastasi‘ bei Milesio, was Elze wohl nicht richtig mit „Sattler" wiedergegeben hat. — [5]) Auch hier kann ich mit Elze's Uebersetzung des Wortes ‚Caneva‘ als „Keller" nicht einverstanden sein. — [6]) s. Bd. I Nr. 658.

und mit 94 Stufen bis in's oberste Stockwerk. Ursprünglich waren
nur die Stufen bis in's erste Stockwerk von Stein, die übrigen von
Holz, die erst nach einem in der Nähe ausgebrochenen Brand in den
Jahren 1587—1595 durch steinerne ersetzt wurden[1]). — Was die
Zahl der Kammern betrifft, so wird dieselbe verschieden angegeben.
Im Jahre 1508 bei der erstmaligen Vermiethung waren es 76 Kammern[2]), im Jahre 1576 gab es nach Elze[3]) 72 „bewohnbare" [4])
Zimmer und im Jahre 1646 wird die Zahl der vermietheten Zimmer
oder Kammern auf 80½ angegeben, wobei schon der Bruchtheil
darauf hinzudeuten scheint, dass diese vermehrte Zahl vermuthlich
durch Theilung und Zerlegung einzelner, ursprünglich besonders
geräumiger Wohngelasse entstanden ist. Dabei ist noch zu bemerken,
dass (damals) einige dieser Gelasse nicht an einzelne Kaufleute, sondern
an die deutsche Kaufmannschaft als solche vermiethet waren. „In einem
Zimmer (das die Nummer 55 trug) des obersten Stocks befand sich
nämlich[5]) seit 1575 das Archiv, in welchem die Bücher und Schriften
der deutschen Kaufmannschaft in guter Ordnung aufbewahrt wurden
unter der Aufsicht eines eigenen Archivars[6])." „Seit dem 17. Jahrhundert (Mitte) dienten auch einige Zimmer (Nr. 81 und 82) im obersten
Stockwerk als Versammlungslokal für den evangelischen Gottesdienst und als Wohnung des evangelischen Geistlichen[7])."

Ausser diesen Kammern enthielten die drei Stockwerke noch
die Lokalitäten für den Wirthschaftsführer[8]), den Schenkmeister[9]),
den Koch und Unterkoch, die Küche selbst u. s. w., insbesondere
aber noch im ersten Stock zwei grosse Säle auf der dem Canale
grande zugekehrten Seite. Sie dienten den deutschen Kaufleuten
als Speisesäle, zu Versammlungen, Berathungen u. dgl. und hiessen
zunächst von der Zeit der Benützung der „Winter-" und der „Sommersaal". Der Wintersaal führte dann aber auch noch den Namen
‚Sala della Stua' von dem darin befindlichen grossen prächtigen Ofen,
welcher in den Jahren 1587—1588 von den Deutschen auf eigene Kosten
errichtet wurde und ein wahres Kunstwerk, einzig in seiner Art,
gewesen sein soll[10]). — Der Sommersaal dagegen hiess auch
„Gemäldesaal" (‚Sala dell' Estate' oder ‚Sala delle Pitture')
von der reichen Gemäldesammlung, welche unsere Landsleute von
berühmten venetianischen Meistern, wie Tizian, Palma Vecchio, Paolo
Veronese u. A., gleichfalls auf ihre Kosten anlegten. Ich darf auch
hiefür auf Elze und Milesio verweisen, welche sowohl diese Gallerie,

---

[1]) Elze a. a. O.: Milesio S. 33 und 53. — [2]) Bd. I Nr. 653. — [3]) Ausland
S. 628. — [4]) vielleicht richtiger „bewohnte". — [5]) Elze a. a. O. S. 628; cf. Milesio
S. 45 und oben Bd. I Nr. 748. — [6]) Leider ist davon heute nicht mehr viel
vorhanden. Die in der Vorrede S. XIII und XIV verzeichneten Kapitularien
im Besitz der evangelischen Gemeinde und einzelne Archivalien im Museo Civico
Correr sind die einzigen bisher wenigstens bekannten Ueberreste dieses Archivs.
— [7]) cf. darüber weiter unten und Bd. I Nr. 748. — [8]) ‚Spenditore' bei Milesio
S. 33, von Elze gewiss nur aus Versehen mit „Spediteur" übersetzt. — [9]) ‚Canever',
Elze „Kellermeister". — [10]) Siehe die detaillirte Beschreibung desselben bei
Milesio S. 34 u. ff.

als auch die Anlage und Ausschmückung der beiden Säle im Einzelnen
genau beschreiben. Leider ist ja auch davon heute fast nichts mehr
erhalten: aus der Gallerie nur ein Christusbild von Tizian, das sich
jetzt im Besitze der Evangelischen Gemeinde in Venedig befindet.
Die beiden Säle aber, wie überhaupt die Dispositionen im Innern
des Fondaco, sind durch Um- und Neubauten kaum mehr zu erkennen. Dagegen sind noch jetzt vorhanden die beiden marmornen
Balkone (pergoli), auf welche man noch heute aus jenen beiden
ehemaligen Sälen treten kann, um dem Spiel der Wellen und dem
Leben und Treiben auf dem Canale grande zuzuschauen. Wie ganz
anders freilich muss das Schauspiel gewesen sein, als man von hier
aus noch auf die zahlreichen Barken blicken konnte, welche die
kommenden und gehenden deutschen Kaufleute mit ihren Waaren
zur Landungshalle des Fondaco brachten und von da fortführten!
        Hier nur noch ein Wort über den Baumeister. Man hat
früher lange Zeit den in Verona geborenen Fra Giocondo für den
eigentlichen Erbauer des neuen Fondaco gehalten, gestützt auf das
Zeugniss eines Zeitgenossen, des Pietro Contarini, der einmal in
einem Distichon den Fondaco als ‚fratris Jucundi nobile opus' und
in einem anderen Werk als ‚gloria de Jucundo geometra' bezeichnet [1]).
Doch hat schon Selvatico in seinen ‚Studi sulla architectura e sulla
scultura in Venezia') und O. Mothes in seiner „Geschichte der
Baukunst und Bildhauerei Venedigs" [3]) darauf hingewiesen, dass
nach urkundlichen Zeugnissen ein Deutscher, Namens Hieronymus,
der „Architekt" des Werkes gewesen sei. Elze, Heyd und Andere
haben dann auch stillschweigend diesen letzteren als den Erbauer
des neuen Fondaco angenommen. Anders Crowe und Cavalcaselle
in ihrem „Leben Tizian's". Auf Grund ihrer archivalischen Forschungen behaupteten sie, dass der deutsche Baumeister Girolamo
Todesco einen gefährlichen Konkurrenten an Giorgio Spavento gehabt habe, der damals „Protho von S. Marco" und gewissermassen
offizieller Stadt-Architekt gewesen sei und ebenfalls einen Plan für
den Neubau eingereicht habe. Lange Zeit sei es zweifelhaft gewesen, wessen Plan acceptirt würde. Schliesslich habe die Rücksicht auf die Wünsche der deutschen Kaufleute, die lebhaft für
ihren Landsmann eingetreten, zu Gunsten des von Girolamo Todesco
eingereichten Planes entschieden. Im Juni 1505 habe der Senat
beschlossen, dass der Bau mit geringen Modifikationen nach dem
Modell des Hieronymus auszuführen sei. Zwei Tage hernach aber, am
20. Juni 1505, sei an Stelle des bisherigen Vorstehers des Salzamtes
und des mit der Ueberwachung des Neubaues betrauten Francesco di
Garzoni ein Anderer, Alvise Emo, getreten, und dessen erste Sorge
sei es gewesen, den Girolamo Todesco zu entfernen, der eine Stelle

---

[1]) s. Thomas, Quellenkunde, S. 42 und 43; und Bulletino di arti, industrie
e curiosità Veneziane, Jahrg. I (1877) S. 24. — ²) (Venedig 1847) S. 166. —
³) Bd. II S. 25.

bei dem Artillerie-Wesen in Cattaro erhalten habe. Alvise Emo
habe dann den Antonio Scarpagnini (am 16. August 1505) zum
General-Oberaufseher gemacht unter dem Kommando so zu sagen
oder der Oberleitung des Giorgio Spavento, und so sei der Bau bis
auf unsere Tage ein Zeugniss für die Geschicklichkeit des Girolamo
Todesco und des Giorgio Spavento [1]).

Inzwischen erhellte aus den von Thomas [2]) veröffentlichten Auszügen aus Marino Sanuto, dass in der That die Regierung Anfangs
die Absicht gehabt zu haben scheint, dem Spavento den Neubau zu
übertragen [3]); dass aber am 19. Juni [4]) 1505 der Senat auf den Wunsch
der deutschen Kaufleute dem eingereichten Modelle des deutschen
Baumeisters Hieronymus vor dem des Spavento den Vorzug gab [4]).
Zur Motivirung der Entscheidung wird namentlich auch angeführt,
dass zwischen den beiden Modellen kein grosser Unterschied bezüglich der Kosten bestehe [5]). Ueber den weiteren Verlauf der Angelegenheit wird hier nichts Weiteres beigebracht; Crowe's Ausführungen scheinen Thomas unbekannt geblieben zu sein.

Es war meine erste Aufgabe, in den Protokollen des Rathes
der Zehn nachzusehen, ob wirklich, wie auch Sanuto angibt [6]), am
20. Juni 1505 Alvise Emo mit der Leitung des Baues betraut worden.
In den ,Misti' fand sich darüber nichts, wohl aber die Bestätigung
dieser Angabe in dem Protokollbuch des ,Collegio' [7]). Hingegen ist
es irrig, dass Alvise Emo der Nachfolger des Francesco di Garzoni
geworden. Dass dieser am 20. Juni nicht mehr ,Proveditore al Sal'
war, geht aus einer Notiz hervor [8]), wonach er am 29. April 1505,
weil seine viermonatliche gesetzliche Dienstzeit um war, einen Nachfolger in der Person eines Andrea Magno erhielt, wie er sich denn
auch später [9]) selbst als ,gewesenen' (fo) Proveditore bezeichnet.
Und dieser nämliche Andrea Magno erscheint am 25. August 1505
ausdrücklich mit der Leitung des Baues betraut, ,deputado sopra la
fabrica dil fontego' [10]), so dass man annehmen müsste, jener Alvise
Emo sei entweder inzwischen gestorben oder zurückgetreten oder
abgesetzt worden. Die Sache dürfte aber einfach so liegen, dass

---

[1]) Life of Titian I, 83. — [2]) Quellenkunde etc. S. 39. — [3]) Diarii t. VI
p. 85 (?): 6. Febbrajo 1505. Da poi disnar fo colegio di la Signoria per la materia
dil fontego di Todeschi, che lo uoleno refar presto e bellissimo e al ditto Zorzi
Spauento, protonotario di la chiesia di San Marco. Et poi fo terminato dar
principio et comesso a ser Francesco di Garzoni, prouedador al sal, la cura. Aus
der neuen Ausgabe (t. VI p. 131) geht aber hervor, dass statt des unverständ-
lichen ,al ditto' zu lesen ist aldito = udito: ,man vernahm den Spavento'. —
[4]) Thomas, Quellenkunde S. 41; nicht am 18. Juni, wie man aus Crowe's ,two days
after' meinen könnte. — [5]) ,non esser gran differentia de spesa da luno et laltro';
das ,de spesa' hat Thausing (in seinem ,Dürer') einfach gar nicht übersetzt!
und diesen Fehler auch in der zweiten Auflage (Bd. I S. 346) beibehalten. —
[6]) Diarii t. VI p. 188 (Thomas a. a. O. S. 40). — [7]) Bd. I Nr. 635. — [8]) Venedig.
Staats-Archiv. Cons. X. Misti t. 30 f. 129': Depositarius officii salis loco s. Fran-
cisci de Garzonibus qui complet electus per menses quatuor juxta formam legis
s. Andreas Magno. — [9]) s. Bd. I Nr. 636. — [10]) ebda. Nr. 637.            •

die einen, Francesco di Garzoni und Andrea Magno, mit der finanziellen, Alvise Emo hingegen wirklich mit der technischen Leitung des Baues betraut war.

Was sodann die Angaben Crowe's über des Hieronymus Entfernung und Anstellung in Cattaro anlangt, so habe ich darüber aus dieser Zeit, d. h. aus dem Jahre 1505, in den Akten der einschlägigen venetianischen Kollegien nichts finden können. Hingegen wird über 30, ja 40 Jahre später in Depeschen der Befehlshaber von Cattaro zu den Jahren 1538 und 1544[1]) allerdings ein ,maestro Hieronymo Todescho' als ,bombardiero' in venetianischen Diensten genannt und wegen seiner Geschicklichkeit und Brauchbarkeit besonders gerühmt. Da auch gesagt wird, dass er der Republik schon seit langer Zeit seine Dienste gewidmet, und da er offenbar schon in höheren Jahren steht, indem sein Sohn ebenfalls bereits zu den ,bombardieri' gehört, so wäre es der Zeit nach nicht unmöglich, dass dieser maestro Hieronymo Todescho und der beim Neubau 1505 genannte eine und dieselbe Person seien. Aber man darf wohl aus inneren Gründen schon daran zweifeln, den Erbauer des Fondaco zu Venedig mit jenem Vorstand der Artillerieschule in Cattaro zu identificiren. Es wäre doch sonderbar, wenn die deutschen Kaufleute selbst dies zugegeben hätten. Dass Deutsche im Solde der Republik dienten, ist ja oft genug vorgekommen: so können und werden die beiden Hieronymi doch zwei ganz verschiedene Personen sein. Milesio, dessen Angaben man freilich nicht immer unbedingt vertrauen darf, sagt ausdrücklich, dass am 9. März 1508 der Bau beendet wurde „unter der beständigen Leitung des Girolamo Todesco"[2]). Hätte es seine Richtigkeit mit jener Entfernung, so wäre wohl auch anzunehmen, dass Spavento seinen eigenen Plan zur Ausführung gebracht hätte, was übrigens ohne Einwilligung und neue Verfügung der Regierung wohl gar nicht hätte geschehen können. Von einer solchen ist aber durchaus nichts bekannt.

So darf man, glaube ich, mit ziemlicher Sicherheit behaupten, dass Crowe's ganze Aufstellung nur auf einer Kombination beruht und nichts mehr ist, als eine kühne Hypothese. —

Was für ein Landsmann dieser Hieronymus gewesen, wird nicht berichtet. Thausing möchte auf Grund „der Verhältnisse des Baues" ihn für einen Augsburger Baumeister halten, und Andere

---

[1]) cf. später bei den Urkunden im Anhang. — [2]) Bei Thomas S. 42: ,Del 1508. 9. Marzo fu terminata la fabbrica del nuovo descritto fontico de Tedeschi, sempre con la sopraintendenza del già detto Girolamo Todesco Protto e del pur nominato N. H. S. Marco Tiepolo a ciò deputato'. Dass Girolamo „Proto" (nach Boerio ,il primo in alcuno arte, ma specialmente in quella de' Muratori') gewesen sei. ist freilich sonst auch nicht überliefert; und wenn Milesio vorher (S. 29) berichtet, Marco Tiepolo habe schon am 19. Juni 1505 die ,soprintendenza alla detta fabbrica' erhalten, so steht das mit unseren obigen Angaben ebenfalls im Widerspruch, während aus anderen Aktenstücken (Bd. I Nr. 646 ff.) allerdings hervorgeht, dass mindestens seit April 1507 Marco Tiepolo die (finanzielle?) Leitung des neuen Hauses erhalten hatte.

haben daraufhin den Hieronymus ohne Weiteres als Augsburger erklärt. Wenn aber Thausing meint, diese Annahme finde darin eine Unterstützung, dass „die Augsburger und Nürnberger Kaufleute den Vorsitz an den beiden Tafeln im Fondaco geführt und somit an der Spitze der deutschen Kolonie in Venedig gestanden," so ist das, wie wir oben gesehen, nicht richtig. Denn nicht die Augsburger, sondern die Regensburger standen wenigstens im Jahre 1474 an der Spitze der einen Tafel. Und darauf, dass die Augsburger Fugger die zwei ersten „Gewölbe" (sic!) im neuen Hause erhielten, möchte ich auch kein so grosses Gewicht legen, wie es Thausing thut. Uebrigens muss ich es Kunstkennern überlassen zu entscheiden, ob der Neubau etwa Augsburger Reminiscenzen aufweist; ich möchte hier nur noch mit einem Worte auf die Uebereinstimmungen hinweisen, welche Mothes zwischen dem neuen Fondaco in Venedig und dem bekannten Bau der „Procuratie vecchie' aufgedeckt hat [1]). Freilich fällt der Vergleich mehr zu Gunsten des letzteren Baues aus, der einen leichteren, gefälligeren Eindruck macht als der Fondaco. Doch darf dabei nicht vergessen werden, dass auch der Zweck, dem beide Bauten dienten, ein ganz verschiedener war. Und man muss sagen, dass dem Zwecke eines Kaufhauses der Neubau des Fondaco sehr wohl entsprach. Auch heute noch wird jeder Besucher des Hauses, namentlich wenn er den Hofraum betritt, den Eindruck gewinnen, dass es ein kräftiger, gediegener und namentlich sehr geräumiger Bau ist, in welchem sich bald ein reges neues Leben entfalten konnte [2]).

Die Regierung sorgte übrigens auch noch durch eigene Vorschriften dafür (1508 März 9 und Mai 12), dass die Gänge in den einzelnen Stockwerken nicht mehr, wie früher, durch Kisten und Küsten eingeengt und kaum passirbar, sondern stets frei gehalten würden u. dgl. mehr [3]). —

Noch muss ich hier einer Ansicht entgegentreten, welche Ennen ausgesprochen hat. Er ist der Meinung [4]), der prachtliebende Doge Loredano habe deshalb den Fondaco „in erweitertem Umfange und mit erhöhter Pracht" wieder aufbauen lassen, „um der Welt zu

---

[1]) Gesch. der Bildhauerei u. Baukunst in Venedig II, 49—51. — [2]) Durch Herrn Prof. A. Thiersch dahier wurde ich nachträglich darauf aufmerksam gemacht, dass Weinbrenner in dem Aufsatz „Die Fugger'sche Grabkapelle bei St. Anna zu Augsburg" („Entwürfe und Aufnahmen von Bauschülern der Grossherzoglich technischen Hochschule in Karlsruhe", Jahrg. 1884, Heft 1) im Hinblick auf die „innere Verwandtschaft" zwischen dieser, 1509 gestifteten und 1512 vollendeten, Kapelle und den Bauformen des Fondaco den Hieronymus für den Erbauer dieser Kapelle hält (zustimmend äussert sich R. Vischer in der „Allgemeinen Zeitung" 1886 Nr. 74 S. 1088 und in seinen „Studien zur Kunstgeschichte" 1886 S. 585), womit ein weiteres Moment gegen Crowe's Ausführungen gewonnen wäre. Was Weinbrenner über die bevorzugte Stellung der Fugger im Fondaco vorbringt, beruht auf den irrigen Angaben Thausing's. — [3]) Bd. I Nr. 657. — [4]) „Die Stadt Köln und das Kaufhaus der Deutschen in Venedig" in der „Monatsschrift für rheinisch-westfälische Geschichtsforschung" Jahrg. I S. 112.

zeigen, dass der seit der Entdeckung von Amerika im Welthandel eingetretene Umschwung noch nicht im Stande gewesen war, das Vertrauen auf die dauernde Sicherheit der Handelsherrschaft Venedigs zu erschüttern". Ich glaube, dass ein solcher demonstrativer Gedanke der venetianischen Regierung — und diese, nicht der Doge, hatte ja eigentlich über die Ausschmückung des Baues zu entscheiden — ziemlich ferne lag, dass es ihr viel mehr, ja vorzugsweise darum zu thun war, die deutschen Kaufleute in Venedig festzuhalten, wozu, wie sie wohl glauben mochte, ein geräumigeres, prächtiger ausgestattetes Gebäude und mancherlei Vergünstigungen (von denen später noch die Rede sein wird) ein Wesentliches würden beitragen können.

Es war das ja damals, um dies hier einzuschalten, eine ernste, schwere Zeit, eine Zeit bedenklicher Krisis für Venedig. Allerdings nicht gleich im ersten oder zweiten Jahre nach der Auffindung des Seeweges nach Indien durch die Portugiesen machte sich der damit verbundene Umschwung auf dem Gebiete des Levantehandels geltend. Allein bald genug verspürte man in Venedig doch die Folgen dieses Ereignisses. Marino Sanuto verzeichnet schon am 1. März 1501 in seinen Diarien[1]) ein Sinken des Preises des Pfeffers von 130 auf 102 Dukaten ‚el cargo‘[2]), weil die Deutschen seit einem Monat keinen mehr kauften. Und wenige Monate später, im Juli 1501, füllt Girolamo Priuli[3]) die Blätter seines kostbaren Tagebuches mit düsteren Betrachtungen über die aus Portugal eintreffenden Nachrichten. Er sieht es voraus, wie Ungarn, Deutsche u. s. w. statt nach Venedig, nunmehr nach Lissabon gehen werden, um dort ihren Bedarf an Spezereien einzukaufen. Das liege ihnen näher (!) und sie könnten dort dieselben billiger bekommen als in Venedig. Denn die Zölle, Abgaben und Steuern in Syrien und im Reiche des Soldan vertheuerten die Waaren in solchem Masse, dass, was in Colocut einen Dukaten koste, bis es nach Venedig gelange, auf 60—100 Dukaten zu stehen komme, während der König von Portugal nur die Kosten für Ausrüstung der Schiffe zu tragen habe. Daher werde der Handel mit diesen Spezereien für Venedig abnehmen, und das bedeute für den venetianischen Handel gerade so viel, als wenn einem Säugling Milch und Nahrung fehle. Geht aber der Handel zurück, dann wird auch das Geld, der Reichthum sich mindern, und der Ruin der Stadt ist Priuli dann unausbleiblich[5]).

---

[1]) t. III p. 1480. — [2]) - carico, Ladung, Fracht. — [3]) Geboren 26. Januar 1476, gestorben 6. Juli 1547, hielt er sich, um die Kaufmannschaft zu erlernen, 1493—1498 in London auf und begann schon hier seit 1494 Tag für Tag zu verzeichnen, was ihm wichtig und bemerkenswerth schien, eine Gewohnheit, die er dann auch als Kaufmann und Bankier in Venedig bis 1512 fortsetzte. Auszüge aus diesen Diarii hat Fulin veröffentlicht in seiner Festschrift zum 3. allgem. Geographen-Congress ‚Diarii e Diaristi Veneziani‘. (Aus dem Archivio Veneto tom. XXII.) — [5]) Bei Fulin p. 160. — — manchando questo trafego de marchadantia a Venetia se pol reputar manchar il lacte et nutrimento ad uno

Dieselbe unheilsvolle Prophezeiung wiederholt er dann zum Jahre 1506, nachdem er wiederholt (so zum Februar 1502 [1]), März und August 1503 [2]), Juli 1505 [3]) das Sinken des Preises vom Pfeffer, Ingwer u. s. w., die Flauheit im Geschäftsverkehr und speziell die geringe Kauflust, die Zurückhaltung der deutschen Kaufleute notirt hat, die im Vergleich zu früheren Jahren fast gar nichts mehr einkaufen wollten, was für den venetianischen Handel einen beträchtlichen Ausfall bedeutete. Es war natürlich in Venedig nicht unbekannt geblieben, dass schon im Jahre 1503 eine grosse deutsche Handelsgesellschaft, an deren Spitze die Augsburger Anton Welser und Konrad Vöhlin standen, mit König Manuel von Portugal einen günstigen Handelsvertrag über direkten Handelsverkehr mit Portugal und direkten Bezug von Spezereien, Brasilienholz und anderer indischer Waaren aus Lissabon abgeschlossen hatten [4]). Welche Bestürzung musste es erst in Venedig hervorbringen, als man erfuhr, dass diese nämliche deutsche Handelsgesellschaft, zu der dann auch die Fugger, die Höchstetter, die Gossembrot, die Imhof, die Hirschvogel und Andere gehörten, im Jahre 1505 selbst drei grosse Schiffe ausrüstete und sich damit an der Expedition nach Indien betheiligte! [5])

Allein es trat dann doch bald wieder ein wenigstens theilweiser Umschwung zu Gunsten Venedigs ein. Die deutschen Unternehmer bei dieser Expedition geriethen mit König Manuel nach ihrer Rückkehr, „sei es [6]) wegen der an diesen zu entrichtenden Abgaben, sei es wegen des ihnen vorenthaltenen Antheils an der Beute der eroberten Städte Quiloa und Mombasa" in einen Streit, der schliesslich, nachdem die Waaren in Antwerpen verkauft waren, immer noch einen Reingewinn von 150—175 Prozent übrig liess, aber drei Jahre hindurch währte. Die Preisschwankungen ferner, welche durch die von König Manuel 1504 angeordnete Fixirung des Preises und Concentration der Spezereien in Lissabon im Gegensatz zu der früheren Handelsfreiheit hervorgerufen wurden, hatten mehrere Fallissements zur Folge. Und schliesslich fand man auch an der Qualität

putino. Et per questo vedo chiaramente la ruina di la citade Veneta, perchè manchando il trafego mancharanno li denari, da li quali è proceduta la gloria et riputatione Veneta. — [1]) Fulin p. 165: — pocho si faceva. Et questo perchè principiava a manchar li marchadanti Todeschi et de Alemagna, che solevano venir a comprar a Venetia le spetierie, andavano in altri lochi a comprare et in Portogal et Lisbona, che ne era molto miglior merchato. — [2]) Fulin p. 167. — [3]) Fulin p. 188: La fiera consueta de li Todeschi de san Jacomo di questo mexe havea facto pochissimo, rispecto a li anni passati .... Et Todeschi non volevano comprar, et maxime piper ad niun pretio, rispecto a queste charavelle di Portogallo, quale metevano il mondo in grande expectatione et dubio a comprare et fare marchadantia. — [4]) Sanuto verzeichnet in seinen Diarii t. V p. 319 aus einem Schreiben des Genuesen Cazano Negri an seinen Bruder Hieronymus, Lissabon 29. Aug., folgende Stelle: Et già sono qui alcuni Alemani de la compagnia grande de Alemani li quali se hanno obligà a questo serenissimo re, de meter qui casa et lui li ha dato libertà et ha li facto de boni partiti, adeo che harano bon star; cf. Heyd, Gesch. des Lev.-H. Bd. II S. 522. — [5]) Heyd a. a. O. S. 523. — [6]) Heyd a. a. O. S. 524.

des von den Portugiesen importirten Pfeffers und namentlich Ingwers
Manches auszusetzen, fand, dass die Venetianer doch besseren brachten als jene. Ueberhaupt „fehlte doch noch viel daran, dass die
Portugiesen den ganzen Waarenstrom, welcher von Indien aus nach
dem Occident gieng, durch ihre Hand geleitet hätten. Ausser Pfeffer
brachten die den portugiesischen Schiffen zugänglichen Küstenstriche
nur noch Ingwer und Zimmt, jedoch in ungleich geringerer Qualität
und Quantität hervor" [1]).

Die von Priuli in sein Tagebuch eingetragene Liste [2]) der
Spezereien und Waaren, welche von den Deutschen in der Zeit vom
1. Juli bis 8. August 1506, wo der neue Fondaco also noch nicht
fertig war, aus Venedig ausgeführt wurden, zeigt denn auch schon
wieder ganz erhebliche Posten. An Pfeffer freilich kein einziges
Pfund, dagegen an Ingwer 111,800 Pfund, Gewürznelken 5271,
Muskatnuss 7192, Macis (Muskatblüthe) 1085, Baumwolle 22,200,
Indigo 3855, (Gummi-) Lack 3542, Cappelletti (Köpfchen der Gewürznelken) 909; Galanga (Kalmuswurzel) 927, gefärbter Baumwolle
2200, Semenzina (Wurmsamen) 316, Inzenso (Weihrauch) 1146,
langem Pfeffer 446, Rhabarber 40, Rohseide 700 Pfund, ferner 594
Stück Zambellotti (Kamelotte) und Krämereiwaaren im Betrage von
3686 Dukaten. —

Dann aber drohte dem eben wieder aufblühenden Handelsverkehr [3]) (um auch dies sogleich hier einzufügen) eine neue
Gefahr von einer ganz anderen Seite: der Krieg zwischen der
Republik Venedig und dem Kaiser Maximilian I. Der äussere
Anlass zu demselben ist bekannt: es war die Weigerung der Re-
publik, Maximilian den Durchzug durch ihre Staaten nach Rom zur
Kaiserkrönung zu gestatten. Es darf auch als bekannt vorausgesetzt
und soll daher nur kurz hier erwähnt werden, wie Maximilian sich
am 4. Februar 1508 in Trient selbst zum „römischen Kaiser" erklärte,
dann den Zug nach Italien über das Gebirge antrat, aber nach wenigen
Tagen plötzlich umkehrte und nach Deutschland zurückeilte, den
Kampf mit der Republik seinen Truppen überlassend, die dann im
Cadore von dem siegreich vordringenden venetianischen Befehlshaber
Alviano zurückgeschlagen wurden. Als hierauf auch Görz, Triest,
Fiume in die Hände der Venetianer fielen, schloss Maximilian am
20. April 1508 einen dreijährigen Waffenstillstand mit der Republik,
der aber durch die am 10. Dezember des nämlichen Jahres 1508
geschlossene Liga von Cambray ausser Kraft gesetzt wurde.
Der Krieg, der sich nun entspann und bis in das Jahr 1517
sich hinzog, führte nun zwar nicht zu einer vollständigen Handels-

---

[1]) Heyd a. a. O. S. 525 u. 526. — [2]) s. Fulin p. 203. — [3]) Unter dem
12. August 1508 bemerkt Sanuto in seinen ‚Diarii‘ t. VII p. 608: In questi
zorni Todeschi, ritornati in fontego nuovo a far le so merchadantie, qual perhò
si va lavorando, feno assa‘ merchadi con nostri per la fiera, maxime di zenzari
e altro.

sperre, wie sie einst Sigmund angeordnet hatte, der „an den Pässen,
die nach Venedig führten, Posten aufstellte und die Anwohner er-
mächtigte, alle nach Venedig gehenden oder daher kommenden
Waaren wegzunehmen, die Kaufleute selbst gefangen zu setzen" [1]).
Im Gegentheil: Maximilian benahm sich, wie sogleich näher gezeigt
werden soll, im Ganzen sehr loyal gegen die Kaufleute. Allein behindert
und gehemmt, bisweilen ganz unterbrochen war der Handelsverkehr
natürlich doch — namentlich in der ersten Zeit, wo der Krieg noch
energischer geführt wurde — und man empfand den Stillstand in
Venedig wie auch in Deutschland in gleich unliebsamer Weise.
Die Deutschen — führt Priuli einmal zum Jahre 1509 aus — trauten
sich nicht, mit Geld nach Venedig zu kommen, aus Furcht, unterwegs ausgeplündert zu werden. Dadurch aber entstand Geldmangel
in Venedig zu einer Zeit, wo man desselben gar sehr bedurfte.
Andererseits musste man in Deutschland deshalb der Spezereien
und Waaren entbehren, die man sonst aus Venedig bezog, da man
sie anderswo nicht so bequem und nicht so billig bekommen konnte [2]).
Daher, fährt Priuli fort, „beklagten sich Venetianer und Deutsche in
gleicher Weise über den Krieg, da sie wegen der alten Handelsverbindung, die zwischen ihnen bestand, gleichsam eine Seele geworden
waren" [3]).

Wie innig diese Beziehungen in der That waren, geht auch
aus der Thatsache hervor, dass die venetianische Regierung im
Juli 1509 die Reichsstädte geradezu zur Vermittlung des Friedens mit
Kaiser Maximilian aufforderte, nachdem sie vorher schon gelegentlich
diesen gegenüber ihre Anhänglichkeit an Kaiser und Reich ausgesprochen, auch durch feierliche Verkündigung ihres Schutzes die
deutschen Kaufleute zur Fortsetzung der Handelsbeziehungen aufgefordert hatte [4]).

Seit dem Jahre 1511 beschränkte sich übrigens der Krieg
zwischen der Republik und dem Kaiser mehr auf Grenzräubereien
und Streifzüge, ohne zu grösseren blutigen Ereignissen zu führen.
Und eine Notiz bei Marino Sanuto zeigt, dass der Verkehr sich
damals bereits wieder zur alten Blüthe entwickelt hatte. Er be-

---

[1]) Heyd, Gesch. des Lev.-H. I, 722. — [2]) Fulin p. 205. Et etiam il
paexe pativa grandemente di Alemania, perchè haviano debisogno grande di
tute le sopradicte robe quale se consumavano et manzavano in tuta la Germania,
nè potevano esser forniti di questi loro bisogni in altri lochi piui comodamente
et a meglior marchato cha in la citade Veneta, antiquissima loro consuetudine. —
[3]) — — etiam li populi Germanici molto se lamentavano di questa guera cum
Venitiani, per essere Venitiani et Todeschi quasi una cossa medema per l'anti-
quissimo comercio et consuetudine fra loro sempre stato. — [4]) s. Bd. I Nr. 670,
674, 681 und das von Thomas mitgetheilte Schreiben des Dogen Leonardo
Loredano vom 16. Juli 1509 in den Sitz.-Ber. d. k. bayer. Akad. d. Wiss. philos.-
philol. Klasse 1869 S. 313. Ueber Unterhandlungen zwischen der venetianischen
Regierung und dem Kaiser oder Schritte zu solchen durch Vermittlung besonders deutscher Kaufleute im Fondaco siehe Marino Sanuto, Diarii t. VIII p. 440;
IX, 257, 258, 268, 270, 382, 429.

richtet nämlich, dass die Deutschen während des einzigen Monats Januar des Jahres 1511 Spezereien, Zucker und Anderes für nicht weuiger als 140,000 Dukaten eingekauft hätten [1]).

Dann haben wir, wie schon angedeutet, auch bestimmte Beweise dafür, dass Maximilian trotz des Krieges, ja trotz der zeitweise gegen Venedig verhängten Acht, dem Handel dorthin seinen Schutz hat angedeihen lassen — allerdings aus eigenem Interesse, das von einer schroffen Verletzung der freien Reichsstädte abrieth und eine nachgiebige, zuvorkommende Haltung gegen dieselben dringend erheischte. Denn diese traten für den unbehinderten Handel mit Venedig in der energischsten Weise ein — zugleich ein sprechender Beweis für die Vortheile, die sie aus demselben noch immer müssen gezogen haben. In keinem grösseren neueren Geschichtswerke, soviel ich sehe, sondern nur in einem Aufsatze von Theodor Herberger: „Konrad Peutinger in seinem Verhältniss zum Kaiser Maximilian I." [2]) wird der Rolle gedacht, welche in dieser Zeit die „Gebrüder von der Leiter, Herren zu Bern (Verona) und Vicenz" gespielt haben — Nachkommen jenes Paolo della Scala, der nach dem Verlust der Herrschaft über Verona dies alte Geschlecht nach Deutschland verpflanzt und von Kaiser Sigmund den leeren Titel eines kaiserlichen Vikars von Verona und Vicenza erhalten hatte. Während der Kriege zwischen Maximilian und der Republik — es ist nicht ganz klar, wann zuerst — erhoben diese Herren „von der Leiter", Johannes der Aeltere und Johannes der Jüngere, Anspruch auf Zurückerstattung ihrer früheren Besitzungen und erwirkten vom kaiserlichen Kammergericht die Aussprechung der Acht gegen Venedig. „Dadurch waren die Kaufleute der Reichsstädte und namentlich Augsburgs, in grosser Gefahr, alle Güter, welche sie in Venedig hatten oder von da herausführen wollten, zu verlieren. Sie zu schützen hatte Maximilian allein die Macht und auch die Theilnahme. Schon früher, beim Beginn des Krieges, hatte er den Kriegsleuten und Hauptleuten im Gallian (Calliano an der Etsch) und zu Trient befohlen, dass sie behülflich sein sollten, die Güter, welche die Städte Augsburg, Nürnberg, Ulm und Memmingen zu Venedig hatten, durch den Kadober (Cadore) herauszubringen". Dies war am 20. März 1508 noch vor dem Abschlusse des ersten Waffenstillstandes mit Venedig geschehen [3]), hauptsächlich eben freilich, weil Max auf die finanzielle Unterstützung der Städte angewiesen war [4]). Bald nachdem der Waffenstillstand zu Stande gekommen war, am 6. Juni 1508, erliess der Kaiser dann sogar Schutzbriefe für die eigenen wie für die venetianischen Kaufleute, denen der ungehinderte Verkehr in des Kaisers Landen wie vor dem Kriege zugesichert wurde [5]).

---

[1]) t. XI p. 720. — [2]) Im 15./16. Jahresbericht des historischen Vereins von Schwaben und Neuburg für 1849/50 (1851) S. 31 ff. — [3]) s. Bd. I Nr. 656. — [4]) ebda. Nr. 651 und 655. — [5]) ebda. Nr. 659.

Und als dann der von den Herren von der Leiter angestrengte
Prozess gegen die „Herrschaft Venedig" seinen Fortgang nahm,
da gebot Maximilian auf dringendes Ansuchen der Städte des
schwäbischen Bundes[1]) dem Kammergericht, mit der Vollstreckung
des gefällten Urtheils, d. h. mit der Ausführung der Acht „und
anderen mit ihr in Verbindung stehenden Prozessen stille zu stehen"
(1. März 1509)[2]); musste es aber erleben, dass das Kammergericht
in der Antwort sich unter Wahrung seiner Kompetenz auf des Kaisers
eigene Reichsordnung von Worms und Konstanz berief (19. März)[3]).
Dies und Anderes[4]) bewog wohl den Kaiser hernach, dem Rechts-
verfahren freien Lauf zu lassen. Aber er unterliess es dann nicht, einzelne Gesellschaften von Kaufleuten, „namentlich auf Konrad Peutingers
Betrieb, die Gesellschaft der Welser und Vöhlin" zu schützen, denen
er z. B. (Januar 1510)[5]) gestattete, eine grössere Menge Freiburger
Tücher nach Venedig hinein- und andere Waaren dafür heraus-
zuführen — trotz der Liga von Cambray[6]). Auch forderte er das
Kammergericht auf, eine Deklaration zu fertigen, dass jene Kaufmannsgüter der schwäbischen Bundesstädte, welche unter seinem,
des Kaisers, Geleit von Venedig herausgeführt würden, die Acht
nicht treffen solle[7]) (11. Oktober 1510), und eine Mahnung gleichen
Inhalts richtete er an die Herren von der Leiter am nämlichen
Tage. Allein diese kehrten sich nicht sehr viel daran und küm-
merten sich ebensowenig darum, dass sie in einem Vertrag vom
1. November 1510 mit dem schwäbischen Bund auf vier Monate
und dann weiter hinaus bis zum Palmsonntage (13. April) 1511
gegen die Summe von 800 fl. sicheres Geleit für die Kaufleute
versprochen hatten[8]). Sie liessen trotzdem aus Venedig kommende
Waaren Augsburger Kaufleute zu Schongau niederlegen, worüber
es dann zwischen beiden Parteien zu längeren Auseinandersetzungen
kam, und auch Maximilian nochmals zu Gunsten der Kaufleute
eintrat[9]). Erst im Jahre 1513, als der Kaiser, in einem „trefflichen
Fürnehmen" begriffen, den Krieg gegen Venedig zu beenden hoffte,
lesen wir, dass der Kaiser strengen Befehl gab, die Pässe gegen
Italien zu sperren und „keinen Kaufmann noch ander unser Unter-

---

[1]) Bd. I Nr. 664—669. — [2]) ebda. Nr. 671. — [3]) ebda. Nr. 672. — [4]) s. Schreiben
des kaiserlichen Statthalters in Tirol, Paul v. Lichtenstein, vom 20. März 1509.
Bd. I Nr. 673. — [5]) ebda. Nr. 676. — [6]) Aehnlich einem Strassburger; cf. Marino
Sanuto, Diarii t. XII p. 351: 1511 adì 11 Agosto. (In colegio.) Etiam gionse
uno Zuam di Argentina, marchadante di fontego, venuto con salvoconduto dil
imperador a marchadantar con robe; dice, spera le cose si acorderano ... cf. auch
vorher t. IX p. 365—366: 1509 adì 5 Dicembre. In questa matina veneno alcuni
Todeschi (che) stanno qui, dicendo cinque merchadanti Todeschi voleno venir
qui a comprar merchadantie, et ha a(v)uto licentia di re condurle in Alemagna
per la via dil Friuli, et volse salvoconduto di la Signoria. Et cussì, libentissime
li fo fati cinque (salvoconduti) et ogi si dovea dar principio a ligar balle in
fontego, che in questo tempo nulla in ha fatto. Und dann p. 381: adì 10 Dicembre.
In questo zorno, in fontego di Todeschi novo fu ligato balle per mandarle in
terra Todesch a, ch'è molti zorni non si ha ligato. — [7]) Bd. I Nr. 678. — [8]) ebda.
Nr. 680, 682, 684. 688. — [9]) ebda. Nr. 685—689.

thanen mit Kaufmannsgütern, Proviant, Wein, Getreide noch Anderem durchfahren, handeln oder wandeln zu lassen", was der Kaiser, wie er selbst zugesteht, bisher — obwohl die Venetianer seine Feinde waren — genediglich habe geschehen lassen[1]): fürwahr ein greller Unterschied gegenüber dem Verhalten König Sigmund's I.! —

Schon aus dem bisher Gesagten wird erhellen, wie irrig die Annahme ist, die Entdeckung des Seeweges nach Ostindien und Amerika habe sogleich den ganzen Handel besonders der oberdeutschen Städte mit Venedig aufgehoben und vernichtet. Im Gegentheil: man darf die erste Hälfte des 16. Jahrhunderts geradezu als die Blüthezeit dieses Handels bezeichnen, wie dies insbesondere auch von J. Falke in einem beachtenswerthen Aufsatz „Oberdeutschlands Handelsbeziehungen zu Südeuropa im Anfang des 16. Jahrhunderts"[2]) überzeugend dargelegt worden ist[3]).

„So lange Venedig", sagt Falke[4]), „noch im Gewürzhandel mit dem Orient gegen Spanien und Portugal und den neuen Seeweg kräftig die Konkurrenz aufrecht erhielt — und wir haben hievon immer noch zu Ende des 16. Jahrhunderts die sichersten Nachrichten — solange wurden auch die vortheilhaften Verbindungen mit den Oberdeutschen, den Hauptabnehmern ihrer morgenländischen Waaren, möglichst lebhaft erhalten; und ausserdem hatte Italien selbst Reichthum an Natur- und Kunsterzeugnissen genug, welche das dermalige Deutschland bei seiner weit vorgeschrittenen Bildung und seinem reich entfalteten gesellschaftlichen und politischen Leben nicht zu entbehren vermochte. Dahin gehörten alle Arten italienischer Südfrüchte, getrockneter und eingemachter, feinere Arten von Tüchern, namentlich das vielgesuchte und gebrauchte Purpur- oder phönizische Tuch, das vornehmlich in Venedig verfertigt und gefärbt wurde, dann alle Arten von Seidenwebereien, mit Gold und Silber durchwirkter und gestickter Stoffe, dann das Geschmeide und die feinen kostbaren Glaswaaren Venedigs .... Auch die zu Ende des 15. und Anfang des 16. Jahrhunderts ausserordentlich lebhafte politische, kirchliche und soziale Verbindung zwischen Deutschland und Italien, welche durch Max' I. und Karl's V. Streben nach der Oberherrschaft jenseits der Alpen, durch den in Deutschland herrschenden Humanismus, der die Grundlage aller Bildung im klassischen Alterthum erkennend, von Italien und Rom seine Hülfsmittel bezog, die häufigen Reisen und längere Anwesenheit von Fürsten und Adligen, von Kaufleuten und Gelehrten in Italien und über Italien hinaus, dazu die Studienreisen deutscher Studenten — alles dieses

---

[1]) Bd. I Nr. 691—693. — [2]) Zeitschrift für Kulturgeschichte, 4. Jahrg., 1859, S. 601 ff. — [3]) Auf diese Zeit wird auch die von L. v. Ranke „Zur Venezianischen Geschichte" S. 28 u. 29 citirte Stelle des Paolo Paruta zu beziehen sein, der seine „historia Venetiana' als offizieller Historiograph 1580 begann und in lib. XI zum Jahre 1546 schreibt: „Tiene la città di Venetia con la Provincia (sic) di Germania grandissimo e continuo commercio etc." — [4]) a. a. O. S. 610.

trug dazu bei, einen Handelsverkehr zwischen den Ländern diesseits und jenseits der Alpen in ungeschwächter Lebhaftigkeit und Frische zu erhalten. Italien war damals noch für Deutschland das Land des Geschmacks und der Mode, die Quelle aller wahren und eingebildeten Bildung, und hauptsächlich im oberen Theile des deutschen Reiches, soweit der Handel der süddeutschen Städte der herrschende war. Jenseits der Alpen war für diesen Verkehr Venedig der eigentliche Geldmarkt und Wechselplatz. Wir haben sogar Beispiele, dass deutsche Studenten eigens von Bologna nach Venedig reiten, um ihre mitgebrachten Wechsel in Geld umzusetzen [1]."

„Ein weiterer Beweis, wie ausgebildet der Verkehr zwischen Italien und Deutschland geworden war und welche Aufmerksamkeit darauf gerichtet blieb, geben uns die Nachrichten, welche sich die Kaufleute namentlich zwischen Venedig und Genua auf der einen und Nürnberg, Augsburg und Wien auf der anderen Seite, ursprünglich in Briefform mittheilten, und welche von den Konjunkturen des Handels, von den politischen Verhältnissen, der Sicherheit und Gefahr der Wege und Meere, von der Ankunft der Frachten und ähnlichem für den Kaufmann Wissenwerthem Kunde gaben. Solche Briefe, worin zuerst die politischen und kommerziellen Nachrichten nur die Anhängsel, die Postscripta bilden, die dann aber immer wichtiger und umfangreicher werden, bis sie den Charakter geschriebener Zeitungen annehmen, finden sich aus diesem Zeitraum zwischen allen deutschen Städten und den ihnen verbundenen fremden Marktplätzen, bei den Kaufleuten der Hansa, zwischen dem ober- und niederdeutschen Handelsstand und besonders zwischen jenem und Italien. In Nürnberg enthielten vor Allem die Familiensammlungen der Imhof und Ebner dergleichen handschriftliche Zeitungen [2]."

Einen weiteren sprechenden Beweis für die ungeschwächte Fortdauer dieser Handelsbeziehungen zu Venedig darf man auch darin erblicken, dass man jetzt noch oder jetzt erst genau die Zölle und Abgaben aufzeichnete, die in Venedig beim Ein- und Ausgang zu zahlen waren — förmliche Tarife für den praktischen Gebrauch [3]. Dem nämlichen Zweck dienten die „Handelbücher, darin angezeigt wird, welcher gestalt inn den fürnembsten Hendelstetten Europe allerley Wahren anfencklich kaufft, dieselbig wider mit nutz verkaufft; Wie die Wechsel gemacht, Pfund, Ellen

[1] Falke a. a. O. S. 612 Anm.: „Brief eines Behaim im Archiv des germanischen Museums, aus der Mitte des 16. Jahrhunderts". — [2] Falke S. 614. — [3] Dies betont auch Ranke a. a. O.; ich bin unabhängig davon darauf aufmerksam geworden durch eine wenigstens vor 1567 geschriebene Handschrift der hiesigen k. Hof- und Staatsbibliothek Cod. germ. 4032 „Zoll- und andere Abgaben etc.", welche vielfach übereinstimmt mit einer gedruckt vorliegenden „Tariffa oder Vncostbüchlein von allen Wahren in Venedig | So aufs vnd ein gefürt mögen werden | durch Teutsche | und andere Nationen. Auch was breuch und Zoll in Venedig darinn gebraucht werden | Alles fein fleissig und ordenlich in ein gute ordnung gebracht. Durch S. V. Gedruckt zu Nürnberg | bey Christoff Heußler 1572".

vnnd Müncz vberal verglichen, vnd zu welcher zeit die Merckten gewönlich gehalten werden. Sampt anderen mehr nutzungen darzu gehörig. Allen Hanthierern, vnd Jungen Kauffleuten gantz nützlich vnd dienstlich", wie ein solches „Handelbuch" z. B. der Nürnberger Lorenz Meder 1558 in Nürnberg im Druck hat erscheinen lassen. Die „Venediger Handlung" aber nimmt darin den ersten Platz und den meisten Raum ein, und genau finden wir verzeichnet: „Wann die Schiffart mit Wahren ankommen vnd abgehen. Bescheyd der Mass vnd Elen. Was man den Vnterkeuffeln gibet von allem gut, so per Teutschlandt geführet wirdt. Was man gibet den Vnterkeuffeln von allem gut das man hinein bringt vnd verkaufft; Was man in Venedig den Herrn in Officio alla Cassa zalt von allerhand specerey per Teutschland. Was das gut zalt in Officio, das man auff gnaden füret etc. Venediger Negel prob. Bescheyd der Tarra (Abzug) der Venediger Negel. Bescheyd der Franchita in Venedig. Bescheyd der Denari Franchi[1]) in Venedig. Ein Wahr in wirden zu halten. Gebrauch mit einem Sanser Specerey zu sehen. Bescheyd der Wag vnd Gewicht in Venedig. Bescheyd der leufftigen Müntz in Venedig. Bescheyd der Bezalung in Venedig. Bericht, so man in Venedig halb gut heyst. Gantz gut genandt. Was man in Venedig den Tragern zalt zu Garbulieren (Sieben, Durchseihen). Was man in Venedig Tragerlohn zalt. Was man den Trägern gibet von dem Gut, so auß Teutschland kompt. Was man den Trägern gibt von allem gut anzulegen, so man hinauß füret. Was man im Teutschenhauß Bindlon zalt. Den Glaßbindern von Muran. Was man in Venedig Wegerlohn zalt. Bindterlon in Venedig von Ballen so zweimal eingenehet vnd in stro gebunden. Was Plahen vnd Strick auff einen Ballen gehen. Bescheydt mehrerley Sort specerey von Venedig per Teutschlandt gelegt. Was 100 Pfund Venediger Negel in Antorff (Antwerpen) am Garbuliern thun. Was 100 Pfund Venediger Nüß in Antorff am Garbuliern thun. Was vnkost auff ein Fardel von 300 Pfund roher Seiden gen Cöln gelegt gehet. Venediger Gallus (Galläpfel) per Nürnberg gelegt. Venediger Saiffen per Nürnberg gelegt. Venediger Zenzero per Nürnberg. Venediger Zenzero (Ingwer) per Antorff. Wachß von Nürnberg per Venedig gelegt. Vnkosten auf Wachß von Porto auf Venedig. Zucker von Nürnberg per Venedig. Ochssenbrückisch leinwat per Venedig. Arbruische Seiden per Venedig. Zimat, Saffron von Adler (Aquila) per Venedig".

Dergleichen „Taschenbücher für Kauffleute" wie man sie wohl bezeichnen kann, hätten keinen Sinn gehabt, wenn man ihrer nicht für den praktischen Gebrauch bedurft hätte. Und sehen wir nicht in der That[2]), wie ein Paul Tucher im Jahre 1575 von Antwerpen Waarenballen über Nürnberg und Salzburg nach Venedig schickt? Und spricht nicht für die Fortdauer des Waarenzugs von

---

[1]) cf. später. — [2]) Bd. I Nr. 710.

Venedig nach Deutschland jene Beschwerde Augsburger Bürger bei
der Venetianischen Regierung im Jahre 1616, dass ihnen eine grosse
Menge verschiedener in Venedig gekaufter Waaren zu Gemona aufgehalten worden seien, die für die bevorstehende Frankfurter Messe
bestimmt seien [1]). Das war fast gerade hundert Jahre später, als
wegen „gleicher Zurüstung zur kommenden Frankfurter Herbst-
messe" der Augsburger Rath beim kaiserlichen Regiment in Innsbruck Schritte gethan hatte, um eine Verlängerung der von Kaiser
Maximilian gewährten Frist für Herausbringung der Waaren aus
Venedig zu erwirken [2]). Und dergleichen Belege werden sich gewiss
noch ausserordentlich viele beibringen lassen. —

    Doch kehren wir nunmehr zum neuen Hause oder besser in
dasselbe zurück, um zu sehen, wie dasselbe verwaltet wurde.
    Als einen Hauptunterschied gegen früher müssen wir da
bemerken, dass die Kammern oder Zimmer und Gewölbe nun von
vorneherein von der venetianischen Regierung auf längere Zeit
an die deutschen Kaufleute vermiethet wurden, indem die Miethe
sogleich pro Jahr festgesetzt wurde, worauf ich später nochmals
zurückkomme. Was diese selbst betrifft, so begreift es sich, wenn
die Regierung in Folge der bedeutenden Ausgaben, welche ihr aus
dem Neubau erwachsen waren, nun auch eine Erhöhung des Miethzinses eintreten liess oder lassen wollte. Denn es kam darüber
zu Differenzen mit den Kaufleuten, von denen besonders ein
Schreiben des Dogen Leonardo Loredano an den Rath von Nürnberg vom 6. Dezember 1508 [3]) Kunde gibt. Wir entnehmen daraus,
dass die Deutschen über diese Frage selbst uneins waren und deshalb schliesslich an die Regierung das Ansuchen stellten, es möchten
die Räumlichkeiten im neuen Hause unter ihnen versteigert
werden. Darauf ging jedoch die Regierung mit Recht nicht ein,
da dieser Modus gewiss nur Streit und Zank unter den Kaufleuten
hervorgerufen haben würde und, wie die Regierung selbst sehr richtig
bemerkt, den Preis der Kammern und Gewölbe wesentlich erhöht,
dieselben überhaupt vielleicht in den Händen einzelner Weniger
konzentrirt hätte. So setzte denn die Regierung im Mai 1508 den
Jahreszins für eine Kammer im ersten und zweiten Stock auf
12 Dukaten, im dritten auf 8 Dukaten fest [4]), während die Gewölbe
(nach Grösse und Lage?) zu verschiedenen Preisen zwischen 6 und
20 Dukaten, meist jedoch zu 12 Dukaten, vergeben wurden [5]).
Dabei bestimmte sie aber zu gleicher Zeit, dass die Deutschen
ausserdem, wie früher, alle die Ausgaben für die Verköstigung an
die Regierung — monatlich 8 grossi in Gold = $\frac{1}{3}$ Dukaten per
Mann, wie früher erwähnt [6]) — und ebenso dem Hausmeister für

---

[1]) Bd. I Nr. 733. — [2]) ebda. Nr. 692. — [3]) Flegler im Anzeig. f. Kunde
der deutschen Vorzeit, S. 363. — [4]) s. Bd. I Nr. 657. — [5]) ebda. Nr. 658. —
[6]) cf. oben S. 85.

Beschaffung der Betten u. s. w. die bisherigen Spesen zu entrichten hätten. Auch die etwaige Herstellung eiserner Fenstergitter für die Kammern sollte von den einzelnen Kaufleuten, die solche wünschten, selbst bestritten werden [1]).

Die Deutschen haben dem Anfangs zugestimmt, wie die so überaus schätzbare Liste der ersten Miether im neuen Hause beweist [2]). Aber nicht allzu lange hernach müssen sie Reue bekommen und den Miethzins für zu hoch, vielleicht auch die Fortdauer der mittelalterlichen Oberaufsicht über die Küche u. s. w. als zu lästig befunden haben. Sie wandten sich — wenigstens von den Nürnbergern wissen wir das [3]) — an den Rath ihrer Vaterstadt, damit dieser der venetianischen Regierung Vorstellungen darüber mache. Dieselbe erklärte sich daraufhin bereit [4]), eine Verminderung des Miethzinses eintreten lassen zu wollen; allein es dauerte dann noch zwei volle Jahre, bis eine schliessliche Vereinbarung zu Stande kam. Wir lesen z. B. bei Sanuto unter dem 16. Juni 1509, dass die Deutschen, obwohl sie die Kammern im neuen Fondaco bereits „genommen", dieselben doch noch nicht bezogen hätten, sondern noch in der ‚cha' Lippomano' wohnten, weil sie eben den hohen Zins nicht zahlen wollten [5]). Am 8. März 1510 berichtet er [6]) von Verhandlungen mit einigen Kaufleuten (vielleicht den damaligen Cottimieri) im „Collegio" in derselben Angelegenheit. Dass dieselben noch nicht zu einer Verständigung geführt, zeigt seine weitere Notiz zum 19. März 1510 [7]): Es seien einige deutsche Kaufleute angekommen, um Spezereien zu kaufen. Aber sie „kauften" d. h. machten ihre Geschäfte ausserhalb des Fondaco. Die Regierung, um den Handel wieder in den Fondaco zu zwingen, befahl hierauf, dass Keinem, der ausserhalb des Fondaco bleibe, die nöthigen ‚bollete' oder Zollscheine verabreicht werden sollten. Wenn Sanuto zu dieser Verordnung den Kopf schüttelte [8]), so hatte er Recht. Am 24. Mai 1510 schreibt er in sein Tagebuch [9]), dass den wegen des Krieges nach Venedig geflüchteten Bewohnern von Vicenza unter anderen Lokalitäten der neue Fondaco als Wohnort angewiesen worden, da derselbe leer

---

[1]) Bd. I Nr. 657. — [2]) ebda. Nr. 653. — [3]) Flegler a. a. O.; s. Bd. I Nr. 662. — [4]) Flegler a. a. O. in dem dort mitgetheilten Schreiben vom 6. Dezember 1508. — [5]) t. VIII p. 408. Ozi zonse in questa terra forzi 16 Todeschi per marchadantar, e come intenderano il levar di la scomunicha, ne vegnirano di altri assa' con haver. Hanno per ancora la habitatione in cha' Lippomano, nè sono venuti a star in fontego nuovo, licet habino tolto le camere, perchè non voleno pagar tanto fitto quando havia messo ser Marco Tiepolo, proredador olim al sal, et deputato a questo. — [6]) t. X p. 24. 1510 Adi 8 Marzo la matina in colegio nulla da conto, solum alcuni Todeschi marchadanti fonno a la Signoria perchè si aspetta bon numero zercha le camere di fontego per quello (che) dieno pagar; et fo poi alditi sier Marco Tiepolo e sier Alvise Sanudo, fo proveditori al sal, i quali tratono tal materia, e ordinato tra lhoro la conzano. — [7]) t. X p. 51. — [8]) ibid.: unde per la Signoria col Colegio fo mandato comandamento non fosse fato bolette a niun se non le seveno in fontego di Todeschi, et questo feno per far facende de lì, ma meo judicio fu tropo presto. — [9]) ibid. p. 415.

stehe [1]). — Ein weiteres Pressionsmittel versuchte die Regierung
einige Monate später. Sie hatte den fremden Kaufleuten eine Steuer
(wohl als Eingangszoll) von 2 grossi vom Dukaten (= 8 ⅓ %) auferlegt,
gegen welche die Deutschen als eine neue Abgabe unter Berufung
auf die ihnen zugestandene Immunität protestirten. Die Regierung
erklärte nun, dass von dem Tage an, wo die Deutschen den für sie
bestimmten Fondaco wirklich bezögen, um dauernd darin zu bleiben,
diese neue Auflage von 2 grossi auf sie keine Anwendung finden
solle. Diejenigen Kaufleute aber, die sich etwa weigerten, im
Fondaco zu wohnen, sollten von dieser Vergünstigung ausgeschlossen
und verpflichtet sein, wie alle übrigen fremden Kaufleute, die
2 grossi zu zahlen [2]).
     Endlich am 8. Dezember 1510 kann Sanuto melden, dass die
Deutschen wieder im Fondaco Geschäfte treiben [3]), und am 19. Dezember wurde alsdann durch ein Dekret der Regierung folgende
mit allen damals in Venedig weilenden deutschen Kaufleuten getroffene Uebereinkunft verkündigt. Der jährliche Miethzins für eine
Kammer des ersten und zweiten Stockes wurde auf 10 Dukaten, des
dritten Stockes auf 8 Dukaten, für ein Gewölbe oder Magazin (ohne
Unterschied) auf 6 Dukaten festgesetzt [4]). Hingegen wurden die Kaufleute aller jener weiteren Abgaben sowohl an den Hausmeister wie
an die Regierung, deren wir oben gedacht haben, ledig gesprochen.
Der Hausmeister hinwiederum brauchte in Zukunft die Betten und
das sonstige Hausgeräth nicht zu beschaffen. Dafür, sowie auch
für die Küche u. s. w., hatten die Deutschen nun selbst zu sorgen,
worauf wir weiter unten nochmals zurückkommen werden. Die
Fenstergitterangelegenheit wurde in der Weise beglichen, dass die
Kaufleute dazu das Eisen liefern sollten, während die Regierung
die Herstellungskosten tragen wollte.
     In dieser Weise blieb die Vermiethung des Hauses in der
ganzen folgenden Zeit geregelt. Der Miethzins blieb immer derselbe; nur im Jahre 1587 wurde, wie Milesio berichtet, wegen der
Herstellung der steinernen Treppen im zweiten und dritten Stock
eine kleine Erhöhung eingeführt [5]).

[1]) ‚il font. de Tod. nuovo ch'è vuodo'. — [2]) Bd. I Nr. 679. — [3]) t. XI
p. 672. ‚In questo presente mexe, al principio, vene alcuni merchadanti Alemani, Todeschi, in questa terra, per comprar merchadantie, il qual haveano
salvoconduto libero di la Signoria; e tanto steno in fontego, et comprono,
che si dice lassò in questa terra contadi, la più parte Raynes, ducati 130
milia, che fo una optima cossa.' Aehnlich schreibt er (t. XI p. 720): 1511 adì
9 Zener. In questo mexe Todeschi veneno a comprar in questa terra specie,
zenzeri e altro per ducati 140 milia; si che a furia si liga balle in fontego di
Todeschi per mandarle in Alemagna. — [4]) s. Flegler a. a. O. S. 365 und Milesio
bei Thomas S. 49. Wie Helianus auf dem Reichstag zu Augsburg (10. April 1510)
behaupten konnte: ‚Die Venetianer vermietheten den Deutschen ein Haus für
130 Dukaten nicht jährlich, wie man etwa denken könnte, sondern täglich,
welches ein Tribut von 50,000 Dukaten wäre,' ist mir unerfindlich — wofern
er nicht die Einnahmen aus den Zöllen hinzugerechnet (s. Hegewisch, Geschichte der Regierung Kaiser Maximilians I. Bd. II S. 117). — [5]) Thomas

Nur einmal. finde ich dann, nämlich im Jahre 1647 [1]), war man nahe daran, hierin eine prinzipielle Aenderung eintreten zu lassen. Es war die Zeit der Türkenkriege, wo die Regierung Geld brauchte und zu verschiedenen ausserordentlichen Mitteln greifen musste, um solches zu beschaffen. Sie verkaufte deshalb die Prokuratorenwürde und die Aufnahme in das „Goldene Buch" und damit in den Adel [2]) und war nun zu demselben Zwecke auch bereit, den Fondaco — der genauer die Benützung und ganze Verwaltung desselben — unter Wahrung ihres Eigenthumsrechtes am Gebäude selbst — den deutschen Kaufleuten gegen eine Pauschalsumme für immer abzutreten. Unsere Landsleute erklärten, 20,000 Dukaten dafür bezahlen zu wollen. Sei es, dass der Regierung diese Summe zu niedrig schien oder dass es sie überhaupt gereute — das Projekt wurde wieder fallen gelassen und kam nicht zur Ausführung.

Stets blieb also die venetianische Regierung die Herrin auch des neuen Hauses bis zum Untergang der Republik im Jahre 1797 durch die Franzosen. Sie war es denn auch, welche die Kammern und Gewölbe vertheilte und in allen hier einschlägigen Fragen, wie wir später noch sehen werden, die letzte Entscheidung hatte. Nach wie vor führten auch die von ihr bestellten Beamten, die Visdomini, die, wenn ich so sagen darf, gesammte äussere Verwaltung, soweit sie sich namentlich auf die Abgabe der Zölle, auf den Verkehr mit den Venetianern u. s. w. bezog. Nur findet man wiederholt [3]), dass auch andere Kollegien, wie die ‚cinque Savii sopra la Mercanzia' oder die ‚Governadori delle intrade', wichtige Verordnungen und Entscheidungen über den Fondaco treffen. Dies, sowie die Aenderungen, welche die den Visdomini beigesellten oder untergebenen Beamten, z. B. die Sensale. durchgemacht haben [4]), im Einzelnen zu verfolgen, muss späteren Nachforschungen überlassen bleiben.

Dagegen hatte sich, wie schon erwähnt, die Regierung im Innern des Hauses grösstentheils der Verwaltung begeben und entäussert, hatte den Deutschen, wie man es ausgedrückt hat, „Selbstverwaltung" — freilich nicht in allzu grossem Umfang, wie wir hinzufügen müssen — gewährt, die in erster Linie die mittelalterliche Oberaufsicht und polizeiliche Ueberwachung der Kaufleute durch die Regierung im Inneren des Hauses beseitigte.

Wir haben gehört, dass unsere Landsleute sich nunmehr gänzlich selbst verkösigten, zu welchem Behufe sie nach Milesio's An-

---

Beschreibung, S. 66. Aus den Worten Milesio's: ‚Per detta spesa delle scale fu cresciuto il dazio sudetto sopra gli affitti alla N. A.' lässt sich nicht entnehmen, worin diese Erhöhung bestanden. Nach unseren Dokumenten (Bd. I Nr. 712 cf. Nr. 748) handelte es sich vielmehr um einen Zuschlag, der, wie ich vermuthe, durch die Münzverhältnisse hervorgerufen war. — [1]) Bd. I Nr. 749. — [2]) s. Lebret. Staatsgeschichte der Republik Venedig, Thl. III S. 441 ff. — [3]) cf. Bd. I Nr. 731, 738, 739 ff. — [4]) Ich verweise nur auf Bd. I Nr. 695, wo der Rath der Zehn nun selbst wieder — entgegen seinen früheren Verfügungen — die Verpachtung der Sensalposten zuliess!

gabe[1]) alljährlich zwei aus ihrer Mitte mit dem Titel „Oberauf-
seher über die Küche" (Proveditori sopra la Cucina) wählten,
denen die Zurüstung des gemeinsamen Mahles oblag. Schon damit
wurde der Wirkungskreis des von der venetianischen Regierung
bestellten Hausmeisters, des massarius, nicht unwesentlich eingeengt. Noch mehr war dies der Fall, als die deutschen Kaufleute
einen eigenen Portier, Portiner (Portinaro) oder „Thorhüter"
anstellten. Wann dies zuerst geschehen, vermag ich nicht anzugeben.
Aus dem Jahre 1567 ist uns durch einen glücklichen Zufall ein
Vertrag erhalten, den Jakob Wernle von Delfs bei Innsbruck mit
der deutschen Kaufmannschaft im Fondaco eingeht, die ihn auf die
Dauer von 15 Jahren als „Thorhüter" in Dienst genommen[2]). Er
erhält dafür alljährlich 24 Dukaten, die aus dem Cottimo bestritten
werden, und „gepürliche Mundkost"; auf sonstige Geschenke an
besonderen Festtagen, Neujahr, Himmelfahrt u. s. w. erklärt er keinen
Anspruch erheben zu können. Dagegen verspricht er treuen Gehorsam, willige Dienstleistung und dergleichen mehr. Milesio setzt
den Portinaro dem Masser förmlich gleich[3]) und vielleicht hat es
zu seiner Zeit, d. h. am Anfang des 18. Jahrhunderts, auch nur
noch den einen gegeben; in einer Verordnung des Jahres 1564 und
dann von 1595 für den Fondaco finde ich noch einen ‚masser'
erwähnt[4]).

Im Jahre 1576 erhielt die deutsche Kaufmannschaft oder
„Deutsche Nation" (Nazione Alemana), wie sie sich nun vorzugsweise nannte, von der Gesundheitsbehörde, dem ‚Magistrato della
Sanità', die Erlaubniss, auf ihre Kosten einen Beamten aufzustellen,
der den Zugang zum Fondaco bewachen und Niemand eintreten
lassen sollte, der nicht Geschäfte in demselben habe. Es geschah dies
allerdings zunächst nur aus Gesundheitsrücksichten, um die Ein-
schleppung der damals wüthenden Pest möglichst zu verhüten, zu
welchem Zweck auch noch einige andere Verordnungen erlassen
wurden, wie z. B. die, dass die Packträger, wenn sie nicht beschäftigt,
ausserhalb des Fondaco auf dem ‚Campo S. Bortolamio' sich aufhalten, die Barkenführer, sobald sie die Waaren ausgeladen, sich
sogleich wieder entfernen sollten[5]). Man weiss ja aber, wie es mit
derlei Verfügungen zu gehen pflegt. Für den Augenblick und für
ein ausserordentliches Bedürfniss erlassen, bleiben sie auch nachher
bestehen und bürgern sich für immer ein. War dies auch hier der
Fall — ganz sichere Kenntniss besitzen wir davon vorerst nicht —
so war damit ein weiterer wichtiger Schritt auf dem Gebiete der
Selbstverwaltung gethan, die Polizei-Aufsicht der venetianischen
Behörden neuerdings geschmälert — wie es die deutschen Kauf-

---

[1]) Thomas S. 33. — [2]) s. Bd. I Nr. 707. — [3]) Thomas S. 20: il Publico
Governo manteneva salariati un Masser (sive Portinaro) ... — [4]) Thomas,
Register zum Kapitular des deutschen Hauses in Venedig ... (Abhandlgn. d. k.
bayer. Akad. d. Wiss. I. Kl. Bd. XIV, Abth. I.) S. 65 und „Quellenkunde" S. 43.
— [5]) Milesio S. 32.

leute auch schon im Jahre 1544[1]) von der Regierung erwirkt hatten, dass Schergen nicht in den Fondaco sollten kommen dürfen. —

Je mehr so die Deutschen die Herren im — freilich nicht eigenen — Hause wurden, desto mehr waren sie zugleich bestrebt, sich im Fondaco häuslich einzurichten. Ich erinnere daran[2]), dass sie im Jahre 1587 im grossen Wintersaal den kolossalen, meisterhaften Ofen auf ihre Kosten setzen liessen. Vorher schon, im Jahre 1571, hatten sie an der Südseite des Nordflügels im Hofe mit Erlaubniss des ‚Magistrato del Sal‘ unter Hinzuziehung des berühmten Erbauers der Rialto-Brücke, Antonio dal Ponte, eine grosse Uhr anbringen lassen[3]). Und über diesen mehr praktischen Einrichtungen vergassen unsere Landsleute, angeregt gewiss durch das Vorgehen der Regierung und unter dem Einfluss der ganzen Umgebung, auch der künstlerischen Ausstattung nicht. Sie waren es, welche den Fondaco (nicht aussen, sondern) innen auf das reichste und herrlichste mit Kunstwerken schmückten. Wie früher der Einzelne seine Kammer nach Belieben verschönerte und verzierte — was übrigens auch jetzt noch geschah, namentlich die Kammer der Fugger rühmt Sansovino wegen ihres reichen Schmuckes[4]) — so sorgte jetzt die Kaufmannschaft als Ganzes für eine würdige Ausstattung der gemeinsam benützten Räume. Ich verweise nochmals auf die genaue Beschreibung des „Sommer- oder Gemäldesaales“ bei Milesio und Elze, in welchem nicht blos die von einer Marmorsäule getragene Decke von Schülern Tizians bemalt war, sondern sogar eine förmliche Gemäldegallerie Platz gefunden hatte. — Sie ist übrigens nicht das einzige Zeugniss für die Kunstliebe und den Kunstsinn der deutschen Kaufleute. Es ist ja hinlänglich bekannt, dass sie noch in demselben Jahre, wo der Fondaco niederbrannte, bei dem damals gerade in Venedig weilenden Albrecht Dürer eine Altartafel, wahrscheinlich für die in der Nähe des Fondaco gelegene und gleichsam dazu gehörige Kirche San Bartolomeo (Bartolamio) bestellten, welche im September des folgenden Jahres 1506 fertig wurde und die Verherrlichung der h. Maria im Rosenkranzfest zum Gegenstand hatte. Dass dieses Werk erst Dürer, wie er selbst angibt, die gebührende Anerkennung als Maler bei den Italienern verschaffte, die in ihm bisher nur den Stecher bewundert hatten, darf gleichfalls als bekannt vorausgesetzt werden[5]).

Die Tafel, später von Kaiser Rudolf II. angekauft und heute im Besitze des Prämonstratenser-Stifts Strahow in Prag, enthält ausser den Porträts von Maximilian I., Julius II., Dürer und Anderen, wie Thausing ansprechend vermuthet, auch das des Hieronymus,

---

[1]) Milesio, S. 64. — [2]) cf. oben S. 112. — [3]) Milesio, S. 26 und 65. — [4]) Venezia descritta (Ausg. von 1663, p. 366: ‚fra le quali (camere e stanze) era altre volte molto notabile la camera dei Foccari, dove con ordine pur troppo maraviglioso si contenevano tante soppellettili e massaritie che harebbono addobbato ogni gran casa‘. — [5]) Thausing, Dürer (1. Aufl.) S. 259.

des Erbauers des neuen Fondaco [1]). Hingegen glaube ich nicht, wie
Thausing es gethan, dass Dürer eben wegen dieser Tafel nach Venedig
gereist sei. Die Art, wie er seinem Freunde Pirkheimer in seinem
ersten Briefe aus Venedig (am 6. Januar 1506) davon Mittheilung
macht: „ich habe den Deutschen eine Tafel zu machen," spricht
dafür, dass er erst dort den Auftrag erhielt [2]). Leider gibt Dürer
selbst in seinen Briefen keine näheren Aufschlüsse über den
Auftrag: weder nennt er irgend welche Personen, mit denen er
darüber verhandelt, noch bezeichnet er den Gegenstand der Tafel
irgend genauer, noch sagt er deutlich, für welchen Ort oder für
welchen „Altar" dieselbe bestimmt gewesen und ob sie wirklich
dort aufgestellt worden. Das hat denn Anlass zu mancherlei Kontro-
versen und wunderlichen Aufstellungen gegeben. Die eben angeführte Monographie von Jos. Neuwirth überhebt mich der Aufgabe,
dieselben hier einzeln vorzuführen und zu erörtern.

Grosse Verwirrung hat namentlich angestiftet und einige
Schwierigkeit in der That macht die Angabe des Schriftstellers
Sansovino [3]), dass „vor wenigen Jahren Christophorus Fugger ein
Marien-Altarbild von der Hand Albrecht Dürers nach der Kirche
San Bartolamio gebracht oder geschenkt habe" [4]). In Folge dessen
hat man — ohne Rücksicht auf die in Sansovino's Worten liegende
Zeit-Differenz — gesagt [5]), Christoph Fugger sei der Besteller des
„Rosenkranzfestes" gewesen, weil „er, als Dürer in Venedig war,
an der Spitze der dortigen Kaufmannschaft stand und als solcher
wahrscheinlich den grössten Beitrag gegeben hat." Das lässt sich
aber durchaus nicht beweisen. Als Vorsteher („Cottimieri') der
deutschen Kaufleute zur Zeit von Dürer's Aufenthalt in Venedig
werden ganz andere Männer genannt [6]), ein Christophorus Fugger

---

[1]) s. die Abbildung in Thausing's „Dürer" und des Hieronymus Bildniss
separat nach einer Originalzeichnung Dürer's im k. Kupferstichkabinet zu Berlin
bei Lippmann, Zeichnungen von Albrecht Dürer (Berlin 1882), Blatt Nr. 10. —
[2]) Dieser Ansicht pflichtet auch Jos. Neuwirth in seiner kürzlich (Leipzig 1885)
erschienenen Monographie: „Albrecht Dürer's Rosenkranzfest" (gleichfalls mit
Abbildung) bei, in welcher alle auf das Bild bezüglichen Fragen eingehend
behandelt und auch Thausing's Irrthümer über den Fondaco schon (hauptsächlich auf Grund der von mir gemachten Mittheilungen) berichtigt sind; cf. auch
dessen Abhandlung: „Zur zweiten Reise Dürer's nach Italien" in Lützow's Zeitschrift für bildende Kunst (Jahrg. 21) 1886 S. 87 u. ff. — [3]) in der ersten
Ausgabe seines Buches ‚Venetia citta nobilissima' 1581 f. 48. — [4]) ‚Fu nobilitata (die Kirche) pochi anni sono da Christoforo Foccari Tedesco, il quale vi
condusse una palla di Nostra Donna, di mano d'Alberto Duro, di bellezza
singolare per disegno, per diligenza et per colorito'. Wahrscheinlich hieraus
stammt die fast gleichlautende Notiz bei Milesio (Thomas, S. 46): ‚L'anno . . .
(fehlt) fu nobilitata da Christofforo Foccari Mercante Todesco, che donò la
palla fatta da Alberto Durero Tedesco famoso Pittore et intagliatore di stampe,
di singolar bellezza, in cui vi è dipinta la Madonna.' — [5]) so Waagen im
„Deutschen Kunstblatt" 5. Jahrg. 1854 S. 200. — [6]) s. Milesio (Thomas, S. 62):
1505 Gio. Mossanner (unrichtig statt Mosauer aus Regensburg s. unten) e Francesco Hirschfegl (Hirschvogel aus Nürnberg); 1506 Gio. Mossanner e Sinibaldo
Kneissel (aus Nürnberg); 1507 die nämlichen.

wird zu jener Zeit überhaupt nicht in Venedig erwähnt. Erst im Jahre 1520 wird von einem daselbst weilenden Christophorus Fugger berichtet. Marino Sanuto erzählt unter dem 26. Januar dieses Jahres, dass derselbe die Schwester eines Pasqual Gradenigo geheirathet habe [1]). Wie es scheint, liess sich derselbe auch in Venedig in der Kirche San Bartolomeo beisetzen oder hatte wenigstens eine Grabstätte für sich darin [2]): auf ihn würde also am besten jene Notiz des Sansovino von der Stiftung des Dürer'schen Bildes in die genannte Kirche passen [3]). Hingegen stimmt die Zeitangabe Sansovino's ‚pochi anni' durchaus nicht mit den übrigen Notizen, vorausgesetzt, dass man es immer mit einem und demselben Bilde zu thun hat. Denn wenigstens um 1550 befand sich nach dem Zeugniss Vasari's ‚una tavola d'Alberto Duro . . . cosa rara e piena di molte figure fatte a olio' in der Kirche San Bartolomeo [4]); und 1552 rühmt Doni in einem Briefe an Simon Carnesecchi als eine Sehenswürdigkeit Venedig's ‚una tavola d'altare d'Alberto Duro' [5]).

Namentlich diese letztere Angabe, zusammengehalten mit früheren und späteren Nachrichten [6]), lassen kaum einen Zweifel übrig, dass in der That das von den deutschen Kaufleuten bestellte Bild eben das „Rosenkranzfest" gewesen, dass es für den Altar der deutschen Kaufleute in S. Bartolomeo bestimmt gewesen und nicht erst von einem Christophorus Fugger später dorthin gebracht worden ist.

Dann ist es allerdings das Einfachste, die ganze Nachricht des Sansovino für einen Irrthum zu erklären und als unrichtig bei Seite zu lassen, wie Neuwirth es thut. Oder man kann annehmen, dass ein Christophorus Fugger — und zwar am ehesten jener, der mit der Schwester des Gradenigo verheirathet war — ein anderes Bild als das Rosenkranzfest vielleicht doch von der Hand Dürers in die Kirche San Bartolomeo geschenkt habe, ein Bild, das vielleicht ein

---

[1]) Thomas, Milesio's Beschreibung, S. 100 aus den ‚Diarii' des Sanuto t. 28 f. 114. — [2]) Sansovino sagt n. a. O im Anschluss an die obigen Worte: vi fu anco dipinto su la sepoltura del detto Foccari alcune figure da Battista Franco; und Hieronymus Megiserus, Paradisus deliciarum, Leipzig 1610, p. 61 (Briefl. Mittheilung des Herrn Dr. J. Neuwirth) sagt geradezu: ‚S. Bartholme . . . Es liegt Herr Christoff Fucker, ein Deutscher, darin begraben", vielleicht allerdings wieder nur auf Grund der Angabe des Sansovino. Unter den von Cicogna gesammelten Inschriften dieser Kirche (cf. später) findet sich keine auf einen Christoph Fugger. — [3]) Ein anderer Christophorus Fugger, ein Sohn Raimunds, erst 1520 geboren und 2. April 1579 gestorben, wurde nach seinem eigenen Willen in der Dominikanerkirche in Augsburg begraben; s. „Contrafehe der Herrn Fugger" 1620 S. 17. — [4]) Le Vite de' più eccellenti scrittori . . . ed. Milanesi Bd. 7 S. 433 bei Neuwirth S. 16. — [5]) Tre libri di lettere, lib. 10 p. 185; Neuwirth, S. 17. — [6]) cf. Neuwirth, S. 15—17. Namentlich sagt Christoph Scheurl (der Jüngere) in seinem bereits 1508 erschienenen ‚libellus de laudibus Germaniae et ducum Saxoniae', dass auf dem von Dürer „für die Deutschen" gemalten Bild ein vollendetes, lebenswahres Portrait des Kaisers (Max) sich befunden habe, wie dies eben auf dem ‚Rosenkranzfest" der Fall ist; Scheurl gibt aber nicht an, wo das Bild aufgestellt gewesen.

anderer Fugger von Dürer bei seinem Aufenthalt in Venedig für
die von den Fuggern benützten Kammern im Fondaco hatte malen
lassen und jener Christophorus eben später der Kirche S. Bartolomeo
schenkte — dass also Sansovino dann beide Bilder vermengte. Einen
schwachen Anhalt findet diese Hypothese vielleicht in einem Aus-
drucke Dürer's, den man vielleicht hierauf beziehen darf. Dürer
schreibt[1]) am 23. September 1506 an Pirkheimer: „Wisset auch,
dass meine Tafel fertig ist; auch ein anderes Quadro, dessgleichen
ich noch nie gemacht habe . . .“ Er spricht da offenbar von zwei
Bildern, wovon das eine (über welches selbst wiederum die Ansichten der Kunsthistoriker auseinandergehen) recht wohl im privaten
Auftrage entstanden sein konnte.

Absolut Sicheres lässt sich darüber mit dem bis jetzt bekannten
Material nicht feststellen. Den besten Aufschluss könnten wohl
archivalische Nachrichten über den Erwerb des „Rosenkranzfestes“
durch Rudolf II. geben, die bisher leider ganz fehlen. Nicht einmal das
genaue Jahr, wann dieser statthatte, ist bekannt; sicher nur, dass er
zwischen 1593 und 1603 erfolgte. Denn unter dem ersten Jahre
berichtet (worauf ich Herrn Dr. Neuwirth aufmerksam machte) noch
Hans Georg Ernstinger in seinem Raisbuch[2]): „S. Bartolomeo da
predigt man teutsch; ist auch ein schöner Altar darinnen, den Albert
Dierer von Nüernberg gemalt.“ Im Jahre 1603 aber wird das „Rosenkranzfest“ bereits als in Prag befindlich erwähnt[3]). An seine Stelle
kam[4]) auf den der deutschen Kaufmannschaft gehörigen Altar in San
Bartolomeo, der in der „capella alla sinistra della maggiore‘ stand[5]),
später (vielleicht im Jahre 1610[6]) eine „Maria-Verkündigung“ von
der Hand des baierischen Malers Johann Rottenhammer, „eines
gelehrten Schülers des Tintoretto, der sich nach den besten Bildern
seiner Zeit gebildet hat“[7]) — ein Bild, das sich angeblich heute noch
dort befindet. —

Thausing bezeichnet S. Bartolomeo als die „Begräbnisskirche“
der Deutschen Nation. Dies ist nur zum Theil richtig. In früherer
Zeit wurden unsere in Venedig verstorbenen Landsleute, wie aus den
von verschiedenen Venetianern und insbesondere von Emanuele
Cicogna gesammelten Grabschriften ersichtlich, vielleicht grösstentheils, aber keineswegs ausschliesslich in S. Bartolomeo, sondern
vielmehr auch in anderen Kirchen Venedigs bestattet[8]). Im Jahre

---

[1]) cf. Neuwirth in der Zeitschrift etc. — [2]) Herausg. von Ph. A. F. Walther
in der Bibliothek des literar. Ver. Bd. 135 S. 48. — [3]) Het Schilder-Boeck . . .
door Carel von Mander 1604 f. 209 a; Neuwirth S. 20. — [4]) s. Neuwirth, S. 17. —
[5]) ebda. S. 18. — [6]) Diese Zahl fand sich (wenn ich Cicogna's Bemerkung recht
verstehe, cf. später bei den Grabschriften Nr. 6) auf einem Gemälde in der oben
erwähnten Kapelle der „Deutschen Nation“ in S. Bartolomeo und bedeutete wohl
die Zeit der Stiftung. Nur stimmt Cicogna's Bemerkung, dass das Gemälde
die Geburt der heil. Jungfrau dargestellt habe, nicht mit den sonstigen Angaben über Rottenhammer's Bild. — [7]) Joh. Christ. Maier, Beschreibung von
Venedig (1795), Bd. I S. 304; Neuwirth, S. 17. — [8]) cf. später; die Träger (bastazi)
des Fondaco hatten mindestens seit 1625 in S. Bartolomeo eine Gruft.

1565 erhielt dann die Deutsche Nation in Folge eines Privilegs (vom 8. März) des damaligen Patriarchen Giovanni Trevisano das Recht, alle ihre Angebörigen in S. Bartolomeo auf Kosten der dortigen Geistlichkeit begraben zu lassen [1]). Erst im Jahre 1649 (25. November) erwarb dieselbe dann in S. Bartolomeo eine gemeinsame Gruft (arca) neben dem Hauptaltar für ihre Verstorbenen [2]), nachdem früher schon 1624—1625 ebendaselbst, wie es scheint allerdings nicht auf Kosten der „Nation", sondern einer „deutschen Bruderschaft zum Rosenkranz (von Bäckern?) und anderer im Venedig wohnender Deutscher" ein Altar (für die Deutschen überhaupt oder für die deutschen Bäcker?) errichtet worden war [3]). Doch finden sich auch nach dieser Zeit noch Grabschriften von Deutschen in anderen Kirchen [4]). (Im Jahre 1719 erwarben die protestantischen Mitglieder der „Nation" einen eigenen Friedhof auf der kleinen Insel S. Cristoforo della Pace zwischen Venedig und Murano [5]). —

Die Kosten für alle diese Ausgaben wurden — wenigstens wohl zum grössten Theile und in erster Linie — aus jener gemeinsamen Abgabe bestritten, welche, wie früher erwähnt, im Jahre 1492 eingeführt worden war: aus dem Cottimo, der, wie es Milesio ausdrückt [6]), für ordentliche und ausserordentliche Ausgaben bestimmt war. Dahin gehörte nun also eben die Instandhaltung des Gebäudes, soweit die Regierung dafür nicht Sorge trug, des Brunnens, der Uhr, die Kosten für das Oel der 24 Lampen, welche die ganze Nacht hindurch im Gebäude brannten [7]), die Besoldung der von den Deutschen angestellten Bediensteten, wie des Thürhüters u. s. w., der Aggenti, Fattori und Avocati, deren man namentlich später bei verschiedenen Rechtsstreitigkeiten öfters bedurfte. Dahin gehörte ferner die Instandhaltung der Verkehrsstrassen nach Deutschland, die Besoldung von Wächtern, welche zur Sicherung der Waarentransporte an die Grenze geschickt wurden — in Cadore

---

[1]) s. Milesio bei Thomas S. 47 und Gallicciolli, Memorie Venete t. III p. 349, welch' letztere Stelle zeigt, dass dieser Erlass (von Gall. fälschlich in's Jahr 1567 gesetzt) hervorgegangen ist aus einem Competenzconflikt zwischen dem Kapitel der Hauptkirche von Castello und den Pfarreien der Stadt, welch' letztere das Recht in Anspruch nahmen, die in ihrem Bereich wohnenden Fremden zu begraben. Davon wurden „die Deutschen des Fondaco" ausgenommen, die stets zu S. Bartolomeo gehören sollten. — [2]) aus Veroneser Stein mit einem Bronze-Schild, worauf der Reichsadler und eine Inschrift; s. Milesio bei Thomas S. 46 u. 69; Th. Elze, Geschichte der protestantischen Bewegungen und der deutschen evangelischen Gemeinde in Venedig (Bielefeld 1883), S. 52; bei den Grabschriften Nr. 27. — [3]) s. Grabschriften Nr. 5 und die Anmerkung Cicogna's, die aber nicht recht stimmt mit der Inschrift selbst, in welcher eine deutsche Bruderschaft genannt wird, deren Vorstandschaft besonders deutsche Bäcker bildeten. Vielleicht sagt deshalb auch Murr im Journal zur Kunstgeschichte Bd. X (1781) S. 5 Anm., Dürer's Bild (das er als die Marter des heil. Bartholomäus bezeichnet) habe „in der Beckerkapelle" gehangen. Ihre Gruft hatten jedoch die deutschen Bäcker, wenigstens 1511, in S. Stefano; cf. später im Anhang. — [4]) s. später. — [5]) s. Elze, Geschichte etc. S. 67. — [6]) Thomas S. 26. — [7]) Milesio S. 26; cf. S. 84.

wurde hiefür ein eigener Beamter aufgestellt —; dann die Remuneration für die Benützung der Kirche S. Bartolomeo, ferner die
besonderen Ausgaben bei Ankunft fürstlicher Persönlichkeiten oder
eines neuen kaiserlichen Gesandten und bei anderen ausserordentlichen Gelegenheiten; ausserdem aber wurden — und zwar von
Anfang an — aus dem Cottimo die Kosten für die sogenannte
‚Panada‘ (eine Art Brodsuppe) bestritten.

Seit dem Jahre 1490 nämlich — im vorhergehenden Jahre
hatte die Pest in Venedig stark gewüthet — wurden alltäglich
(mit Ausnahme von Montag) Morgens die Speiseüberreste an Brod,
Fleisch, Suppe u. s. w. der im Fondaco speisenden deutschen Kaufleute und ihrer Diener den Armen der Stadt dargereicht. Es geschah dies (in dem neuen Gebäude) von einem vergitterten Fenster
des zu ebener Erde befindlichen Zolllokales aus, zu welchem Zweck,
damit die Armen Venedigs dorthin gelangen könnten, ohne den
Fondaco selbst zu betreten, die Kaufleute mit Genehmigung der
Behörden später, im Jahre 1630, eigens einen hölzernen Steg bis
zum Traghetto del Buso bauen liessen, „über welchen jeden Morgen
beim Andämmern des Tageslichtes die Armen herbeiströmten“ [1]).
Zu Weihnachten und Ostern wurden überdies an die Armen noch
besondere Almosen ausgetheilt.

Man begreift daher leicht, dass die Summe von 2 Gazette =
4 soldi (der venetianischen Lira) auf je 100 Dukaten Waarenumsatz,
die anfänglich als Cottimo von jedem Deutschen zu entrichten war
= c. $\frac{1}{30}$ $^0$/o, auf die Dauer nicht ausreichte und daher später wiederholt erhöht werden musste. Im Jahre 1577 z. B. betrug sie 2 grossi
auf 100 Dukaten = $\frac{1}{12}$ $^0$/o.

Bis zu diesem Jahre war der Cottimo ohne spezielle Genehmigung der venetianischen Regierung erhoben und, wie es
scheint, ohne Widerspruch von den Einzelnen gezahlt worden.
Wenn sich bei einem späteren, sogleich zu erwähnenden Streit (1717)
die deutschen Kaufleute auf einen früheren Erlass der Regierung
vom Jahre 1541 beriefen, welcher die Expedirung der Waaren
aus dem Fondaco verbot, wenn zuvor nicht alle „Rechte“ oder
Gebühren (diritti) des Fondaco entrichtet seien [2]), so ist da doch nicht
ausdrücklich vom Cottimo die Rede. Ebensowenig ist es klar ersichtlich, ob etwa im Jahre 1546 gegen den Cottimo ein Protest
laut wurde, da es in einem späteren Schriftstücke heisst ‚che sino
all' anno 1546 fu imperturbamente e con non interrotta serie sopra
tutti rascosso‘ [2]).

Dies fand nun aber sicher im Jahre 1577 statt, und darüber
sind wir etwas genauer unterrichtet [3]). Ein gewisser D o m e n i c o

---

[1]) Elze, Ausland 1870, S. 628. — [2]) Elze bei Thomas, Milesio S. 81. —
[3]) ebda. S. 95; ferner Thomas, Beiträge aus dem Ulmer Archiv zur Gesch. des
Handelsverkehrs zwischen Venedig und der deutschen Nation (Sitz.-Ber. d. k.
bayer. Akad. d. Wiss. 1869 S. 71 ff.).

Ziliberti, ein Trientiner von Geburt und „kürzlich gewester Vachin, jetzo aber etlicher Deutschen Faktor, samt anderen vier oder fünf Eisenkrämern und Vachini, so er an sich gehängt", weigerte sich den Cottimo zu entrichten, da er als „nicht geborener, nicht ächter" Deutscher von der Versammlung und dem Kapitel der „Deutschen Nation" ausgeschlossen worden war. Um diesen Vorfall zu verstehen, müssen wir Folgendes erklärend einschalten.

Wir erinnern uns[1]), dass im alten Hause Kaufleute, die mit Kleinigkeiten handelten, oder besser gesagt, Krämer, die sich nur ganz kurze Zeit aufhielten, theils wegen der Beschränktheit des Raumes, theils um ihnen die grösseren Kosten zu ersparen, die Erlaubniss besassen, nicht in eigenen Kammern wohnen zu müssen, sondern in den Gängen ihr Nachtquartier aufzuschlagen. Im neuen Gebäude wurden nun von vornherein von der Regierung dieser Klasse von Handeltreibenden ausdrücklich sechs Kammern im dritten Stock reservirt[2]), welche nicht an Einzelne abgegeben werden, sondern für diese ab- und zugehenden kleineren Kaufleute und Krämer überhaupt bestimmt sein sollten. Von diesem Ab- und Zugehen erhielten diese Kaufleute denn auch den Namen ‚Viandanti', oder man nannte sie mit Rücksicht auf die Artikel, ‚panni grisi (graue Tücher) di vilissimo prezzo', mit denen sie hauptsächlich handelten, ‚Grisolotti', oder später, da es vorzugsweise Trientiner waren, auch wohl ‚Mercanti Trentini'[3]).

Wie die Krämer im alten Hause, dürften auch diese ‚Viandanti' eben wegen ihres kürzeren Aufenthaltes nun aber schwerlich als Voll- und Gleichberechtigte mit den anderen, länger verweilenden Kaufleuten im Fondaco gegolten und deshalb auch keinen Antheil an deren berathenden Versammlungen oder General-Kapiteln gehabt oder erhalten haben. Da sie aber, wie keinem Zweifel unterliegen kann, trotzdem ebenso, wie die anderen Kaufleute, den Cottimo entrichten mussten, so ist es leicht erklärlich, dass mit der Zeit in ihnen der Gedanke reifen konnte: „gleiche Pflichten, gleiche Rechte" — oder, wie es in einem späteren Schriftstück der Deutschen Nation vom Jahre 1717 heisst: ‚dall' aver commune il foco, pretesero aver commune anche il titolo ed essere in tutto pareggiati à nazionali'[4]).

Diesen Anspruch erhob nun also Ziliberti und, da er damit abgewiesen wurde, verweigerte er mit seinen Genossen, deren Zahl übrigens verschieden angegeben wird, die Entrichtung des Cottimo. Während es nach einem Schreiben des General-Kapitels der Deutschen Nation[5]) vom Jahre 1577 nur 4 oder 5 Eisenkrämer und Vachini gewesen sein sollen, waren es nach einem Schriftstücke der ‚Nazione Alemana' vom Jahre 1717 (in welchem dieses Streites gedacht wird)[6])

---

[1]) cf. oben S. 12. — [2]) s. Bd. 1 Nr. 657. — [3]) Elze bei Thomas, Milesio S. 91. — [4]) Thomas, Milesio S. 81. — [5]) Thomas, Beiträge S. 71. — [6]) Elze bei Thomas, Milesio S. 82.

4—6 Trientiner und an die 40 (venetianische) Eisenhändler, die
Ziliberti in dem Streite vertrat, der sich nun zwischen ihm und der
Deutschen Nation entspann. Denn diese hatte nach der Weigerung
des Ziliberti von der Behörde der ‚Governadori dell' intrade‘ ein Mandat
an die Visdomini des Fondaco des Inhalts erwirkt [1]), dass denjenigen,
welche die ‚Dazi‘ oder den Cottimo nicht entrichteten, auch keine
Zollscheine, keine ‚Bollette‘ sollten ertheilt werden, mit anderen
Worten, dass ihnen somit die Ausfuhr ihrer Handelsartikel sollte
verweigert werden. Dagegen protestirte denn nun Ziliberti, indem er
der Nation überhaupt das Recht bestritt, ohne Genehmigung eines
(venetianischen) Magistrats von den im Fondaco verkehrenden Kaufleuten eine solche Steuer zu erheben und gar noch zu erhöhen, die,
wie er behauptete, nicht dem Handel im Allgemeinen, sondern
nur den Sonderinteressen Einzelner zu gut komme. Die Nation
hinwiederum berief sich auf das Herkommen und legte zugleich
dar, wozu der Cottimo wirklich verwendet werde. Das Kollegium
der ‚Governadori delle intrade‘ und der ‚Cinque Savii sopra la mercantia‘, vor welchem auf Wunsch beider Parteien der Streit dann
zur Verhandlung kam, traf am 6. September 1577 folgende Entscheidungen: 1) dass Ziliberti und seine Genossen den Cottimo zu
entrichten hätten, die Nazione Alemana mit ihrem Verlangen im
Rechte sei, 2) dass die Nazione den Cottimo im bisherigen Betrage
von 2 grossi auf je 100 Dukaten wie bisher erheben und verwalten
könne; dass aber zu einer Aenderung oder Erhöhung desselben in Zukunft die Zustimmung der Majorität des genannten venetianischen Kollegiums erforderlich sein solle.
Als dann 14 Tage darauf, am 18. September 1577, die Nation die
Erhöhung des Cottimo um 2 weitere grossi von 100 Dukaten, also
auf das Doppelte beantragte, weil der frühere Betrag nicht mehr
ausreiche, namentlich die Kosten der ‚Panada‘ zu bestreiten, da wurde
ihr dieses Gesuch abgeschlagen. Den von Thomas publizirten Aktenstücken [2]) zufolge wandte sich das General-Kapitel daraufhin an den
Rath der Städte Ulm, Augsburg, Nürnberg, um diese zu einer Eingabe
an den Dogen in dieser Angelegenheit zu bewegen. Eine solche
ging dann auch mit dem Datum des 31. Januars 1578 und, da wegen
des inzwischen eingetretenen Ablebens des Dogen eine neue Adresse
nothwendig wurde, mit dem Datum des 5. Mai 1578 versehen nach
Venedig ab, worin vorzugsweise und wohl nicht ohne Absicht die
Unmöglichkeit, die Panada fernerhin zu spenden, betont wurde,
wenn die Erlaubniss zur Erhöhung des Cottimo verweigert werde.
Wissen wir auch nicht, welche Wirkung diese Eingabe hatte, sicher
ist, dass in der folgenden Zeit der Cottimo immer mehr gesteigert
wurde. Im Jahre 1631 wurden 10 grossi von 100 Dukaten =
$^5/_{12}$ °/₀ erhoben, und im Juni dieses Jahres suchte die Nazione wegen
der schlechten Geschäfte bei den Governadori delle intrade und den

---

[1]) Thomas, Beiträge S. 72. — [2]) a. a. O.

Cinque Savii um die Erlaubniss nach, den Betrag auf 12 grossi $=$
$1\frac{1}{2}$ % zu erhöhen, die ihr auch zunächst auf die Dauer von 6 Monaten
ertheilt wurde [1]). Im Jahre 1691 betrug die Steuer 24 grossi $=$
1 Dukaten $= 1$ %, die höchste Höhe, die sie überhaupt erreichte;
dann sank sie wieder etwas herab und betrug im Jahre 1717
20 grossi $= \frac{5}{6}$ % [2]).

In dieser Zeit entbrannte ein neuer grosser Streit über den Cottimo, dessen Betrachtung wir jedoch besser auf später versparen.

Wir müssen uns vorerst nochmals in das 16. Jahrhundert und
speziell in das Jahr 1578 zurückversetzen. Vermuthlich in Folge der
Streitigkeiten mit Ziliberti und seinen Genossen wurden nämlich,
wie es scheint, gerade in diesem Jahre einige Aenderungen von
der Deutschen Nation in Bezug auf ihre eigene innere Verwaltung
getroffen. Milesio verzeichnet zum Jahre 1578 [3]) den Beschluss eines
General-Kapitels betreffs der Wahl der beiden Cottimieri oder, wie sie
von da oder von etwas später an [4]) heissen, der beiden Consuln, ohne
jedoch den Inhalt dieses Beschlusses näher anzugeben. Es scheint nicht,
dass über die Amtsdauer der beiden Consuln eine Aenderung getroffen
wurde, die vorerst noch 6 Monate betragen zu haben scheint und
erst später — nach Milesio im Jahre 1604 [5]) — durch Beschluss
eines Generalkapitels auf 2 Jahre festgesetzt wurde und im 18. Jahrhundert noch erhöht worden sein mag, wenn nicht dieselben Persönlichkeiten mehrmals hintereinander wiedergewählt wurden. Aber
was Milesio als schon seit Einsetzung der Cottimieri bestehend
hinstellt [5]), dürfte erst jetzt 1578 eingeführt worden sein: das ist
die Scheidung der Consuln nach (Geschäft und) Wohnung.
Der eine nämlich von ihnen erhielt den Titel ‚Console Seniore‘
(konnte dem Alter nach aber der Jüngere sein) und wohnte
ausserhalb des Fonduco, der andere hiess ‚Console Cassiere Juniore‘
und hatte seine Wohnung im Fondaco. Vielleicht wurden damals,
1578, auch die 6 Aeltesten, ‚Segretieri‘ genannt, eingesetzt, welche
den Consuln zur Seite standen und alle Gegenstände vorher durch-
zuberathen hatten, ehe sie an das General-Kapitel gingen, welches
nach wie vor die letzte oberste Entscheidung in allen Angelegenheiten
der Nation besass und nun nicht mehr blos an den beiden früher angegebenen Terminen (Jakobi und Weihnachten), sondern jeden Augenblick im Bedürfnissfalle zusammentrat. Man sieht: es war eine
republikanische Verfassung, die sich die Deutsche Nation hier gab
oder die sich hier herausbildete im Anschluss wohl an die Vorbilder
der heimischen Städte-Verfassungen.

Je mehr sich so die in Venedig im Fondaco verkehrende
deutsche Kaufmannschaft zu einem ‚Corpo politico‘, wie es Milesio
bezeichnet [6]), oder wie wir lieber sagen würden, zu einer fest ge-

---

[1]) Bd. I Nr. 736, 737. — [2]) Elze bei Thomas, Milesio S. 83. — [3]) bei
Thomas S. 65. — [4]) cf. oben S. 90. — [5]) Thomas S. 67. — [6]) ebda. S. 25.

gliederten Korporation, welche nun meist den Namen „Deutsche
Nation" oder „Nazione (Natione) Alemana" führte, zusammenschloss —
desto mehr bildete sich aber in ihrem Inneren ein eigenthümlicher
Zwiespalt und Gegensatz aus, der in der folgenden Geschichte
des Fondaco eine grosse Rolle gespielt hat, und den wir daher
näher betrachten müssen.

Wir haben schon früher hervorgehoben [1]) und müssen es an
dieser Stelle nochmals nachdrücklichst thun, dass in der älteren
Zeit bis zum Ausgange des 15. Jahrhunderts (und wohl auch noch
bis in den Anfang des 16. Jahrhunderts hinein) unter den im
Fondaco verkehrenden deutschen Kaufleuten — von den Krämern
abgesehen — keinerlei Unterschied bestand, keiner besondere
Rechte besass, keiner mehr galt als der andere, speziell der Oberdeutsche nicht mehr als der Niederdeutsche, der aus einer freien
Reichsstadt nicht mehr als der aus einer Fürstenstadt. Jeder „ge-
lernte" Kaufmann hatte gleiches Anrecht auf Antheil an der Tafel
und am Kapitel und in diesem gleiche Stimme. Anders im aus-
gehenden 16. und besonders im 17. Jahrhundert.

Da lesen wir auf einmal von „Privilegirten" und „Nicht-
Privilegirten", von „Berechtigten" und „Nicht-Berechtigten", von
ernsten Streitigkeiten, die sich über die Berechtigung, am Fondaco
und den damit verbundenen Privilegien Antheil zu nehmen, zwischen
den ober- und niederdeutschen Städten erhoben. Um es kurz zu
sagen: die oberdeutschen Städte nahmen am Ende des 16. und am
Anfang des 17. Jahrhunderts den Fondaco für sich allein in Anspruch.
Sie oder vielmehr ihre Kaufleute in Venedig behaupteten allein die
ächten, rechten Deutschen zu sein, die allein als ‚antichi Todeschi
naturali' das Anrecht auf Benützung der Kammern, auf Theilnahme
an der gemeinschaftlichen (Mittags-)Tafel und an den Kapitelsitzungen
besässen. Diese drei Momente wurden dann meist als die ‚3 requisiti' zusammengefasst und dann weiter behauptet, dass nur der Besitz
dieser 3 requisiti auch zum Antheil an den von der Regierung
für den Fondaco gewährten Privilegien und Immunitäten
berechtige.

Was zunächst diese letzteren betrifft, so findet sich eigentlich
nirgends eine zusammenfassende, übersichtliche Aufzählung derselben.
In dem Dekrete der venetianischen Regierung vom 19. Dezember
1510, welches die Miethe für die Kammern und Gewölbe im neuen
Hause u. s. w. endgültig festsetzt [2]), heisst es am Anfang nur ganz
allgemein, dass die Regierung die deutschen Kaufleute bei den Privilegien, Immunitäten und Exemptionen belassen wolle, die sie bisher
genossen; dass sie ihnen insbesondere keine neue Auflage oder
Steuer auferlegen wolle, welche die Kaufleute nicht bisher gemäss
ihrer alten Privilegien entrichtet hätten. Dazu würden nun also

---

[1]) cf. oben S. 86. — [2]) s. Thomas, Milesio S. 49 und Flegler im Anzeiger etc. S. 365.

einmal alle die Vergünstigungen gehören, die wir oben gelegentlich
aufgeführt haben[1]) und die wir hier nicht nochmals zu wiederholen
brauchen. Ferner jenes auch von Milesio[2]) erwähnte Privilegium
vom Jahre 1507, worin der Doge und die Regierung den deutschen
Kaufleuten im ganzen Gebiete der Republik freien Handel und
Wandel und Sicherheit der Person und der Waaren zusagt[3]). Wenn
Milesio behauptet[4]), dass dieselben darin sogar zu „Bürgern Venedigs“
erklärt worden seien, so ist das nicht richtig und wieder eine jener
Uebertreibungen und falscher Urkunden-Interpretationen, deren sich
Milesio öfters schuldig gemacht. Es heisst nämlich in dem Aktenstücke
nur: „wir haben die deutschen Kaufleute wegen der alten gegenseitigen Handelsbeziehungen stets so geliebt (mehr als andere Kaufleute), dass wir sie für unsere Landsleute ansehen, und zwischen
unseren Bürgern und Einwohnern und ihnen bei uns kein Unterschied besteht“. Das ist aber doch etwas Anderes als eine förmliche‘
Bürgerrechtsverleihung. In dem Privileg vom 30. Dezember 1510,
das nochmals den deutschen Kaufleuten mit allen ihren Bediensteten
freien, ungehinderten, sicheren Verkehr gewährleistet[5]), fehlt ein
Hinweis auf eine solche venetianische Bürgerschaft der deutschen
Kaufleute ganz und gar; und auch sonst ist, wie mir Professor Predelli
versichert, über eine derartige Verleihung im venetianischen Staats-
archiv nichts überliefert oder bekannt. — Unwesentlich erscheint,
was Milesio sonst noch als Privilegien der Nazione Alemana verzeichnet[6]), dass sie Kuriere nach Rom spediren durfte, dass die jungen
Deutschen an der Universität Padua in Philosophie und Medizin und
später auch in der Jurisprudenz doktoriren durften. — Von erheblich
grösserem Belang war es, dass unseren Landsleuten im Jahre 1510
bei Festsetzung der Miethe die Zahlung der kurz vorher den Fremden aufgelegten Einfuhr-Steuer von 2 grossi vom Dukaten erlassen
wurde[7]). Das war eine sehr wesentliche Vergünstigung und bedeutete für unsere Kaufleute einen ganz ausserordentlichen materiellen
Gewinn. Und von nicht geringem Werthe waren einige weitere
Zollvergünstigungen, die denselben von der Regierung darnach noch
gewährt wurden. Mindestens schon im Jahre 1557 bestand für sie
das Privilegium der ‚Denari (Danari) franchi‘: eine Einfuhrprämie,
wie man es modern ausdrücken würde, indem jedem deutschen
Kaufmann, welcher Waaren in Venedig kaufte und nach Deutschland ausführte, am Zoll ‚12 grossi 20 piccoli‘ (also etwas über
1/3 Dukaten) von 100 Dukaten abgezogen wurden, wofern er vorher
Waaren aus Deutschland eingeführt hatte[8]). — Ferner finden wir,

---

[1]) S. 34—36. — [2]) Thomas S. 62. — [3]) Bd. I Nr. 652. — [4]) Thomas S. 24, 62.
— [5]) Bd. I Nr. 681. — [6]) Thomas S. 24. — [7]) Bd. I Nr. 679; cf. oben S. 128. Das von
Milesio zum Jahre 1509 angeführte Privileg wird wohl das unserige Bd. 1 Nr. 674
sein. — [8]) Meder, Handelbuch f. IV‘: ‚Was Wahr einer aufs Teutschland gen Venedig
bringt, vnd da verkaufft, und im Officio sein Messetaria davon bezalt, so hat
er allweg von 100 Duc., so er dann gelöst hat am Verkauffen, 1/2 Duc. 20 p(ic-
coli) gut, di heyst man Denari Franchi. Was denn einer kaufft, es sey was es

wenigstens bereits im Jahre 1572, ausserdem die sehr beträcht-
liche Zollermässigung von 15 % für eingeführte deutsche Waaren,
,so man an dem Zoll wigt' und von 10 % ,an all Wahren, so man
an dem Zoll zelt, so die Herrschaft schenckt und nachlest' [1]). Und
ebenso von 10 % bei der Ausführung venetianischer Waaren, wenn
deren Preise genau angegeben [2]). — Desgleichen wurde die Naz. Alem.
im Jahre 1630 von einer ausserordentlichen Steuer befreit [3]) und am
Ende des 17. Jahrhunderts noch weiter mit Steuernachlässen u. s. w.
begnadet [4]), die wir hier vorläufig übergehen können. Andere
gelegentliche Privilegien oder Vergünstigungen betreffen die Art
des Transportes oder gewähren Erleichterung des Verkehrs: z. B.
vom Jahre 1521, dass die Deutschen mit jeder beliebigen Barke
sollten ihre Waaren herbeischaffen lassen können [5]); vom 17. Mai
1531, dass die Felleisen deutscher Brief-Boten nicht geöffnet und
durchsucht werden sollten [6]); vom 22. März 1539, dass die Ballen
der Deutschen in Verona nicht geöffnet werden sollten [7]) u. dgl. mehr.

Nur die ächten Deutschen sollten also, sagten wir, nach
der Meinung der Oberdeutschen im Vollbesitze aller dieser Privilegien sein. Wer genauer unter jenen ächten Deutschen gemeint
sei, erfahren wir aus späteren Schriftstücken: es sind die Kaufleute
aus den Städten Augsburg, Nürnberg, Ulm, Strassburg,

---

wöll, vnd di Messetaria dauon zalen wil, so zeucht man im ab den ½ Duc.
20 p., so vil einer derselben Denari Franci hat eingenommen. Allein am Piper
lest man darumb niemand nichts abgehen. Item wenn derselben Franchi Denari
mehr werden denn einer im Officio schuldig were, von dem was er gekaufft
het, so gehet im ab, so vil es trifft, vnnd was vberbleybt, darumb geben ihm
di Schrivani ein Boleta. Hat er aber allein verkaufft vnd nichts gekaufft,
vmb wievil Ducaten sein Rechnung im Officio innen helt, so vil Denari Franchi
hat er gut, als ½ Duc. 20 p. per 100; da gibt man dir ein Boleta für, die
magst du bezalen, vnd stund es zweintzig jar an. Vnd wenn einer wider kompt
vnnd die Boleten weyset, so zeucht man im ab, wie oben stehet. Man kan
auch keinem die Denari Franchi verkauffen noch abschreyben, so lest man sie
keinem von deiner wegen abgehen, dann dem Namen der sie im verkauffen
gemacht hat. Allein mit dem kauffen mufs mans also heraufs ziehen'. — Aehnlich
in der ,Tariffa' von 1572, f. 4': So dir Güter herein kommen, so magst vmb
souil werth wider her gegen Güter hinaufs binden, daran hast du vortheil an
dem Zoll grosch. 12 piceli 20 per Duc. 100 die valuta, so man minder zoll
zalt, als wenn du kein Gut herein hast: das heist man Danari franchi . . .
cf. Thomas, Milesio S. 90. — [1]) Tariffa f. 1'—2, 27 u. öfters. — [2]) ebda. f. 40':
,So man die Keuff justo in notta geit von all Wahren, so Teutsch hinaufs binden,
vnnd der Kauffmann oder Sansser schwert, das so vil kost haben, so schlecht
mun ab an dem zoll 10 per cento di valuta, das man minder davon zoll zalt.
dann das Gut kost, so die Herrschafft schenckt vnd nachlest. So man aber nicht
schweren wil, so schlecht man die 10 per cento nit ab, vnd schlagen es die
So(p)rastanti oder aufseher un, so es in nota nemen, nach dem sie für gut
ansicht. Sollichs ist erstlich nur 6 per cento gewest. So hat man aber den
zoll, der s(oldi) 3 per lira auff das Zollgelt gerait, in dem 1561. Jar cresciert,
vnd hergegen der teutschen Nation mehr 4 per cento abzuschlagen vergünt.
per Conpenso . . .' cf. Thomas, Register zum Kapitular . . . l. c. S. 42 zum 17. Sept.
1551 und S. 63, 64 zu den Jahren 1560—61. — [3]) s. Bd. I Nr. 735. — [4]) Elze bei
Thomas, Milesio S. 90. — [5]) Bd. I Nr. 696; Milesio S. 63; fälschlich zum Jahre
1515. — [6]) Milesio S. 63. — [7]) ebda. S. 64.

Frankfurt, Regensburg, Wien, Steyer, Salzburg[1]) und des von diesen Städten umschlossenen Territoriums, die sich als die einzigen vollberechtigten Insassen des Fondaco hinstellten, die allein im Besitze der ‚drei Requisiti‘ seien.

Es ist mir bisher nicht gelungen, einen Anhaltspunkt dafür zu finden, wann zuerst denn diese 3 requisiti erwähnt oder formulirt wurden. Ganz falsch ist es, wenn Milesio behauptet[2]), es hätte dieses Privilegium oder Vorrecht schon im Jahre 1418 bestanden, indem der venetianische Senat auf Ansuchen des Herzogs Ernst von Oesterreich damals den Bürgern von Laibach dasselbe in gleicher Weise, wie es die Anderen besessen, eingeräumt habe. Es steht davon nicht eine Silbe in dem noch erhaltenen Aktenstück[3]) und kann auch nichts davon darin stehen, weil von einem solchen Privileg damals überhaupt noch keine Rede war, da ja vielmehr damals alle Kaufleute gleiche Rechte besassen. — Die Naz. Alem. selbst sagt in einem Schriftstücke vom Jahre 1652[4]), dass vor dem Jahre 1505 von den 3 requisiti keine Rede habe sein können, weil — freilich ein fadenscheiniger Grund! — erst damals die camere gebaut worden seien. Als ob es früher nicht auch solche gegeben! Ob etwa bei Einrichtung des neuen Hauses, vielleicht im Hinblick auf die ‚Viandanti‘, diese 3 requisiti aufgestellt worden, wird nicht angegeben. Wahrscheinlicher ist es mir, dass dies wenigstens entschiedener erst etwa 1578 nach dem Streite mit Ziliberti geschehen sein wird, wo wir auch zuerst von dem Unterschied zwischen ächten und nicht rechten Deutschen lesen[5]), den damals allerdings wohl nur erst die deutsche Kaufmannschaft selbst aufstellte. Von Seite der Regierung wurde dann zuerst, soviel ich bis jetzt sehe, im Jahre 1597 ein solcher Unterschied gemacht.

In diesem Jahre nämlich stellte der Rath der Stadt Danzig schriftlich und mündlich durch einen Abgesandten an die venetianische Regierung das Ansuchen um Zulassung zum Fondaco[6]), indem sie zugleich die Naz. Alem. selbst bat[7]), eine ihrem Vorhaben günstige Erklärung durch das General-Kapitel abgeben zu wollen. Wohl im Einvernehmen oder nach Anhören der Naz. Alem. erstattete der Senat dann den Danzigern folgenden Bescheid[8]). Sie sollten in Bezug auf die Behandlung und Expedirung ihrer Waaren dieselben Vorrechte und Freiheiten u. s. w. geniessen, wie die übrigen im Fondaco wohnenden Deutschen; sie sollten überdies, worum sie ferner noch nachgesucht hatten, befreit sein für ihre Schiffe vom Ankerzoll, den andere fremde Schiffe entrichten mussten; sollten ferner Oel ausführen dürfen mit Bezahlung der gewöhnlichen Zölle. Aber die Befreiung von der neuen Auflage wurde ihnen nicht gewährt, und ebenso nicht das Recht, im Fondaco selbst wohnen zu dürfen. Und zwar wurde diese abschlägige

---

[1]) s. Bd. I Nr. 761 S. 453. — [2]) Thomas p. 61. — [3]) Capitolare p. 120 c. 231. — [4]) Bd. I Nr. 773 S. 462. — [5]) cf. oben S. 137. — [6]) Thomas, Zur Quellenkunde S. 45—47. — [7]) s. Bd. I Nr. 713.

Antwort damit motivirt, dass dies letztere Recht „den Deutschen"
eingeräumt sei und sich daher die Sache nicht ‚in integro' befinde.
Ohne den Vorrechten derer, denen schon früher jenes Wohnungs-
privilegium ertheilt worden, entgegenzutreten, könne man in dieser
Beziehung den Danzigern nicht gefällig sein. Sie müssten da mit
dem guten Willen vorlieb nehmen. Ob die Danziger sich damit
zufrieden gaben oder dagegen protestirten, vermag ich nicht anzugeben.

Aus dem Jahre 1601 ist uns ferner ein Schreiben des Nürnberger
Rathes an die venetianische Regierung überliefert[1]), worin jener
mittheilt, die in Venedig weilenden Nürnberger Kaufleute hätten
sich darüber beschwert, dass in den Fondaco auch Kaufleute „anderer
— welcher, wird nicht gesagt — Nationen" aufgenommen würden,
und um Massregeln dagegen nachsucht.

Des Weiteren ist dann einer Entscheidung zu gedenken, welche
im ‚Collegio' unter Zuziehung der ‚Governadori delle Intrade' und
der ‚Cinque Savii alla Mercanzia' am 31. Januar 1605 getroffen
wurde[2]). Es hatten sich — offenbar mit Rücksicht auf jene eingetretene Unterscheidung zwischen ächten und nicht ächten deutschen
Kaufleuten — Zweifel erhoben, wo die letzteren ihre Zölle entrichten sollten, ob im Fondaco (wo sie nicht wohnten) oder im ‚Datio
della intrada di terra', d. h. im Zollamt für alle sonstigen vom Festland
eingeführten und dorthin auszuführenden Waaren — in welch' letzterem Falle sie der mit dem Fondaco verknüpften Zollvergünstigungen
nicht theilhaftig wurden. Nun wurde bestimmt, dass nur die
‚naturali Todeschi' des Fondaco, d. h. diejenigen, welche am
Kapitel, an den Kammern und an der Tafel des Fondaco Antheil
hätten, und ausserdem diejenigen, welche vom Senat besonders
damit begnadet würden, ihre Zahlungen im Fondaco sollten entrichten und dabei also der verschiedenen Vergünstigungen theilhaftig werden dürfen; alle anderen Kaufleute aber ihre Zölle im
‚Datio della intrada da terra' entrichten müssten. Als einige Monate
später (im Juli 1605) zwei Brüder, Namens Holländer, aus Köln
das Ansuchen stellten, dass ihre Waaren im Fondaco behandelt
würden, wurde ihnen dies abgeschlagen, weil sie nicht im Besitze jener
3 requisiti und den Consuln der Deutschen Nation im Fondaco überhaupt nicht bekannt seien[3]). Möglich, dass diese Beiden oder dass
Andere sich darüber beschwerten: genug, wir finden zum 15. September 1607 eine neue Verhandlung und eine neue Entscheidung
über diesen Punkt im venetianischen Senat[4]). Da wurde nun sehr
richtig geltend gemacht, es sei nicht zweifelhaft, dass der Fondaco
ganz allgemein für alle jene deutschen Kaufleute errichtet
worden, welche Waaren aus Deutschland nach Venedig
brächten und bringen könnten. Wenn lediglich diejenigen,

---

[1]) Bd. I Nr. 714. — [2]) ebda. Nr. 719. — [3]) ebda. Nr. 721. — [4]) ebda.
Nr. 722.

welche augenblicklich im Besitze der 3 requisiti (oder „preheminenze') seien, des Benefiziums des Fondaco theilhaftig sein sollten, alle anderen deutschen Kaufleute aber, welche (weil nur vorübergehend in Venedig sich aufhaltend) keine eigene Kammer und keinen Antheil am Kapitel und an der Tafel besässen, vom Fondaco ausgeschlossen sein sollten: dann könnte und werde der Fall eintreten, dass, wenn einmal die augenblicklichen Besitzer ausstürben, auch das Benefizium des Fondaco erlösche und der Fondaco überhaupt aufhöre. Nicht blos die augenblicklichen Benützer, sondern überhaupt alle deutschen Kaufleute, welche nach den Vorschriften (welche eheliche Abstammung im dritten Glied verlangten) im Stande seien, die 3 requisiti zu erhalten, sollten ihre Waaren im Fondaco behandeln lassen dürfen.

Dieser Entscheidung gemäss erhielten dann z. B. einige Wochen hernach, am 6. November 1607, und ebenso später am 30. April 1608 die Beamten des Fondaco von den „Cinque Savii sopra la mercanzia' den Auftrag, die Waaren zweier ehelich geborener Kölner Kaufleute, eines Baptist Bergis und eines Jakob Hootschliger, im Fondaco abzufertigen — in derselben Weise wie am nämlichen Tage (und später am 17. Juni 1609) die von geborenen Nürnbergern [1]). Und dasselbe Recht der Behandlung ihrer Waaren im Fondaco wurde mehreren Aachener Kaufleuten im Januar 1611 zuerkannt, die schon Ende 1607 darum nachgesucht hatten[2]), und mehreren Trientiner Kaufleuten am 30. Dezember 1618 von Neuem bestätigt; den letzteren dabei zugleich der Antheil an Kammern, Tafel und Kapitel verweigert[3]), während wir Aachener dann auch im Besitze von Kammern im Fondaco finden[4]).

Nichts Näheres ist mir über das Ansuchen der Stadt Wesel im Jahre 1644 bekannt, von welchem in einem Dokumente des Jahres 1649 die Rede ist[5]). Besser sind wir dann aber unterrichtet über einen grossen Streit zwischen der Nazione Alemana und einem Kölner aus den Jahren 1647—1652, der sich dann zu einem principiellen Streit über die Antheils-Berechtigung Kölns und der Niederdeutschen am Fondaco überhaupt erweiterte.

Es war im Jahre 1644 ein in Köln (1626?) „ehelich und ehrlich geborener" Kaufmann, Namens Abraham Spillieur[6]), in den Fondaco aufgenommen worden — wie später von oberdeutscher Seite behauptet wurde, weil man damals seine Vaterstadt nicht gekannt. Denn als es sich nach 3 Jahren herausstellte, dass Abraham Spillieur ein Kölner sei, erhielt er von den damaligen, inzwischen neu gewählten, Consuln den Befehl, den Fondaco zu verlassen, weil Köln in Niederdeutschland liege und kein Anrecht an den Fondaco

---

[1]) Bd. I Nr. 723, 728, 729. — [2]) ebda. Nr. 724—727, 730, 731. — [3]) cf. unten S. 151, 152. — [4]) Bd. I Nr. 771; cf. Thomas, Milesio S. 67. — [5]) ebda. Nr. 759. — [6]) Der Name wird sehr verschieden angegeben: Spillieur, Spillieurs, Spilleurs etc.; ich wähle die erste Form mit Rücksicht auf die Unterschrift in Bd. I Nr. 779.

habe. Der äussere Anlass und der ganze Hergang der Vertreibung
Spillieurs war, wie Herr Pfarrer Elze mir aus den darüber noch
erhaltenen Sitzungsprotokollen der Nazione Alemana mitzutheilen die
Freundlichkeit hatte, folgender.

In einem am 15. August 1647 gehaltenen Kapitel der 6 Aelteren
wurde vorgebracht, dass Abraham Spillieur eine Partie Ebenholz
di Ponente empfangen und dieselbe, obschon in der Dovana (= Dogana)
di mar spedirt, gleichwohl in den Fondaco unter die portichi habe legen
lassen. Es wird verfügt, dass er es wiederum aus der Corte räumen,
und hinfür Keiner Waaren unter die Portichi legen soll, die ausser
dem Fondaco spedirt (d. h. ausserhalb des Fondaco behandelt)
werden. Weil ferner „gemeldter Spillieur vor diesem etliche Mal
seinen Jungen (giovine, d. i. Diener) an die Tafel geführt und nie
bewiesen, ob er ein recht geborner Hochdeutscher sei, soll den
Küchenherren auferlegt werden, die längst begehrte fede (Geburts-
schein) von ihm abzufordern und solche in's nächste Kapitel zu
bringen, damit es der Nation zu praejuditio nit weiter verschoben
werde". Da aber Spillieur sich weigerte, das Ebenholz aus dem
Hause zu führen, wenn es ihm nicht von einem General-Kapitel
auferlegt werde, wurde er am 20. August 1647 in das Kapitel der
6 Aelteren gerufen und ihm schliesslich bis ultimo Frist zur Weg-
führung des Holzes sowie bis Ende des Jahres zur Beschaffung der
fede für seinen Jungen gegeben.

·Aber schon am 10. September 1647 fand in dieser Angelegenheit ein General-Kapitel statt, und da wurde nun vorgebracht: Herr
Anton Hopfer, als gewester Küchenherr, habe vor etlichen Tagen
einen Forestiere, so Abraham Spillieur zu Gast geladen und ein
Kölner sein solle, an die Tafel gehen lassen, das ihm doch vorher
(von den Consuln) untersagt worden und das Kapitular vorgelegt
worden, dass die Kölner als Niederdeutsche an unsre Tafel keinen
Zugang haben können; gleichwohl nichts geholfen, sondern vorgeben,
er als „Consolo sogenannter Küchenherr liesse sich von den Consoli
nichts einreden, sondern er wolle denjenigen per forza an die Tafel
gehen lassen". Zur Strafe für seinen Ungehorsam wurde er auf
2 Monate „bandisirt", d. h. von Tafel, Küche, Keller und Kapitel
ausgeschlossen. Ausserdem wurde aber zu gleicher Zeit in dem
nämlichen General-Kapitel gegen Spillieur vorgegangen. „Nachdem
sich vermög unserer Capitulary befindet, dass keiner von Cölln in
‚Niderteutschlandt ligent' die Freiheiten des Deutschen Hauses
geniessen kann, wie andere Hochdeutsche, ausser was die Spedition
der Güter anlangt, daher wir keinen von selbigem Ort zu admittiren,
sondern vielmehr zu trachten, da disordini bei der löblichen Nation
eingeschlichen, solchen nunmehr vorzukommen, und weil (wir) sehen,
dass H. Abraham Spillieur seit Anno 1644 das Deutsche Haus
besitzet, da er doch bisher die gebräuchlichen requisiti nit gewiesen,
noch durch Ballotation von dem Capitel approbirt worden, wann (da)
nun dergleichen inconvenienti um mehrerer consequenz länger nit

zu gedulden: als (so) ist determinirt, dass detto H. Spillieur, da er seine rechte requisiti nit aufzuweisen, soll er ferner unsere Freiheiten des Deutschen Hauses nit geniessen, wie andere rechte natürliche Deutsche und wie sie von den legge ‚abraciert' werden, doch mit der condition, da er länger die beneficii der Nation geniessen will, soll er in den nächsten 3 Monaten uns ausführlich beweisen, dass er vom dritten Glied ein recht geborner Hochdeutscher sei, wie gebräuchig von denjenigen, so vorher bei uns nit fähig erkannt worden. Unterdessen soll er die Kapitel, Tafel, Küche und Keller nit geniessen, da es ihm aber beliebt, die 3 monate über in der Kammer zu wohnen, soll es dem freistehen; da er aber die begehrte requisiti nit auflegen wird, hat er solche gleichfalls zu räumen" [1]).

Allein Abraham Spillieur war nicht gewillt, dieser Entscheidung sich ohne Weiteres zu fügen; er wandte sich durch seinen Mitbürger Johann Pelser [2]) schutzflehend an den Rath seiner Vaterstadt. Und dieser beschloss, für dessen und der eigenen Stadt Recht voll einzutreten. Er protestirte in einem Schreiben (vom 7. August 1648) [3]) an den Dogen entschieden gegen eine solche Vergewaltigung. Abraham Spillieur sei in den Fondaco aufgenommen worden, nachdem bezüglich seiner Herkunft und ehelichen Geburt die nöthigen Zeugnisse beigebracht worden, und unter Zustimmung des General-Kapitels. Die von dem neuen Consulat statuirte Scheidung zwischen Ober- und Niederdeutschland sei ganz unstatthaft und habe nicht im Sinne der Gründer und Stifter des Fondaco gelegen. Auch seien früher und erst jüngst Kaufleute aus ihrer Nachbarstadt Aachen in den Fondaco und zum vollen Genuss von dessen Privilegien zugelassen, welche demselben Westfälischen Kreise angehöre und ebenfalls in Niederdeutschland liege, wie Köln, das doch nicht geringer zu achten sei, als die Nachbarstadt. Der Kölner Rath ersuchte daher den Dogen am Schlusse, nicht blos dem Spillieur zu seinem Rechte zu verhelfen, sondern auch ein für alle Mal zu erklären, dass die Kölner befähigt und berechtigt seien, im Fondaco sowohl zu handeln als auch zu wohnen und an allen Privilegien, Immunitäten u. s. w. Antheil zu haben, die damit verbunden seien. — Vorher schon (am 3. und 10. April 1648) [4]) hatte sich der Kölner Rath an den von Augsburg mit der Bitte gewendet, er möge in Venedig die Rückgängigmachung des gegen Spillieur erlassenen Ausweisungsbeschlusses erwirken, da der Rath von Augsburg selbst dem von Köln mitgetheilt hatte, er weigere sich der Ausschliessung zuzustimmen. Auch der Rath von Nürnberg scheint nach einer gelegentlichen Notiz zuerst für die Berechtigung der Kölner eine Erklärung abgegeben zu haben [5]). Dann aber lesen wir bald darauf,

[1]) cf. Bd. 1 Nr. 779 S. 471. — [2]) ebda. Nr. 754, 755. — [3]) Ennen, „Die Stadt Köln und das Kaufhaus der Deutschen in Venedig", in der Monatsschrift für rheinisch-westfälische Geschichtskunde. Jahrg. 1 S. 183. — [4]) s. Bd. I Nr. 753, 754; Ennen S. 119 gibt fälschlich den 10. August an. — [5]) Bd. I Nr. 750 u. 779, S. 472.

dass die Rathskollegien der oberdeutschen Städte, deren Kaufleute
den Hauptbestandtheil der Nazione Alemana im Fondaco ausmachten, auf Bitten ebenderselben zu deren Gunsten gegen die Niederdeutschen auftraten. Wenigstens von den Nürnberger, Ulmer und
Regensburger Kaufleuten können wir es ganz bestimmt nachweisen,
dass sie bei dem Rath ihrer Vaterstadt anfragten, was dort über
das Verhältniss Köln's zum Reiche und über dessen Anrecht an
den Fondaco bekannt sei. Die Antwort (vom 2., 10. und 12. März 1648)
lautete [1]): Köln gehört wohl zum Reiche, aber zu Niederdeutschland; die Privilegien des Fondaco sind aber nur für die Oberdeutschen
erlassen — daher sind die Kölner auszuschliessen! Ob auch die
übrigen oberdeutschen Insassen des Fondaco sich von ihren Heimaths-
städten Aufschluss erbeten, ist zwar bis jetzt nicht erwiesen, aber
sehr wahrscheinlich. Hingegen scheint es nicht richtig, dass, wie
Ennen meint [2]), „in Folge solchen Ansuchens am 14. September 1649
in Nürnberg Abgeordnete der Städte Augsburg (Christoph von Stetten),
Frankfurt (Franciscus [3]) Steinglinus), Ulm (Syndicus Dr. Sebastian Otto)
und Nürnberg (Senator Georg Imhof) zusammengetreten seien, um
durch ein gemeinschaftliches Anschreiben an den Dogen die Anerkennung des ausschliesslichen Anrechtes der süddeutschen Städte
an den Fondaco zu erwirken". Wie wir aus den im Nürnberger
Kreisarchiv darüber vorhandenen Materialien ersehen, war der
unmittelbare Anlass zu dieser Konferenz ein anderer.

Mit dem Fall Spillieur vermengte sich nämlich ein anderer,
über welchen Herr Pfarrer Elze mir gleichfalls einige Notizen zu-
kommen zu lassen die Güte hatte. Ein geborener, ächter Hochdeutscher, Caspar Mangolt, aus Kaufbeuern war von da aus-
gewandert und Bürger in Basel geworden. Es wurde nun in Venedig
die Frage aufgeworfen, ob er trotzdem noch das Benützungsrecht am
Fondaco besitzen solle und könne oder ob er desselben als nun-
mehriger Bürger von Basel nicht verlustig gegangen sei [4]) — womit
sich natürlich weiter die Frage nach dem Anrecht Basels an den
Fondaco überhaupt verknüpfte. In dem Schreiben vom 14. oder
20. September 1649, welches die Vertreter jener oberdeutschen Städte
an die venetianische Regierung richteten [5]), wurde diese Frage für
die ganze Schweiz verneint, da dieselbe erst neuerdings durch den
Friedensschluss von Münster und Osnabrück dauernd vom Reiche
getrennt worden sei. Dabei wird dann allerdings zu gleicher Zeit
in dem nämlichen Schreiben auch den niederdeutschen Städten jedes
Anrecht an Mitbenützung des Fondaco abgesprochen und die Behauptung aufgestellt, dass „nach altem Herkommen und dem gelten-
den Brauche zufolge nur die Bewohner des durch die Städte Augsburg, Strassburg, Regensburg, Nürnberg, Frankfurt, Ulm und Lindau
umschlossenen Distriktes zur Benützung des Fondaco berechtigt seien".

---

[1]) Bd. I Nr. 751. — [2]) a. a. O. S. 119. — [3]) nach Bd. I Nr. 756: Zacharias.
— [4]) Bd. I Nr. 756—764. — [5]) ebda. Nr. 763, 764, 756; cf. Ennen a. a. O. S. 120.

Ueber den weiteren Verlauf des Falles Mangolt theilt mir dann Herr Pfarrer Elze mit, dass am 1. August 1650 vom General-Kapitel in Venedig der Beschluss gefasst wurde, Herrn Caspar Mangolt die Privilegien wie früher geniessen zu lassen, doch ohne Präjudiz für seine Kinder, welche keineswegs ihrem Vater gleich admittirt werden sollen. In einem General-Kapitel vom 26. August 1653 ersuchte hierauf Mangolt schriftlich und mündlich, seinen Kindern, obwohl in Basel geboren, nicht als Schweizern, sondern als Nachkommen einer alten hochdeutschen Familie die vollen Rechte des Fondaco zuzuerkennen, wie es auch in anderen ähnlichen Fällen geschehen sei. Dieselben wurden dann zugelassen.

Was aber die Kölner Streitsache betrifft, so hatte der Doge das Schreiben des Kölner Rathes vom 7. August 1648 dem Kollegium der Cinque Savii zur Begutachtung übergeben und in gleicher Weise die Visdomini des Fondaco aufgefordert, „über das wirkliche oder vermeintliche Vorrecht der Oberdeutschen Bericht zu erstatten" [1]). Das Gutachten der Visdomini lautete zu Gunsten der Oberdeutschen [2]). Der Kölner Rath aber hatte sich inzwischen an andere niederdeutsche Städte um Auskunft gewendet. Namentlich der Aachener Rath bestätigte in seiner Antwort vom 24. Mai 1650 [3]), dass aus der Stadt Aachen Mathias Van-Cölln 1624, Caspar Ingelbrecht 1632, Paulus Ramaecker 1645 und Jodocus Pelsser 1648 Kammern im Fondaco innegehabt hätten. So berief sich denn der Kölner Rath in einem neuen Schreiben vom 29. September 1651 an den Dogen [4]) ausdrücklich auf das Beispiel der Aachener, um gegen das ausschliessliche Anrecht der Oberdeutschen zu protestiren und die Berechtigung der eigenen Stadt an den Fondaco zu erhärten. Wie schon Ennen berichtet hat, ist es dann zu einem förmlichen „Prozess" in Venedig gekommen, wobei „das Interesse der Stadt Köln" durch den Agenten Dr. juris Faustus de Nigris vertreten wurde [5]). Es gelang demselben, sich die Abschrift eines (oder wie wir, denen es ja bekannt ist, sagen dürfen) des Statuts vom 31. August 1475 [6]) zu verschaffen, in welchem allen Einwohnern des gesammten deutschen Reiches, Ober- wie Niederdeutschlands, das Recht zuerkannt wird, die Vortheile des Fondaco zu geniessen". Gerade unter Berufung auf jenen Erlass vom 31. August 1475 hat dann, nachdem der Streit lange Zeit unerledigt und unentschieden geblieben — beide Theile boten, wie ersichtlich, Alles auf, um eine für sich günstige Entscheidung herbeizuführen [7]) — der Senat Venedigs am 5. Oktober 1652 zu Gunsten der Auffassung Köln's entschieden, dass sowohl die Ober- wie Niederdeutschen und unter den letzteren speziell die Kölner Zutritt zum Fondaco und das Recht auf Antheil an den

---

[1]) Ennen a. a. O. S. 120; cf. Bd. I Nr. 765. — [2]) Dasselbe ist leider undatirt; s. Bd. I Nr. 771. — [3]) Bd. I Nr. 767. — [4]) Ennen a. a. O. S. 135. — [5]) cf. Bd. I Nr. 768, 769. — [6]) s. Ennen S. 126 und Capitolare p. 227 c. 13. — [7]) Bd. I Nr. 770 ff.

Kammern, an der Tafel und am Kapitel besässen und besitzen sollten. Dieser zunächst an die Cinque Savii und an die Visdomini gerichtete Bescheid wurde unter dem gleichen Datum vom Dogen dem Kölner Rath mitgetheilt, worauf dieser am 6. November mit einem Dank-schreiben erwiderte [1]).

Allein die Oberdeutschen im Fondaco gaben sich damit nun ihrerseits nicht zufrieden und protestirten gegen diese Entscheidung. Sie wiesen in einer Eingabe, welche zwischen 5. Oktober und 16. November 1652 fallen muss, namentlich darauf hin [2]), dass Köln zu den Hansastädten gehöre und dass, was der einen zugestanden worden, den anderen nicht werde abgeschlagen werden können. So werde es dahin kommen, dass, um für die „Fremden" Platz zu schaffen, ihre eigenen Nachkommen würden ausgeschlossen werden müssen, ungeachtet dessen, dass sie, die Oberdeutschen, doch so oft freiwillig der Republik Beihülfe mit Geld und Gut geleistet hätten.

Daraufhin beschloss der Senat am 16. November 1652, seine jüngst getroffene Entscheidung zwar nicht gänzlich umzustossen, aber etwas zu modifiziren. „Um die Nazione Alemana, die stets so viel Ergebenheit gegen die Republik an den Tag gelegt, einigermassen zu befriedigen" [3]), sollten Niederdeutsche — mit Ausnahme der Kölner — in Zukunft nicht ohne Weiteres zum Fondaco zugelassen und in denselben aufgenommen werden; sondern es sollte, wenn ein derartiges Ansuchen von einem Niederdeutschen gestellt würde, die Nazione Alemana, d. h. prägnanter also die oberdeutsche Kaufmann-schaft des Fondaco, vorher darüber vor dem Senat ihr Gutachten abgeben, und dann erst, also gewissermassen „von Fall zu Fall", entschieden werden.

Nachdem wir so den Verlauf des Streites dargelegt haben, mag es gestattet sein, auf die Rechtsfrage noch etwas näher einzugehen. Eines darf jedenfalls von vorneherein als sicher bezeichnet werden: Ganz unrichtig und falsch ist es, wenn der Ulmer, Nürnberger und Regensburger Rath im Schreiben vom März 1648 behauptet hat [4]), es seien gar niemals Niederdeutsche in den Fondaco zugelassen worden. Um vom alten Gebäude nicht zu reden, wo nach dem unanfechtbaren Augenzeugniss Arnolds von Harff [5]) noch 1497 Ober- und Nieder-deutsche in gleicher Weise Kammern im Hause inne hatten: auch die Liste der Miether vom Jahre 1508 und selbst die vom Jahre 1646/47 zeigt Ober- und Niederdeutsche im Besitze von Kammern und Gewölben [6]). Wir wissen nicht, ob man in Ulm und Regensburg eingehender über die ganze Frage verhandelt hat; jedenfalls fehlt in dem berührten Schreiben jede nähere Begründung der aus-gesprochenen Ansicht. Ernst nahm man die Frage, wenigstens den

---

[1]) Bd. I Nr. 772, 774; 775 und Ennen a. a. O. S. 137. — [2]) ebda. Nr. 773. — [3]) „Conveniente si riconosce il render in qualche parte consolata la natione Alemana" Bd. I Nr. 776 S. 466. — [4]) Bd. I Nr. 751. — [5]) cf. oben S. 71. — [6]) Bd. I Nr. 653, 658, 748.

oben erwähnten, mit hineinspielenden Fall Mangolt, offenbar in
Nürnberg, wo verschiedene Rathsherren darüber ihre Gutachten
abzugeben hatten und dies in eingehender Weise thaten¹). Wir
ersehen daraus, dass es eigentlich ein Privileg vom Jahre 1507 war,
worauf man sich von oberdeutscher Seite berief, um das alleinige
Anrecht an den Fondaco zu erweisen. Das war nun freilich unglück-
licherweise damals in Nürnberg gar nicht zur Hand, und mit Recht
warnte daher einer der Rathsherren vor einer Uebereilung, damit
man nicht wie in einem früheren Falle (betreffs der Stadt Wesel)
hinterdrein zum Eingeständniss eines Irrthums sich genöthigt sehe²):
ein Rath, der aber schliesslich ebensowenig beachtet wurde als die
vorgebrachten Bedenken, warum man denn jetzt gerade jenes Privilegium so eng „restringiren" wolle und dass man doch nachforschen
müsse, ob nicht früher auch Andere zum Fondaco zugelassen worden. So bewegt sich denn auch das Gutachten der vier Städte an
den Dogen vom September 1649³) nur in allgemeinen Ausdrücken.
Wir aber kennen das Privileg vom Jahre 1507⁴), und da ist nicht
im Geringsten die Rede von einem Unterschied zwischen
Ober- und Niederdeutschen, sondern vielmehr von allen Kaufleuten deutscher Nation überhaupt. Es haben auch weder die Visdomini noch die oberdeutschen Insassen des Fondaco hernach in
ihren Gutachten und Eingaben irgend darauf Bezug genommen.

Was aber diese selbst nun vorbringen, kann meines Erachtens
ebenfalls in keiner Weise als stichhaltig bezeichnet werden. Wenn
die Letzteren, die Oberdeutschen, in ihrer Eingabe gegen die Entscheidung der Regierung vom 5. Oktober 1652 protestirend bemerken⁵),
dass in den früheren Verordnungen aus dem 15. Jahrhundert vom
Jahre 1418 für die Laibacher oder vom Jahre 1426 für Savoyen
oder in jener vom Jahre 1475 nicht vom Antheil an Kammer, Tafel
und Kapitel die Rede sei, so ist das sehr erklärlich. Denn das
verstand sich eben damals ganz von selbst. Wer zum
Fondaco von der Regierung zugelassen wurde, trat (abgesehen von
den Krämern) damit zugleich in den Genuss aller dieser mit dem
Fondaco verbundenen Rechte. Denn, wie es ja noch 1474 ausdrücklich von Seite der Augsburger betont wurde: es bestand
keinerlei Unterschied zwischen den deutschen Kaufleuten;
jeder, wer ein gelernter Kaufmann war, hatte gleiche Rechte u.s.w.⁶).

Wenn die Oberdeutschen und die Visdomini sich dann berufen
auf das Beispiel der Danziger (1597) und der Trientiner (1618)
berufen⁷), denen nur das Recht der Behandlung ihrer Waaren im
Fondaco zugestanden worden sei, nicht aber die Theilnahme an
Kammern, Tafel und Kapitel im Fondaco, so ist das wohl richtig.
Aber es muss doch bemerkt werden, dass jene ausdrücklich
darum gar nicht nachgesucht — die Ersteren vielmehr nur allgemein

---

¹) s. Bd. 1 Nr. 756—764. — ²) ebda. Nr. 759. — ³) ebda. Nr. 763. — ⁴) ebda.
Nr. 652. — ⁵) ebda. Nr. 773. — ⁶) s. oben S. 86. — ⁷) Bd. 1 Nr. 771 u. 773. —

um Zulassung zum Fondaco, die Letzteren um Bestätigung der
früher schon erhaltenen Vergünstigung, „hinsichtlich der Waaren
und Personen, wie die übrigen Deutschen, behandelt zu werden" [1]).
Die venetianische Regierung hat dann, weil die Oberdeutschen in
ihrem Gutachten mit Bezug auf den eben erwähnten Ausdruck „Personen" sogleich vorsorglich gegen die Ausdehnung jener Bewilligung
auf Kammern etc. protestirte, einen diesbezüglichen Passus hinzugefügt, ohne jede nähere Begründung und ohne einen Gegensatz
zwischen Ober- und Niederdeutschen auszusprechen. Gegenüber den
Danzigern konnte die Naz. Alem. ihren Protest damit rechtfertigen,
dass dieselben wohl damals erst überhaupt mit Venedig in Handelsbeziehungen treten wollten; den Trientinern gegenüber mag die
Erinnerung an den Streit mit Ziliberti nachgewirkt haben.

Von Seite der Visdomini ist dann aber gerade auch noch das
Beispiel der Kölner gegen die Berechtigung der Niederdeutschen
angeführt worden, indem sie behaupteten, dass die „Cinque Savii
sopra la mercanzia' durch eine Entscheidung vom 28. Juli 1605
(unter Berufung auf eine frühere vom 31. Januar 1605) die Kölner
nicht für ächte (naturali) Deutsche gehalten und deshalb bestimmt
hätten, dass ihre Waaren im „Datio dell' Intrada' und nicht im Fondaco
behandelt werden sollten [2]). Hier sind wir nun in der Lage, etwas
schärfere Kontrolle zu üben.

Dass die Kölner im 15. Jahrhundert, wie alle anderen Deutschen,
den Fondaco benützten, haben wir früher gesehen. Desgleichen allerdings auch, dass sie schon zu Anfang des 15. Jahrhunderts mit den
oberdeutschen Städten in Streit gerathen waren; und dieser Gegensatz
tritt auch später noch öfters zu Tage. Am Ende des 15. Jahrhunderts
lesen wir von Differenzen zwischen Kölnern und den Oberdeutschen,
welch' letztere einen gewissen Heinrich Rummel aus seiner Kammer
im Fondaco zu vertreiben suchten, so dass der Kölner Rath am
3. Oktober 1497 sich mit der Bitte um Schutz an den Dogen wandte [3]). —

---

[1]) Die Bemerkung Predelli's zu Milesio's ganz irriger Notiz (Thomas S. 67)
scheint nach dem Wortlaut der mir durch Herrn Dir. Cecchetti gütigst in Abschrift übersandten Eingabe der Trientiner (im Venet. Staatsarchiv „Cinque
Savii alla Mercanzia, busta „Fondego dei Tedeschi' no. 70 parte 4') nicht ganz
richtig. Ich entnehme daraus, dass mehrere in Venedig wohnende Trientiner Kaufleute um diese Bestätigung nachsuchten, weil in Folge eines Irrthums der Kardinal
von Trient bei der venetianischen Regierung Schritte gethan hatte, dass seine Unterthanen ihre Zahlungen nicht im Fondaco zu entrichten hätten. — [2]) Bd. I Nr. 771.
— [3]) Ennen a. a. O. S. 127. Pro parte fidelis nobis dilecti civis nostre civitatis
Coloniensis Henrici Rummel gravi cum querela extitit publicatum, quod licet
ipse Henricus unacum patre, fratribus et parentibus suis dudum et ad plures annos
fuerit in possessione pacifica ac quieta cujusdam camere cum quadam testudine
ac aliis commodis et pertinentiis ejusdem in domo Alamanorum infra inclitam
civitatem Venetiarum sitis, . . . . . nichilominus nonnulli alii ex Alamania alta
etiam Venetiis negotia sive mercimonia sua exercentes nullo jure ad hanc cameram
suffulti, quo tamen spiritu ducti nesciatur, eundem Henricum civem nostrum
hujusmodi camere cum suis testudine et pertinentiis nituntur atque nisi sunt
possessione private.

Auch im neuen Hause finden wir unter den ersten Miethern Kölner: den Antonius Paffendorf, einen Gotthard Michercheni und noch
zwei Andere ohne Familiennamen [1]). Desgleichen 1562—1563, wo es
wiederum Reibereien zwischen den Kölnern und Oberdeutschen gegeben
hat [2]). Als damals der Kölner Rath die bis dahin von dem Kölner
Heinrich Helman im Fondaco innegehabte Kammer den Brüdern Wein-
hold und Johannes Moer (Moir, Mohr?) und ihrer Gesellschaft zur Benützung sammt dem Genuss aller Privilegien überweisen lassen wollte,
wurde von einigen Insassen des Fondaco (vermuthlich oberdeutschen)
dagegen geltend gemacht, Helman habe seinen Platz bereits früher
‚quibusdam nepotibus suis ex filio Norimbergio oriundis‘ abgetreten.
Das ersehen wir aus einem Schreiben des Kölner Rathes an die venetianische Regierung vom 10. August 1562 und 28. Januar 1563,
worin zugleich bemerkt wird, die Gegner der Moer hätten ausserdem noch „Manches nicht zur Sache gehöriges" vorgebracht, wogegen eben der Kölner Rath protestirt, indem er sich zugleich
nochmals für die Brüder Moer verwendet.

Was aber weiter die von den Visdomini angeführte Entscheidung der ‚Cinque Savii‘ vom 28. Juli 1605 betrifft: was besagt dieselbe denn eigentlich [3])? Am 31. Januar war entschieden worden: nur
die ‚naturali‘ Thodeschi d. h. diejenigen, welche Antheil am Kapitel,
an den Kammern und an der Tafel des Fondaco haben, und ausserdem diejenigen Kaufleute, welche vom Senat damit begnadet würden,
sollen der Vergünstigung theilhaftig sein, dass ihre Waaren im Fondaco
(statt im Zollamt ‚della Intrada‘) behandelt würden, d. h. dabei alle
Vorrechte und Vergünstigungen geniessen, welche hiermit verbunden
waren; alle Anderen aber sollen ihre Zahlungen dem Datio d'intrada
da terra entrichten (d. h. ohne die Vergünstigungen des Fondaco
geniessen zu können) [4]). Nun kommen zwei Brüder Thomas und
Alexander Holländer, geborene Kölner, und verlangen, dass ihre
Waaren im Fondaco behandelt und sie dabei aller Privilegien
theilhaftig werden sollen, welche die ‚Nazione Alemana‘ geniesst.
Dies wird ihnen abgeschlagen. Und wie motiviren die Cinque Savii
ihr ablehnendes Votum vom 28. Juli 1605? [5]) ‚non vedendosi il detto
comparente haver li requisiti (sopradetti), non essendo neanche
conosciuto dalli SSri. Capi sive Cottimieri di esso fontego‘ — weil
die Petenten die 3 requisiti nicht besitzen (wie es die Entscheidung
vom 31. Januar 1605 verlangt) und sie überhaupt den Cottimieri
nicht bekannt seien.

Steht hier nun irgend etwas von dem, was die Visdomini
darinnen erblickten? War dies eine prinzipiell gegen die Kölner als
Nicht-Deutsche gerichtete Entscheidung? Keineswegs, sondern lediglich die Abweisung zweier einzelner Kölner, welche die festgesetzten
Bedingungen nicht besassen — vermuthlich, nachdem sie gar nicht darum

---

[1]) Bd. I Nr. 653. — [2]) Ennen a. a. O. S. 128—131. — [3]) Bd. I Nr. 721.
— [4]) ebda. Nr. 719.

nachgesucht und überhaupt erst kurz vorher nach Venedig gekommen
waren. Es ist gewiss sehr charakteristisch, dass die Oberdeutschen
in ihrer späteren Eingabe von diesem Argument gar keinen Gebrauch
machten, weil sie wohl selbst fühlten, dass es nicht stichhaltig sei.
Und was noch als bedenklicher bezeichnet werden muss, ist dies,
dass diese Entscheidung vom 31. Januar 1605 durch die spätere vom
15. September 1607 [1]) vollständig aufgehoben worden ist, und
davon sagen die Visdomini keine Silbe! Es begreift sich daher
wohl, dass die Regierung auf dieses einseitige, den Thatbestand
geradezu verdunkelnde und entstellende Gutachten ihrer Beamten
bei ihrer endgültigen Entscheidung kein Gewicht legte, demselben
keine Rücksicht schenkte. Im direkten Gegensatz zu den Visdomini
haben überdies auch die Oberdeutschen, die ‚Nazione Alemana‘, selbst
in dem General-Kapitel vom 10. September 1647 ausdrücklich zugestanden [2]), dass die Kölner das Recht der Expedirung ihrer
Waaren im Fondaco besässen, was die Visdomini den Kölnern ja
gleichfalls nicht hatten zuerkennen wollen. Die Nazione Alemana aber
hat sich gegen den Anspruch der Kölner auf die 3 requisiti lediglich
auf ihre — Kapitularien berufen, „vermöge deren sich befinde,
dass keiner von Köln in Niederdeutschland ligent, die Freiheiten des
deutschen Hauses ausser der Spedition geniessen könne, wie andere
Hochdeutsche". Auch das ist unrichtig. Hätte die Nazione ihre
Kapitularien genauer angesehen, so würde sie nicht blos den
entgegenstehenden Beschluss vom 15. September 1607, sondern auch
gefunden haben, dass in der Liste von 1508 gleichfalls Kölner als
Miether von Kammern aufgeführt werden; und ebenso wird in der
von 1640 ein Vertreter des Balthasar Van-Cöllen aus Köln als im
Fondaco wohnend bezeichnet [3]).

So liegt, soweit ich auf Grund des bis jetzt bekannten Materials
zu urtheilen vermag, durchaus keine, irgend näher zu bezeichnende,
rechtlich gültige Entscheidung der venetianischen Regierung vor,
welche gegen das Anrecht Kölns und der Niederdeutschen auf den
vollen Genuss des Fondaco mit allen Privilegien hätte geltend
gemacht werden können oder geltend gemacht worden wäre; und
meines Erachtens war es ganz zutreffend, dass die Regierung zuletzt
auf ihren Erlass vom Jahre 1475 zurückgriff, der durch keinen
anderen aufgehoben war. Es ist ja auch bezeichnend, dass der
Rath von Augsburg und Nürnberg (1648) dieses Recht Kölns ursprünglich anerkannte und wohl erst auf Weisung seiner Kaufleute
im Fondaco diese Ansicht änderte.

Von den Oberdeutschen im Fondaco also ist, wie früher
gesagt [4]), diese Scheidung ausgegangen. Was konnte denn nun aber
diese dazu berechtigen, einen solchen Gegensatz aufzustellen? In
erster Linie wohl das numerische Uebergewicht, in welchem sie

---

[1]) Bd. I Nr. 722. — [2]) cf. oben S. 146. — [3]) Bd. 1 Nr. 743. — [4]) cf. oben
S. 143.

sich den Niederdeutschen gegenüber im Fondaco stets befanden. Vielleicht hat dazu auch beigetragen die Veränderung, die in der Benützungsart des Fondaco nach dem Brande eintrat, deren wir früher gedacht [1]). Dadurch, dass Kammern und Gewölbe im neuen Hause nun von Anfang an pro Jahr vermiethet wurden, fand ja wohl kein so häufiger Wechsel mehr statt als früher im alten Hause, wo die Mehrzahl nur vorübergehend sich aufhielt. Mehr und mehr konnte und mochte sich deshalb hier ein fester Stamm von Benützern bilden, welcher nach den allgemeinen Verhältnissen überwiegend aus Oberdeutschen bestand und mehr und mehr den ganzen Fondaco besetzte. Und was geschah denn überhaupt mit jenen deutschen Kaufleuten, die da etwa neu nach Venedig kamen und nicht auf ein Jahr die Miethe zahlen, überhaupt nur kürzer verweilen wollten?

Im Mittelalter hatte die Regierung jeden Kaufmann behufs besserer Ueberwachung gezwungen, im Fondaco abzusteigen, und schon deshalb für raschen Wechsel in der Benützung der Kammern im Allgemeinen Sorge tragen müssen [2]). Das scheint in der neuen Zeit seit dem Brande auch anders geworden zu sein. Vielleicht hat man gleich bei Einrichtung des neuen Hauses von jenem Zwang abgesehen, vielleicht erst später. Aus einer Verordnung vom Dezember 1528, die im Februar 1531 wiederholt wurde [3]), ist mit Sicherheit nur zu entnehmen, dass den Deutschen das Wohnen bei Privatleuten in Venedig damals noch strenge untersagt war. Hingegen scheint es mir ungewiss, ob die später im ‚Capitolare della Nazione Alemana‘ hinzugefügte Ueberschrift Recht hat, wonach es damals schon im Belieben der deutschen Kaufleute gestanden hätte, im Fondaco oder den anderen von der Regierung bestimmten Gasthäusern S. Zorzi, Leon Bianco, Peter Pender u. s. w. abzusteigen. Der Ausdruck ‚li altri veramente oltramontani forestieri‘ kann sich auch nur auf die deutschen Pilger und sonstigen Besucher der Lagunenstadt aus Deutschland beziehen. Hingegen wird man allerdings sagen dürfen, worauf Herr Pfarrer Elze mich aufmerksam machte, dass 1556 und 1557 zur Zeit, als dies Kapitular von Lucas Linder [4]) zusammengestellt wurde, schon die Auffassung herrschend war, dass es im freien Belieben der Deutschen stehe, ob sie im Fondaco wohnen wollten oder nicht. — Deutlicher ist im Dezember 1570 in einer Verordnung der Regierung die Rede von deutschen Kaufleuten, die nicht im Fondaco wohnten [5]). Herr Pfarrer Elze theilt mir ferner mit, dass im Jahre 1582 (im zweiten ‚Capitolare della Naz. Alem.‘) ein Kaufmann Leonhard Hermann erwähnt wird, der „in der Contrà SS. Apostoli wohnte und doch Kaufmann im Fondaco war“. Es wurde bereits früher

---

[1]) cf. oben S. 126. — [2]) cf. oben S. 13 u. ff. — [3]) s. Bd. I Nr. 698, 700. — [4]) s. Vorwort zu Bd. I S. XIV. — [5]) Ven. St.-A. Capitolare dell' officio del font. de. Tod. f. 144 (cf. Thomas „Register“ f. 69): 1570 Dec. 22 ‚Tutti et cadauno marcante (sic) Alemano nemine excepto et sii chi esser si voglia così habitante in fontico come fuori....‘

gesagt[1]), dass später sogar der eine der Consuln immer ausserhalb
des Fondaco wohnte, so dass hierin gegenüber der älteren Zeit eine
völlige Wandlung der Verhältnisse eingetreten ist, die noch genauerer
Untersuchung bedarf. Vielleicht war auch hiefür das Jahr 1578
von eingreifender Bedeutung [2]).

Man kann sich nun wohl vorstellen, wie von diesem Rechte,
ausserhalb des Fondaco wohnen zu dürfen, die Kaufleute derjenigen
Städte besonders Gebrauch machten, die nicht in fortwährender
ununterbrochener Handelsverbindung mit Venedig standen. Und dazu
werden ihrer ganzen Lage nach, sowie auch in Folge des veränderten
Ganges des Welthandels eben hauptsächlich die niederdeutschen Städte
gehört haben. Ihnen gegenüber beanspruchten dann eben wohl die
beständig in Venedig und speziell im Fondaco vertretenen Oberdeutschen grössere oder ausschliessliche Rechte hinsichtlich der Benützung und Verwaltung des Fondaco: mehr auf Grund der allmählich
gewordenen Verhältnisse als einer ursprünglichen Berechtigung. —
Fragt man aber nach den Gründen, warum die Oberdeutschen so eifer-
süchtig über jede Einmengung „fremder Nationen" in den Mitgenuss
der Privilegien des Fondaco wachten, so wird man in erster Linie
an die Rivalität in geschäftlicher Beziehung überhaupt zu denken
haben. Ferner wohl auch an den Gegensatz zwischen den oberdeutschen Reichsstädten und der Hansa, der ja eigentlich auch offen
von den ersteren zugestanden wurde [3]). Verschärft aber wurde
diese, bei den Deutschen ja leider nicht seltene, Zwiespältigkeit.
wie es scheint, noch durch ein anderes Moment.

Denn was nun weiter die Rechtsfrage im Fall Spillieur
anlangt, so stehen sich hier zunächst zwei Aussagen direkt gegenüber. Das General-Kapitel vom 10. September 1647 besagte, dass
Abraham Spillieur seit Anno 1644 das deutsche Haus besessen,
„da er doch bisher die gebräuchlichen requisiti nit gewiesen,
noch durch Ballotation von dem Kapitel approbirt worden". Der
Kölner Rath dagegen in seinem Schreiben vom 7. August 1648 ver-
sicherte, dass derselbe aufgenommen worden sei — nachdem vorher
betreffs seiner ächten deutschen (ehelichen) Herkunft das Nöthige
beigebracht worden, und unter Zustimmung des General-Kapitels
‚praeviis circa legitimationem personae et natalium Teutonicorum
debitis necessariis iisque sufficientibus requisitis accedente communi
eoque capitulari concluso' [4]).

---

[1]) cf. oben S. 139. — [2]) Eine Schilderung der verschiedenen Arten deutscher Kaufleute in Venedig um hundert Jahre später siehe weiter unten S. 162;
wie weit dieselbe etwa auch für diese Zeit, für das 16. Jahrhundert zutrifft,
muss vorerst dahingestellt bleiben. — [3]) s. Bd. I Nr. 763 u. 773; cf. Sartorius,
Geschichte des hanseatischen Bundes Thl. III S. 527. — [4]) Ennen a. a. O. S. 133;
cf. Bd. I Nr. 754. Ich habe längere Zeit gehofft, diesen Punkt in's Reine zu
bringen. Denn nach Ennen's Worten, S. 119, müsste man annehmen, dass der Beschluss des General-Kapitels vom Jahre 1644 im Kölner Stadtarchiv noch vorhanden
wäre. Er citirt dafür „Copienbücher, 1688 (statt 1648?) 10. April"; allein Herr
Stadtarchivar Dr. Höhlbaum in Köln hat die Urkunde bisher nicht finden können.

Die Visdomini in ihrem mehrerwähnten Gutachten behaupteten ferner, man habe den Spillieur bei seiner Aufnahme in den Fondaco für einen ächten, rechten (Hoch-)Deutschen gehalten und erst später seine wahre Heimath Köln erfahren (worauf er den Fondaco habe verlassen müssen). Das aber, scheint mir, ist doch ganz unwahrscheinlich. Möglich immerhin, dass man bei seiner Aufnahme, wenn ich mich so ausdrücken darf, den Abraham Spillieur nicht nach seinem Tauf- oder Heimathschein gefragt. Aber dass der Mann an die drei Jahre im Fondaco verweilt habe und habe verweilen können, ohne dass man ihm den durch Sprache und Gesittung sich gewiss unterscheidenden Kölner und Niederdeutschen angemerkt habe, halte ich für ganz unglaublich. Ebensowenig kann wohl die Partie Ebenholz der wahre Grund gewesen sein, dass man von Seite der Nazione Alemana nun auf einmal in so energischer schroffer Weise gegen ihn auftrat und ihm den Stuhl vor die Thüre setzte. Ich habe es daher als eine sehr ansprechende Vermuthung betrachtet, welche Herr Pfarrer Elze einmal mündlich und schriftlich mir gegenüber geäussert hat: dass dahinter vielleicht noch andere, tiefere Gründe steckten — Gründe religiöser, konfessioneller Art, zu deren Konstatirung, wie mir scheint, es denn auch nicht an einigem Beweismaterial fehlt.

Aus den jüngsten Publikationen von Th. Elze[1]) und G. M. Thomas[2]) ist ersichtlich, wie rasch die Reformationsbewegung Luthers nach Italien und speziell nach Venedig drang. „Im Juli 1520,“ schreibt Elze[3]), „kamen die ersten Schriften Luther's nach Venedig; es waren nur zehn Exemplare, die sofort verkauft wurden, ehe noch hervorragende hier lebende Deutsche davon erfuhren“. Unter dem 26. August 1520 berichtet alsdann Marino Sanuto[4]), dass der Stellvertreter des Patriarchen von Venedig im Rathe der Zehn die Erlaubniss erwirkte, im Hause eines deutschen Buchhändlers Jordanus (der bei San Maurizio wohnte) Nachforschung nach den durch päpstliche Bulle excommunicirten Schriften Luther's halten und dieselben mit Beschlag belegen zu lassen. Dies geschah, aber Sanuto wusste sich doch ein Exemplar zu verschaffen und es seiner Bibliothek einzuverleiben. Wollten dann wirklich, wie Elze ausführt[3]), die Buchhändler aus Furcht keine anderen Exemplare mehr kommen lassen, so waren es die deutschen Kaufleute, durch welche Luther's Schriften nach Venedig gebracht und hier verbreitet wurden[5]). Ein grosser Theil, ja vielleicht der grössere Theil derselben kam aus jenen Städten, wo Luther's Lehre am ersten Eingang gefunden hatte, aus den freien Reichsstädten Nürnberg, Augsburg, Ulm, Strassburg, Nördlingen, Memmingen u. s. w. So kann es nicht Wunder nehmen,

---

[1]) Geschichte der protestantischen Bewegungen und der deutschen evangelischen Gemeinde in Venedig. Bielefeld 1883. — [2]) Martin Luther und die Reformationsbewegung in Deutschland vom Jahre 1520—1532 in Auszügen aus Marino Sanutos Diarien. Ansbach 1883. — [3]) a. a. O. S. 2. — [4]) Thomas S. 4. [5]) Gesch. S. 3 u. 45.

gesagt[1]), dass später sogar der eine der Co...
des Fondaco wohnte, so dass hierin gegenüber...
völlige Wandlung der Verhältnisse eingetreten...
Untersuchung bedarf. Vielleicht war auch b...
von eingreifender Bedeutung [2]).

Man kann sich nun wohl vorstellen, w...
ausserhalb des Fondaco wohnen zu dürfen, d...
Städte besonders Gebrauch machten, die...
ununterbrochener Handelsverbindung mit Ve...
werden ihrer ganzen Lage nach, sowie auch...
Ganges des Welthandels eben hauptsächlich...
gehört haben. Ihnen gegenüber beanspr...
beständig in Venedig und speziell im b...
deutschen grössere oder ausschliessliche b...
nützung und Verwaltung des Fondaco: m...
gewordenen Verhältnisse als einer urspr...
Fragt man aber nach den Gründen, warm...
süchtig über jede Einmengung „fremde...
der Privilegien des Fondaco wachten...
an die Rivalität in geschäftlicher...
haben. Ferner wohl auch an...
deutschen Reichsstädten und der...
von den ersteren zugestanden...
diese, bei den Deutschen ja...
wie es scheint, noch durch ei...

Denn was nun weiter...
anlangt, so stehen sich hier...
über. Das General-Kapitel...
Abraham Spillieur seit A...
„da er doch bisher die...
noch durch Ballotation v...
Kölner Rath dagegen in...
sicherte, dass derselbe a...
betreffs seiner ächten...
beigebracht worden...
„praeviis circa legiti...
debitis necessariis ii...
eoque capitulari co...

[1]) cf. oben S...
scher Kaufleute in V...
wie weit diese...
muss vorerst da...
Geschichte des...
cf. Bd. 1 Nr. 77...
bringen. Den...
schluss de...
wäre. Lr 3...
Stadtarchiv F...

es scheint mir daher, nebenbei
dieser Zeit jene kirchlichen
von S. Bartolomeo mit seiner
der Weihnachten, vor Neujahr
selbe begab sich da nämlich
brend“ in den Wintersaal und
alten Bilde des segnenden
zu Anrede an die deutschen
den Segen. Die Deutsche
in Vikar und seinem Kapitel
h dem deutschen Fasten-
henk von 20 Dukaten —
setzt, erhielt, auch als schon
Protestanten waren.
soll für unsere Frage von be-
der geheime Agent der prote-
Johann Baptist Lenk (Linke),
Kurfürsten Friedrich IV. von der
asse in Venedig mittheilte. Für
teresse, wo er von den Deutschen
wörtlich[2]): „Zweckdienlich (für
ure es gewesen, wenn die im
nehen Deutschen die Erlaubniss,
a dem Senate verlangt hätten.
usch, der andere lutherisch und
den und Kalvinischen unter
mit anderen sind, ist's bisher
ist fehlgeschlagen, und den Nieder-
a haben würde, ebenfalls ein Fon-
r Regierung einen Prediger zu be-

Penden evangelischen Deutschen spalten
formirte und sind unter sich uneiniger
n! Und dies wird bestätigt durch einen
hre 1608 in einer Relation des Burggrafen
na, Gesandten des Fürsten von Anhalt in Venedig,
durch Dohna's Bericht selbst[3]). Fragen wir aber,
hen Städten wir die Lutheraner, wo die Reformirten
n, so wird es keiner spezielleren Nachweise bedürfen,

Gesch. S. 23 und „Ausland“ 1870 S. 629; Milesio bei Thomas
Zeit. für Baiern und die angrenzenden Länder, Jahrg. 2 Bd. 3
u. f. W. Wolf's Geschichte Maximilian's I. (Bd. II S. 97—102 Note).
z. Gesch. des 30jährigen Krieges Bd. II S. 465) scheint die
Berichtes einem gleichzeitig in Venedig weilenden Agenten
uburg. Daniel von Hatten, zuschreiben zu wollen. — [3]) Ritter.
Poi c'è quel fondaco de Todeschi. Se quc' mercanti fossero
rebbe di tenere un ministro?“

dass wir bei Sanuto schon zum Jahre 1524 von geheimen Zusammen-
künften lutherisch Gesinnter im Fondaco lesen[1]), auf welche der
Gesandte des Papstes und der Patriarch aufmerksam machen. Dieselben fordern zur Vorsicht auf, man solle die Bücher Luther's nicht
verkaufen lassen u. s. w. Unter dem 14. April 1525 bemerkt Sanuto[2]),
ein Dominikanerprediger in Venedig habe die deutschen Kaufleute
des Fondaco beschuldigt, dass sie zur Fastenzeit Fleisch gegessen
hätten — was gleichfalls als Zeichen des Lutheranismus galt —
und noch einige Male erwähnt dann Sanuto[3]), wie Nachrichten über
den Stand und Fortgang der Bewegung Luther's durch Vermittlung
der deutschen Kaufleute, durch Briefe an diese nach Venedig gelangten.
Doch hielten die Anhänger der Reformation im Fondaco offenbar sehr
zurück mit ihren Ansichten, trugen dieselben nicht offen oder prahlerisch
zur Schau — wir hören dann nur sehr wenig darüber, wenn anders
nicht weiteres Material noch durch genauere Nachforschung hiefür
zu Tage gefördert werden wird. Ob man die Notiz in einem Bericht des Gesandten Johann Friedrich's des Aelteren von Sachsen.
Minkwitz, an seinen Herrn vom 5. Juni 1552: „Albie sind sonderlich
die kaufleute im Teutschen haus gut herzog Moritzen teils und er hat
alhier seine Verräter"[4]) — in diesem Zusammenhang verwerthen darf,
will ich dahingestellt sein lassen[5]). — Im Jahre 1555 unterstützten
deutsche Kaufleute des Fondaco den eingekerkerten Anhänger und
später ersten Märtyrer des Evangeliums Fra Baldo Lupetino aus Albona
iu Istrien durch ihren Agenten Joh. Baier auf geheimem Wege mit
Geld[6]), und das lenkte die Aufmerksamkeit der Regierung respective
der Inquisition neuerdings auf diesen Herd des Lutheranismus. „Um
dem evangelischen Wesen und Treiben der deutschen Kaufleute im
Fondaco, das im Prozesse Lupetino's offenbar geworden war, entgegen
zu wirken, ward für dieselben in der dem Deutschen (Kauf-) Hause
nächstgelegenen Kirche S. Bartolomeo 1556 ein deutscher Gottesdienst
eingerichtet", bemerkt Elze[7]) wohl mit Bezug auf einen Brief des
Joh. Aurifaber, herzoglich sächsischen Hofpredigers in Weimar, an
den König von Dünemark aus dem Jahre 1556. Allein, wie sich
Aurifaber eines Irrthums schuldig gemacht hat, indem er schreibt,
dass die deutschen Kaufleute eine eigene (!) Kirche bekommen hätten,
wo das reine Evangelium deutsch gepredigt werde und die Sakramente
nach Christi Einsetzung gereicht werden — ebenso ist es nicht richtig,
dass erst 1556 in S. Bartolomeo ein deutscher Gottesdienst eingerichtet worden. Denn aus einer handschriftlich überlieferten Liste[8])
deutscher Prediger in S. Bartolomeo ist zu entnehmen, dass schon vor 1556

---

[1]) Sanuto bei Thomas S. 36: che si fa conventicole di Todeschi in fontego,
perhò che le terre franche molte è con Lutherio. — [2]) Thomas S. 61. —
[3]) ebda. S. 148, 218. — [4]) Druffel, Briefe und Akten zur Geschichte des 16. Jahrh.
Bd. II S. 564 Nr. 1509. — [5]) Wahrscheinlich ist sie nach der mündlich geäusserten
Ansicht des Herrn Prof. von Druffel vielmehr politisch als Beweis der anti-
kaiserlichen Gesinnungen der Kaufleute aufzufassen. — [6]) Elze, Gesch. S. 21
u. 45. — [7]) ebda. S. 21. — [8]) cf. später.

dort deutscher Gottesdienst stattfand. Es scheint mir daher, nebenbei
bemerkt, auch fraglich, ob erst aus dieser Zeit jene kirchlichen
Ceremonien datiren, welche der Vikar von S. Bartolomeo mit seiner
Geistlichkeit alljährlich an den Abenden vor Weihnachten, vor Neujahr
und Epiphanias im Fondaco vornahm[1]). Derselbe begab sich da nämlich
in Prozession in den Fondaco, zog „psalmodirend" in den Wintersaal und
hielt ihr vor einem von Tizian (1555) gemalten Bilde des segnenden
Erlösers eine „Funktion" mit einer gelehrten Anrede an die deutschen
Kaufherren ab und ertheilte denselben den Segen. Die Deutsche
Nation im Fondaco machte sowohl hierfür dem Vikar und seinem Kapitel
eine jährliche Verehrung in Geld, als auch dem deutschen Fasten-
prediger in S. Bartolomeo ein Jahresgeschenk von 20 Dukaten —
eine Sitte, die sich, wie Elze hinzusetzt, erhielt, auch als schon
längst alle Mitglieder des Fondaco Protestanten waren.

Von grossem Interesse und speziell für unsere Frage von besonderer Wichtigkeit ist aber, was der geheime Agent der protestantischen Fürsten in Venedig, Johann Baptist Lenk (Linke),
unter dem 19. Oktober 1609 dem Kurfürsten Friedrich IV. von der
Pfalz über die Religionsverhältnisse in Venedig mittheilte. Für
uns ist speziell der Passus von Interesse, wo er von den Deutschen
in Venedig spricht. Er schreibt wörtlich[2]): „Zweckdienlich (für
die Sache des Protestantismus) wäre es gewesen, wenn die im
Deutschen Hause alhier befindlichen Deutschen die Erlaubniss,
darin predigen zu dürfen, von dem Senate verlangt hätten.
Aber weil der eine Theil katholisch, der andere lutherisch und
kalvinisch, und die Lutherischen und Kalvinischen unter
sich selbst mehr uneins als mit anderen sind, ist's bisher
ersitzen geblieben, was sonst nicht fehlgeschlagen, und den Nieder-
ländern eine Anleitung gegeben haben würde, ebenfalls ein Fondego zu errichten und von der Regierung einen Prediger zu be-
gehren."

Also die im Fondaco weilenden evangelischen Deutschen spalten
sich in Lutheraner und Reformirte und sind unter sich uneiniger
als gegen die Katholischen! Und dies wird bestätigt durch einen
Ausspruch Sarpi's vom Jahre 1608 in einer Relation des Burggrafen
Christoph von Dohna, Gesandten des Fürsten von Anhalt in Venedig,
vom 4. August und durch Dohna's Bericht selbst[3]). Fragen wir aber,
in welchen deutschen Städten wir die Lutheraner, wo die Reformirten
zu suchen haben, so wird es keiner spezielleren Nachweise bedürfen,

---

[1]) cf. Elze, Gesch. S. 23 und „Ausland" 1870 S. 629; Milesio bei Thomas
S. 47, 55. — [2]) Zeitschr. für Baiern und die angrenzenden Länder, Jahrg. 2 Bd. 3
(1817) S. 355 aus P. Ph. Wolf's Geschichte Maximilian's I. (Bd. II S. 97—102 Note).
Ritter (Briefe u. Akten z. Gesch. des 30jährigen Krieges Bd. II S. 465) scheint die
Autorschaft dieses Berichtes einem gleichzeitig in Venedig weilenden Agenten
des Herzogs von Neuburg, Daniel von Hatten, zuschreiben zu wollen. — [3]) Ritter,
Briefe etc. II, 81: „Poi c'è quel fondaco de Todeschi. Se que' mercanti fossero
uniti, che gl' impedirebbe di tenere un ministro?'

dass die Lutherischen aus den oberdeutschen Reichsstädten Augsburg, Nürnberg u. s. w. kamen. Was aber die Reformirten betrifft, so werden wir sie allerdings nicht zunächst in den niederdeutschen Städten, nicht in dem katholischen Köln suchen. Aber zu unserer Ueberraschung finden wir, dass dem doch so gewesen. Wir lesen nicht blos, dass jener Abraham Spillieur der Sohn oder Enkel eines der reformirten Kirche angehörigen Kölners [1]), sondern damals selbst sogar der Vorsteher einer reformirten Gemeinde unter den deutschen Kaufleuten in Venedig war. Schon im Jahre 1624 nahmen Deutsche, vermuthlich Kaufleute vom Niederrhein, etwa aus Köln und Aachen, wie Elze bemerkt [2]), Theil an dem reformirten Gottesdienst, welcher im Palast des niederländischen Gesandten in Venedig gehalten wurde. Die Generalstaaten hatten nämlich, einem Rathe Paolo Sarpi's folgend, 1622 ihren ersten ständigen Gesandten dorthin geschickt und demselben zugleich in der Person eines Andreas Colvius einen evangelischen Gesandtschaftsprediger mitgegeben, gegen den man von Seite der venetianischen Regierung nicht vorgehen konnte. Elze nennt als des Colvius Nachfolger einen gewissen Volcker Alberti, der von 1627—34 den Posten eines niederländischen Gesandtschaftspredigers bekleidete. Sei es, dass derselbe keinen Nachfolger erhielt, oder dass der Besuch des evangelischen Gottesdienstes im Palaste der Gesandtschaft mit zu grossen Umständlichkeiten verbunden war: genug, die Reformirten ergriffen eine günstige Gelegenheit, um sich selbst einen Prediger zu bestellen und eine Gemeinde zu organisiren. Hören wir darüber Elze, der das zuerst aus Akten des Züricher Staatsarchivs konstatirt hat [3]). „Im Winter 1647—48 kam ein reformirter Candidat der Theologie, Namens Räbmann, auf seiner Rückreise aus Candia, wo er Feldprediger des in venetianischen Diensten stehenden Grafen Ernst Casimir zu Solms gewesen war, nach Venedig und hielt hier während eines längeren Aufenthaltes einigen reformirten deutschen Kaufleuten Gottesdienst mit deutscher Predigt. Dadurch wurden diese zu dem Entschluss ermuthigt, sich ein stetiges ,Religions-Exercitium' einzurichten. Sie traten zusammen, wählten aus ihrer Mitte die Herren Ambros Sneider und Abraham Spillieur aus Köln zu Gemeindevorstehern und den Candidaten Räbmann zu ihrem ersten ordentlichen Pfarrer." Räbmann wurde dann mit einem Schreiben vom 18. April 1648 nach Zürich geschickt, um sich dort ordiniren zu lassen, von wo er aber zum gleichen Zwecke in seine Heimath Bern entsendet wurde.

---

[1]) Ennen, Geschichte der Stadt Köln Bd. V S. 341: Nicolaus Spillers erklärte am 14. März 1594: „er glaube die 12 Artikel des christlichen Glaubens, sei nicht papistisch, auch nicht römisch-katholisch, sei auch nicht von der Augsburgischen Konfession, sondern er sei von der reformirten Kirche und glaube, was die Propheten und Apostel gelehrt hätten, sei nicht von den Täufern, auch nicht Zwinglisch, auch nicht vom Hause der Liebe, halte von Calvin nichts, desgleichen halte er auch von Luther nichts". — [2]) Geschichte etc. S. 38. — [3]) ebda. S. 39.

Diese Ereignisse fallen also gerade in die Zeit, wo von Seite der Oberdeutschen Spillieur's Verweilen im Fondaco beanstandet und seine Ausschliessung gefordert wurde. Es scheint mir schwer, hier keinen ursächlichen Zusammenhang finden zu sollen. Elze freilich meint, das Umgekehrte habe stattgefunden. Er sagt [1]): „Abraham Spillieur aus Köln kam 1644 in den Fondaco, aus dem er aber 1647 als unberechtigt (weil Kölner) ausgeschlossen wurde. Die Austreibung Spillieur's aus dem Fondaco (1647) dürfte zur Begründung der reformirten Gemeinde (1648) mitgewirkt haben." Aber erinnern wir uns aller der früher geltend gemachten Momente, welche das Vorgehen der Oberdeutschen oder der Naz. Alem. meines Erachtens als rechtlich unbegründet erscheinen lassen; erinnern wir uns ferner der charakteristischen Aussprüche Sarpi's und Lenk's über die Gegnerschaft zwischen Lutheranern und Reformirten im Fondaco, dann muss man es meiner Ueberzeugung nach wenigstens als höchst wahrscheinlich bezeichnen, dass religiöse Differenzen bei dem Vorgehen gegen Spillieur mitgewirkt haben. Dass diese nicht in den Schriftstücken und Verhandlungen erwähnt werden, ist begreiflich, da öffentlich von den evangelischen Gesinnungen so vieler deutscher Kaufleute im Fondaco überhaupt nichts verlauten durfte [2]). Wenn man dagegen noch etwa anführen wollte, dass die Gründung der reformirten Gemeinde erst 1648, die Austreibung des Spillieur aber schon (im Herbst) 1647 erfolgte, so muss ich bemerken, dass nach Elze [3]) der Graf zu Solms bereits im April und Mai des Jahres 1647 wegen Regelung der Soldzahlung in Venedig gewesen sein soll. Es können also schon damals Verhandlungen zwischen den reformirten deutschen Kaufleuten und dem Grafen zu Solms gepflogen worden sein. Weiter ist zu erwähnen, dass der Nachfolger des im August 1649 nach der Schweiz zurückberufenen Rübmann, der schweizerische Prediger Nicolaus Zaff, der bis 1652 als reformirter Prediger in Venedig weilte, einmal am 9. Juni 1651 an den Antistes Joh. Jak. Ulrich in Zürich geradezu schreibt, die evangelischen deutschen Kaufleute Augsburger Bekenntnisses, die in grosser Anzahl im Fondaco wohnten, hätten es nicht länger geduldet, dass von den Reformirten Gottesdienst im Fondaco gehalten werde, da sich dieselben inzwischen selbst ihren Gottesdienst mit eigenem Prediger eingerichtet hätten [4]). Es ist nicht ganz sicher, wann dies letztere zuerst stattgefunden. Wenn aber die Naz. Alem. bereits 1646 im Besitze der beiden Kammern im Fondaco erscheint [5]), in denen später der evangelische Gottesdienst gehalten wurde, dann wird man wohl den Beginn der evangelischen Gemeinde auch etwa in diese Zeit ver-

---

[1]) Geschichte S. 39 Anm. — [2]) Ob in den Worten des Kölner Rathes in einem Schreiben vom 10. April 1648 an den von Augsburg „der privat dabei unterlaufender Passionen und Affekten zu geschweigen" (Bd. I Nr. 754 S. 444) eine Andeutung hierauf zu erblicken, wage ich nicht zu entscheiden; doch halte ich es für wahrscheinlich. — [3]) Geschichte S. 39 Anm. 1. — [4]) ebda. S. 42 Anm. 2. — [5]) Bd. I Nr. 748 S. 439.

legen dürfen, was die Spannung nur noch erklärlicher macht. — Der
evangelische Gottesdienst ist dann bis auf den heutigen Tag bestehen
geblieben und von einer ununterbrochenen Reihe von Predigern
gehalten worden, während die reformirten deutschen Kaufleute nach
Elze bis gegen Ende des 17. Jahrhunderts bei französischen reformirten Predigern und Gemeindeältesten ihre Erbauung gefunden zu
haben scheinen [1]).

Abraham Spillieur aber kam nach der Entscheidung der
venetianischen Regierung vom 5. Oktober 1652 wieder in den Fondaco,
nahm daselbst am 7. April 1653 wieder an einem General-Kapitel
Theil und lebte noch am 23. September 1655.

Faktisch scheinen freilich die Niederdeutschen von dieser Zeit
ab, wie überhaupt den Handel mit Venedig, so auch den Fondaco
immer weniger frequentirt zu haben. Die Zersetzung oder Scheidung
der deutschen Kaufmannschaft in Venedig mag aber in Folge dieser
Vorgänge noch weitere Fortschritte gemacht haben. In einer Eingabe der ‚Naz. Alem.‘ auf einen Erlass des Senats vom 25. Mai 1675
betreffs des ‚Dazio‘ werden folgende Gruppen von deutschen Kaufleuten in Venedig unterschieden [2]):

1. solche, die wirklich im Fondaco wohnen und der drei
   requisiti ‚tavola, camera et capitolo‘ fähig sind;
2. solche, die in Venedig wohnen, der tavola u. s. w. fähig
   sind, auch Kammern im Fondaco haben und am Kapitel
   theilnehmen, aber nicht im Fondaco wohnen;
3. solche, die in Venedig wohnen, der drei requisiti fähig
   sind, aber keine Kammern miethen und am Kapitel nicht
   theilnehmen wollen, um zu den Lasten des Fondaco nicht
   beisteuern zu müssen;
4. solche, die als „ächte Deutsche“ der drei requisiti fähig
   wären, aber nur durch Vertreter mit Venedig in Geschäftsverbindung stehen, welch‘ letztere der ‚requisiti‘
   nicht theilhaftig werden können. —

Eine ähnliche Wandlung gegen früher trat dann mit der Zeit
noch bezüglich eines anderen Punktes ein, die gleichfalls noch
der näheren Untersuchung bedarf und daher nur kurz hier erwähnt
werden soll.

---

[1]) s. Elze, Gesch. S. 43 u. ff. — [2]) Capitolare della Naz. Alem. 3 fol. 143‘.
‚Sono varie sorti di Tedeschi, cioè altri habitanti in questa città che attualmente habitano nel fontico et sono capaci di tavola, camera et capitolo nel
medemo; altri sono pur habitanti in questa città, capaci delli tre sudetti
requisiti e che tengono camere in fontico et partecipano del capitolo, ma non
habitano attualmente in esso; altri pure habitano in questa città, sono nationali
e capaci delle tre requisiti, ma non vogliono prender camera in fontico ne entrare
nel capitolo per non sottomettersi a gli aggravii con la natione. Altri finalmente
sono veri nationali, capaci delli tre requisiti, ma che stando alle loro case
in Germania negotiano col mezo de loro procuratori, quali non sono capaci delli
privileggi . . .‘

Wir erinnern uns[1], dass früher den Venetianern der direkte Handelsverkehr mit Deutschland aus finanzpolitischen Gründen untersagt war — nur einige Artikel, wie Pferde, Waffen und Lebensmittel durften direkt von den Venetianern dorther geholt werden. Dieses Verbot bestand, wie es scheint, selbst noch im Jahre 1558[2]. Aber vielleicht schon damals und jedenfalls später scheint eine andere Praxis Platz gegriffen zu haben, scheinen die Venetianer auch andere Waaren direkt aus Deutschland bezogen und solche direkt dahin spedirt zu haben. Diese Waaren zahlten aber nicht bei der Behörde des Fondaco, sondern bei derjenigen der ‚Intrada da Terra‘ die vorgeschriebenen Zölle. Erst im Jahre 1671 (und 1675) wurde nach der Behauptung betheiligter venetianischer Kaufleute von der Regierung bestimmt, dass diese mit Deutschland in Verbindung stehenden venetianischen Kaufleute ihre Waaren gleichfalls in der Dogana des Fondaco verzollen lassen sollten[3]. Daraufhin verlangte die Naz. Alem. im Jahre 1717, dass diese Venetianer auch den Cottimo entrichten sollten, damit sie nicht bloss die Wohlthaten des Fondaco genössen, sondern auch zu dessen Lasten beitrügen[4]. Aber dagegen sträubten sich diese sehr heftig, nicht ohne sich zugleich über die vielen Privilegien zu beschweren, in deren Genuss die Naz. Alem. sich befand[5].

Denn zu den früher erwähnten[6] waren neue hinzugekommen: sie hatte nun 20% Zollermässigung für ihre Waaren überhaupt[7] und eine besondere Vergünstigung hinsichtlich des Ausfuhrzolles[8], was allerdings eine erkleckliche Summe ausmachte.

Die Naz. Alem. brachte zur Rechtfertigung ihres Verlangens vor, dass nicht erst seit 1671, dass vielmehr schon seit dem Ende des 15. und Anfang des 16. Jahrhunderts und zwar seit zwei Erlassen der Regierung vom Jahre 1492 und 1508 alle Waaren, welche von Deutschland, von welcher Person, auf welchem Wege und auf welche Weise immer nach Venedig eingeführt würden, ‘in den Fondaco behufs Zahlung der Zölle gebracht werden müssten. Sie berief sich ferner darauf, dass unter den ‚Mercanti di Ferrarezze‘, den „Eisenkrämern“, die im Jahre 1577 als Genossen Ziliberti's zur Bezahlung des Cottimo verurtheilt wurden, eben auch venetianische Kaufleute verstanden gewesen seien. Ohne genaue Kenntniss der einschlägigen Dokumente ist es nicht thunlich, in diesem Streite ein Urtheil zu fällen. Hier nur so viel, dass der Jahre lang dauernde Prozess, der sich daran knüpfte, nicht zu Gunsten der Naz. Alem. endigte. Im ‚Collegio‘ wurde, wie ich durch gütige Vermittlung des Herrn Pfarrers Elze höre, am 5. September 1729 zu Gunsten der venetianischen Kaufleute gegen die Naz. Alem. entschieden, so dass die

---

[1] s. oben S. 31. — [2] Elze, Der Cottimo bei Thomas, Milesio S. 88. — [3] ebda. S. 87. — [4] ebda. S. 76. — [5] ebda. S. 86 u. ff. — [6] cf. oben S. 141 u. 142. — [7] s. Milesio S. 70 und Elze ebda. S. 80 und 90. — [8] ‚pagano Dazio per Uscita sul piano della prima stima d'Intrata senz' aggionti‘ Elze ebda. S. 90.

ersteren am 29. September 1729 auf Rückgabe des inzwischen erhobenen
Cottimo (im Betrage von 3000 Dukaten) durch die Naz. Alem. bei
den Cinque Savii alla Mercanzia drangen. Am 12. März 1731 kam
dann zwischen der Naz. Alem. und den venetianischen Kaufleuten
ein Vergleich zu Stande: die letzteren verzichteten auf die Rück-
erstattung jener Summe, da die Naz. Alem. versprach, in Zukunft
den Cottimo von ihnen nicht mehr zu verlangen. —

Wir heben aus den von Elze hierüber veröffentlichten Schriftstücken noch einige Notizen hervor, welche namentlich für die
Geschichte des Cottimo von Interesse sind. Da lesen wir z. B. [1]),
dass die Einnahmen aus dem Cottimo damals, zu Anfang des
18. Jahrhunderts, in zwei Kassen vertheilt wurden: in die eine,
Cassetta genannt, kamen die Beiträge der „nicht deutschen" Kaufleute, die auch gehalten waren, zur nämlichen Zeit, wo sie die
vorgeschriebenen Zölle zahlten, sogleich auch den Cottimo zu entrichten. Die „ächten" Deutschen hingegen konnten, wie mit den
Zöllen, so auch mit dem Cottimo einen Monat warten; die Kasse,
wohin ihr Betrag floss, hiess ‚Cassa grande‘.

Werthvoll sind ferner die Angaben über die Höhe der
Einnahmen aus dem Cottimo, die pro Jahr von beiden Seiten
auf ca. 2350 Dukaten angegeben werden, was bei einem Prozentsatz
von $5/6$ % einem Umsatz von 280,000 Dukaten entspricht, der
immerhin noch ziemlich ansehnlich genannt werden kann.

Freilich, die Blüthezeit des Fondaco war dahin: im Jahre 1723
betrug die Zahl der (vollberechtigten) deutschen Kaufleute nur 35,
während im Jahre 1717 bereits 92 venetianische Kaufleute mit
Deutschland in Handelsverbindung standen [2]). Im Jahre 1770 war die
Zahl der Mitglieder der Naz. Alem. auf 30, im Jahre 1800 auf
12 herabgesunken [3]). Der Sturmwind der französischen Revolution
hat dann auch diesem Institute des Mittelalters ein Ende gemacht [4]).
Nachdem im Mai 1797 die „Republik" Venedig ihr Ende gefunden
hatte, nahmen am 18. Januar 1798 nach halbjährigem Regiment der
Franzosen die Oesterreicher Besitz von Venedig. Durch den Frieden
von Pressburg am 24. Dezember 1805 trat Oesterreich Venetien an
das neue Königreich Italien ab und damit war die Todesstunde des
Fondaco gekommen: denn die neue Regierung verlegte die Zoll-
behörde in das Gebäude, die Deutsche Nation wurde deshalb Anfangs
Juli 1806 aufgefordert, das Haus zu verlassen, dessen Privilegien
wurden zu gleicher Zeit für erloschen erklärt — fast genau 300
Jahre nach Begründung des neuen Gebäudes.

Ueberblicken wir nochmals diesen Zeitraum und fragen wir
nach der Stellung, welche die deutsche Kaufmannschaft innerhalb

---

[1]) Elze bei Thomas, Milesio S. 93 und 94. — [2]) ebda. S. 85 und 78. —
[3]) Elze im Ausland S. 628. — [4]) Elze, Geschichte etc. S. 84—87.

desselben in Venedig und im Fondaco eingenommen hat, so werden
wir sagen dürfen, dass im Vergleich zum Mittelalter diese Stellung
sich allerdings in manchen Punkten zu Gunsten der Deutschen verändert hat. Kein Zweifel, dass ihnen vielfach freiere Bewegung im
neuen Hause eingeräumt war, dass sie befreit waren von der
strengen, polizeilichen Oberaufsicht des Mittelalters, dass sie mehr
wie unsere Landsleute anderwärts, z. B. im Stahlhof zu London, eine
eigene Gemeinde unter selbstgewählten Vorstehern bilden konnten.
Aber freilich zu völliger Selbstständigkeit und Unabhängigkeit haben
sie sich auch in diesem Zeitraum nicht durchzuringen vermocht —
von dem Mangel jedes politischen Einflusses gar nicht zu reden,
so angesehen auch ihre äussere merkantile Stellung in der Lagunenstadt geworden war. Denn als die hervorragendsten Träger des
Bank- und Börsengeschäftes, als ‚principal membro delle faccende
de' Banchi e della Piazza', werden die Deutschen (Consuln) einmal
geradezu 1567 von den venetianischen Behörden bezeichnet[1]). Gerade aus jenen Streitigkeiten im 16., 17. und 18. Jahrhundert geht
deutlich hervor, dass unsere Landsleute selbst bei inneren wich-
tigeren Angelegenheiten, wie betreffs des Cottimo und der Benützung
der Kammern, in letzter Linie dem Urtheile der venetianischen
Rathskollegien nach wie vor sich fügen mussten[2]). Von eigener
Gerichtsbarkeit nach heimischem Recht ist auch in dieser Zeit keine
Rede; es war mehr nur eine disciplinäre Polizeigewalt, welche von
den Cottimieri etc. gegen die einzelnen Glieder der Naz. Alem. durch
zeitweise Ausschliessung von Kapitel, Tafel und Kammer ausgeübt
werden konnte. Es war also doch eigentlich, wie bereits gesagt, nur
ein bescheidenes Mass von Selbstverwaltung, welches die Regierung
den deutschen Kaufleuten im neuen Hause zugestanden hatte. Kein
Zweifel aber andererseits auch, wie mir scheint, dass gerade dieses
Moment, diese allezeit bescheidenere Stellung — im Verein allerdings
mit dem allmählichen Niedergang der venetianischen Republik — die
Ursache davon gewesen ist, dass das Institut des Fondaco in Venedig
sich länger erhalten konnte, als unsere mittelalterlichen Handels-
colonien oder Faktoreien in Russland, Dänemark, den Niederlanden,
England u. s. w., und dass unsere Landsleute hier in Venedig ver-
schont blieben von all den Reibereien und Anfeindungen, denen sie
in jenen Ländern später von Seite der einheimischen, aufstrebenden
und gegen „die Monopole der Fremden" eifersüchtigen Bevölkerung
und der diese nationalen Regungen benützenden Landes-Regierung
mehr und mehr bis zu ihrer definitiven Verdrängung ausgesetzt
waren[3]).

Die nämlichen Streitigkeiten zeigen aber noch eines: sie bestätigen, welches Gewicht man immer noch auf den Handel mit Venedig
in jenen deutschen Städten legte, und wie zufrieden man im Ganzen

---

[1]) Milesio S. 24. — [2]) cf. Bd. I Nr. 703, 711, 738—741. — [3]) s. meine
Schrift: Die Deutschen als Colonisatoren in der Geschichte (Hamburg 1885) S. 36.

mit dem Institut des Fondaco war. Von dieser Zufriedenheit und zugleich von der Dankbarkeit der Bewohner des Fondaco, wie von ihrem guten Einvernehmen mit der venetianischen Regierung überhaupt zeugen übrigens ferner ausser den vielfachen Almosen, welche sie, wie die Panada, an die Armen Venedigs spendeten [1]), besonders ihre freiwilligen Anerbietungen von Geldsummen zur Unterstützung der Regierung im 17. Jahrhundert, wie z. B. im Jahre 1646 [2]), oder die Theilnahme der Bewohner des Fondaco an dem Siege von Lepanto im Jahre 1571, der, wie Sansovino berichtet, gerade hier im Fondaco zuerst durch Beleuchtung, Feuerwerk und Musik in glänzender Weise gefeiert wurde [3]).

Nicht allein bei so aussergewöhnlichen Anlässen war übrigens der Fondaco die Stätte und der Mittelpunkt allgemeiner Lust und Fröhlichkeit. Alljährlich ward hier, und zwar „in den Jahrhunderten vor 1600", wie Milesio berichtet [4]), in dem „Wintersaal" oder der ‚Sala della Stua' in den drei Tagen vor Beginn des Karnevals mit Erlaubniss der venetianischen Behörden auf Kosten der Deutschen Nation ein grosses öffentliches Ballfest gehalten, zu welchem „von allen Seiten die Masken herbeiströmten, um sich des Vergnügens eines drei Tage lang dauernden, ununterbrochenen (?) Balles zu erfreuen, mit welchem die deutsche Nation jährlich die Gastfreundschaft der Venetianer vergalt."

Andererseits fanden in dem nämlichen Saal, wie bereits erwähnt [5]), alljährlich am Weihnachtsabend, am Sylvesterabend und am Vorabend vor dem Feste der „heiligen drei Könige" jene merkwürdigen kirchlichen Feierlichkeiten ernsten Charakters statt, über welche ausführlicher Milesio und nach ihm Elze berichtet hat [6]). — Ausführlich beschreibt Milesio auch [7]) das Ceremoniell, womit die „Deutsche Nation" sich am Empfang eines in Venedig einziehenden neuen kaiserlichen Gesandten des Reiches bei der Republik betheiligte.

Kurz mag endlich noch bemerkt werden, dass die Säule, welche in der Mitte des „Sommer"-Saales dessen Decke trug, alljährlich

---

[1]) cf. Milesio S. 26 u. 27. — [2]) ebda. u. Bd. 1 Nr. 746. — [3]) Venezia descritta (1663) p. 415: Bello et honorate furono le dimostrationi singolari di allegrezza, che si fecero l'anno 1571 per la vittoria che si hebbe del Turco. Et lasciando l'altre cose a dietro che si vedero in questa materia, due furono gli apparecchi principali: glorificandosi tuttavia in cosi fatte feste et trionfi la sua divina bontà. Il primo fu de i Tedeschi, i quali rallegrandosi con la Signoria della vittoria, hebbero licenza di poter festeggiare, fatte che fossero prima le solennità spirituali. — Essi adunque per tre sere continue acconciarono il fontico di razzi et accomodarono di dentro et di fuori per diversi gradi lumiere dal primo corridore fino alla sommità del tetto, che rendevano dalla lunga una veduta quasi di un cielo stellato. Da prima sera fino alle 5 hore di notte si udì continuo suono di tamburi, di pifferi et di trombe squarciate, et sopra i pergoli del fontico si fecero diversi et rari concerti di musica con spessi tiri d'artigliarie, di modo che il luogo rassembrava la casa et il palazzo della giocondità et dell' allegrezza insieme. Questo fatto incitò il popolo a far il medesimo per la città. — [4]) Thomas S. 25; cf. Elze, Ausland S. 629. — [5]) cf. oben S. 159. — [6]) Milesio bei Thomas S. 55; Elze S. 629. — [7]) S. 56 und darnach Elze S. 636.

am 1. Mai mit frischem Grün und Blumen umwunden wurde, um nach deutscher Weise den Frühlingsanfang zu feiern [1]).

Dies ist zugleich Alles, was wir über das innere Leben der Deutschen im neuen Fondaco, ihre Sitten und Gebräuche vorerst mitzutheilen in der Lage sind. Doch mögen die noch vorhandenen und noch zu durchforschenden Archivalien auch hiefür noch manche schätzbare Notiz enthalten.

Zum Theil verschmilzt und verwächst die Geschichte des Fondaco in späterer Zeit mit derjenigen der deutschen evangelischen Gemeinde, die ja, wie wir gesehen, aus ihm hervorgegangen ist. Daher darf hier nochmals ausdrücklich auf die Darstellung der Geschichte dieser Gemeinde verwiesen werden, welche der von uns so oft erwähnte gegenwärtige Pfarrer derselben, Theodor Elze, vor einiger Zeit veröffentlicht hat.

Aber auch bezüglich der Frage nach den Benützern oder Bewohnern des Fondaco ist, was die spätere Zeit betrifft, in erster Linie auf diese Schrift zurückzugreifen: denn im 18. Jahrhundert war wohl der grösste Theil der Insassen protestantisch, und die 79 Kaufherren, welche vom Jahre 1704 ab die evangelische Kirchenordnung der Gemeinde unterschrieben haben und von Elze namentlich aufgeführt werden[2]), dürfen wohl als der Stamm der ‚Nazione Alemana‘ in jener Zeit betrachtet werden, und viele von ihnen werden bei Milesio als Consuln der Naz. Alem. aufgeführt. Leider ist es auch Elze nicht bei allen geglückt, ihre Heimath angeben zu können, so dass schon deshalb eine genaue Statistik über die Betheiligung der einzelnen Städte am Handel mit Venedig in diesem Zeitraum noch nicht möglich ist. Und noch viel weniger, was die vorhergehende Zeit von 1506 an, das 16. und 17. Jahrhundert, betrifft. Die umfassendsten Studien und Nachforschungen in den Archiven Venedigs und der deutschen Städte sind hiezu noch nöthig. Von besonderer Wichtigkeit wäre hiefür die Auffindung verschiedener offizieller Verzeichnisse: so erstlich mehrerer alphabetischer Listen über die Erhebung des Cottimo von 1492—1546—1577—1603—1679, deren in jenem Streite vom Jahre 1728 gedacht wird[3]), und zweitens der Verzeichnisse über die Miether der Kammern und Gewölbe, welche, einer Verfügung des Senates zufolge, erst vom 1. September 1636 an im Bureau der Visdomini geführt werden sollten[4]). Uns stehen nur vier solcher Verzeichnisse zur Ver-

---

[1]) Milesio S. 41; Elze S. 630. — [2]) Geschichte S. 62 ff. — [3]) Elze bei Thomas' Milesio S. 93: ‚Tutti li libri che saronno qui sotto per nominarsi, tutti abbracciano le riscossioni del Cottimo ... Li primi cinque libri, scritti in carattere Alemano, abbracciano dal 1492 sino al 1546 ... Li secondi alfabettati comprendono il corso degl' anni 1547 sino all' anno 1577 ... Li terzi corrono dal 1580 sino al 1603. Li quarti abbracciano dal 1604 sino al 1679. — [4]) Milesio bei Thomas S. 31 (cf. 68) — l'ufficio di detto Magistrato (dei Visdomini), nel quale del 1636 primo Settembre per Publici Decreti, si principiò a tener Libro Maestro, sive Quaternio e Giornale per gli affitti delle Camere e per li Conti del Dazio dei Privileggiati.

fügung: eines vom Jahre 1508, die ersten Miether im neuen Hause enthaltend[1]), ein zweites vom Jahre 1640[2]), das dritte wahrscheinlich vom Jahre 1646 (oder 1647)[3]) und ein weiteres vom Jahre 1723[4]) (wozu noch ein gelegentliches[5]) Verzeichniss deutscher Kaufleute in Venedig von 1573 gerechnet werden mag).

Sehen wir nun, so weit es möglich ist, wie sich die Zahl der Miether auf die einzelnen Städte vertheilt, und versuchen wir auf Grund anderer Quellen, wie z. B. der Liste der Consuln der Kaufmannschaft im Fondaco, der Grabschriften in Venedig bestatteter Deutscher, der Liste der in S. Bartolomeo beigesetzten Deutschen u. s. w., überhaupt zu konstatiren, welche Städte und in welcher Ausdehnung sie in der Zeit nach 1506 noch an dem Handel mit Venedig betheiligt erscheinen[6]).

Beginnen wir wie früher mit Regensburg. In der Liste von 1508 finden wir bei den Magazinen einmal die Stadtgemeinde selbst als Mietherin eingetragen und daneben einen Regensburger als Abnehmer, wie es scheint, des grössten Gewölbes (Nr. 21): Zan Musauer = Johannes Musauer (oder Mosauer) — derselbe, der nach Milesio 1505 und 1506, also gerade zur Zeit des Brandes, Consul der deutschen Kaufleute war. Eine Kammer scheint die Stadt anfangs nicht gemiethet zu haben, wohl aber Musauer. Denn er ist höchst wahrscheinlich hinter jenem ‚Zanin Usana‘ versteckt, der die Kammer Nr. 27 und vielleicht auch Nr. 26 im 2. Stock miethete[7]). Denn in einem Dokument vom 8. Mai 1510 wird gesagt[8]), Johannes Musauer habe ein grosses Gewölbe und 1½ Kammern im 2. Stock gemiethet, deren Benützung ihm und seinen Nachkommen auf seine Bitten für immer zugestanden wird, da er seit vielen Jahren in Venedig Geschäfte treibe und zu den ersten Miethern im neuen Hause gehört habe. — Damit stimmt nun nicht recht überein, wenn Gemeiner in seiner Regensburgischen Chronik[9]) zum Jahre 1508 erzählt, der Hausmeister des Fondaco habe „die Regensburgischen Kaufleute aus dem Besitz der Vulten zu setzen und dieselbe anderen Kaufleuten einzuräumen gesucht, welches Waarengewölbe (volta) gewiss schon im grauesten Alterthum ein Besitzthum der Regensburgischen Kaufleute und (wegen des früher[10]) erwähnten Vorranges von Regensburg im Fondaco) wahrscheinlich auch eines der bequemsten und schönsten Gewölbe gewesen sei. Der Rath habe sich nachträglich beim Dogen und beim Senat in Venedig darum verwandt und ein Schreiben dahin geschickt, das ein Kaufmann Hans Schönhofer überbracht habe, der in seinen eigenen Angelegenheiten den Weg hinein machte". Aus dem von Gemeiner mitgetheilten Schreiben ist zu

---

[1]) s. Bd. 1 Nr. 653 u. 658. — [2]) ebda. Nr. 743. — [3]) ebda. Nr. 748. — [4]) Elze bei Thomas, Milesio S. 85. — [5]) Bd. I Nr. 709. — [6]) Ich muss hier nochmals ganz besonders betonen, dass diese Zusammenstellung keinen Anspruch auf Vollständigkeit machen will, sondern nur ein erster derartiger Versuch sein und zu weiterer Forschung anregen soll. — [7]) Bd. I Nr. 653. — [8]) ebda. Nr. 677. — [9]) Bd. IV S. 140 und Anm. 287. — [10]) cf. oben S. 47.

entnehmen (was Gemeiner nicht angibt), dass eben Joh. Musauer diese ‚camera sive habitaculum‘, welche den Namen ‚la balta (= volta?) de San Piro (oder Pyro)‘ geführt habe, von der Stadt zur Benützung erhalten hatte, und der Regensburger Rath ersucht eben die venetianische Regierung, den Joh. Musauer im Genusse dieser ‚camera‘ zu belassen. Dieses Schreiben ist nun aber datirt vom 4. März 1508, während die neuen Kammern ja bereits im Februar 1508 vergeben wurden und Musauer bereits im Besitze jener Kammern sich befand. Auch ist von derartigen Namen der neuen Kammern oder Gewölbe sonst nichts bekannt. Das ganze Schreiben passt offenbar viel besser in die Zeit vor als nach dem Brande, in welche es auch Gemeiner verlegt, da er — freilich irrthümlicherweise — sagt, der Brand scheine sich zwischen 1512 und 1518 begeben zu haben. Ich vermuthe daher, dass das Datum des Schreibens nicht richtig ist, statt 1508 vielleicht 1503 oder 1505 zu lesen ist.

Was aber die spätere Zeit betrifft, so meint Gemeiner, die Stadt scheine seit dem (von ihm also in die Jahre 1512—1518 verlegten) Brande ihre „Vulten“, wofür sie jährlich einen (sic!) Dukaten Zins bezahlt, nicht mehr behauptet zu haben. Wir vermögen in der That aus der unmittelbar folgenden Zeit keinen weiteren Regensburger hier zu nennen, wofern nicht Thomas Karg, der 1586 und 1587 Consul war, der gleichnamigen Regensburger Familie angehörte[1]). Aber 1648 gibt doch auch der Rath dieser Stadt seine Ansicht in dem Streit über das Benützungsrecht am Fondaco ab — ein Beweis dafür, dass Regensburger noch immer in Venedig und im Fondaco verkehrt haben. Aus dem 18. Jahrhundert führt dann Elze noch folgende Regensburger auf, welche die evangelische Kirchenordnung in Venedig unterzeichnet haben:

1721 Joh. Christ. Esterlin, der 1716 in das „Verzeichnis der jungen Leute“ sich eingetragen und noch 1723 im Fondaco war[2]); und
1751 Gg. Zach. Hagen, 1736 im Verzeichniss der jungen Leute aufgeführt und 9. Februar 1768 im 58. Jahre in Venedig gestorben[3]). —

Unter den Städten, die 1648 als mit Venedig in Handelsbeziehung stehend genannt werden, befinden sich auch Enns und Steyr.

In der That wurden Steyr noch 1640 die alten Privilegien wegen des Handels mit venetianischen Waaren von Kaiser Ferdinand II. bestätigt[4]). Aus Steyr stammte die später nach Nürnberg übergesiedelte und wohl von dort aus mit Venedig Handel treibende Familie Gutbrod[5]). Vielleicht war ebendorther der in der Liste von

---

[1]) cf. Siebmacher's Wappenbuch, hrsg. von O. T. v. Hefner V, 2, p. 27. — [2]) Elze S. 63 und bei Thomas, Milesio S. 86. — [3]) Elze S. 64, bestattet auf der Insel S. Cristoforo. — [4]) Pritz, Beschreibung und Gesch. der Stadt Steyr (1837) S. 291. — [5]) cf. unten S. 192.

1646/47 aufgeführte Joachim Endell oder Hendel, da ein Joachim Händl 1619—24 Bürgermeister zu Steyr war [1]). Ob Sebald Hendell (1557 und 1558 Consul) und Adam Hendell (1610—1611 Consul) derselben oder einer anderen, in Nürnberg vorkommenden Familie angehören, weiss ich nicht; in Steyr selbst stellte jene Familie schon im 16. Jahrhundert Bürgermeister [1]). — Ferner war aus Steyr Georg Auracher, geb. 5. Okt. 1605, gest. 10. April 1628 zu Venedig und dort bestattet [2]).

Wie Regensburg, erscheint auch die Stadt Wien 1508 als Mietherin eines Gewölbes und einer Kammer im neuen Fondaco. „Wir sehen auch," sagt J. Falke in seinem bereits erwähnten Aufsatz über „Oberdeutschlands Handelsbeziehungen zu Südeuropa im Anfang des 16. Jahrhunderts" [3]), „dass Wien, sobald es sich von den Belagerungen und der Einnahme erholte, welche es durch die feindselige Stellung gegen das Haus Habsburg, besonders gegen den Kaiser Friedrich, sich zugezogen hatte, und unter Max I. wieder zu neuer schöner Blüthe als Residenz erhoben wurde, auch sogleich durch den Rath und die Bürgerschaft als eine erste Bedingung ihres Wohlstandes begehrte, dass die durch Zollstätten und jede Art von Erpressung und Gewaltthätigkeit verlegte und niedergehaltene Strasse von Venedig wieder eröffnet werde. Kaiser Friedrich hatte aus Politik gegen das widerstrebende Wien mehreren Nachbarstädten auf Wiens Unkosten Freiheiten und Niederlagsrechte ertheilt; Mürzzuschlag und Neustadt, auf solche Privilegien sich stützend, strebten auf's Begehrlichste darnach, für sich Niederlags- und Stapelrechte an der Strasse nach Italien zu behaupten. Auch Max I. hatte noch eine gewisse Vorliebe für Neustadt . . . Dennoch aber, trotz der Ungunst der Kaiser und der Verhältnisse, war die Lage Wiens als Knotenpunkt für Italien, Deutschland und die östlichen Donauländer von der Natur zu sehr begünstigt, als dass auf die Dauer der Handel der Stadt unterdrückt und seiner natürlichen Richtung hätte entrückt werden können. Die Klagen über den in Wien herrschenden Luxus, die Verordnungen Maximilians I. gegen denselben, worin er vor allem die Perlen, die Gold- und Silberstoffe, die Kleider von Sammt und Seide mit kostbaren Stickereien den unteren Ständen verbot, beweisen, in welcher Menge damals diese Stoffe aus Italien bezogen wurden. Auch finden wir in Wien seit dem Ende des 15. Jahrhunderts dieselben kaufmännischen Nachrichten und Zeitungen, wie in Nürnberg und Augsburg, welche ebensowohl über die Zustände Italiens und den Gang des venetianischen Krieges, wie über die niederländischen Unruhen Bericht erstatten. Wien, durch die Verhältnisse und Verbindungen seines Kaiserhauses mit Italien und den Niederlanden zugleich begünstigt, trug am meisten im Laufe des 16. Jahrhunderts zu der Ausbildung dieses Zeitungswesens bei, stellte auch um diese

---

[1]) Pritz, a. a. O. S. 384. — [2]) in S. Lio. — [3]) Zeitschrift für Kulturgeschichte 1859 S. 621.

Zeit eine besondere Botenverbindung mit Venedig her, obwohl auch hier wieder begünstigte, an der italienischen Strasse liegende steirische Orte: Neustadt, Mürzzuschlag, Bruck, Leoben und Pettau, die alle am deutsch-italienischen Handel theilnahmen, oft genug aus Eifersucht hindernd einwirkten. Eine vollständige (?), für den venetianischen Handel aufgerichtete Zollordnung, die Hormayr in seiner Geschichte der Stadt Wien hat abdrucken lassen, gibt einen weiteren Beleg für die ununterbrochene Wichtigkeit des Waarenzuges von Venedig auf Wien, deren Hauptzollstätte in Wien das Mautneramt am rothen Thurm war . . . Die häufig wiederkehrende urkundliche Erwähnung der Zölle der östlichen italienisch-deutschen Strasse, deren jährliche Erträge gegen oft sehr bedeutende Schuldsummen verpfändet wurden, geben einen weiteren Beleg für die Mächtigkeit des hier stattfindenden Waarendurchzuges. Solche Zölle waren zu Rottenmann, Judenburg, Neumark, Gratz, Leoben und an vielen kleineren Orten.«

Namentlich aufgeführt werden folgende Wiener:

1508 Gabriel Traie (= Troy?)[1]); vielleicht war auch Georg Prasteter (= Prantstetter) aus Wien[2]); ferner der

1566 (30. März im 17. Jahre) in Venedig verstorbene Vitus (Veit) Lagkhner[3]), Sohn des Patriziers Franciscus L.[4]);

1567, 1573 und 1581 werden genannt die Brüder Andreas und Sebastian Haisler[5]); derselben Familie gehörte vielleicht an der

1605 (3. oder 8. März im 40. Jahre) in Venedig verstorbene Carl Haisler[3]);

1663 (13. Nov.) stirbt ebendort (24 J. alt) der Wiener Hermann Raididel[3]). — Ferner stammte aus Wien die später in Venedig ansässige (protestantische) Familie Pommer[6]), aus welcher

Joh. Christ. schon 1661 im Fondaco, 1670—72 Consul, 1671 auch schwedischer Consul[7]) und

Joh. Jak. „aus Wien gebürtig", 1713—14 Consul, 1717 in Venedig gestorben ist[8]). Ob der

1808 (13. April, 70 J. alt) in Venedig gestorbene[9]) Franz Georg May ein Kaufmann gewesen, muss dahin gestellt bleiben.

---

[1]) cf. Lazius, Wienerische Chronik (Deutsche Ausg.) Buch IV S. 14 u. 33. — [2]) Wiewohl der in den Jahren 1558, 1559 etc. als Bürgermeister von Wien (cf. Lazius a. a. O. S. 52) genannte Georg Prantstätter nach Ernst von Hartmann-Franzenshuld (Archiv f. österr. Gesch. Bd. 49 S. 473) erst 1508 geboren wurde. Wahrscheinlich ist der 1508 in der Liste der Miether aufgeführte aus Salzburg und vielleicht der Vorfahr des Wiener Pr. — [3]) bestattet in S. Bartolomeo. — [4]) der 1557 Oberstadtcammerer von Wien war; cf. Lazius a. a. O. S. 65. — [5]) Bd. I Nr. 709 u. 711; Stockbauer, Die Kunstbestrebungen am bayer. Hofe unter Albert V. und Wilhelm V. in den Quellenschriften zur Kunstgeschichte Bd. VIII S. 57; cf. Archiv f. österr. Gesch. Bd. 49 S. 492 und Siebmacher V, 2 p. 14, wo ein Seb. Eyssler 1530 als Bürgermeister von Wien erwähnt wird. — [6]) cf. Elze, Geschichte S. 63 u. ff. — [7]) Elze a. a. O. S. 60 Anm. 6. — [8]) Siebmacher V, 1 S. 13; bestattet in Memmingen?, wo seine Wittwe ihm ein Grabmal setzte; s. Karrer, Memminger Kronik (1805) S. 131. — [9]) bestattet in S. Fosca.

Aus Wiener-Neustadt war vielleicht der in der Liste von
1508 aufgeführte räthselhafte Christoph Chelbit (Chebe), wenn man
dahinter einen Kelbel suchen darf, deren Einer, Jacob K.,
1483 Bürgermeister in Wiener-Neustadt war [1].

Steiermark stellt diesmal keinen Namen [2], Kärnthen,
speziell Villach, nur wenige:

1508 (aber nicht in der Liste genannt) verkehrte ein gewisser
Codel aus Villach in Venedig [3];

1594 (7. März, 49 J. alt) starb in Venedig der Villacher Kaufmann
Christoph Hoffer [4], vermuthlich identisch mit dem 1573 und
1574 genannten, der 1574, 1578, 1579 auch Consul war. Ob
der 1584, 1590, 1591 als Consul aufgeführte Joh. Hopffer derselben Familie angehörte, oder der schwäbischen, von Kaufbeuren nach Augsburg eingewanderten Familie Hopffer, ist
zweifelhaft. Sicher stammte dorther die angesehene Familie
Vidman (Widmann)-Rezzonico, deren Stammvater Johann, bürgerlicher Herkunft, Faktor (Geschäftsführer) im Fondaco wurde
und hier den Grund zu dem späteren Reichthum und Glanz
des Geschlechtes legte. Wiederholt ist er 1601, 1613, 1618
—1619, 1623—1625 Consul der Deutschen Nation gewesen
und, wie es scheint, dort 1634 gestorben [5]. Seine Söhne
Johann Paul (von Manchen für zwei gehalten, was ich nicht
entscheiden kann), Martin, Ludwig, Berthold, Christoph, David
blieben dann, scheint es, in Venedig [6] und erlangten hier 1646
für die der Republik im Candianischen Krieg geleisteten grossen
Geldvorschüsse das adelige Patriziat und den Grafentitel, nachdem bereits früher die Grafschaft Paternion (1639?) und Orten-
burg (1640) in Kärnthen sammt dem österreichischen Frei-
herrntitel in den Besitz der Familie gekommen waren [7].

1653 (5. Aug.) starb in Venedig, 27 J. alt, ein Leonhard Ghigen
aus Villach [8]. Ebendaher stammte die nach Nürnberg übergesiedelte Familie Tiefferer, aus welcher

1689 Hans Tiefferer nach Venedig in die „Schreibstube" von
Hans Wolff und Emmerich Auracher aus Nürnberg gieng [9].

1695 starb in Venedig, 44 J. alt, der Villacher Kaufmann Johann
Georg Regatsnig [10]. Ein Matthias Ferdinand Regatsnig wird
noch 1723 im Fondaco genannt [11].

---

[1] cf. Gleich, Gesch. der Stadt Wiener-Neustadt (1808) S. 69. — [2] wenn
nicht der 1678 8. Aug. in S. Bartolomeo bestattete ‚Gotfredo Adamo Maichel'
ein Kaufmann war. — [3] cf. Sanuto, Diarii VII, 690. — [4] best. in S. Bartolomeo.
— [5] bestattet in S. Canciano; s. Grabschrift Nr. 37; cf. Aelschker, Geschichte
Kärnthens Bd. III S. 903 (aus Ankershofen, Handbuch der Gesch. des Herzogth.
Kärnthens Abth. II Bd. II Hft. 2 S. 85), wo aber der alte Johann Vidm. noch
1649 als lebend bezeichnet wird. — [6] s. Grabschrift Nr. 36. — [7] s. Kneschke,
Neues allgem. deutsches Adelslexikon Bd. 9 (1870) S. 564. — [8] bestattet in S. Bartolomeo. — [9] s. Roth, Gesch. des Nürnb. Handels II, 104; Zeitschr. für Baiern
Jahrg. 2 Bd. 3 (1817) S. 357; cf. unten S. 195. — [10] bestattet in S. Canciano.
— [11] Elze bei Thomas, Milesio S. 85.

Aus St. Paterniano in Kärnthen war nach Elze [1]) der noch 1723 im Fondaco weilende Kaufmann Jacob Miller;

aus Klagenfurt: Franz Christoph Ambtmann (mindestens 1705—1710 in Venedig [2]), der — oder dessen Vorfahr gleichen Namens — bereits 1659—1662 und wiederum 1682—1688 Consul war. —

Aus Krain, dessen Handel mit Venedig am Anfang dieses Zeitraums noch ungeschwächt, später aber sehr vermindert fortdauerte [3]), speziell aus Laibach, werden genannt:

1508 Johann Stantener und Johann Kleinhoffer; vielleicht war ebendaher Wolfhard Puller [4]): sämmtliche Miether im neuen Hause.

Mit Uebergehung von Friaul, das damals nicht als deutsch gelten konnte, da es venetianisch geworden war, gelangen wir nach Tirol.

Aus Trient werden (unter den in S. Bartolomeo Bestatteten) genannt:

1586 (5. Aug., 46 J. alt) der öfters erwähnte [5]) Domenico Zilberti;
1622 (25. Dez.) Alessio de Alessii;
1649 (20. Juni) Christofalo Baiardi;
1654 (17. Juni) Giacomo Briò.

Aus Innsbruck war Georg Reiter, 1637 (29. Okt. im 65. J.) gestorben [6]), 1620—22 und 1628—29 Consul; ferner stammte von dort nach Cicogna's Angaben [7]) die Familie Ott, aus welcher besonders David Ott, der oft erwähnte Faktor der Fugger in Venedig [8]), wiederholt 1546—48, 1554—55, 1579 (in welchem Jahre er in Venedig, 72 J. alt, gestorben) [9]) Consul war, wie auch andere dieser Familie diese Würde öfter bekleideten: Hieronymus Ott 1582—83, 1589, 1600, 1626—27, 1643, oder Christoph 1586, 1594, 1605—06; Octavius 1630—32, ein anderer David 1635—36. In der Liste von 1646 erscheinen Hieronymus und Christoph Ott. —

In regem Verkehr mit Venedig treffen wir in dieser Zeit Salzburg. Unter den ersten Miethern von 1508 befinden sich folgende Salzburger:

Stephan Kaser (oder Kaserer), der schon früher [10]) erwähnt ward;
Sebastian Tunkel (Tonchel), „einer der vornehmsten Bürger Salzburg's" (1514, 5. Sept. gestorben) [11]);
Johann Matschperger (Mazzenperger) (1511 Bürgermeister von Salzburg; gestorben 1514) [12]); ein Erasmus Mazzenperger war 1541—1545 Consul;
Ruprecht Lasser, dem berühmten Geschlecht der Lasser angehörig,

[1]) Bei Thomas, Milesio S. 85. — [2]) s. Elze, Geschichte S. 109—110. — [3]) cf. Dimitz, Gesch. Krains II, 49, 290; III, 224, 448. — [4]) Ein Geschlecht Püller in Laibach verzeichnet Dimitz a. a. O. IV, 88. — [5]) cf. oben S. 137. — [6]) bestattet in S. Bartolomeo; cf. Grabschriften und Sterberegister. — [7]) Inscrizioni Veneziane t. VI p. 359. — [8]) cf. Stockbauer, Die Kunstbestrebungen etc. a. a. O. Bd. VIII S. 25 u. ff. — [9]) bestattet in S. Canciano. — [10]) cf. oben S. 55. — [11]) cf. Walz, Grabdenkmäler S. 157. — [12]) ebda. S. 156.

wie schon aus der Zusammenstellung mit Matschperger hervorgeht, der 1526 für sich und seine Söhne Wolfhard und Christoph
ein besonderes Privileg für den Verkehr mit Venedig von der
venetianischen Regierung erhielt [1]).

Als unbestimmt, ob nicht auch Salzburger, nenne ich aus der
Liste von 1508:

Sebastian und Wenzel Wagner [2]);

Georg Prantstätter, welche Familie Ende des 15. Jahrhunderts in
Salzburg vorkommt [3]);

Wolfhard Puller [4]); ein Salzburger war ferner wohl Berthold Widmann, 1580 Consul [5]).

In der Liste von 1646/47 finden wir folgende Salzburger:

Wolfhard Paurnfeind [6]) und den mit ihm genannten Emmerich
Lugistan = Lugenstein [7]);

Johann Stainhauser aus einer bekannten Salzburger Familie [8]),
welche schon 1573 in Georg Birchil einen Vertreter in Venedig
hatte [9]).

Ob der 1640 und in der Liste von 1646 genannte Mathaeus
Pirchell mit diesem Letzteren verwandt und auch ein Salzburger
oder anderswoher, vermag ich nicht zu entscheiden. Sicher hingegen
gehört nach Salzburg noch

Maximilian Han (Haan), 1639—41 Consul, der 1647 (10. Nov.,
45 J. alt) in Venedig starb [10]) und in S. Bartolomeo bestattet
ward, gleichwie (sein Bruder?)

Andreas Han, gestorben 1653 (9. Aug., 45 J. alt).

Ob der in der Liste von 1646 genannte Alessandro Fux identisch
ist mit dem Salzburger Alexander Fux oder der Nürnberger Familie
Fuchs angehört, ist unbestimmt [11]).

Ausser den oben genannten liegen in Venedig noch folgende
Salzburger Kaufleute begraben:

Ludwig Alt [12]), Sohn L. Alt's des Jüngeren [12]), gest. 18. Januar
1585, 19 J. alt;

Georg Elsenhaimer [13]), gest. 1577, 18 J. alt, Sohn Johanns Els.;

---

[1]) Rupr. L. war bereits 1514 Bürgermeister von Salzburg; cf. Zillner, Gesch.
der Stadt Salzburg I, 356 no. 4. Ferner s. Walz S. 179, 180; Mittheilungen der
Gesellschaft für Salzburger Landeskunde XI, S. 40 u. ff.; Prasch, Epitaphia
Augustana I, 280. — [2]) cf. Mittheilungen XVI, S. 448. — [3]) ebda. XV, S. 159
(oder Wiener? cf. oben S. 171 Anm. 2). — [4]) Ein Wolfgang Pulcher wird 1513
in Salzburg begraben; cf. Walz S. 507 (oder Laibacher?) cf. oben S. 173. —
[5]) cf. Walz S. 267; gestorben 7. Juni 1594. — [6]) cf. Zillner I, 272. 317. 319; Herr
Geheimrath von Bauernfeind, Director der hiesigen Technischen Hochschule,
hatte die Güte, den Salzburger Ursprung seiner Familie zu bestätigen. — [7]) ebda.
S. 273 — [8]) ebda. S. 273 u. Walz S. 213, 339, 524. — [9]) Bd. I Nr. 709. — [10]) nicht
1648, wie Zillner I, 329 angibt. — [11]) besonders auch deshalb, weil der Salzburger Fux „des inneren Rathes und Handelsmann" angeblich schon 1632
gestorben ist, was freilich Walz S. 389 als eine Verwechslung mit 1662 an-
zweifelt. — [12]) in S. Giovanni e Paolo: über den 1586 gest. Vater cf. Walz,
S. 266. — [13]) in S. Sebastiano; cf. Cicogna, Inscrizioni IV, 222.

Thomas Unterholzer[1]), gest. 26. März 1568 im 43. J. und
Isaak Unterholzer[2]), Sohn Georgs Unterholzer, gest. 15. Dez.
1572 im 21. J.;
Mathäus Spangler, gest. 23. Aug. 1767[3]) und
Johannes Spangler, gest. 9. Aug. 1783 im 68. J.[4]), wenn beide
wirklich aus dem gleichnamigen Geschlecht in Salzburg[5]). —

Die eben genannte Familie Unterholzer bietet uns den Uebergang zu Baiern-München. Denn der gleichfalls in Venedig (19. Nov.
1564 im 21. J.) verstorbene[6]) Sebastian Unterholzer war der Sohn
des gleichnamigen Vaters, welch' letzterer vor seiner Uebersiedelung
nach Nürnberg Bürger zu München war[7]); und zwar finde ich[8]), dass
derselbe noch 1550 und 1555 hier in München gewesen ist. Von hier
aus dürfte er also schon seine geschäftlichen Verbindungen mit
Venedig unterhalten haben, wo er früher 1536 und 1538 im Fondaco die Würde eines Consuls bekleidete.

Dasselbe Amt hatte inne 1533 und 1535 ein anderer Münchener,
Achatius Tegernseer[9]). Ob derselben Familie der in der Liste von
1508 aufgeführte Zan Tegesser angehörte, wage ich nicht zu entscheiden.

Vielleicht war auch Hans Muroldt, der 1559 (und 1560?)
Consul war, ein Münchener, da ein Stadt-Unterrichter gleichen
Namens hier 1648 erwähnt wird[10]). — Im Uebrigen gab die Kunstliebe der bayerischen Herzoge des 16. und 17. Jahrhunderts Anlass
zu fortdauernder Verbindung mit Venedig. Albrecht V. und Wilhelm V. liessen wiederholt Kunstgegenstände dort einkaufen und
hatten ihre ständigen Agenten daselbst, die dann durch die deutschen
Kaufleute die erworbenen Gegenstände heraussandten[11]); Maximilian I. liess 1603, 1604 und später gewirkte Tapeten daselbst in
dem hohen Betrag von 1981, 4215 und 1940 fl. ankaufen u. s. w.[12]).
— Münchener Leinwand wird ferner besonders unter den nach
Venedig eingeführten Waaren erwähnt[13]).

Desgleichen solche aus Braunau[14]). Ferner finden wir noch
am Handel in Venedig unter den bayerischen Städten betheiligt
Landshut[15]), woher vielleicht Abraham Gigler (= Ziegler?) 1563
Consul[16]); Mittenwald, das noch am Anfang des 18. Jahrhunderts
Durchgangsstation der „Venediger" Güter war und selbst aktiv an

---

[1]) Cicogna ebda. 221. — [2]) ebda.; über die Familie s. Zillner I, 328 u. 333.
— [3]) bestattet in der Confraternità delle Stignuate di Francesco. — [4]) bestattet
in S. Canciano. — [5]) Zillner I, 328. — [6]) und ebenfalls in S. Sebastiano bestattet;
cf. Cicogna IV, 221. — [7]) cf. Roth, Gesch. d. Nürnb. Handels I, 387. — [8]) im
Oberbayer. Archiv XI, 273. — [9]) cf. über ihn Oberbayer. Arch. VII, 105; XI, 121;
XXV, 291. — [10]) Oberbayer. Arch. XXV, 336. — [11]) s. Stockbauer a. a. O.
S. 25 u. ff. — [12]) s. Freyberg, Pragmatische Gesch. der bayer. Gesetzgebung und
Staatsverwaltung seit den Zeiten Maximilian's I. Bd. II (1836) S. 384 Anm. —
[13]) in der oben (S. 124 n. 3) erwähnten ‚Tariffa'; cf. unten S. 197. — [14]) ebda.;
cf. Freyberg a. a. O. S. 391. — [15]) s. Thomas, Sanuto etc. p. 138 Nr. 236 (1528).
— [16]) cf. Chroniken der deutschen Städte, Baierische St. S. 365.

diesem Handel Theil nahm [1]). Sonst erscheint von baierischen Städten noch **Partenkirchen** durch die Familie Melling [2]), aus welcher vermuthlich der Consul Lorenz Jakob Mehling 1740—47 [3]) und **Landsberg** durch den 1616 erwähnten Erhard Erhardt [4]) am venetianischen Handel betheiligt, dessen Brüder oder Verwandte uns den Uebergang vermitteln zu **Augsburg**.

Wie innig Augsburg die Verbindung mit Venedig fortsetzte, geht schon daraus hervor, dass im Jahre 1555 die „Botenordnung" erneuert wurde, aus welcher Greiff in den „Anmerkungen zu Lucas Rem's Tagebuch" [5]) folgende Bestimmungen mittheilt: „Es soll alle Samstag Abends ein Bot zu Augspurg die Brief einsammeln und damit auf sein, und den nächst darnach folgenden Samstag bei guter Tageszeit die Brief zu Venedig überantwurten. Dessgleichen soll auch in Venedig ein anderer Bot, aus genanter der Augsburger Gesellschaft, am Freitag zu Nachtz die Brief einsammeln und am anderen Samstag darnach dieselben bei guter Zeit in Augsburg überantwurten, wie dan ain Zeitlang ist beschehen und die Post verpracht hat. Und sullen die Boten am Herkommen vom 1. Merz an bis auf Michaelis am Freitag zu Abend oder am längsten am Samstag bis zu 8 Uhr hier sein, dessgleichen zu Venedig bis Mittag auch da sein. Hernach von Michaelis an bis wieder primo Merz sollen sie die Brief Vormittag hie und in Venedig auch antwurten zu 20 Uhr." „Diese Boten," fügt Greiff noch hinzu, „bildeten eine Zunft, oder Gesellschaft unter sich und erhielten ihre Anstellung und Ordnung vom Rathe der Stadt, der darüber genaue Aufsicht führte" [6]).

---

[1]) s. Baader, Chronik des Marktes Mittenwald S. 90. — [2]) Deutinger, Beiträge zur Gesch. . . . des Erzbisthums München und Freising VI, 501. — [3]) Elze bei Thomas, Milesio p. 100; Gesch. S. 64 u. 82 verzeichnet Elze einen Matth. Mellin aus Kempten (1729—57). — [4]) Bd. I Nr. 732. — [5]) S. 77. — [6]) cf. hiezu Bd. I Nr. 704. Wie ich nachträglich sehe, ist diese „Venediger Potenn-Ordnung" von 1555 in der Zeitschr. des hist. Ver. f. Schwaben 1876 S. 303 u. ff. von Kränzler „Die Augsburger Botenanstalt" veröffentlicht worden. Ich entnehme dem Aufsatz noch Folgendes: „Die Boten, welche der ‚Ordnung' sich unterwerfen zu wollen erklärt haben, sollen aufgeschrieben werden, in einer durch das Loos bestimmten Reihenfolge, und in dieser dann reiten. Sie sollen allein berechtigt sein, Briefe und Gelder auf der Venediger Strasse zu befördern und deswegen für 300 fl. Bürgschaft stellen. Die Zahl der eingeschriebenen Boten war anfänglich 8; fünf Jahre später wurden sie auf 6 herabgesetzt. Der erste Bote, der nach der Ordnung abritt, war Hans Schwarzenburger (auch in Bd. 1 Nr. 704 genannt), nämlich am ‚ultimo Martzo' 1555. Er kam wieder am 20. April; er hatte also in Venedig eine Woche gerastet. Der zweite war Jörg Suitter, ritt weg am 7. April und kam wieder am 26. Der dritte war Peter Tuiringer, ritt weg am 1. Nov. und kam wieder am 21. Nov.; am 26. Dez. 1555, und kam wieder am 16. Januar 1556. Wer seinen Ritt nicht in der vorgeschriebenen Zeit vollendete, wurde bestraft. Ritt einer ausser der Ordnung nach Venedig, so musste er auch so wieder herausreiten. Ob ausser oder in der Ordnung, beim Abgehen sowohl als beim Ankommen zahlte jeder Bote in die Botenbüchse 8 Kreuzer. Aus dem so Ersammelten werden in Unglücksfällen den Boten Unterstützungen gewährt. Im Laufe der Jahre erfuhr die Ordnung mannigfache Veränderungen und Zusätze. Nach Rathsbeschluss vom 3. März 1562 soll kein Venediger Bote mehr als 2 Pferde mitnehmen und keinen fremden Boten ‚der in der Ordnung nit

Die Liste von 1508 weist folgende Augsburger auf:

Ulrich Fugger;

Wilhelm und Konrad Rehlinger;

Georg Rem (gestorben 1511, 11. Januar in Venedig [1]);

Andreas Grander [2]);

Georg Höchstetter [3]);

Anton Welser und Konrad Vöhlin;

Andreas Weiss [4]);

Leonhard Pimmel [5]);

Wilhelm Lindimer (? Lindiner); noch 1515 im Fondaco [6]); vielleicht auch

Wolfhard Schwarz (oder Nürnberger?);

Jakob Dalazagna = Talmazinger (?);

Erasmus Pariomet = Parmet (?) [7].

Jedenfalls sehen wir die hervorragendsten Geschlechter hier vertreten, die zum Theil dann auch in der Liste der Consuln wiederkehren, während im Verzeichniss von 1646/47 nur folgende wenige davon aufgeführt sind:

Anton Fugger;

Georg Honolt [8]);

Anton Pepfenhauser [9]);

Emmerich Weiss, von dem es aber fraglich, ob er derselben Familie Weiss angehört, wie jener Andreas Weiss;

Johann Baptist Schorer [10]), der Sohn des am 10. April 1637 in Venedig verstorbenen, wohl einem Memminger Geschlecht entstammenden, 1629 von Augsburg nach Venedig geflüchteten Raymund Schorer [11]);

Alexius Egger, der Schwager des vorhergehenden [12]);

<hr/>

begriffen'... Nach Beschluss vom 27. März 1582 sollen 7 Ordinariboten sein. Kann einer nicht reiten, so reitet der nächste eingeschriebene. ,Von jedem Unz der Postbrief soll ihnen 6 Kreuzer gegeben werden, und sie darneben verbunden sein, was sie sonst ausserhalb der Postbrief von Waaren oder Anderem, das man nach dem Gewicht zu lohnen pflegt, mitnehmen, sich auch mit 7 Kreuzer für das Pfund genügen zu lassen'. Die zu leistende Bürgschaft wird auf 500 fl. erhöht. Nach Beschluss vom 17. April 1590 ,sollen die Venediger Ordinari und extraordinari Botten nit mer als mit 3 rossen reuten'; am 3. Januar 1598 erlaubte der Rath mit 4 Rossen zu reiten. Am 20. April 1602 wird die Zahl der Ordinariboten auf 12 erhöht". Weitere Beschlüsse nach 1602 hat Kränzler nicht gefunden. — [1]) bestattet in S. Giovanni e Paolo. — [2]) ,der letzt seines Namens in Augsburg" gest. 24. Aug. 1531, bestattet zu St. Annen in Augsburg. Prasch, Epitaphia Augustana (1624) I, 279. — [3]) cf. Bd. 1 Nr. 653 n. 21ᵃ. — [4]) der ,1496 von Maximilian I. das Wappen mit dem Luxen erhielt"; Stetten, Gesch. der adeligen Geschlechter in Augsburg S. 314. — [5]) cf. Stetten S. 290. — [6]) s. Thomas, Register etc. S. 54. — [7]) welche Familie im 17. Jahrh. in Augsburg vorkommt; cf. Stetten S. 443. — [8]) Stetten S. 302. — [9]) cf. Stetten S. 444 und Prasch I, 295. — [10]) cf. Zapf, Augsburgische Bibliothek (1795) Bd. I S. 424. — [11]) ebda. S. 246 u. 423. — [12]) cf. Zapf I, 245—247: ,eigentlich aus Lindau gebürtig, ward 1626 nach Venedig in's Eberz'sche Haus (Geschäft) geschickt, heirathete dort eine Tochter Raymund Schorer's, gieng aber 1643 von Venedig hinweg nach Augsburg".

Johannes Amauser (cf. unten);
Balthasar Ertel (Nürnberger?).

Hingegen finden sich unter den Consuln nun eine ganze ausserordentlich grosse Menge Augsburger:

1509—12 Leonhard Sulzer [1]);
1515—16 Johann Lauginger [2]);
1517 und 1539, 1540 Georg Uttinger, wohl als Vertreter der
    Handelsgesellschaft Endris Rem & Cie. [3]);
1524 Marcus Ulstätt und aus der nämlichen Familie:
1556 und 1564 Sebastian Ulstätt, auf dessen Veranlassung Lucas
    Linder (gleichfalls aus Augsburg) das grosse Capitolare I der
    Naz. Alem. zusammenstellte [4]);
1592—93 Karl Ulstätt;
1598 Johannes Ulstätt;
1602 David Ulstätt, der 1548 (oder ein früherer?) vom Dogen
    S. Francesco Donato zum Cavalier von S. Marco [5]) gemacht
    worden ist;
1626—27 Christoph Ulstätt. Ferner
1525 Jakob Welser und aus derselben (?) Familie:
1581 und 1582 Marcus Welser;
1527 Ludwig und 1531 Raphael Langenauer [6]);
1528—29, 1530, 1532, 1537, 1538, 1549, 1550 Philipp Walther [7]);
1532, 1533, 1534, 1535 Anton Menhardt [8]);
1536 Gerhard Haug [9]);
1537 Pandulf Herwart;
1546—47, 1551, 1553, 1556, 1560, 1563, 1567, 1572, 1575, 1578
    Johannes Amauser (Amhauser [10]), Anhauser);

---

[1]) cf. Stetten S. 316 u. Augsburger Hochzeitsbuch hrsg. von F. Warnecke
(1886) S. 13. — [2]) ebda. S. 183; cf. Hochzeitsbuch S. 14—18. — [3]) Wenigstens
schickt Lucas Rem 1536 u. 1538 seine Söhne zu ihm und 1543 „übernahm von
ihm (Jörg Uttinger) der Diener Rems Hans Hartlieb Bücher und Cassa in Venedig"; cf. Greiff, Tagebuch des Lucas Rem S. 32, 64, 67, 72. Wiederholt wird
Jörg Uttinger in den Lehrbüchern über das „Zwifach Buchhalten etc." eines
Johann Gottlieb (1545/46) oder Wolfgang Schweicker Senior von Nürnberg (1549)
und im „Libro Mercantile' des Domenico Manzoni (1564) aufgeführt — ein Zeichen,
wie bekannt er in Venedig war; cf. Thomas. Sanuto p. 218 Nr. 349. — [4]) cf. Vorwort zu Bd. 1 S. XIV. — [5]) Stetten 193, Hochzeitsbuch S. 51. — [6]) cf. Prasch 1.
280 und 287; cf. Dimitz, Gesch. Krains III, 227. — [7]) Nach Cod. Cicogna
3100 im Museo Civico Correr wird 1552 ein Philipp Walther „aus Augsburg" in
Venedig ermordet. — [8]) cf. Stetten S. 442 und Augsb. Hochzeitsbuch S. 41. —
[9]) cf. Stetten S. 442 und Augsb. Hochzeitsbuch S. 40. — [10]) So lautet die Form
in Cod. Cic. 3100 des Museo Civico Correr („Copia der Brief etc.'; cf. oben Vorwort
S. XIV und später die Consuln-Liste), sowie bei Stockbauer a. a. O. S. 57, 60, worauf
Milesio „Amauser' gemacht; trotzdem scheint fast die Form Anhauser die richtige
zu sein, die sich als „Anhuser' in einem Schreiben des Strassburger Rathes vom
Jahre 1568 an die damaligen Cottimieri (cf. später Urkunden zum „Anhang")
und als Annhauser in dem Vertrag zwischen Hans Paulus von Hörwarth und
seinen Creditoren vom 3. Januar 1576 (Zeitschr. des hist. Ver. f. Schwaben 1882
S. 151) findet, aus welcher zugleich hervorgeht, dass Hanns Annhauser der Factor
Herwarths in Venedig war, wofern, wie ich nicht zweifle, beide Persönlichkeiten
wirklich identisch sind.

1551—52 Ulrich Waiblinger[1]);

1553 Hieronymus Gienger[2]) (freilich auch ein Ulmer Geschlecht);

1554 (und 1560?) Karl Rehlinger;

1555 Sigmund Ehen (Ehem)[3]);

1557 Narciss Lieber (eigentlich aus Ulm)[4]);

1560 Hieronymus Rem[5]) und

1562 Abraham Rem;

1574 Johannes Eisfogel[6]);

1584—85, 1590, 1591 (1595?)Johannes, 1635—36 Georg, 1643—44 Ludwig und 1703—08 Erasmus Hopffer[7]);

1589, 1590 Daniel Widholz[8]);

1591 Marcus Manlich[9]);

1599, 1600, 1614 Lorenz Craffter (gestorben 1616 am 26. Januar in Venedig, 72 J. alt)[10]);

1603—04 und 1612 Georg Walther;

1610—11, 1615—16 Robert Amhauser (Reformirt)[11]);

1612, 1615—16 Johann von Stetten;

1614 und 1617 Christ. Eisfogel (?);

1628—29, 1639—41 Emmerich Wais (= Weiss? Reform.)[11]);

1637—38 Peter Linder (?);

1642 Joh. Bapt. Schorer (Reform.)[12]);

1645—46, 1649—1651 Anton Pepfenhauser;

1651—53 Joh. Jak. Burkhard (?)[13]);

1653—55 Daniel Bachmayer[14]) und Paul Pecchlen (= Böckhlin?)[15]);

1659—62 Joh. Leonh. Schorer;

1670—72 Melchior und

1679—82 Johannes Langenmantel )Protest.)[16]);

1676 Gabriel Mangolt (? cf. später);

1682—88 und 1703—1709 Philipp Albrecht Rad (Protest.), gestorben 17. Juli 1712, 78 J. alt[17]);

1715—20 Daniel Amman (Protest.), schon 1713 in Venedig[18]), auch 1723 im Fondaco[19]), gestorben 1764[20]);

1720—22 Joh. Gg. Herm. Lucker (?);

---

[1]) Prasch I, 189. — [2]) Augsb. Hochzeitsbuch S. 36. — [3]) Prasch I, 151 u. Stetten S. 194. — [4]) Stetten S. 264 u. Hochzeitsbuch S. 62. — [5]) Prasch I, 152 und Hochzeitsbuch S. 64. — [6]) cf. Prasch III, 90. — [7]) Stetten S. 291. — [8]) cf. Prasch II, 46. — [9]) bekannte Augsb. Familie; cf. Prasch I, 49 u. 271; Hochzeitsbuch S. 52. — [10]) bestattet in S. Bartolomeo; cf. Hochzeitsbuch S. 44. — [11]) Elze, Gesch. S. 40. — [12]) ebda. S. 60. — [13]) wenigstens bei Prasch I, 287 u. III, 57 n. 80 kommt diese Familie vor. — [14]) cf. Elze bei Thomas, Milesio S. 86 Anm. — [15]) Stetten S. 443. — [16]) cf. Zapf. Augb. Bibliothek I, 354 u. Elze, Gesch. S. 56; ein Johann David Langenmantel wird auch 1677 als Deputirter der nach Italien handelnden Augsburger Kaufleute bei Erneuerung des Vertrages wegen der Rottfuhren mit Schongau erwähnt. Oberbayer. Arch. X, 107. — [17]) cf. Elze, Gesch. S. 66; Zapf I, 376, bestattet als Protestant auf dem Lido. — [18]) Elze, Gesch. S. 111. — [19]) Elze bei Thomas, Milesio S. 85; über das Geschlecht s. Stetten S. 319. — [20]) bestattet auf dem protest. Kirchhof S. Cristoforo della Pace; Elze, Gesch. S. 82.

1722—31 Johann Beck (Protest.), 1715 Kaufherr[1]), seit 1720 mit
   Schwestermüller associirt[1]), gest. 9. März 1753, 70 J. alt[2]);
1731—35 Samuel Rudolf Kleinschmid (Protest.), 1720 Kaufherr,
   noch 1754 in Venedig[3]);
1740—47 Joh. Konr. Schwestermüller (Protest.), schon 1716 in
   Venedig, 1720—42 mit Joh. Beck associirt, gest. 16. Okt. 1751,
   60 J. alt[4]);
1747—53 Gottfr. Friedr. Amman (Protest.), 1733 Kaufdiener[1]),
   1745 Kaufherr, noch 1750 in Venedig[5]).

Ausser einzelnen schon Genannten sind ferner in Venedig
folgende Augsburger bestattet[6]):
Georg Rem, gestorben 1511[7]);
Johannes Sitzinger, gestorben 19. April 1512[8]);
Johann Ulrich Linck, Patricier, gestorben 26. Febr. 1566 (?)[9]);
Johann Christel, gestorben 31. Okt. 1570[10]);
Marcus Hantze, Patricier, gestorben 1578[9]);
Johann Singer, Bote, gestorben 1582[9]);
Paul von Stetten, Patricier, gestorben 15. Juli 1579[9]);
Georg Stenglin, gestorben 22. Juli 1591, 17 J. alt[11]);
Raymund Imhof, Sohn des Hieronymus Imhof[12]), Bürgermeister[13]),
   gest. 8. Dez. 1591, im 44. J.[9]), Gemahl der Regina Bimel[14]);
Johann Herzel, gestorben 7. Sept. 1593, 60 J. alt[9]);
Tobias Hopfer, gestorben 19. Dez. 1593, 24 J. alt[15]);
Christoph Christel, gestorben 27. Okt. 1636, 24 J. alt[9]) (Sohn
   des 1573 genannten?)[16]);
Raymund Schorer, gestorben 1637 (10. April, cf. oben)[17]);
Georg Lottner, gest. 22. April 1658, 70 J. alt[9]) (bei Van-Cölln?);
Hermann Lucchner (Luckner?), gest. 28. Dez. 1659, 24 J. alt[9])
   (bei Pecchlin (Böcklin?) und Sorer);
Georg Christoph Mangolt, gestorben 1663[18]);
Johann Christoph Hochaicher (bei Hopfer und Bachmayer), ge-
   storben 23. Nov. 1678, 63 J. alt[19]);
Jakob Schneider, gestorben 6. Mai 1718, 38 J. alt[20]);

---

[1]) Elze, Gesch. S. 63 u. 112. Diese Angaben bedeuten immer, in welchem
Jahre der Betreffende die Kirchenordnung der evangelischen Gemeinde in Venedig
als Kaufdiener oder als Kaufherr unterzeichnet hat. — [2]) best. auf S. Cristoforo;
cf. Elze S. 63, 83 und bei Thomas, Milesio S. 85. — [3]) Elze S. 63 u. 118 und
bei Thomas, Milesio S. 85. — [4]) bestattet auf S. Cristoforo; cf. Elze S. 82 und
112 ff. und bei Thomas, Milesio S. 86 Anm. — [5]) Elze S. 64 u. 117. — [6]) Hiebei
sind auch die nicht ausdrücklich als Kaufleute Bezeichneten aufgeführt. —
[7]) bestattet in S. Giovanni e Paolo. — [8]) bestattet in S. Francesco della Vigna.
— [9]) bestattet in S. Bartolomeo. — [10]) ebenso; cf. Bd. 1 Nr. 707 und Stetten
S. 443. — [11]) ebenso; cf. Stetten S. 302. — [12]) „des Jüngeren", der sich in
Augsburg niedergelassen s. Stetten S. 176. — [13]) 1589 s. Oberbayer. Arch. X, 93.
— [14]) cf. Augsburger Hochzeitsbuch S. 77. — [15]) nicht 1543 oder 1544, wie
es in der Abschrift Cicogna's (s. Grabschrift Nr. 25) heisst; bestattet in S. Bartolomeo. — [16]) cf. Bd. 1 Nr. 709. — [17]) Zapf I, 423. — [18]) bestattet in
S. Bartolomeo; cf. Zapf I, 354. — [19]) bestattet in S. Bartolomeo. — [20]) bestattet
als Protestant am Lido.

Friedrich Pfauz (Prot., 1736 Kaufdiener, 1753 Kaufherr), gestorben
13. Nov. 1778, im 64. J.[1]) und seine Gemahlin Ernestine Euphro-
syne Pfauz, gest. 28. Sept. 1780[1]); ferner ohne Angabe des
Todesjahres:

Johannes Haider[2]);

Marcus Fugger[3]).

Von sonstigen mit Venedig in Handelsverbindung stehenden
oder dort selbst verkehrenden Augsburgern seien noch erwähnt:

Lucas Sitzinger 1516[4]);

Ambrosius und Johann Höchstetter vor 1530[5]);

Melchior Hainhofer 1563[6]);

Christoph Pleinger[7]), Vertreter von Daniel und Georg Hopfer,
1573[8]);

Sebastian Pfaffenberger (und Georg Federlein?) 1573[9]) und Ludwig
Walther (1569—1571)[10]);

Hans Paul von Hörwarth vor 1576, in welchem Jahre (3. Januar)
dieser zu Augsburg seinen Creditoren u. A. „die camer numero 36
im teutschen hauß zu Venedig sambt der vahrnus und dem
gewelb daselbsten, dergleichen was ime Hanns Annhauser, sein
factor, und andere alda noch zu thun schuldig seien, frey
bezahlungsweiß" abtritt[11]);

Anton und Philipp Revial (Brüder) 1602[12]);

(Christoph Georg Mair 1605—1608?)[13]);

Joh. Farckhet 1624[14]);

Ludwig Hopfer als Vertreter von Hieronymus Marcus Ulrich Hopfer
1640[15]);

Marx Huber 1642—1645[16]); ferner

Sigmund Mangolt, Bruder des Gg. Chr. M., c. 1659—66[17]);

Hopfer und Bachmair, schon 1679 associrt[18]), 1705—14[19]), der
letztere in Verbindung mit Lucker 1719—1729[20]);

Joh. Gg. Herm. Lucker allein 1734—1741[21]);

Gust. Ad. Amman 1706[22]);

---

[1]) bestattet auf S. Cristoforo delle Pace; cf. Elze S. 115, 64 u. 82. — [2]) be-
stattet in S. Bartolomeo. — [3]) bestattet in S. Lio. — [4]) s. Ant. Tucher's Haushaltbuch in der Bibl. des literar. Ver. zu Stuttgart Bd. 134 S. 129. — [5]) Bd. I Nr. 699);
aus der bekannten Familie; cf. Hochzeitsbuch S. 33. — [6]) cf. Stetten S. 293.
In Cod. Cicogna 3468 Mus. Civ. Corr. findet sich ein Schreiben des Augsburger
Rathes an die ‚Procuratores super rationibus camerarum' in Venedig über eine
Schuldforderung des M. H. gegen einen ‚Leo Hebreus Veronensis'. — [7]) s. Bd. I.
Nr. 709 u. Augsb. Hochzeitsbuch S. 77. — [8]) s. Hochzeitsbuch S. 74 u. Prasch I, 283.
[9]) s. Bd. I Nr. 709. — [10]) Bei diesen war 1569—71 Karl Hörmann aus Augsburg (aus dem Kaufbeuren'schen Geschlecht) in Lehre; cf. L. Brunner, Aus dem
Bildungsgange eines Augsb. Kaufmannssohnes aus dem Schluss des 16. Jahrh.
in der Zeitschr. d. histor. Ver. f. Schwaben 1874 S. 144. — [11]) 5 Herwarthische
Urkunden mitgetheilt von Hans Herwarth von Bittenfeld in der Zeitschr. d.
histor. Ver. f. Schwaben 1882 S. 151. — [12]) Bd. I Nr. 716; cf. Prasch II, 1. —
[13]) Zapf I, 351. — [14]) s. Grabschrift Nr. 5. — [15]) Bd. I Nr. 743. — [16]) Zapf I, 314.
— [17]) cf. oben S. 178 u. Zapf I, 354. — [18]) s. Grabschrift Nr. 25. — [19]) Elze, Gesch.
S. 109—111. — [20]) ebda. S. 112—114. — [21]) ebda. S. 114—116. — [22]) ebda. S. 108.

Hans Albr. Dimpfel 1707—1721 [1]), von 1722—1732 associirt mit
  Hermann aus Memmingen [2]);
Jak. Gottl. Winklei 1735—1740 [3]); diese alle wohl Protestanten,
  wie auch die folgenden:
Hieronymus Sulzer, 1719 Kaufdiener, 1722 Kaufherr [4]);
Matth. Langenmantel, 1721 Kaufdiener, 1733 Kaufherr, noch 1736
  in Venedig [5]);
Joh. Jak. Habissreitinger, 1714 Kaufdiener, 1745 Kaufherr, noch
  1751 in Venedig [6]);
Paul Moriz Rachel 1726, 1745 und 1748 [7]);
Balthassar von Hösslin 1741, 1751 und 1773 [8]);
Joh. Jak. Gutermann 1745 und 1768 [9]);
Bened. Adam Liebert ohne Jahr [10]); ferner
Sam. Dav. Kleinschmid 1763 in Venedig [11]);
Friedrich Pfauz jr. 1780—1795 in Venedig [12]).
  Endlich in neuester Zeit mehrere Glieder der Familie
Benz: Christian, 1781 Kaufdiener, 1843 in Venedig gest. [13]); Lud-
  wig, 1794 Kaufdiener, 1810 Unterzeichner der ev. Organisations-
  akte; Paul, 1790 Kaufdiener, 1831 in Venedig gest. [13]); ferner
Sam. Ludw. Burry, 1762 Kaufdiener, 1818 in Venedig gest. [13]);
Gottl. Christ. Haid, 1757 Kaufdiener, 1815 in Venedig gest. [13]);
Christ. Jak. v. Koepff, 1781 Kaufdiener, 1838 in Venedig gest. [13]).

Nicht minder lebhaft als Augsburg nahmen die übrigen
schwäbischen Städte noch immer an dem Handel nach Venedig Theil.
  Zum Beleg, dass „die von Augsburg westlich gelegenen
schwäbischen Städte auch während dieses Zeitraums fortfuhren, einen
von Augsburg unabhängigen, durchaus selbstständigen Handel auf
Italien (und, wie wir hinzufügen dürfen, besonders nach Venedig)
zu führen", verweist Falke [14]) auf eine kaiserliche Urkunde vom
Jahr 1522, worin „kraft älterer Verordnungen bestimmt wird, dass
der neue Weg, welchen die Stadt Kempten durch den Kemptner
Wald, den vorher nur Saumrosse begehen konnten, jetzt auch für
Fuhrwerke erbaut hatte, von jetzt an als die Hauptstrasse des
Handels durch Tirol nach Italien dienen und niemand mehr den
Nebenweg von Kempten auf Vils zu diesem Zwecke gebrauchen
solle".
  So finden wir Kaufbeuren in der Liste von 1646 vertreten
durch:
  Kaspar Mangolt, der später nach Basel übersiedelte [15]); ferner in
  der Liste der Consuln durch

---

[1]) Elze, Gesch. S. 108—113; cf. Zapf I, 299. — [2]) Elze, Gesch. S. 113—114.
— [3]) Zapf I, 525. — [4]) Elze S. 63. — [5]) ebda. 63 u. 115. — [6]) ebda. S. 64 u. 118.
— [7]) Elze S. 64 u. 117. — [8]) ebda. S. 64 u. 112. — [9]) ebda. S. 65. — [10]) Elze
S. 65. — [11]) ebda. S. 120. — [12]) ebda. S. 123—125. — [13]) ebda. S. 91 Anm. —
[14]) Zeitschrift für deutsche Kulturgeschichte 1859 S. 616. — [15]) cf. oben S. 148
und Elze S. 56.

Matthias Lauber von Laubenfeld (Prot., geb. 27. Jan. 1627) 1666
—1669, 1673—75; 1664 bereits im Fondaco, gest. 26. Dez. 1710[1])
und dessen Bruder Joh. Christoph Lauber, gest. 27. Jan. 1711,
70 J. alt[2]). Ausserdem war aus Kaufbeuren die Familie
Heinzelmann, welche an der Entwicklung der protestantischen
Gemeinde Venedigs grossen Antheil genommen hat und mindestens seit Anfang des 18. Jahrhunderts in Venedig vertreten
war, zuerst durch Joh. Gg. H., 1714 Kaufherr, dann durch
Joh. H., 1715 Kaufdiener, 1753 u. ff. Consul, 1765 (23. Mai)
in Venedig gestorben, und dessen Söhne Joh. Konr., 1750
Kaufdiener, 1768 Kaufherr, 1810 gestorben; Gg. Dan., 1768
Kaufherr, 1816 gest.; Sigm. Christ. 1754, 1768; Joh. Gg. Jak.
1760, 1768; Seb. Wilh. 1773, 1768, 1816 gest.[3]). —

Aus Kempten waren die Kaufleute:
Felix Fehr, Prot., 1706 Kaufherr, 1731—1735 Consul, 1768 in
    Venedig gestorben[4]); die Firma bestand aber weiter und hiess
    später (von 1779 an bis wenigstens 1785) Felix Fehr und
    Gwinner (aus Stuttgart)[5]);
Joh. Konr. Seutter, Prot., 1717 Kaufherr[6]);
Matthias Mellin, Prot., 1729 Kaufherr, 1757 in Venedig gestorben[7]);
Christ. Ludw. Brombeis, Prot., 1711 Kaufdiener, 1746 Kaufherr,
    1764 in Venedig gestorben[7]);
Otto Phil. Zeller, Prot., 1728 Kaufdiener, 1754 Kaufherr, 1774
    in Venedig gestorben[7]);
Matth. Föhr, Prot., 1750 Kaufdiener, 1754 Kaufherr, 1757—1760
    associirt mit Hau[8]);
Wendelin Luc. Dickh, Prot., 1721 Kaufdiener, 1769 Kaufherr[8]);
Hieronymus Hau, Prot., 1744 Kaufdiener, seit 1754 wenigstens
    Kaufherr, bis 1790 in Venedig[10]);
Johann Michael Weitnauer, Prot., 1783 mit Elhardt associirt, ge-
    storben 1802[11]);
Hieronymus Elhardt, Prot., 1754 Kaufdiener, gestorben 1800[12]),
    vielleicht Sohn des 1776 verstorbenen Gabriel Elh.[13]);
Gg. Jak. Daumiller, Prot., 1793—95 in Venedig[14]);
Jak. Karrer, Prot., 1795 Kaufdiener, 1810 Unterzeichner der
    evangel. Organisationsakte[14]);
Jak. Zäberlein, Prot., geb. 1764, 1769 Kaufdiener, 1810 Unter-
    zeichner der ev. Organisationsakte, gest. 1820 in Venedig[15]). —

---

[1]) Elze S. 56, 66, bestattet am Lido. — [2]) bestattet am Lido. — [3]) s. Elze,
Gesch. S. 63—65, 74 u. ff. — [4]) bestattet auf S. Cristoforo, Elze S. 63 u. 82;
cf. Ph. J. Karrer, Beschreibung von Kempten (1828) S. 94. — [4]) Elze S. 121—123.
— [5]) Elze S. 63 u. 112; cf. Karrer, S. 186. — [6]) bestattet auf S. Cristoforo
s. Elze S. 64 u. 82. — [7]) Elze S. 64 u. 119; Karrer S. 81. — [8]) ebda. S. 65 u. 121.
— [9]) ebda. S. 65, 118 u. 125; Karrer S. 94. — [10]) ebda. S. 65 u. 123. — [11]) ebda.
S. 65. — [12]) ebda. S. 82. — [13]) ebda. S. 124—125. — [14]) ebda. S. 91. — [15]) ebda.
S. 91 u. 92.

Aus Memmingen waren wohl unter den in der Liste von 1508 genannten Kaufleuten:

Leonhard Miner [1]) und

Hieronymus Hais (= Heuss? cf. unten);

in der Liste von 1646:

Georg Zoller (1660 in Augsburg) [2]) und

Raymund Schorer [3]).

Unter den Consuln waren wohl Memminger:

1567 Anton Schorer;

1571 Leonhard Hermann (cf. nachher);

1637—1638 Georg Zoller;

1657—1659 Franz Pilgram [4]);

1735—40 Benedict Hermann, Prot., 1710 Kaufdiener, 1722 associirt mit Dimpfel, vom Kaiser später geadelt, gest. in Venedig 1782 [5]); und aus derselben (?) Familie Joh. Mich. Hermann 1747—53 Consul.

Bestattet sind in Venedig ferner aus Memmingen:

Johann Wilhelm Hugel, Prot., 1716 Kaufdiener, 1736 Kaufherr, gest. 1768, 9. August, 69 J. alt [6]);

Joseph Friedrich Heuss, Prot. (geb. 14. Dez. 1716), 1740 Kaufdiener, 1753 Kaufherr, gest. 1770, 9. Sept. [7]); 1766 associirt mit Schalkhauser, 1743—54 auch mit Jastram (a. Portsmouth);

Michael Bauer, Prot., 1783 [5]).

Ferner werden erwähnt:

Johann Jakob Mayr, Prot., 1757 Kaufherr, gest. 1795 (? in Venedig) [8]);

Veit Ludwig Laminit, Prot., 1746 Kaufdiener, 1769 Kaufherr, 1775—87 associirt mit Reck [9]);

Joh. Kleiber, Prot., 1769 Kaufherr [10]);

Joh. Wolfgang Schifflin, Prot., 1769 Kaufdiener, wenigstens 1779 Kaufherr [11]);

David Kerler, Prot., 1793 Kaufdiener, 1810 Unterzeichner der Organisationsakte, gestorben 1812 in Venedig [12]). —

Ziemlich zahlreich ist Ulm vertreten.

In der Liste von 1508 erscheinen folgende Ulmer:

Ludwig Rottengetter, wohl aus der früher [13]) erwähnten Familie;

Johann Rorer;

Nikolaus Gregk [14]) und wahrscheinlich

---

[1]) cf. Schorer, Chronik von Memmingen (1660) S. 62. — [2]) cf. Schorer Vorwort und Karrer, Memminger Kronik S. 122; cf. Zapf I, 248 u. 424; nach Grabschrift Nr. 12 hätte es bereits seit 1524 ein Familiengrab in S. Bartolomeo gegeben. — [3]) cf. oben bei Augsburg S. 177. — [4]) nach Elze S. 56; doch gab es auch eine Nürnberger Familie gleichen Namens; cf. Roth I. 353 u. II. 83. — [5]) bestattet auf S. Cristoforo, s. Elze S. 82 u. 83; cf. Karrer, Memminger Kronik S. 105, 120, 227. — [6]) bestattet auf S. Cristoforo; cf. Elze S. 63, 82, 115—120. — [7]) bestattet auf S. Cristoforo, s. Elze S. 64 u. 82. — [8]) Elze S. 64. — [9]) ebda. S. 65, 122—124. — [10]) ebda. S. 65. — [11]) ebda. S. 65 u. 123. — [12]) ebda. S. 91. — [13]) cf. oben S. 63. — [14]) cf. Kernbeck, Zur Gesch. der Familie Greck in

Georg Besserer (Pexa);
  in der Liste von 1646:
Johann Chechel (= Kechel, Prot.[1]);
  in der Liste der Consuln:
1551—1553 Albert Schad[2]);
1557 Narciss Lieber, der später nach Augsburg übersiedelte[3]);
1558—1559, 1562, 1565 David Adelhart, der am 12. Juli 1570 in
  Venedig, 40 J. alt, gestorben ist[4]);
1571 Johann Heinrich Gienger (oder Augsburger?)[5]);
1633—1634 Jakob Kechel;
1642 Kaspar Kechel (schon 1622 in Venedig)[6]);
1695—1702 Johann Georg Kechel, noch 1723 im Fondaco[7]);
1710—1712 Daniel Friedrich Weichmann (Weickhmann?), schon
  1706 in Venedig, noch 1723 im Fondaco[8]);
1715—1720 Georg Matthias König, Prot., schon 1711 in Venedig,
  1746 dort gestorben[9]); 1747—65 hiess die Firma: G. M. König's
  Erben[10].

Bestattet in Venedig sind ferner noch folgende Ulmer:
Jodocus (Jobst) Schad, Sohn des Daniel Schad, gest. 22. März 1584
  (oder 1. April 1585?) im 20. J.[11]);
Hieronymus Kechel und seine Gattin Magdalena, gest. 1622[11]);
Georg Weichmann, gest. 23. Juli 1660, 23 J. alt[11]).

Ausserdem führt Elze noch folgende Kaufleute aus Ulm auf:
Wolfg. Gottl. Schellenegger, Prot., 1715 Kaufherr, auch 1716 in
  Venedig[12]);
Joh. Jak. Merck, Prot., 1710 Kaufdiener, 1720 Kaufherr, gestorben
  1723 nach dem 22. März[13]);
Jakob Müller, Prot., 1708 Kaufdiener, 1720 Kaufherr[14]);
Matth. Lud. Kiechel, Prot., 1736 Kaufdiener, 1745 Kaufherr[15]);
Joh. Jak. Firnkranz, Prot., 1745 Kaufdiener, 1757 Kaufherr,
  gestorben 1797[15]). —

Wenn in der Liste von 1508 unter ‚Lunardo da Norlin' nicht
ein Nürnberger Leonhard Nördlinger zu verstehen ist, wäre auch
Nördlingen damals in Venedig vertreten, was später nur sehr
spärlich der Fall gewesen zu sein scheint — obwohl es an der
grossen Handelsstrasse Augsburg—Nürnberg lag, „auf welcher der
levantische Handel von Venedig nach dem Norden zog" [16]). Ich finde
eigentlich nur einen Christoph Spinabac (?), gest. 7. Jan. 1574 im

---

den Württembergischen Vierteljahrsheften 1879 S. 56. — [1]) s. Elze S. 56. —
[2]) cf. Dieterich, Beschreibung der Stadt Ulm (1826) S. 195. — [3]) cf. oben S. 179.
— [4]) bestattet in S. Lio. — [5]) cf. Dieterich S. 194. — [6]) s. Grabschrift Nr. 33. —
[7]) cf. Elze S. 66 und bei Thomas, Milesio S. 85. — [8]) s. Elze S. 109 und bei
Thomas S. 85. — [9]) bestattet auf S. Cristoforo, s. Elze S. 82 u. 111. — [10]) Elze
S. 117—120. — [11]) bestattet in S. Bartolomeo. — [12]) s. Elze S. 63 u. 111. —
[13]) ebda. S. 63 und bei Thomas, Milesio S. 85. — [14]) Elze S. 63. — [15]) ebda.
S. 64. — [16]) Beyschlag, Gesch. der Stadt Nördlingen S. 36.

56. J. [1]), und Johann Gabriel Doppelmayr, Prot., 1723 Kaufherr. 1726 mit Esterlin associirt, bei Elze [2]) erwähnt;

ebenso einige wenige aus Stuttgart:

Johann Georg Stahl, Prot., 1717 Kaufdiener, 1722 Kaufherr. 1753—1759 Consul, in oder bei Venedig gestorben [3]);

Joh. Christ. Gwinner, Prot., 1769 Kaufdiener, 1775 wenigstens Kaufherr, 1779—85 associirt mit F. Fehr [4]).

Aus Ludwigsburg verzeichnet Elze [5])

Joh. Hch. Dannenberger, Prot., 1753 Kaufdiener, 1760 Kaufherr, noch 1769 in Venedig.

Dass auch kleinere Orte noch eifrig am Handel mit Venedig theilnahmen, mag das Beispiel von Schwäbisch-Gmünd beweisen, das, wie es in einer alten Beschreibung [6]) heisst, zwar an keinem schiffreichen Wasser gelegen, keine grosse Landstrasse, keinen Kornbau, keinen Weinwachs besessen, aber sich bestrebt habe, mit Kaufmannschaftsgewerben in fremde Länder zu handeln: „sonderlich mit Handwerken, Segisschmidt, Paternoster, Augstein (= Bernstein), Christallen, Bein und Holzwerk, die mehrertheils in Lisabona, Italia, Venedig, Maylandt, Lyon u. s. w. verführt, dagegen andere Wahr heraus gebracht werden".

Genannt werden ein Jakob Horn und ein Lucas Uschall, welche dem im Jahre 1552 nach Venedig reisenden Daniel Ecklin von Aarau Empfehlungsbriefe dahin mitgaben, wie auch ein Dr. Balthasar Brunch an einen „dazumal zu Venedig wohnhaften" (aber nicht genannten) Kaufmann aus Schwäbisch-Gmünd [7]). Eben daher waren vielleicht auch die in der Liste von 1646 aufgeführten Erben des Georg Schmit und Tobias und Georg Schmit, sowie der Consul Matthaeus Schmid 1623—25 [8]). —

Auch Biberach stand noch immer in Geschäftsverbindung mit Venedig, wie folgende Biberacher beweisen, welche die Kirchenordnung der dortigen evangelischen Gemeinde unterzeichneten:

Emanuel Ludwig Gauy 1717 als Kaufherr [9]);

Joh. Sigm. Natter 1735 als Kaufdiener, 1753 als Kaufherr, gestorben 1773 [10]).

Desgleichen Ravensburg, woher vielleicht

Andreas Aigler 1561 Consul [11]) und Gottfried Eichler 1672—73 Consul [11]);

Joh. Georg Specht, Prot., 1706 Kaufherr, gest. 1751 in Venedig [12]);

Hier. Mich. Schürnbrand, Prot., 1708 Kaufdiener, 1717 wenigstens

---

[1]) bestattet in S. Sebastiano. — [2]) Gesch. S. 63 u. 113 und bei Thomas. Milesio S. 86. — [3]) bestattet auf S. Cristoforo, Elze S. 63 u. 82. — [4]) Elze S. 65, 122, 123. — [5]) Gesch. S. 64 u. 121. — [6]) J. Frischlin's, s. Birlinger in den Württembergischen Vierteljahrsheften 1880 S. 26. — [7]) s. Feyerabend, Reyßbuch 1584 fol. 399'. — [8]) cf. Bd. 1 Nr. 369. — [9]) Elze S. 63 u. 64. — [10]) bestattet auf S. Cristoforo, s. Elze S. 64 u. 82. — [11]) cf. Eben, Versuch einer Geschichte der Stadt Ravensburg S. 521. — [12]) bestattet auf S. Cristoforo, s. Elze S. 63 und 82.

Kaufherr, 1735—1740 Consul, gest. 7. Juni 1750, 68 J. alt, in Venedig [1]). —

Aus **Leutkirch** war

Joh. Jakob Deller, seit 1670 im Fondaco etablirt, 1673—1675, 1688—1694 und 1695—1702 Consul, 22. Dez. 1707, 63 J. alt, in Venedig gestorben [2]), und

Johann David Weber, Prot., 1791 Kaufdiener, 1810 Unterzeichner der evang. Organisationsakte, gestorben 1847 [3]). —

**Isny** ist namentlich durch die (protest.) Familie Eberz vertreten, die freilich auch in Lindau, Memmingen und Augsburg zu finden [4]). Als Angehörige dieser Familie erscheinen in Venedig:

1573 Kaspar Eberz [5]);

1640 und 1646 Georg Eberz der Aeltere [6]);

1646 Georg Eberz (der Jüngere) und Daniel Eberz [7]); ein gleichnamiger starb 18. Nov. 1629, 55 J. alt, in Venedig [8]); ferner in der Liste der Consuln:

Jakob Eberz 1544—1545 und 1549—1551; ein gleichnamiger starb 3. Dez. 1644, 18 J. alt, in Venedig [8]);

Johann Hieronymus Eberz 1664—1666 und 1669—1670;

Georg Christ. Eberz 1675—79 (1683, Aug. noch in Venedig) [9]). -

Aus **Lindau** werden aufgeführt:

Müller, Prot. (um 1650) [10]);

Jakob Bensperg, Prot., in Venedig wenigstens seit 1712, 1720—22 Consul, gest. 25. Febr. 1739, 71 J. alt [11]);

Joh. Gg. Bensperg, Prot., 1733 Kaufdiener, 1739 Kaufherr, noch 1760 in Venedig [12]);

Joh. Heinr. Enderlin, Prot., 1720 Kaufdiener, 1739 Kaufherr, 6. März 1752, 45 J. alt, in Venedig gestorben [13]);

Andr. Riesch, Prot., 1736 Kaufdiener, 1749 Kaufherr [14]);

Erhard Riesch, Prot., 1736 Kaufdiener, 1789—91 wenigstens mit Wagner associirt, 1794 allein, seit 1801 Consul, gest. 25. Nov. 1810 in Venedig [15]);

David Egg, Prot., geb. 3. Jan. 1743, gest. 21. Juni 1802 [16]);

Jak. Schweicker, Prot., 1780 Kaufdiener, 1810 Unterzeichner der evang. Organisationsakte, 1839 in Venedig gestorben [17]);

Joh. Ludw. Schweicker, Prot., 1793 Kaufdiener, 1810 Unterzeichner der evang. Organisationsakte, 1850 in Venedig gestorben [17]);

---

[1]) bestattet auf S. Cristoforo, s. Elze S. 68. 82, 83. — [2]) Elze S. 66; bestattet, obwohl Protestant, in S. Bartolomeo. — [3]) Elze S. 90 u. 91. — [4]) cf. Zeitschrift des historischen Vereins von Schwaben XI, 26; Stetten S. 444, Elze S. 56 und Schorer S. 25. — [5]) Bd. I Nr. 709. — [6]) ebda. Nr. 743. — [7]) ebda. Nr. 748. — [8]) bestattet in S. Bartolomeo. — [9]) s. Sterberegister von S. Bartolomeo. — [10]) Elze S. 56. — [11]) cf. Elze S. 110—115; bestattet auf S. Cristoforo. — [12]) Elze S. 64 u. 119. — [13]) bestattet auf S. Cristoforo, s. Elze S. 64. — [14]) Elze S. 64. — [15]) Elze S. 87 Anm. 3. — [16]) bestattet auf S. Cristoforo. — [17]) Elze S. 91.

Joh. Jak. Siri, 1799 Kirchenältester, mit seinen zwei Söhnen Jak. Gottfr. (gest. 1832 in Venedig) und Joh. (gest. 1847 ebendort): sämmtliche 1810 Unterzeichner der evang. Organisationsakte [1]).

Ausser Betracht lassen wir die Schweiz, die zu Beginn dieses Zeitraumes allerdings noch zu Deutschland gerechnet wurde, wie aus einzelnen Verfügungen an die Visdomini (z. B. von 1518 und 1536) hervorgeht [2]), und z. B. St. Galler Leinwand [3]), Freiburgische Tücher [4]) noch immer unter den Einfuhrartikeln begegnen. Freilich steht dahin, wie weit die Schweizer selbst aktiv an diesem Handel mehr betheiligt waren — Namen sind uns aus dieser Zeit nicht bekannt geworden. Dass sie später nicht mehr als zu Deutschland gehörig betrachtet wurde, ist bei dem Falle Mangolt 1649 ausführlicher besprochen worden.

Wenden wir uns den Rhein hinab zu Strassburg. Dies ist in der Liste von 1508 vertreten durch:

Friedrich Brechter [5]);

Matthaeus Ingolt [6]);

Anselm Johann [6]), wozu als vierter — in dem Verzeichniss der ersten Miether der Gewölbe vom Jahre 1508 wird das mit „Nr. 25" bezeichnete ausdrücklich „den vier Strassburgern" zugewiesen [7]) — vielleicht Chimento in Compagnie mit Ziegler (?) gehört oder Stephan Kappler.

Als Faktor der Ingolt in Venedig wird später Hans Albrecht Armbruster genannt, der 1568 Consul und vielleicht noch 1589 in Venedig war [8]). Sonst sind aus späterer Zeit keine Namen von Strassburgern überliefert, und aus gelegentlichen Bemerkungen in der Streitfrage des Jahres 1649 scheint hervorzugehen, dass die Strassburger damals kaum mehr in sehr regem Verkehr mit Venedig gestanden [9]).

Aus Colmar nennt Elze [10])

Gg. Frdr. Faber, Prot., 1755 Kaufdiener, 1760 Kaufherr, noch 1775 in Venedig.

Etwas regeren Verkehr mit Venedig unterhielt vielleicht noch Frankfurt, auf dessen Anschluss man in Nürnberg 1649, wie es scheint, besonderes Gewicht legte.

In der Liste von 1508 dürften aus dieser Stadt sein:

Johann Brun [11]);

Nikolaus Rayner (?) [12]);

---

[1]) Elze S. 85 u. 91. — [2]) Thomas, Register zum Capitular S. 33 u. 36. — [3]) cf. ‚Tariffa‘ und unten S. 197. — [4]) s. Bd. I Nr. 676. — [5]) cf. Code historique et diplomatique de la ville de Strasbourg (1843) t. I, p. II, p. 282. — [6]) ibid. p. 283. — [7]) s. Bd. I Nr. 658. — [8]) Zeitschrift für Baiern Jahrg. 2 Bd. 3 (1817) S. 354. Ein Albr. A. mit seinem Sohn Daniel wird nämlich von Samuel Kiechel 1589 erwähnt (‚Reisen‘, hrsg. v. Hassler in der Bibl. des literar. Ver. Bd. 86 S. 462). — [9]) cf. Bd. I S. 448. — [10]) Gesch. S. 64 u. 79. — [11]) wenigstens eine Frankfurter Familie am Ausgang des 15. Jahrh.; cf. Archiv für Frankfurtische Geschichte, Neue Folge, III, 165. — [12]) cf. Stetten S. 443.

Johann Soth oder Scoth, d. h. wohl Schott (?), auch 1506 schon genannt [1]).

Aus der nämlichen Familie wären dann anzuführen:
1573 Tobias und Abram Sot, deren Vertreter Christoph Mercart [2]).
Ferner ist zu nennen:
1640 Joh. Phil. und Nikolaus Fleischbein (Prot.) [3]), vertreten durch Christ. Rottenhofer (aus Nürnberg), der später (1649) als Schwiegersohn des Letzteren erwähnt wird [4]). Die nämlichen werden in der Liste von 1646 aufgeführt, wo ferner aus Frankfurt wohl Jakob Stengel [4]).

Unter den Consuln wären dann Frankfurter gewesen:
Sebastian Soth 1537, 1539;
Martin Abt 1595 [5]);
Joh. Phil. Fleischbein 1630—1632;
unter den in Venedig Bestatteten:
ein anderer Johann Fleischbein, gest. 3. Mai 1631, 26 J. alt [6]);
Phil. Ludw. Fleischbein von Cleeberg, gest. 3. Nov. 1674, 28 J. alt [7]);
Justinian Buker, Prot., gest. 19. Dez. 1803, 41 J. alt [8]).

Ausserdem wüsste ich hier nur noch anzuführen, was Kriegk [9]) aus einem 1558 geschlossenen Geschäftsvertrag zwischen dem Frankfurter Patrizier Kraft Stalburg und dem Hagenauer Patrizier Jakob von Botzheim mittheilt. Es heisst darin: „Unsere gemeinsame Kammer im Teutschen Haus zu Venedig sol uf dismal also beruhen und in Bedacht sten, ob man die wieder verkaufen oder fürbass behalten wolle".

Wie nothwendig aber hier überall noch genauere Recherchen über die Betheiligung der einzelnen Städte sind, zeigt recht deutlich das Beispiel Kölns, über dessen fortdauernde Beziehungen zu Venedig wir dank den Nachforschungen Ennen's besser unterrichtet sind als wie über irgend eine andere Stadt. Mit Recht hebt derselbe hervor, dass der Fondaco im 16. Jahrhundert noch immer eine grosse Anziehungskraft für die Kölner behalten. In der Liste von 1508 finden wir:
Gotthard (Michercheni);
Anton Paffendorp [10]);
einen Peter [11]) und einen Hermann ohne weitere Bezeichnung;
„in den 30er Jahren stand Gottfried Hittorf mit den Venetianern in lebhaftem Handelsverkehr" [12]);

---

[1]) Bd. I Nr. 639, 642, 644; über die Frankf. Familie Schott s. Mittheilungen für Frankfurtische Gesch. IV, 171. — [2]) Bd. I Nr. 709. — [3]) Elze, Gesch. S. 56. — [4]) Bd. I Nr. 761 (wo gesagt wird, er habe sich lange Zeit im Fondaco aufgehalten). — [5]) nach Siebmacher's Wappenbuch V, 2 p. 12. — [6]) bestattet in S. Bartolomeo. — [7]) bestattet in S. Canciano; fränkisches Geschlecht cf. Kneschke, Neues allgemeines deutsches Adels-Lexikon (1859 ff.) III, 276. — [8]) bestattet auf S. Cristoforo. — [9]) Deutsches Bürgerthum im Mittelalter S. 451. — [10]) cf. Arnold von Harff's Pilgerfahrt, hrsg. von E. v. Groote, S. 41. — [11]) den Elze freilich, aber meines Erachtens ohne Grund, für einen Peter Van-Cölln (aus Aachen) hält, Gesch. S. 41 Anm. — [12]) Ennen S. 117.

1554 im Januar zogen Vitus Kleinhans und Matthias Lederer mit
    einer Waarensendung nach Venedig;
1561 finden wir in Venedig den Kaspar Westerburg und Lubbert
    Koch; um dieselbe Zeit trieben Heinrich Helman und sein Sohn
    Carl in Venedig kaufmännische Geschäfte [1]); die von ihnen im
    Fondaco benützte Kammer sollten 1562 die schon gegen 8 Jahre
    in Venedig Geschäfte treibenden Brüder Weinhold und Johann
    Mohr erhalten;
1578 finden wir Sebastian Ritz als Faktor von Andreas Polster;
1580 Heinrich Sob;
1581 Simon de König;
1583 Kaspar Rumpf als Vertreter der Firma Kaspar von Wedig,
    Gisbert von Gir und Göddert von Wedig in Venedig;
1597 wird Peter Gabry als ein in Venedig Handel treibender
    Kölner Kaufmann angegeben.
    „Auch im 17. Jahrhundert bestand ein nicht unerheblicher
Handelsverkehr zwischen Köln und Venedig. Von den Kaufleuten,
welche von Zeit zu Zeit Waarensendungen nach Venedig expedirten,
werden genannt: Heinrich und Jakob de Grote, Nikolaus Spilleurs [2]),
Peter de Berges, Anton Gierath, Hermann von Wedig, Jakob Greuter,
Hermann Rheinfelden, Philipp Dore, Johann von Bolandt, Franz
Brassart, Anton Tonet und Simon Borel"; wozu wir noch hinzufügen
können:
1605 die Gebrüder Holländer [3]);
1607 Baptist Bergis [4]);
1608 Jakob Hootschliger [5]).
    „In Venedig selbst finden wir," fährt Ennen fort, „theilweise
als Eigenhändler, theilweise als Faktoren:
1627 Johannes de Colonia;
Franz Haltermann, 1627 in Venedig gestorben;
David und Johann Ulstatt, die 1626 in Venedig für Hermann
    Rheinfelden Kristallgläser kauften und dieselben zu Schiff nach
    Amsterdam schafften;
Kaspar Frickhausen, der in Venedig heirathete;
Nikolaus, Paulus und Nicasius Vivien 1631;
Johann Baptist Mora 1633;
Paulus Ramaecker 1643 (oder aus Aachen? cf. unten);
Balthasar Van-Cölln 1643, in welchem Jahre er (oder sein Sohn?)
    am 16. Januar in Venedig, 20 J. alt, gestorben [6]); 1640 wird
    als sein Vertreter im Fondaco Gio. Borgetti genannt [7]);
Kaspar Van-Cölln 1644;
Ferdinand Van-Cölln 1646;
Abraham Van-Cölln 1649.
    Freilich ist bei den letzteren nicht sicher, ob sie nicht der

---

[1]) cf. oben S. 153. — [2]) cf. oben S. 160 Anm. 1. — [3]) Bd. I Nr. 721. — [4]) ebda.
Nr. 723. — [5]) ebda. Nr. 728. — [6]) bestattet in S. Bartolomeo. — [7]) Bd. I Nr. 743.

ursprünglich Aachener Patrizierfamilie gleichen Namens angehören,
von welcher ausserdem in der Liste von 1646 Johann und Peter
Van-Cölln aufgeführt werden, wie unter den Consuln: Franz Van-
Cölln 1541—1543 und später der schon genannte Abraham Van-
Cölln 1655—57, 1662—64 und 1669—70, Haupt der reformirten
Gemeinde [1]).

Ferner darf Abraham Spillieur hier nicht übergangen werden,
und gegen Ende des 17. Jahrhunderts finden wir noch einen Franz
Bourel (Verwandten des oben genannten Simon Borel?) aus Köln,
der 23. März 1699 im 73. J. in Venedig gestorben ist [2]).

Aus der Nachbarstadt Aachen sind ausser den schon genannten
Gliedern der Familie Van-Cölln noch anzuführen [3]):

Peter Cupp; Daniel Hagen; Johann Van-Cölln; Gotthard Gra-
vingen 1607; ferner [4])

Matthias Van-Cölln 1624;

Kaspar Ingelbrecht 1632;

Paulus Ramaecker 1645 (cf. oben);

Jodocus Pelser 1648.

Von den übrigen Städten Nord- oder Niederdeutschlands sind
mir nur folgende wenige Nachrichten über Handelsverbindungen mit
Venedig bekannt geworden.

Aus Hamburg werden bei Elze [5]) als Unterzeichner der
Kirchenordnung der evangelischen Gemeinde aufgeführt:

Joh. Koning (Koninck), 1729 Kaufherr, 1736—44 mit Stahl associirt,
gestorben 1746 [6]), und (sein Sohn?) Richard, gest. 1777 [7]);

Konrad Martens, geb. 10. Jan. 1704, 1732 Kaufdiener, 1743 Kaufherr, gest. 1. Jan. 1786, dänischer Consul in Venedig [8]);

ferner aus Berlin:

Sigmund Streit, Prot., 1710 Kaufdiener, 1715—52 Kaufherr,
gest. 1775 in Venedig [9]), und

Friedr. Ludw. Streit, Prot., 1737 Kaufdiener, 1757 Kaufherr bis
wenigstens 1765 [10]).

Ob Danzig nach jenem Gesuch von 1597 die Beziehungen zu
Venedig weiter gepflogen hat, vermag ich nicht anzugeben [11]). In
eifrigeren stand wenigstens am Anfange dieses Zeitraumes noch
Breslau, wie schon daraus hervorgeht, dass im Januar 1527 eine
nach Wien an König Ferdinand abgeordnete Gesandtschaft des
Breslauer Rathes um Aufhebung des Niederlagsrechtes der Wiener
„für die Handlung gen Venedig" sich verwenden sollte [12]). Mit
Namen zu nennen wäre hier nochmals jener

---

[1]) cf. Elze, Gesch. S. 41—43. — [2]) bestattet in S. Marina. — [3]) cf. Bd. 1
Nr. 724 u. ff. — [4]) ebda. Nr. 767. — [5]) Gesch. S. 63 u. 64. — [6]) bestattet auf
S. Cristoforo. s. Elze, Gesch. S. 63, 115, 116. — [7]) best. ebda., s. Elze. Gesch.
S. 82. — [8]) best. ebda. Elze S. 63, 83. — [9]) best. ebda. Elze S. 63, 71, 82. — [10]) Elze,
Gesch. S. 64, 79. — [11]) cf. oben S. 143. — [12]) Klose's Darstellung der inneren
Verhältnisse der Stadt Breslau 1458—1526 in den Script. rer. Silesiac. t. III
p. 409 (cf. 411).

Konrad Sauermann, dessen Schuldforderung (von 6300 Dukaten)
„Wolfgang Wiener Breslauscher Bürger in Venedig auszahlen
sollte" [1]); ferner (ob Kaufmann, wird nicht gesagt)
David Forst, der Sohn eines Georg Forst, 25. Mai 1590, 24 J.
alt, in Venedig gestorben und bestattet [2]); ferner
Christ. Wilh. König, Prot., geb. 10. April 1699, 1716 Kauf-
diener, 1746 Kaufherr, gest. 18. Okt. 1760 [3]).
　　Aus Zittau in dem benachbarten Sachsen waren
Joh. Jak. Hartig (?), in der Liste von 1646 genannt [4]); und
Joh. Phil. Hering, der wenigstens 1707—13 in Venedig etablirt
war [5]);
　　　　aus Lengenfeld im Voigtland nennt Elze [6])
Dan. Frdr. Wolff, Prot., 1742 Kaufdiener, 1753 Kaufherr, noch
1775 in Venedig;
　　　　aus Gräfenthal in Thüringen [7])
Frdr. Sam. Wenndrich, Prot., 1753 Kaufdiener, vor 1755 Kauf-
herr, gest. 21. Nov. 1775. —
　　Wir beschliessen diesen Rundgang mit Nürnberg, das auch
jetzt wieder wie in früherer Zeit neben Augsburg am meisten am
Handel mit Venedig betheiligt erscheint. Ich möchte an dieser
Stelle auf die Notiz aus dem Jahre 1649 [8]) hinweisen, dass die
deutschen Kaufleute, welche „am meisten nach Venedig gehandelt,
zum Merkzeichen vor Alters die Venedische arma oder insignia
S. Marci (d. h. den Löwen des heil. Markus) an ihren Häusern in
Stein inalboriren" liessen [9]).
　　In der Liste von 1508 begegnen wir folgenden Nürnbergern:
Anton Kolb (auch 1515 im Fondaco) [10]);
Leonhard Eysfogel [11]);
einem Friedrich ohne Familiennamen;
Joh. Imhof nebst Söhnen [12]);
Franz und Joh. Baumgartner;
Zacharias Stahl [13]);
Jobst Memminger [14]);
Wolfhard Schwarz (?) [15]);
Hieronymus Foith (?);

---

[1]) Klose a. a. O. p. 137. — [2]) in S. Giovanni e Paolo. — [3]) bestattet auf
S. Cristoforo, Elze S. 64. — [4]) nach Angabe von Herrn Pfarrer Elze. — [5]) Elze,
Gesch. S. 109—111; cf. S. 117 u. 119, wo zum Jahre 1748 und 1757 ein Christn.
Aug. und ein Gottfr. Benj. Hering aus Zittau als Kaufdiener genannt werden.
[6]) Gesch. S. 64 u. 122. — [7]) ebda. S. 70 Anm. 2. — [8]) Bd. I Nr. 761 S. 453. —
[9]) In Nürnberg erinnere ich mich selbst dieses Wahrzeichens an einem Hause
der Adlerstrasse und am Viatishaus; cf. Festing. Ein Gang durch Nürnberg 1882
S. 19 u. 21. — [10]) cf. Thomas, Register etc. S. 31 und Lochner, Die Personen-
namen in Albr. Dürer's Briefen aus Venedig (1870) S. 33. — [11]) cf. oben S. 79.
— [12]) cf. Lochner a. a. O. S. 25 u. ff. — [13]) cf. Bd. I Nr. 645, wo er als „civis
Venetus" bezeichnet wird; cf. Siebmacher V, 1 p. 16. — [14]) cf. Roth I, 345. —
[15]) ein Wolffgang Schwarz war 1504 Genannter; cf. Roth, Verzeichniss aller Genannten des Grössern Raths (1802) S. 53; derselbe wird bei Sanuto IX, 257 erwähnt.

Sebald Reich [1]);
  ferner in der Liste von 1573:
Leonhard Hermann (oder Augsburger?);
  in der von 1640:
Bartolomaeus Viatis (wohl der Sohn des 1558 nach Nürnberg
  übergesiedelten Venetianers gleichen Namens) [2]) und Martin
  Peller, als deren Vertreter 1640 Peter Cresser genannt wird [3]);
Lorenz, Horatius und Wolfhard Gutbrod, der letztere gest. 27. Nov.
  1649, 55 J. alt [4]);
Balthassar Ertel (Oertel?) [5]);
Christoph Rottenhoffer, 1640 Vertreter für den Frankfurter Nicol.
  Fleischbein [6]);
Christoph Führer [7]);
Wilhelm Imhof;
Joachim Hendel [8]);
Pandulf, Jacob, Joachim und Georg Fin (Fynn?) [9]), der letztere
  auch 1640 schon im Fondaco [10]);
Johann Gast, gestorben 1649, 21. Juli in Venedig [11]).
  Eine grosse Anzahl Nürnberger ist dann auch unter den Con-
suln zu finden:
1505 Franz Hirschvogel;
1506 Sebald Kneissel [12]);
1508—1512 Sebald Grundlach (?) [13]);

---

[1]) wenn unter diesem, wie kaum zu bezweifeln, der ‚Sinisbaldo Rizzo,
zu verstehen, der unter den Miethern der neuen Gewölbe erscheint; (Bd. I
Nr. 658); cf. Anton Tucher's Haushaltbuch, hrsg. von Loose in der Bibliothek
des literar. Vereins Bd. 134 S. 58. — [2]) ‚der 1538 in Venedig geboren, 1550
arm und gänzlich mittellos nach Nürnberg kam und hier zuletzt eine wohl-
habende Wittwe heirathete, die seine letzte Dienstherrin gewesen war. Durch
Handel mit Semisch-Leder, Straussenfedern, Färbereien, vorzüglich mit Leinwand, schwang er sich so empor, dass er gegen Ende des Jahrhunderts als
einer der reichsten Kaufleute in Deutschland galt und ein Vermögen von weit
über eine Million Gulden hinterlassen haben soll. Seinem Schwiegersohne Martin
Peller baute er, nachdem er für sich ein stattliches Haus an der Barfüsser-
(jetzt Museums-) Brücke vollendet hatte, in Nürnberg am Aegidienplatz das
berühmte Peller'sche Haus, das Muster eines glänzenden Bürgerhauses aus dem
16. Jahrh. und zugleich der sprechende Beweis von der Herrschaft des italienischen Geschmackes in Oberdeutschland"; Falke in der Zeitschr. f. deutsche
Kulturgesch. 1859 S. 613. Der Hofraum namentlich erinnert lebhaft an den
Fondaco in Venedig. Gestorben ist Bartholomäus Viatis — übrigens nur ein
Beispiel für manche andere nach Deutschland eingewanderte Venetianer —
1624 in Nürnberg; cf. Vulpius, Kuriositäten Bd. V S. 550. — [3]) Bd. I Nr. 743.
— [4]) bestattet in S. Bartolomeo; cf. oben S. 169. Ein 1642 verstorbener Lorenz
G. aus Steyr liegt begraben auf dem S. Johannis-Kirchhof in Nürnberg; s. Gugel,
Norischer Christen Freydhöfe Gedächtniss (1682) Bd. I S. 35 und Trechsel, Er-
neuertes Gedächtniss des Nürnb. Johannis-Kirchhofes (1736) S. 603. — [5]) cf. Roth
I, 351. — [6]) cf. oben S. 189; cf. Siebmacher, V, 2 p. 9. — [7]) cf. Gugel a. a. O.
I, 12. — [8]) cf. Roth I, 332. — [9]) ebda. II, 52 u. Siebmacher, Wappenbuch V, 2,
p. 14. — [10]) Bd. I Nr. 743. — [11]) bestattet in S. Bartolomeo; cf. Gugel I, 83 u. II, 128.
— [12]) cf. Roth I, 339. — [13]) Gundlach? cf. Roth I, 327.

1513—1516 Ulrich Mayer (?)[1]), 1513—14 mit Stephan Rigler (?)[2]);
1518—1519 Johann von Wimpfen (?)[3]);
1520—1522 Veit Wittich (?)[4]);
1526, 1530, 1531 Johann Futach (Füterer?)[5]);
1528—1529 Moritz Fischer[6]);
1548—1549 Stephan Fenzel[7]);
1556 Georg Freidel (Friedel?)[8]);
1556—1557 und 1561 Bernhard Pflanzer (Flänzer?)[9]);
1557—1558 Sebald Hendel;
1564, 1568 Georg Fenzel;
1566, 1602 Bernhard Noettel[10]);
1573, 1576—1577, 1588 Horatius Fenzel;
1587 Heinrich Imhof;
1588 Martin Peller;
1589 N. Noettel[11]);
1594 Michael Imhof;
1596—1597 Eberhard Seutter (?)[12]) und Johann Schopper (?), der
    letztere auch 1607—1609, 1617;
1605—1606, 1620—1622 Wolfhard Gutbrod;
1610—1611 Adam Hendel;
1633—1634 Joachim Hendel;
1645—1646, 1655—1657, 1662—1664, 1666—1669, 1672—1673
    Peter Cresser, Prot., 1640 Vertreter von Viatis und Peller, 1684
    in Venedig gestorben[13]);
1647—1649 Joh. Joach. Hendel und Christ. Rottenhofer, der letztere
    auch 1651—1653;
1649—1651 Tobias Martin Peller, Prot.[14]);
1657—1659 Franz Pilgram (?)[15]) und Joh. Wolfhard Auracher[14]),
    der letztere auch 1664—1666, 1679—1682;
1669 Joh. Christoph Welsch (?)[16]);
1675—1679 Balthassar Ertel (?);
1709—1712 Georg Christ. Bruckner[17]), noch 1723 im Fondaco[18]).
    Begraben aber liegen in Venedig ausser den schon genannten
noch folgende Nürnberger:
Sebastian Unterholzer der jüngere, gest. 1564[19]);
ein Bartholomäus (Barthelmess?), gest. 14. Sept. 1578, 16 J. alt[20]);
Horatius Fin (?), gest. 29. Sept. 1591, 50 J. alt[20]);
Joachim Imhoff, gest. 3. Juni 1595, 20 J. alt[20]);

---

[1]) cf. Roth II, 256. — [2]) Friedr. R. war 1498 Genannter; cf. Roth, Verzeichniss S. 49. — [3]) Roth II, 262. — [4]) ebda. 117. — [5]) cf. Ant. Tucher's Haushaltbuch S. 177. — [6]) cf. Roth II, 251. — [7]) cf. Gugel I, 78. — [8]) ebda. 172. —
[9]) Flenzer im 17. Jahrh. in Nürnb.; cf. Roth II, 251. — [10]) cf. Roth I, 348. —
[11]) Kiechel, Reisen u. a. O. S. 463. — [12]) cf. Roth II, 100 u. 244; aber auch in
Augsburg, Kempten und Lindau kommen Seutter vor. — [13]) cf. Elze S. 59. —
[14]) ebda. S. 56. — [15]) cf. Roth I, 353; II, 83 u. Verzeichn. aller Genannten S. 90
u. 101 (zu 1569 u. 1593); oder aus Memmingen? Elze S. 56. — [16]) ein Balth.
W. war 1625 Genannter; cf. Roth S. 116. — [17]) cf. Roth II, 41. — [18]) Elze bei
Thomas, Milesio. S. 85. — [19]) cf. oben S. 173. — [20]) bestattet in S. Bartolomeo.

Tobins Fin, gest. 7. Juli 1616 im 24. J. [1]).
Jonas Miller, gest. 5. April 1659, 53 J. alt [2]);
Karl Friedrich Volkamer von Kirchensittenbach, gest. 2. März
    1707, 25 J. alt [3]);
Michael Poliant, gest. 2. Juli 1739, 50 J. alt [4]);
Joh. Andr. Seitz, gest. 1. April 1759, 26 J. alt [5]);
Joh. Karl Schweyer (Sohn des Karl Magnus Schweyer), Prot.,
    geb. 1691, schon 1720 in Venedig etablirt, 1723 im Fondaco [6]),
    gest. 4. Sept. 1759 [7]), und seine Gattin Magdalena geb. Forster,
    gest. 30. April 1771 [7]); vielleicht deren Schwager:
Martin Pius Forster, gest. 22. Okt. 1787 im 22. J. [7]).
    Endlich verzeichne ich noch folgende, anderwärts als mit
Venedig in Handelsverbindung stehend erwähnte Nürnberger:
1506, zur Zeit, als Albrecht Dürer sich in Venedig aufhielt und
    von ihm in seinen Briefen genannt [8]): Bernhard Hirschvogel;
    Kastell Fugger (mit dem Reh); Sebastian und Franz Imhof;
    Bernhard Holzbeck; Andreas Künhofer;
1507 Joh. und Ambrosius Schütz und Georg Fröschel [9]);
1507, 1516 und 1517 Georg Spengler [10]);
1507 und 1512 Hans Imhof's Sohn [11]);
1509 Kaspar Letscher [12]); wozu
Anton Tucher selbst noch zu zählen; ferner
Angelus Saur, der zwischen 1530 und 1540 einen lebhaften Tuch-
    handel mit Venedig betrieb [13]);
1575 Paul Tucher [14]);
1607 Jakob Val [15]);
1609 Jesaias Clivan (Cliver) [16]);
um 1650 Familie Haid, Prot. [17]);
1675 Joh. Lor. Schweyer [18]), zu dem später Karl Magnus Schweyer
    in die Lehre kam, der selbst wenigstens 1706—1714 als Kauf-
    herr in Venedig erscheint [19]) und der Vater des oben genannten
    Joh. Karl Schweyer war;
1689 Hanns Wolff und Emmerich Auracher, bei denen Hans
    Tieffrer aus einer Villacher Familie als Kaufdiener eintrat [20]);
1707—12 Joh. Thom. Rottenhoffer [21]);
1719· Joh. Adam Fleischer, Prot., der auch 1723 als Compagnon

[1]) bestattet in S. Bartolomeo; 1613 Genannter; cf. Roth, Verzeichn. S. 110.
— [2]) cf. oben S. 173. — [3]) bestattet als Protestant am Lido. — [4]) bestattet in
S. Canciano. — [5]) bestattet auf S. Cristoforo; cf. Sterberegister von S. Bartolomeo. — [6]) s. Elze, Gesch. S. 80 Anm. 5 u. 113 und bei Thomas, Milesio S. 86.
— [7]) bestattet auf S. Cristoforo. — [8]) cf. Quellenschriften für Kunstgeschichte
Bd. 3 S. 3 ff., 186 ff. — [9]) Bd. I Nr. 643. — [10]) ebda. Nr. 645; cf. Ant. Tucher's
Haushaltbuch S. 43, 131, 154. — [11]) Ant. Tucher's Haushaltbuch S. 53 u. 96. —
[12]) ebda. S. 69. — [13]) Falke in d. Zeitschr. f. d. Kulturgesch. 1859 S. 11. — [14]) cf. Bd. I
Nr. 710. — [15]) ebda. Nr. 723. — [16]) ebda. Nr. 729; cf. ‚Addenda' zu Bd. I. — [17]) nach
Elze, Gesch. S. 56. — [18]) Elze S. 80 Anm. 5; cf. Roth II, 99 (1684 Genannter).
— [19]) Elze S. 80, 109—111. — [20]) cf. Zeitschrift für Baiern Bd. 3 Jahrg. 2 (1817)
S. 357 und Roth II, 103, 104; oben S. 172. — [21]) Elze S. 108—111.

von Zimmermann genannt wird, mit dem er wenigstens bis
1728 associirt war[1]); der letzteren Familie gehörte vielleicht
der 1743—46 genannte Joh. Matth. Zimmermann an[2]).

Endlich sind aus einigen Orten der Umgegend von Nürnberg
noch folgende Kaufleute als mit Venedig in Verbindung stehend zu
erwähnen: aus Feucht:

Joh. Mich. Wagner, Prot., geb. 6. Dez. 1685, 1722 in Venedig
    etablirt, auch 1723 im Fondaco, 1747 oder 1753 stellvertreten-
    der Consul, gestorben 30. März 1767 in Venedig[3]);

Joh. Sal. Wagner (?), Prot., 1719 Kaufherr[4]);
    aus Wendelstein:

Seb. Schalckhauser, Prot., geb. 11. Okt. 1701, 1722 Kaufdiener,
    1735 Kaufherr, 1743—66 mit Hugel, bis 1754 auch mit Jastram
    associirt, 1762 (?) Consul, gest. 22. Dez. 1774 in Venedig[5]);

Joh. Konr. Reck, Prot., geb. 3. März 1721, 1759 Kaufdiener, 1769
    Kaufherr, 1775—87 mit Lamminit associirt, gest. 11. Dez. 1801
    in Venedig[6]).

Im Anschluss hieran mögen noch genannt werden:
Konrad Ster aus Windsheim, 1557—1558 Consul, wahrscheinlich
    11. Juli 1568 in Venedig gestorben[7]), und Sebastian Ster,
    1573 in Venedig[8]).

Bei dieser Uebersicht ist nicht einmal ganz berücksichtigt jenes
Sterberegister von S. Bartolomeo und das Verzeichniss der jungen
Kaufleute oder Lehrlinge, „Diener und anderer Recommandirten,
welche von Anno 1705 an in die evangelische Gemeinde auf- und
angenommen wurden“[9]), deren Zahl sich von 1705 bis 1797 auf
nicht weniger als 573 belief — allerdings ein sprechender Beweis
dafür, dass Venedig selbst im vorigen Jahrhundert noch „als einer
der besten Plätze für die praktische Ausbildung junger Kaufleute“[9]),
als Hochschule des Handels galt. —

Was ferner die Waaren betrifft, welche den Gegenstand des
deutsch-venetianischen Handels in dieser Zeit bildeten, so geben jene
früher erwähnten Tarif- und Handelsbücher uns darüber den besten
Aufschluss. Sie sind im Wesentlichen dieselben, wie in früherer Zeit.

Spezereien, Baumwolle, Seidenwaaren, Glassachen bildeten noch
immer die Hauptausfuhrartikel der Deutschen aus Venedig[10]); und
wie früher brachten diese die „Erzeugnisse der Natur oder des

---

[1]) Elze, Gesch. S. 63, 114 und bei Thomas, Milesio S. 85. — [2]) Elze S. 116.
117. — [3]) bestattet auf S. Cristoforo, s. Elze S. 71, 82 und bei Thomas, Milesio
S. 85. — [4]) Elze, Gesch. S. 63. — [5]) bestattet auf S. Cristoforo, s. Elze S. 71
Anm. 2 und S. 82, 83 Anm. 3. — [6]) best. ebda., s. Elze S. 65, 91 Anm., 122—124.
— [7]) best. in S. Bartolomeo. — [8]) Bd. 1 Nr. 709; gest. 1576 und in Augsburg
begraben; cf. Prasch II, 97. — [9]) Elze S. 108 u. ff. — [10]) Paolo Paruta, hist.
Venetiana lib. XI nennt als solche „speciarie, gottoni et moltre altre merci';
cf. Falke, Oberdeutschlands Handelsbeziehungen zu Südeuropa im Anfang des
16. Jahrh. in der Zeitschrift für deutsche Kulturgeschichte 1859 S. 610.

Fleisses" von Deutschland [1]), Eisen, Stahl, Gold, Silber, besonders aber Leinwand, Tücher, Pelzwerk und allerlei Kramsachen, nach der Lagunenstadt.

So werden in der ‚Tariffa' von 1572 als „hereinkommende Güter im Teutschen Hauss" aufgeführt [2]): Tele d. i. Leinwat (Leinwand) und zwar: Ochsenbrucker (aus Osnabrück), Praunawer (Braunau in Bayern), St. Galler, Coschwitzer (Konstanz), Kemptner; Rupfen (aus Werg), Zwilch „geschmitzter, Bayerischer, Münchner", Pairischer Peyeri [3]), Plachen oder grob Rupfen; Merze oder Kramerey: Ambra oder Augstein, Antimonio (Spiessglas), Zinober, Quecksilber, Bruckischer (Brügge?) Atlas, Thuch aller Sort, Carise aller Sort (Kirsey, gekörperte Sarsche?), Friseto (Organsinseide), Tepich und Razi (= arazzi, Tapeten), Farben aller Sort, Barchet, Grana (Kermesbeere) und Pulver davon, Zera (Wachs), Federn zu Betten, Tafelmessing, Messingdraht, Leuchter, Hültzewerk (Holzarbeiten?), Blech, Kupferdraht, Zon (Stangen), Röt damit man ferbt, Veriol (= Vetriuola, Mauerkraut oder Vitriol?), Spongrün (Grünspan), Zucker, Spiga (Aehren? Lavendel?) und Terrarossa, Risigal(lo) (Rauschgelb, Schwefelarsenik) und Arsintico (Arsenik), Zaffero (Saffara? mineralische Mixtur zum Blaufärben des Glases) und Bibergail, Marcheseta (Schwefelkies), Lidre Hosenfehl (Lepre? Hasenfelle), Messer, Scheermesser, Tischtücher, Facoli (Fazzoli, Taschentücher), Veladi, Baumwollne Schleier, Kölnisch Gold (Golddraht?), Glunffen (Glufen? Heftlein), Börtlein, Fingerhüt, Hefftlen, Scheeren, Augengläser, Spiegel, Pfeifen, Schellen, Paternoster, Elfenbein, Federkiel, Bürsten, Wetschgertaschen (Hängetaschen, Felleisen), Zeloni, Püxen, Schlösser, Bertoeli (= Bandelle, Thür- oder Fensterbeschläge), Kupferne und messingne Kessel, Armbrustgarn und -fusti (Stangen), Goldschmiedtiegel. Ferner Zinn und Blei; Schön- und Fech(Pelz-)werk: Conini oder Kinla-Belg (Kaninchenfelle), Vari oder aller sort Fech, Cebelini oder Zobel, Armelini oder weisse Hermla, Pulgari (Bulgari) oder gewerckte Kalbsfel, Grissi zoe grob Loden-Tuch, Martori oder Maeder (Marder), Loue zeruier oder Luchsfel, Weisse und rothe Füchsfelle; Cuori oder Ochsen-, Küh- und Kälberhäute; Pani oder Tuch und Dapecerey: Santoni, Poloni, Friseti, Sarsse (= sarze, sargie, grobes Wollen-Tuch), Dopleti und Doploni (Futterbarchent), Cordeladi (Cordelats, feiner Wollenzeug), Tapedi, Tapecerey aller Sort, Carise; Largado oder Larget; Cremes; Serwitz (Zirbitzer, eine Drogue aus der Zirbelnuss); Eisen; Stahl; Ciodi oder eiserne Nägel, Rame oder Kupfer, Verge di Rame oder Kupferzon (Kupferstangen); Englische Woll, Lin e Stopa zoe Flachs und Werck (Werg), Safran.

---

[1]) Ranke, Zur venez. Gesch. S. 29. — [2]) S. 25 u. ff. Aehnlich im früher (oben S. 124) erwähnten Cod. germ. 4032 der hiesigen Staatsbibliothek. — [3]) In Schmeller's Wörterbuch (neue Aufl. von Frommann) I, 224 aus Cgm. 4032 citirt, aber nicht erklärt: eben daher und aus anderen Hilfsmitteln, wie auch Joh. Ulmann's brauchbarem Wörterbuch für Kaufleute (Wien 1879), habe ich die in Klammern beigesetzten Erklärungen entnommen; freilich bleiben noch manche Ausdrücke unauffindbar

Als Güter, welche „hinweg und hinaus gesandt werden
vom Teutschen Hauss", werden aufgeführt [1]): Piper oder Pfeffer;
Specerei, Troge: Lang und kurz Canel (Zimmt), Negel (Nelken)
und Fusti, Capelleti von Negel (die Köpfe der Nelken), Muscatnus,
Mazis (Muskatblüthe), Imber (Ingwer), Zucker, Riobarbero (Rha-
barber), Irios (Veilchenwurzel), Myra; Incenso (Weihrauch), Aloue;
Endigo, Alon (Alaun) oder Lume di Rocha; Schwebel, Gallas (Gall-
äpfel). Seyden aller sort (als solche werden später aufgeführt: Rocha
Dopia, Rocha Crespa oder Maremola, Isolla, Wallona, Belladona oder
Wallona Primati, Belgrada, Dechora, Ricolica, Salina Fior di Morea,
Roche Capitoni oder Strusi, Bolicia, Castrauana, Canneri, Ardassa oder
Ardasina, Mamadea oder Ablac, Vicentiner, Bassaner feine, Gewerckte,
Veroner Näb- und Stickseide, Veroner geferbte, Vicentiner Stib-, Pello-
und Näh-, Stesi oder Filetseide). Ferner feine Tuch; Daffet roh und
gefärbt; Rochen Leder, Corduani (Saffian), Filadi di Goton. Ferner
Fruti oder Fastenspeiss: Mandel, Feigen, Carobe (Johannisbrod), Wein-
beer, Cibeben (Rosinen), Maroni (Kastanien), Capari (Kappern), Li-
moni, Uva di Candia oder Rosin-Weinbeer, Pomi (Granatäpfel),
Olive, Senavro, Naranzi (aranci, Orangen), Citroni; Oglio (Oel); Seife.
Ferner Tuch- und Seidengewand: Resteigno d'oro, goldene und silberne
Thuch, Sammet, Damast, Atlas, Ormasin, Zendeldort, Stattzendel,
Postzendel (verschiedene Arten), Carisse, Zambeloti, Wollentuch;
Goton oder Baumwoll, Schreibpapier; Comini (Kümmel); Malvasier
und Wein; Merze oder Krämerey [2]); auch Gläser; Gemacht Werck
von Holz oder Messing; Gesalzen Fisch, Hausen-Blattern (Blasen),
Fischbein u. dgl.; Frücht so aus Soria und Alexandria kommen:
Datoli, Pesteygi e Pignoli (Zirbelnüsse); Formasi oder Käs. —

Dasselbe wie von den Waaren gilt von den Wegen, auf denen
dieser Handel sich von Deutschland nach Venedig bewegte. Im
Wesentlichen blieben auch sie die nämlichen — abgesehen von
einzelnen, durch die fortschreitende Kultur hervorgerufenen Ver-
besserungen, auf die hier nicht eingegangen werden kann. Mehr
und mehr kamen nun auch hiefür gedruckte Hilfsmittel auf: Reisebeschreibungen über Deutschland, Italien, worin die hauptsäch-
lichsten Strassen ausführlich angegeben wurden.
In der Schrift des Guilhelmus Gratarolus ‚De regimine iter
agentium‘ (von 1553) [3]) finde ich folgenden Weg von Basel nach Venedig
verzeichnet: Basel—Laufenberg—Schaffhausen—Constanz—Dednang
—Isne—Kempten — Reitte(n) — Ferrerberg — Nazoret — Innsbruck—
Stain(ach) — Brennerberg — And (?) — Brixen — Botzen — Solotoren

---

[1]) S. 40 u. ff. — [2]) Hier werden zum Theil dieselben Waaren aufgeführt, die
oben als deutsche Einfuhrartikel genannt wurden, weil sich manche der in Venedig
und im Fondaco etablirten deutschen Geschäftshäuser solche aus Deutschland
kommen liessen und dann selbst weiter expedirten, da jene monopolistischen
Tendenzen der Regierung nicht mehr so streng wie im Mittelalter aufrecht erhalten werden konnten. — [3]) Ausgabe von 1591 in der ‚Ars peregrinandi‘ fol. 175.

(Salurn)—Trient—Burg (Borgo)—Hospital—Cobel (Kofl)—Bassan(o)
Castel Franc—Mestres—Venedig; dann als eine andere Route: Basel
—Liechstal—Zoffingen—Lucern—Uri—Gottardberg—Pellinsona—
Loners (Lavis)—Ferres (Varese)—Mailand—Cremona—Brescia—
Verona—Vicenza—Citadella—Castelfranco etc.

Neumaier von Ramssla gibt in seiner „Reise durch Welsch-
land" (1622) zwei „ordinari" Wege von Deutschland nach Italien
an [1]): 1) von Strassburg durch die Schweiz; 2) von Augsburg durch
Tirol, den er folgendermassen näher anführt: von Augsburg über
Landsberg oder Spötingen (Stötting)—Romenkessel und Schöngaw—
Kloster Rotenbusch (Rotenbuch)—Ambergau—Erthal (Ettal)—Parten-
kirch—Mittenwald—Seefeld—Zirl—Inspruck—Schönberg—Matterach
(Matrey)—Steinach—Lueg—Brenner—Gossensüss-Sterzing—Peiser
in der Aw—Brixen—Clausen—Colmar(Collmann)—Blumau—Botzen—
Bransol [2])—Neumarck—Salurno—S. Michael—Nevis (Lavis)—Trient
—Perschen (Persine)—Lavego (Levico)—Il Borgo—Spitaleto—Grigna
—Clause—Carpeney (Carpanè)—Bassano—Castelfranco—Tervis—
zu Wasser nach Venedig.

Ebendenselben Weg in umgekehrter Reihenfolge mit einigen
anderen Zwischenstationen finden wir in Martin Zeiller's ‚Itinerarium
Germaniae' zum Jahre 1629 [3]): Venedig—Mestre—Treviso—Castel-
franco—Carpenedo—Cisimont oder Cismon—Kobel—Primolano—
Grino—Burgo—Levegno—Persien--Trento—Naves—S. Michel—
Salurn—Neumarckt—Franzuol—Potzn—Startz (Sterzing)—Clausen
—Brixen—Beisser—Im Sack—Mauls—Stertzing—Griess—Stainach
—Mattern (Matrey)—Inspruck—Cirle—Seefeld—Clausen—Scheidnitz
(Scharnitz)—Mittenwald—Partenkirchen—Kienberg—Ettal—Ober-
und Unter-Ammern—Bayerisch Soya (Bayersoyen)—Rotenburg—
Schongaw—Landsperg—Augsburg—Zussmarshausen—Günzburg—
Ulm.

Als näheren Weg bezeichnet Zeiller gleich darauf die Route:
Ulm—Memmingen—Grünenbach (Grönenberg)—Kempten—Nessel-
wang—Füssen—Nazaret—Yms—Landeck—Meran—Tramin—
Trient.

Diese Strasse mögen namentlich die Strassburger gewählt
haben, wenn sie nicht über Basel durch die Schweiz zogen. Als
Stationen auf dem Wege Strassburg—Ulm verzeichnet Zeiller [4]):
Oberkirch—Noppenau—Kniebiss—Freudenstatt—Schopfloch—
Eyingen—Rotenburg—Derendingen—Reutlingen—Minsingen—Blau-
beurn—Ulm.

Zeiller gibt auch sonst über die Verbindungswege zwischen
den Hauptplätzen in Deutschland selbst genaue Auskunft und viele
Details, so eben über die Strecke Strassburg—Basel oder Nürnberg—

---

[1]) S. 1 u. ff. — [2]) „Diß Orts werden alle Wahren, so man aus Deutschland
nach Venedig, und von Venedig nach Deutschland schicket, niedergelegt." —
[3]) S. 340; cf. oben S. 97. — [4]) ebda. S. 269.

Augsburg, Prag—Regensburg und Augsburg, Ulm—Lindau, Passau—
Innsbruck u. s. w. Wir wollen nur noch zwei oder drei Routen
ausführlicher verzeichnen, welche aus Oesterreich nach Venedig
führten.

Von Wien führte den Reisenden (z. B. im Jahre 1622) der Weg[1])
über Gunderstorff—Draesskirchen—Salenau—Neustatt—Neukirchen—
Glockenitz—Schaidwein—Sämring—Spitäl—Mürzzuschlag—Langen-
wang—Kriegle—Kienberg—Mörtzhoffen—Kapffenberg nach Bruck.
Von hier aus konnte man den Weg entweder[2]) in weiterer Entfernung
über Berneck—Rötelstein—Fronleuten—Pekach nach Graetz (Graz)
fortsetzen und von da folgende beschwerliche Route einschlagen:
Muereck--Rackerspurg (Radcony)—Pettau—Veistritz—Gonnawitz—
(Lindeck) Hoheneck—Cilly—Sachsenfeld—über die Sann—Fraintz
(Franz)—über den Trojanerberg—Glogowitz—Potpeth (Podpetch)—
durch den Fluss Feistritz—Dregeml—Laybach—Ober-Laybach—
Kruscheza—Pirnbaumer Wald—Haudisch (Haidenschafft)—Görtz—
über den Isonzo—Lazeney (Lucinico)—Gradisca—Oppoliano (Popo-
gliano)—Palma—Muscoli—Cervignano—auf dem Canal in den Tagliamento—Caorle—Porto de Piave—Venedig. Oder[3]) man schlug von
Bruck aus den näheren Weg über Leoben—Michael—Margareth—
Knitelfeld—Judenburg—Feistritz—Unzmarkt—Scheifling—Neumarkt—Friesach—St. Veit—Klagenfurt nach Villach ein. Hier vereinigte sich dieser Weg mit jener anderen, wichtigen, von Norden
kommenden Strasse, die[4]) von Salzburg über Hall—Golling—Werffen
—Rastat—den Tauern—Gweng (Tweng)—Mautterdorff—S. Michel
—Katzberg—Reinbach—Gmünd—Spital—Paternion nach Villach und
von da über Arnolstein—Terle—Klein Türvis—Mal Borgetto—Ponte
Fella—Ponte Chiusa—Venzon—Gemona—Portogruar—Concordia—
Caorle nach Venedig führte.

Diese Route Salzburg—Gemona—Venedig scheint in jener Zeit
besonders auch von den Nürnbergern benutzt worden zu sein. Wie
jener Paul Tucher (1575) seine Waaren von Antwerpen über Nürnberg—Salzburg nach Venedig schickt[5]), so finden wir auch in Meder's
Handlungsbuch mehrfach diese Strecke erwähnt.

Aehnlich reiste Samuel Kiechel im Jahre 1586[6]) von Wien über
den Semmering—Villach—Uhelestein(Arnoldstein?)—Pontabl—Venzon
—S. Daniel—Valvison (Valvasone)—a la Motta—a la Foschetta nach
Venedig. Den Rückweg aber nahm er im Jahre 1587[7]) über Padua—
Margera—Meisters—Castelfranco—Carpones—Kobl—Bourgo—Trient
—Nöevis (Lavis)—Neyenmarck—Bozen—zur Clausen—zum Sack
("ein einige herberg")—zum Lueg ("auch ein einzechtige herberg")—
Inspruck—Sehfelld—Bartenkürch—Amberga (Ammergau)—Schon-
gau—Landsperg—Augspurg—Zusmarshausen—Görzberg—Ulm.

---

[1]) cf. Zeiller S. 300 u. ff.; cf. oben S. 98. — [2]) ebda. S. 327 u. ff. —
[3]) ebda. S. 568. — [4]) ebda. S. 570; cf. oben S. 99. — [5]) cf. Bd. I Nr. 710. —
[6]) Reisen, Ausg. von Haszler (Bibl. d. lit. Ver. Bd. 86) S. 144 ff. — [7]) ebda. S. 463 ff.

Hans Georg Ernstinger reiste 1593[1]) von Innsbruck ebenfalls
über Wilthan (Wilten) — Matray — Steinach — Lueg — Cottensass
(Gossensass) — Sterzing — Peisser — Brichsen — Clausen — Colman —
Pluemau — Botzen — Brontzol — Neumarckht — S. Florian — Salurn —
S. Michel — Nevis — Trient — Persen — Levigo — Burgo — Gringo — Kofl
— Primolano — Bassano — Cittadella — Rimine — Padua — Lucefusina auf
der Brenta nach Venedig und von dort zurück[2]) über Magera — Maestre
— Terviso — Carnudo — Feltre — Gringo nach Trient u. s. w.

Von Interesse ist Ernstinger's im Jahre 1595 unternommene
Reise, die er in Linz antrat und in folgender Weise fortsetzte[3]):
Ebersperg (Ebelsberg) — Anfelden — Gschwent — Kemeten — Crembsegg
— Crembsmünster — Claus — Preysegg — Durnbach — Windischgärsten
— Spittäl — Piern — Lienzen (Liezen) — Enss — Rottenman — Triebn —
über den Tauern — S. Johaon — Zehlithoff — Muerbruggen (Moederbruck)
— S. Georgendorf — Oberzeyring — Scheifling — Huntsmarckht (Unz-
markt)[4]) — Neumarkht — Tirnstain (Dürnstein) — Friessach — Melbling —
St. Veit — Tautzenberg — Clagenfurt — Landtscron — Villach — Vodraun
(Federaun) — Zärlstein — Törl — Klain Tervis — Pontafel — Chiusa —
Venzon (Peischldorf) — Clemona — S. Daniel — Duride (Turrida) —
Valvasonn — S. Vito — Porto a Cruara — zu Wasser nach Venedig.

Seltener hören wir dagegen von der Route durch das Am-
pezzo-Thal. Und doch ist es gerade diese, welcher bis heute zur
Erinnerung an den alten Verkehr geradezu der Name der ‚Strada
d'Allemagna‘ geblieben ist. Noch heute liest man an den Meilen-
steinen derselben diesen Namen, der lebhafter als Anderes das
Andenken an die alte Zeit, die Vorstellung an unsere vordem nach
Venedig ziehenden Kaufleute wachruft.

Wer einmal in solchen Gedanken diese Strasse hinabgezogen
ist, der wird dann auch sicher seine Schritte zum ‚Fondaco dei Tedeschi‘
am Rialto lenken, der für jeden deutschen Besucher Venedigs überhaupt eine „Sehenswürdigkeit“ unter den vielen Schätzen der Lagunenstadt sein sollte — als eine Stätte, die zwar, wie bereits Eingangs
erwähnt, nicht, wie so manche andere deutsche Handelskolonie
früherer Zeit im Ausland, von gewaltigen Kämpfen und glorreichen
politischen Siegen unserer Kaufleute zu erzählen hat, die aber
wahrlich nicht minder glänzendes Zeugniss ablegt von deren Unter-
nehmungslust, deren Rührigkeit und Tüchtigkeit, die hier in fried-
licher Arbeit Jahrhunderte lang goldene Früchte für die deutsche
Heimath gezeitigt hat.

---

[1]) Raisbuch, hrsg. von Walther in der Bibl. des literar. Ver. Bd. 135
S. 31, 35 ff. — [2]) ebda. S. 53 ff. — [3]) ebda. S. 66. — [4]) gehört vor Scheifling.